한단고기

桓檀古記

한단고기

초판 1쇄 발행 2017년(단기 4350년) 3월 17일
초판 4쇄 발행 2023년(단기 4356년) 6월 1일

엮은이 · 운초 계연수
번역 주해 · 김은수
펴낸이 · 심남숙
펴낸곳 · (주)한문화멀티미디어
등록 · 1990. 11. 28. 제 21-209호
주소 · 서울시 광진구 능동로 43길 3-5 동인빌딩 3층 (04915)
전화 · 영업부 2016-3500 편집부 2016-3507
www.hanmunhwa.com

운영이사 · 이미향 | 편집 · 강정화 최연실 | 기획 홍보 · 진정근
디자인 제작 · 이정희 | 경영 · 강윤정 조동희 | 회계 · 김옥희 | 영업 · 이광우

만든 사람들
책임편집 · 강정화 | 디자인 · 이정희
인쇄 · 천일문화사

ⓒ 김은수, 2017
ISBN 978-89-5699-308-9 03900

한단고기

운초 계연수 엮음 | 김은수 번역·주해

한문화

일러두기

1. 저본底本은 1979년 판을 사용했다.

2. 대개 원문을 직역하고 문맥이 선 곳도 그대로 두었으며, 오자 등은 발견되는 대로 바로잡아 번역했다. 간지干支도 간혹 수정했다.

3. 한글 표기를 원칙으로 했으나 처음 나오는 고유명사나 중요한 말은 한자를 병기했으며, 주해문註解文은 한글과 한자를 혼용했다.

4. 따옴표는 역자가 임의로 삽입했다.

5. 책 이름은 《 》표로, 책의 부나 편 이름은 〈 〉로, 다른 자료에서 발췌해 인용한 내용은 『 』표로 묶었다.

6. 극히 기초적인 자료 제공이 목적이므로 유추 또는 확대 해석을 피했으며, 한자의 음이나 뜻은 현재의 용법을 따랐다.

7. '桓'은 '밝을 한', '클 한'의 의미로 쓰인 경우는 '환'이 아닌 '한'으로 읽었다.

나는 한동안 이 책이 주는 충격에서 거의 벗어날 수가 없었다.《삼국사기三國史記》나《삼국유사三國遺事》와 같은 '냄새나는' 책만을 읽을 수밖에 없었던 우리 국민들도 앞으로 나와 비슷한 경험을 하게 되리라고 확신한다.《한단고기桓檀古記》는 우리가 단군조선이나 고구려에 기대했던 요구량을 훨씬 뛰어넘어 비운의 역사 속에 무참하게 매몰되어 버림받은, 과거 우리 민족의 위대한 역할과 웅장한 모습을 정확한 문헌상의 근거와 뚜렷한 필치로 되살려 주고 있다. 한웅과 단군은 동아시아를 완전하게 통일했으며 지구상에 인류 문화의 첫 등불을 밝혀 놓았던 것이다.

　《한단고기》는 옹기그릇에 담아 땅 속에 매장하여 일제의 마수를 벗어나게 된 가장 소중한 역사책이다. 주로 발해渤海의 전적을 근거로 한 이 책은 고려 말엽의 충신 행촌杏村 이암李嵒이 편집·저술한《단군세기檀君世紀》와 조선 중종 때에 찬수관撰修官을 지낸 일십당一十堂 이맥李陌이 지은《태백일사太白逸史》를 운초雲樵 계연수桂延壽가 1898년에 모아서 편집·저술한 후, 거기에 다시 1911년에 신라 사람 안함로安含老의《삼성기三聖紀》와 고려사람 원동중元董仲의《삼성기三聖紀》그리고 범장范樟의《북부여기北夫餘紀》상·하 및 《가섭원부여기迦葉原夫餘紀》를 합편한 모두 5권으로 된 책이다. 1948년에는 필사본 초판이, 1979년에는 재판이 나온 바 있다. 운초는 이 책을 경신년庚申年(1980년)이 되거든 공개하라고 했다.

《한단고기》는 한국桓國, 배달倍達, 조선朝鮮, 부여夫餘, 고구려高句麗, 발해渤海, 고려高麗 등의 활동상은 물론 정치, 철학, 종교, 문학, 문자, 음악, 고고학, 민속학 등에 관한 새로운 정보를 제공하고 있다. 또한 중국과 일본, 흉노와 몽고, 선비족의 기원을 명시하는가 하면, 기자조선箕子朝鮮, 운장雲障, 만번한滿潘汗, 위만衛滿, 한사군漢四郡, 임나任那에 얽힌 허위 사실을 백일하에 들춰내고 있다. 뿐만 아니라 유교와 도교 및 불교와 기독교의 사상이 모두 우리의 삼신사상三神思想에서 발원한 사실도 지적하고 있다. 이 책은 실로 우리 민족의 뿌리와 인류 문화의 근원을 밝혀주는 책인 것이다.

아무쪼록 이 번역서가 국학 연구의 착실한 길잡이가 되어줄 것을 굳게 믿어 의심하지 않으며, 끝으로 표제(1985년 가나출판사에서 출간한 책의 표제-편집자)를 써주신 운암雲庵 조용민趙鏞敏 선생님, 휘필揮筆을 주신 인당忍堂 김일수金馹洙 선생님, 뒷바라지를 해준 김재수金梓洙 교수 그리고 동분서주하며 많은 자료를 구해 주시고 격려해 주신 동료 정해숙丁海淑 선생님과 가나출판사 이광진李光振 사장님께 깊은 감사의 말씀을 드린다.

1985년 6월 1일
장성 옥녀봉 기슭 탄금당에서
김은수

김은수 역주《한단고기》가 최초로 세상의 빛을 보게 된 지 어언 32년이 되어간다. 1985년 6월에 광주의 제책소에서 형님과 함께 첫 권을 받아 보고 감격했던 기억이 아직도 생생하다. 그 때만 해도《한단고기》가 어떤 책인지 잘 알려지지 않아서 책을 출간해 주겠다는 출판사가 없었다.

절망에 빠져 있는 형님과 고심 끝에 자비로 출판하기로 하고, 그 비용을 내가 감당했기 때문이다. 이번에 한문화에서 다른 출판사에서 이미 절판한 책을 다시 출간해 보겠다며 감수를 요청해 왔다. 보내온 인쇄물을 세밀하게 검토해 보니 초판본에 오식과 잘못된 곳이 간간이 발견되어 한문 원본과 대조하면서 바로잡았다. 예를 들면, 초판본에 '身毒人'을 '견독인-인도인'이라고 주를 달았는데, 중국 한漢나라 때부터 천축天竺 즉 인도를 '연독, 견독'으로 일컬었음을 알게 되었다. 따라서 '身毒'을 '연독, 견독'으로 읽어야지 '신독'으로 읽어서는 안 된다. 또한《태백일사》에서 언급되는 류공권柳公權이 고려 사람이라고 모두 주를 달았는데, 고려 사람이 아니라 당나라의 유명한 서예가였다고 새로이 밝혀졌다.

1985년 김은수 역주《한단고기》가 최초로 발간된 후 30여 년간 20여종의 《한단고기》 번역본이 출간되었다고 한다. 그간 《한단고기》 열풍이 불었고, 우리 민족의 상고사와 《한단고기》에 대한 연구도 많이 진척되었다. 이제 《한단고기》에 대한 객관적인 연구가 철저하게 이루어져 우리 민족의 상고사에 대한 비밀이 밝혀져야 할 전환점에 이르렀다고 생각한다. 이에 때맞춰 한문화에서 새로 발간하겠다고 하니 기쁜 마음 금할 수 없다.

2017년 3월

김재수(광주교육대학교 명예교수)

차 례

◎ 범례凡例

一. 《고기古記》[1]의 인용은 일연一然의 《유사遺事》[2]에서 시작하였으나 지금 《고기》를 얻어볼 수 없으므로 《삼성기三聖紀》[3], 《단군세기檀君世紀》, 《북부여기北夫餘紀》, 《태백일사太白逸史》를 합하여 하나의 책으로 만들고 이름을 《한단고기桓檀古記》라 하였다.

一. 古記引用始自一然氏之遺事而今其古記不可得見乃以三聖紀檀君世紀北夫餘紀太白逸史合爲一書名曰桓檀古記

一. 《삼성기》는 두 가지가 있으나 비슷하고 완편完篇이 아니다. 안함로[4]가 쓴 것은 내 집에 전부터 전해 오던 것으로 지금 그것을 《삼성기전》 상편으로 하고, 원동중[5]이 쓴 것은 태천泰川[6]의 백진사 관묵寬默에게서 얻은 것으로 지금 그것을 《삼성기전》 하편으로 하였으며, 그것들을 총합하여 《삼성기전》이라 하였다.

一. 三聖紀有二種而似非完編安含老氏所撰余家舊傳今爲三聖紀全上篇元董仲氏所撰得於泰川白進士寬默氏今爲三聖紀全下篇總謂之三聖紀全

一. 《단군세기檀君世紀》는 홍행촌수紅杏村叟가 엮은 것으로 곧 행촌[7] 선생 문정공文貞公이 전한 것이다. 이 책 역시 백진사에게서 얻었다. 진사의 집은 글재주가 있는 고가古家로 본디 장서가 많았으며, 지금 두

종의 사서가 모두 그 집에서 나왔으니 어찌 많은 돈을 준 것에 비유할 수 있을 것인가. 가히 조국의 만장의 광채라고 할 것이다.

一. 檀君世紀紅杏村叟所編乃杏村先生文貞公所傳也此書亦得於白進士進士文藻古家也素多藏書而今兩種史書俱出其家奚啻譬諸百朋之賜可謂祖國之萬丈光彩也

一. 《북부여기北夫餘紀》상·하는 복애거사伏崖居士 범장范樟[8]이 쓴 것으로, 전부터 있던 《단군세기》를 합편한 것이다. 삭주朔州[9] 이동梨洞의 이진사 형식亨栻의 집에서 얻은 것이다. 《단군세기》는 백진사가 소장한 것과 한 글자도 다르지 않고 똑같다. 지금 별본別本이 세상에 돌아다니고 있으니, 이 별본은 내용이 앞의 책과는 자못 다른 바가 있으므로 다시 거론하지 않는다.

一. 北夫餘紀上下伏崖居士范樟所撰也舊有以檀君世紀合編者得於朔州梨洞李進士亨栻家檀君世紀與白進士所藏無一字異同今又有別本而行於世者此本內容自與前書頗有所殊故更不及之也

一. 《태백일사》는 일십당一十堂 주인 이맥[10]이 엮은 것이니 곧 해학海鶴 이기李沂[11] 선생이 소장한 것이다. 대개 한단桓檀[12] 이래의 상전相傳하는 교학敎學 경문經文이 다 갖춰져 있다. 취재의 전거가 가히 한 번 보아서 명료하다. 또 《천부경天符經》[13]과 《삼일신고三一神誥》[14] 두 가지의 전문이 다 들어 있으니 실로 낭가의 대학이나 중용인 것이다. 아아, 한단 상전의 삼일신법三一神法의 진수가 이 책에 들어 있으니 태백진교太白眞敎를 중흥하는 바탕이 아니겠는가. 손은 스스로 춤을 추고 발은 스스로 밟고 일어나 큰소리 내어 웃고 싶고 미치고 싶다.

一. 太白逸史一十堂主人李陌氏所編乃海鶴李沂先生所藏也蓋桓檀
以來相傳之敎學經文悉備取材典據可一見瞭然者也且其天符經
三一神誥兩書全文俱在篇中實爲郎家之大學中庸也嗚呼桓檀相傳
之三一心法眞在是書果太白眞敎重興之基歟手自舞足自蹈興欲哄
喜欲狂也

一.《한단고기》는 모두 해학 이기 선생의 감수를 거쳤으며, 또 내가 부지
런히 노력하여 잘못을 바로잡고 다시 고쳐가며 쓴 것이다. 또 홍범
도洪範圖[15]와 오동진吳東振[16] 두 벗이 돈을 내서 글자로 새기게 되었으
니 하나는 우리 인간의 본성本性을 발견하게 된 것이 크게 축하할 일
이요, 하나는 민족 문화의 이념을 표출하게 된 것이 크게 축하할 일
이요, 하나는 세계 인류가 마주보고 모여서 공존하게 된 것이 크게
축하할 일이다.

一. 桓檀古記悉經海鶴李先生之監修而且余精勤繕寫又因洪範圖吳
東振兩友之出金付諸剞劂一爲自我人間之發見主性而大賀也一爲
民族文化之表出理念而大賀也一爲世界人類之對合共存而大賀也

신시神市 개천開天 5808년 즉 광무光武 15년 세차 신해(A.D.1911년) 5월 광
개절廣開節에 태백유도太白遺徒 선천宣川 계연수桂延壽 인경仁卿[17]은 묘향산
妙香山 단굴암檀窟庵에서 이 글을 쓴다.
神市開天五千八百八年卽光武十五年歲次辛亥五月廣開節太白遺徒宣
川桂延壽仁卿書于妙香山之檀窟庵

1. 《고기》 - 《삼국유사》에서 일연이 인용하기 시작한 고기록古記錄으로 어느 책을 가리키는지 현재 확실한 것을 알 수가 없다.

2. 《유사》 - 《삼국유사》를 말한다.

3. 《삼성기》 - 《한단고기》에 실려 있는 책의 이름인데 신라 때의 사람 안함로가 쓴 것과 고려 때의 사람 원동중이 쓴 것의 두 가지가 있다.

4. 안함로(?~A.D.640) - 신라의 승려, 속성은 김金. 일명 안홍安弘. 이찬시부伊湌詩賦의 손자. 《해동고승전海東高僧傳》에는 601년 왕명으로 수나라에 가서 대흥성사大興聖寺에 있다가 605년에 귀국했고, 《삼국사기》에는 576년에 귀국한 것으로 되어 있다.

5. 원동중 - ?

6. 태천 - 평북의 서남부에 있는 지명.

7. 행촌(A.D.1296~1364) - 고려의 문인. 서화가. 본관은 고성固城. 존비尊庇의 손자. 철원군鐵原君 우리瑀의 아들. 1313년 17세로 문과에 급제. 1348년 충목왕이 죽자 충정왕을 받들기 위해 원나라에 다녀와서 찬성사를 거쳐 좌정승이 되었다. 1359년 홍건적이 침입하자 수문하시중守門下侍中으로서 서북면 도원수가 되었다.

8. 범장 - 일명 세동世東. 고려 말기의 학자. 자는 여명보汝明甫. 금성錦城 사람. 공민왕조에 덕녕부군德寧府君, 간의대부諫議大夫를 지내고 고려가 망하는 것을 보고 만수산萬壽山에 들어가 숨어 살았다. 성리학을 깊이 연구하여 널리 가르쳤고 저서를 남겼다.

9. 삭주 - 평안북도에 있는 지명.

10. 이맥 - 호는 일십당─十堂, 자는 정천井天. 행촌 이암의 고손자다. 연산 무오에 문과에 등과하여 돈녕부사敦寧府事(왕족들의 친목회 업무를 관장)를 지냈다. 성격이 강직하여 연산군의 총애를 받던 장숙용張淑容이 사재를 축적하고 사치를 일삼는 것에 반대하는 직간을 하다가 연산군의 대노를 사서 충북 괴산槐山으로 유배되었다가 중종 때 소환되었다. 1520년에 찬수관이 되어 내각의 많은 비장서적을 접할 수 있었다고 한다.

11. 이기(A.D.1848~1909) - 자는 백증伯曾, 호는 해학海鶴. 본관은 고성. 전북 만경 출신. 실학을 연구하고 류형원, 정약용 등의 학통을 계승했다. 1894년 동학혁명이 일어나자 전봉준을 찾아가 동학군을 이끌고 서울로 진격하려다가 김개남의 반대로 전남 구례의 자택으로 돌아왔다.

1905년 러일전쟁이 끝나고 미국 포츠머스에서 일본과 러시아가 강화조약을 체결할 때 한국의 입장을 호소하기 위해 나인영과 함께 도미하려 했으나 일본 공사의 반대로 떠나지 못했다. 이에 동경으로 건너가 일본 천황과 정계 요인들에게 일본의 한국 침략을 규탄하는 서면 항의를 했다. 이해에 을사조약이 체결되자 귀국해서 한성사범학교에서 교편을 잡는 한편, 장지연, 윤효정 등과 대한자강회를 조직, 민중계몽과 항일운동에 진력했다.

1907년 나인영 등 동지 10여 명과 협의하여 결사대인 자신회를 조직, 을사오적의 암살을 결행했으나 권중현에게 부상을 입혔을 뿐 실패, 7년의 유배형을 받고 진도로 유배되었다. 돌아와 〈호남학보〉를 발행하면서 민중계몽운동에 종사했다. 그의 저서 《해학유서海鶴遺書》는 한말에 개혁해야할 토지·관제 등과 시국문제를 다룬 상소문·항의문 등을 수록한 것으로 《한국사료총서》 제3권으로 발행되었다. (이홍직 편 《국사대사전》)

12. 한단 - 한인이 세운 나라 한국에서부터 한웅의 신시와 치우의 청구를 거

쳐 단군조선까지를 이른다. 《태백일사》에 '한桓은 전일全一이요 광명이다. 전일은 삼신三神의 지능이 되고 광명은 삼신의 실덕이 되며 우주 만물의 소선所先이다.'라고 하였다. '桓'은 '한'으로 읽기도 하고, 韓, 大와 의미가 서로 통하고 汗과도 뜻이 통하며, 광명 즉 환하다는 뜻도 있다. 桓은 하늘의 빛이고 檀은 땅의 빛이라고 해설한 곳도 있다. 또 정의, 평등, 평화의 개념도 여기서 나온다. 한국 사상의 뿌리라고 할 수 있다.

13. **천부경** - 이 경은 조화경造化經으로 전문이 81자다. 일명 전비문이라고도 하는데, 고대에 신지神誌가 각입刻立한 전문 비석에서 최치원이 발견했다는 데에 근거한다. 천부경은 현재 세 가지 종류가 알려져 있다. 그 하나는 묘향산 석벽에 최치원이 각자刻字한 것을 계연수가 발견했다는 이른바 묘향산 석벽본과 노사 기정진奇正鎭 계통으로 알려진 노사의 전비문본과 태백유사본 등을 들 수 있다. 학자들에 따라 해석상에 다양한 차이가 있다.

《한민족의 뿌리사상》, 송호수, 국학연구회, 41~90쪽 참고)

14. **《삼일신고》** - 교화경이라고 한다. 발해의 석실본과 천보산의 태소암본 그리고 고경각의 신사기본이 있다. 전문이 366자로 되어 있으며 고경각의 신사기본을 가장 오래된 것으로 추정한다. (위의 책, 91~146쪽 참고)

15. **홍범도(A.D.1868~1943)** - 독립운동가로 평북 자성 혹은 평양 양덕 출신이다. 1962년에 대한민국 건국 공로 훈장 복장複章을 수여했다.

16. **오동진(A.D.1889~1930)** - 독립운동가로 호는 송암松菴이며 평북 의주 출신이다. 3·1독립운동에 참가한 후 만주로 망명하여 대한 청년단을 조직했다. 지창선(吉長線) 싱룽산역(興隆山驛)에서 체포되어 신의주에서 무기형을 선고받고 복역 중 옥사했다. 1962년 대한민국 건국 공로 훈장 중장重章을 수여했다.

17. **계연수(? A.D.1920)** 자는 인경仁卿, 호는 운초雲樵. 신친 출생으로 혜획

이기의 문인이다. 백가의 서를 섭렵하고 1898년 《단군세기》, 《태백일사》를 간행했다. 1919년 후에 상해 임시정무령이 된 이상룡의 막하에서 참획군정으로 공을 세웠다. 1920년 만주에서 죽었다.

삼성기전

三聖紀全

상편

上篇

안함로

安含老

삼성기전三聖紀全 상편上篇

우리 한국桓國[1]이 가장 오래되었다. 사백력斯白力[2]의 하늘에 일신一神이 있었다. 혼자서 신이 되어 광명이 우주를 비추었다. 세상에 나타나서 만물을 낳고 장생長生하면서 언제나 즐겁게 지냈다. 지극한 기운(至氣)을 타고 놀면서 묘하게 자연을 맺고, 형상이 없으나 보고, 하지 않으나 만들며, 말하지 않으나 행하였다.

吾桓建國最古有一神在斯白力之天爲獨化之神光明照宇宙權化生萬物長生久視恒得快樂乘遊至氣妙契自然無形而見無爲而作無言而行

어느 날에 흑수黑水[3]와 백산白山[4]의 땅에 동녀童女와 동남童男 8백 명이 내려왔는데 이때에 한인桓因[5] 또한 감군監群[6]으로서 천계天界에 살면서 돌을 쳐서 불을 만들어 음식을 익혀서 먹는 법을 가르쳤다. 천계를 가리켜 한국이라 하였다. 한인씨를 가리켜 천제한인씨天帝桓因氏, 또는 안파견安

巴堅[7]이라 하였다. 7세世를 전하였으나 연대를 알 수가 없다.

日降童女童男八百於黑水白山之地於是桓因亦以監羣居于天界揺石
發火始教熟食謂之桓國是謂天帝桓因氏亦稱安巴堅也傳七世年代
不可考也

뒤에 한웅桓雄[8]씨가 일어나 천신天神의 조詔를 받들어 백산과 흑수의 사이에 내려왔다. 천평天坪[9]에 자정子井과 여정女井[10]을 파고, 청구靑邱[11]에 정지井地[12]를 긋고, 천부인天符印[13]을 가지고 오사五事[14]를 주관하며, 재세이화在世理化[15]로 홍익인간弘益人間[16]하였다. 신시에 도읍하고 나라를 배달倍達[17]이라 하였다. 3·7일을 택하여 천신天神에 제사지내며 외물外物을 경계하고 삼가하여, 문을 닫고 스스로 수양하며 주원呪願하여 공을 이루고, 약을 먹고 선仙이 되며, 괘卦를 그어 미래를 알고, 집상執象하여 신을 움직였다.

後桓雄氏繼興奉天神之詔降于白山黑水之間鑿子井女井於天坪劃
井地於靑邱持天符印主五事在世理化弘益人間立都神市國稱倍達
擇三七日祭天神忌愼外物閉門自修呪願有功服藥成仙劃卦知來執
象運神

군령群靈과 제철諸哲에 명하여 보輔를 삼고 웅씨녀熊氏女를 맞아 후后를 삼고, 혼가婚嫁의 예禮를 정하여 짐승의 가죽으로 폐백을 하며, 종자를 심고, 가축을 기르며, 시장을 설치하여 교역을 하였다. 구주九州[18]의 지역이 조공을 바치므로 새와 짐승이 춤을 추었다. 후인들이 그를 받들어 지상 최고의 신으로 삼고 세세로 제사를 끊지 않았다. 신시의 후기에 치우천왕治尤天王[19]이 청구靑邱를 회척恢拓하고 18세를 전하니 역년이

1565년이었다.

命羣靈諸哲爲輔納熊氏女爲后定婚嫁之禮以獸皮爲幣耕種有畜置市
交易九域貢賦鳥獸率舞後人奉之爲地上最高之神世祀不絕神市之季
有治尤天王恢拓靑邱傳十八世歷一千五百六十五年

뒤에 신인神人 왕검王儉이 불함산不咸山[20] 단목檀木의 터에 내려왔다. 그의
지극한 신덕神德과 성인聖仁은 능히 천조天詔[21]를 승계하였다. 건극建極[22]하
심이 외탕유열巍蕩惟烈[23]하므로 구한九桓[24]의 백성이 모두 즐거워하고 정
성껏 복종하여 추대하니 화신化身하여 천제天帝가 되었다. 이가 단군왕검
檀君王儉이시다. 신시의 구규舊規[25]를 일으켜 아사달阿斯達[26]에 도읍을 하고
개국開國하여 국호를 조선朝鮮이라 하였다.

後神人王儉降到于不咸之山檀木之墟其至神之德兼聖之仁乃能承詔
繼天而建極巍蕩惟烈九桓之民咸悦誠服推爲天帝化身而帝之是爲檀
君王儉復神市舊規説都阿斯達開國號朝鮮

단군은 단공무위端拱無爲[27]하고 세계에 앉아서 현묘玄妙[28]의 도를 깨닫고
접화군생接化群生[29]하였다. 팽우彭虞[30]에게는 토지를 개간하여 터를 닦아
궁실宮室을 짓게 하고, 고시高矢에게는 씨앗을 뿌리는 법을 주관하게 하
고, 신지臣智에게는 글자를 만들게 하고, 기성奇省에게는 의약을 베풀게
하고, 나을那乙에게는 판적版籍[31]을 관장하게 하고, 희전羲典[32]의 괘괘로 점
을 치게 하며, 병마兵馬를 조직하도록 하였다. 비서갑菲西岬[33] 하백河伯[34]의
딸을 후后로 삼아 누에 치는 법을 가르치게 하니 순방지치淳厖之治[35]의 밝
음이 천하에 미치었다.

檀君端拱無爲坐定世界玄妙得道接化羣生命彭虞闢土地成造起宮室

高矢主種稼臣智造書契奇省設醫藥那乙管版籍義典卦筮尤作兵馬納菲西岬河伯女爲后治蠶淳尼之治熙洽四表

병진(B.C.425년) 주나라의 고왕考王 때 국호를 고쳐 대부여大夫餘라 하고 백악白岳[36]에서 장당경藏唐京[37]으로 옮겨 팔조八條[38]를 잉설仍設[39]하고, 글을 읽고 활을 쏘게 하였다. 제천祭天으로 교教를 삼고, 전잠田蠶에 힘을 쓰며 산과 못을 금하지 않으므로 죄가 미치지 않았으며 종과 백성이 함께 의논하고 협력하여 다스렸다. 남자는 일정한 직업이 있었으며 여자는 좋은 짝이 있으므로 가정이 모두 재산을 모으고 산에는 도적이 없었으며, 들에는 굶주리는 사람을 볼 수가 없었다. 현가絃歌[40] 소리가 나라 안에 넘쳐 흘렀다. 단군왕검이 무진년(B.C.2333년)에 나라를 다스릴 때부터 47세를 전하여 역년이 2096년[41]이었다.

丙辰周考時改國號爲大夫餘自白岳又徙於藏唐京仍設八條讀書習射爲課祭天爲敎田蠶是務山澤無禁罪不及挈與民共議協力成治男有常職女有好逑家皆蓄積山無盜賊野不見飢絃歌溢域檀君王儉自戊辰統國傳四十七世歷二千九十六年

임술(B.C.239년) 진시秦始 때에 신인神人 대해모수大解慕漱[42]가 웅심산熊心山[43]에서 일어났다. 정미(B.C.194년) 한혜漢惠 때에 연燕나라 추장 위만衛滿[44]이 서쪽 변방 한 구석에서 살더니 번한番韓[45]의 준왕準王[46]이 패전하고 도망하여 바다로 들어가므로, 이로부터 삼한三韓의 백성들이 거의 한수漢水의 남으로 옮겼다. 요해遼海의 동에서는 한때 군웅이 병兵을 다투더니, 계유(B.C.108년) 한무漢武 때에 이르러 한이 이병移兵하여 우거右渠[47]를 멸하였다. 서압록西鴨綠[48] 사람 고두막한高豆莫汗[49]이 창의하여 병을 일으켜 또한 단군이라 하였다. 을미(B.C.86년) 한소漢昭 때에 부여의 고도古都를 점거하여 나라를 동명東明이라 칭하니 이것이 신라新羅의 고양故壤이다.

壬戌秦始時神人大解慕漱起於熊心山丁未漢惠時燕酋衞滿竊居西鄙
一隅番韓準爲戰不敵入海而亡自此三韓所率之衆殆遷民於漢水之南
一時羣雄競兵於遼海之東至癸酉漢武時漢移兵滅右渠西鴨綠人高豆
莫汗倡義興兵亦稱檀君乙未漢昭時進據夫餘故都稱國東明是乃新羅
故壤也

계해년(B.C.58년)[50] 봄 정월에 이르러 고추무高鄒牟[51]가 또한 천제의 아들로 북부여를 이어 단군의 구법을 부흥하고 해모수를 제사지내 태조로 삼고 비로소 건원建元[52]하여 다물多勿[53]이라 하니 이가 고구려高句麗의 시조이다.

至癸亥春正月高鄒牟亦以天帝之子繼北夫餘而興復檀君舊章祠解慕
漱爲太祖始建元爲多勿是爲高句麗始祖也

1. **한국** – '桓'은 '韓'의 정자. 지금부터 9000여 년 전에 파내류산 즉 파미르고원 아래에 있던 한인씨의 나라. 후에 그 중심지를 천해 즉 바이칼호 근처로 옮긴 듯하다.《삼성기》하편에 따르면, 12개의 소국이 있었으며 캄차카반도에서 파미르고원까지가 그 영토로 되어 있다. 한웅의 신시 개천 이전에 우리 민족이 세운 최초의 나라이다.

2. **사백력** – 시베리아?

3. **흑수** – 만주 흑룡강성의 북변을 흐르는 강으로 러시아명은 아무르강이다.

4. **백산** – 백두산.《삼황오제본기》는 다음과 같이 쓰고 있다. '새로운 것은 희
다. 신은 높고 높은 것은 머리다. 고로 역시 백두산 또는 개마蓋馬라 하는
것은 해마리奚摩離의 전음轉音이다. 고어에 '백白'을 '해奚'라 하고 '두頭'를
'마리摩離'라 한다. 백두산의 이름 역시 여기서 나온 것이다.' 천산天山의 옛
이름이 백산白山이었다.

5. **한인** – 桓因 또는 桓仁으로 쓴다. 한국의 시절에 7명의 한인이 있었다고 전
한다. 〈한국본기〉에 다음과 같이 전한다. '한桓은 전일全一이요 광명이다. 인
仁은 말하자면 임任이요 홍익제인弘益濟人하여 광명이세光明理世하고 그것으
로써 임무를 삼되, 반드시 어질어야 한다.'

6. **감군** – '감군을 인仁이라 했다.'(《한국본기》 참고)

7. **안파견** – 〈삼신오제본기〉에 다음과 같이 전한다. '창세 조서 후로는 알 수
가 없고 오래 후에 제帝 한인桓仁께서 국인에게 받들리어 나타나시니 안파
견安巴堅 또는 거발한居發桓이라 하였다. 대개 소위 안파견은 계천입부繼天
立父(아버지)의 이름이다. 소위 거발한은 천·지·인을 하나로 정하여 부르는
호이다. 이로부터 한인 형제 9인이 분국하여 다스렸다. 이를 9황皇 64민民이
라 한다.'

8. **한웅** – 배달국의 시조. 신시를 개천한 분. 〈신시역대기〉에 따르면, 18세
1565년을 전했다고 한다.

9. **천평** – 신시의 들.

10. **자정과 여정** – 상·하의 샘.

11. **청구** – 14세 자오지慈烏支 즉 치우蚩尤 또는 치우천왕治尤天王의 정치 중심
지 또는 국명.《국사대사전》은 다음과 같이 쓰고 있다. '이것은 본디 동방

바다 밖에 있는 신선이 사는 세계의 이름인데, 또 하늘에 청구青邱라는 별이 있어서 그 별이 우리나라 땅을 맡고 있다는 신앙이 생겨서 이로 인해 우리나라의 별칭이 된 것이라 한다. 그리고 글자 뜻을 보더라도 '청靑'은 오색五色에서 동방을 나타내는 빛이고, '구邱'는 땅을 나타내는 말이니, 청구는 곧 동방의 세계를 의미한다.'고 하였다(《국사대사전》 참조, 이홍직, 일중당).

그런데 《삼성기》 하편에 따르면, '파내류산 아래에 한인씨의 나라가 있었다.'고 했으며, 한웅은 태백산정 신단수 아래에 내려와서 신시를 개천 입교했다. 그리고 자오지한웅에 이르러 청구에 도읍했으며, 다음으로 단군은 아사달에 도읍했다. 다시 말하면, 파내류산 → 바이칼호 → 태백산 → 청구 → 아사달의 이동 경로를 밝히고 있다. 엄독홀奄瀆忽의 동쪽에 있다.

12. **정지** - 정전제井田制에 관한 기사다. '마한세가' 상편에 '사방의 백성들이 마을에 둥그렇게 모이고 4가가 같은 우물을 쓰는 20세稅의 1법法이 실시되므로…'라는 기록이 있다. 단제丹齊 신채호는 《조선상고사》에서 다음과 같이 쓰고 있다.

'어느 민족이고 그 원시 공산제가 있었음은 금일 사회학자들의 공인하는 바인즉 지나支那도 그 태고에 균전제도均田制度가 있었을 것은 물론이어니와, 그러나 피등彼等(유약有若·맹가孟軻)이 주장한 그 정전제는 당시 조선의 균전제를 목격하거나 전해들어 이를 모방하려 한 것이요, … 자가自家의 고적故籍에 근거根據한 것은 아니다. 다만 조선의 균전은 8가동전八家同田이 아니요 4가동전四家同田이니, 금今 평양이나 경주에 끼친 기자형器字形의 고전故田이 충분히 이를 증명하며, 그 세제稅制는 10분分의 1을 취하는 십일세什一稅가 아니요 20분의 1을 취하는 이십일세二十一稅이었나니 《맹자》에 기記한 바 '맥이십이취일貊二十而取一'이 이를 명백히 지적한 것이다.'라고 설명한다.(《조선상고사》 상, 신채호, 삼성출판사, 162쪽 참고)

13. 천부인 - 천부인 3종에 대해서는 지금까지 수많은 사람들이 여러 가지로 해석을 내리고 있으나 바르게 말한 사람은 단 한 사람도 없다. 이병도 씨는 삼성출판사에서 발간한《삼국유사》에서 '천부인天符印 3개는 아래의 풍백風伯, 우사雨師, 운사雲師의 삼신三神을 거느린다는 의미의 3개 인수印綬가 아닐까'라고 했다.

최근의 설로는 〈동방신문〉에 수록된 임기중 교수의 '단군신화의 삼부인三符印 해석'을 들 수 있다. 임교수는 다음과 같이 결론을 내리고 있다. '이상에서 거론한 바들을 종합해 보면 다음과 같은 몇 가지의 결론을 얻어낼 수 있다. 첫째, 천부인天符印 삼개三箇란 왕권 표상, 통치력 표상의 주적呪的 상징물이다. 둘째, 삼부인이란 풍백風伯, 우사雨師, 운사雲師이다. 셋째, 삼부인 풍백, 우사, 운사가 가진 세부적인 이세주력목록理世呪力目錄은 '이주곡주명주병주형주선악범주인간而主穀主命主病主刑主善惡凡主人間 삼백육십여사재세이화三百六十餘事在世理化'인 듯하며 주곡主穀이 가장 주된 것이다. 넷째, 천부인 삼개 곧 풍백, 우사, 운사는 한국적 주보관념呪寶觀念이 농경민족의 의식에서 발아된 발상으로 외래적 용어를 동원해서 표현된 것이다. 다섯째, 삼부인은 주적 상징물 중 주몽朱蒙의 위궁葦弓, 역마驛馬, 오곡종五穀種과 가장 유사점이 많다. 이 두 신화는 구조나 발상이나 주적呪的 질체質體 등도 유사성이 많다.…'라고 했다.

그러나 모두 거리가 먼 이야기들이다. 〈삼한관경본기〉에는 다음과 같이 기록되어 있다. '세상에 전하기를 한웅천왕이 이곳에 순주하고 전렵하여 제사를 지냈다고 하였다. 풍백은 천부경을 경鏡에 새겨서 들고 나가고, 우사는 영고환무迎鼓環舞하고, 운사는 백검伯劍으로 폐위陛衛했다. 대개 천제가 산에 나가는 의장儀仗은 이와 같이 성엄하였다.'라고 했다. 종래의 구구한 학설들은 마땅히 수정되어야 할 것이다. 천부인 삼종은 바로 풍백의

경, 우사의 고, 운사의 검이었다. 《동대신문》 864호 참고)

14. **오사** – 〈한국본기〉는 다음과 같이 쓰고 있다. '한국에는 오훈五訓이 있고 신시神市에는 오사五事가 있었다. 오훈은 첫째가 성신불위誠信不僞, 둘째가 경근불태敬勤不怠, 셋째가 효순불위孝順不違, 넷째가 염의불음廉義不淫, 다섯째가 겸화불투謙和不鬪요, 오사는 우가牛加는 주곡主穀하고, 마가馬加는 주명主命하고, 구가狗加는 주형主刑하고, 저가猪加는 주병主病하고, 양가羊加(또는 계가鷄加)는 주선악主善惡한다.'라고 했다. 오사는 오가가 맡은 일을 말한다.

15. **재세이화** – 홍익인간을 통치이념이라고 한다면 재세이화는 시정 방침에 해당된다. 백성 위에 군림하는 자세가 아니라 백성 속에 직접 파고 들어가 여민동행與民同行하는 적극적인 자세를 보여주고 있다. 백성과 같이 있으면서 다스린다는 뜻이다.

16. **홍익인간** – 배달국 한웅천왕의 통치이념. 모든 사람을 널리 이롭게 한다는 뜻이다. 편협한 민족주의나 계급주의에서 벗어나 있다.

17. **배달** – 한웅천왕이 세운 나라 이름. 지금까지 우리는 배달이라는 말을 상고시대 우리나라의 맨 처음 국호라는 막연한 뜻으로 써왔다.

18. **구주** – ①9황皇 64민民이 사는 곳, ②우공구주禹貢九州

19. **치우천왕** – 蚩尤 또는 治尤. 자오지한웅. 신시에서 도읍을 청구로 옮기고 서국西國의 황제 및 신농과 싸워 복속시켰다. 무의 상징적 존재로, 처음으로 구리와 쇠를 사용해 갑옷과 투구를 만들어 썼으므로 당시 사람들이 그 형상을 동두철액銅頭鐵額이라고 표현했다. 중국에서는 치우를 전설 속의 악귀이며 황제와의 싸움에서 격퇴되었다고 한다. 산동성에 있는 한대의 무씨사의 화상석에 그림으로 남아 있다. 한인·한웅과 더불어 삼황三皇이라 한다. 치우가 우리의 조상이라는 말은 이 책에서 처음으로 나오는

설이며 당시에 철을 사용했다는 설에 대해서는 아직 고고학적인 확증이
될 만한 자료가 없으나 동은 사용했을 가능성이 있다고 본다. 앞으로의
발굴 조사와 연구에 기대하고 싶다. 《대세계의 역사》 2권, 삼성출판사, 27쪽 참고)

20. **불함산** - ①하얼빈(濱哈爾)의 완달산完達山, ②요녕성遼寧省의 장백산長白山,
③백두산白頭山. 한웅은 3000의 무리를 이끌고 태백산정의 신단수 아래
에 내려왔다고 했으며 단군은 불함산 단목의 터에 내려왔다고 했다. 태백
산과 불함산과 백두산 등이 같은 산을 가리키는가에 대해서는 문화인류
학적 또는 언어학적인 측면에서 세밀히 검토되어야 한다. 고대 사회에서
는 추장이 사용했던 언어나 도구는 다른 사람이 사용하지 못하게 하는
금기가 있었는가 하면, 반대로 동일한 지명이나 인명을 여러 곳 여러 사람
에게 남겨놓고 있기도 하기 때문이다. 《동이고사 연구의 초점》, 김규승, 범한서적)

21. **천조** - 천제의 조서나 조칙.

22. **건극** - 임금이 나라의 으뜸 법칙을 세우는 일.

23. **외탕유열** - 높고 크고 열렬함.

24. **구한** - 우리 민족의 총칭. 한인 9형제의 전 자손.

25. **구규** - 구법, 구장과 같은 뜻의 말. 옛 법률과 제도.

26. **아사달** - ①단군이 도읍한 곳, ②삼신에게 제사를 지내는 곳, ③임금이
있는 곳('마한세가' 하, 주4 참고).

27. **단공무위** - 임금이 무위하고 천하를 다스리는 일.

28. **현묘** - 玄玅 또는 玄妙로도 쓴다. 유현미묘幽玄微妙.

29. **접화군생** - 민중을 직접 교화하다.

30. **팽우** - 팽우彭虞, 고시高矢, 신지臣智, 신지神誌, 기성奇省, 나을那乙 등은 미
분화 상태 시대의 인명 또는 관직명이다.

31. **판적** 토지 및 백성에 관한 것을 기록한 장부. 호적. 영도. 서적.

32. **희전** - 복희씨의 전적.

33. **비서갑** - 비류수沸流水. 송양松壤.

34. **하백** - 물의 신神.

35. **순방지치** - 인정이 넘치는 정치.

36. **백악** - 백악산 아사달을 가리키는 것으로 43세 단군 물리 때까지의 수도를 말한다. 22세 단군 색불루 때 영고탑으로의 천도설이 있었으나 색불루의 반대로 실현되지 않았다.

37. **장당경** - 일연의 《삼국유사》 고조선조에 '기자를 조선에 봉하니, 단군은 장당경으로 옮겼다가 후에 아사달에 돌아와 숨어서 산신이 되니…'라고 한 기사 중에 장당경이 보임으로써 장당경은 아사달과 함께 주목을 받아 왔다. 그러나 아사달의 위치가 단재에 의해 하얼빈 완달산으로 밝혀진 반면, 장당경에 대해서는 믿을 만한 학설이 없었다.

이 책의 몇 곳에 장당경에 대한 기사가 보인다. 5세 단군 구을 정축 16년(B.C.2084년)에 '장당경에 친행하여 삼신단을 축조하여 제사를 지내고 한화를 많이 심었다.'라고 했으며, 22세 단군 색불루 병신 원년(B.C.1285년)에는 '제께서 녹산을 수축하고 관제를 개혁했다. 추秋 9월에 장당경에 친행하여 고등왕高登王의 묘사廟祀를 세우고…'라고도 했다. 44세 단군 구물 병진 원년(B.C.425년)에는 '하늘에 제사를 지내고 마침내 장당경에서 즉위하였다. 국호를 바꿔 대부여라 하고…'라고 쓴 기사도 있다. 〈소도경전본훈〉에 다음과 같은 기록이 있다. 즉 '대변경에 단군 구물이 국호를 고쳐 대부여라 하고 장당경으로 개도하였는데 지금의 개원開原으로 또한 평양平壤이라고도 한다.'라고 하였다. 개원은 요하 중류 연안 심양 북쪽에 있다.

38. **팔조** - 금팔조禁八條를 말한다. 〈번한세가〉 하편 참고.

39. **잉설** - 이전 것에 준하여 다시 만들다.

40. **현가** - 현악기의 노래 소리.

41. **2096년** - 단군 조선이 망한 해는 B.C.238년이다.《규원사화》의 단군조
선 역년 수는 1195년이며《단기고사》의 것은 1048년이다.《단기고사》의
1048년은 이 책《단군세기》의 21세 단군 소태 을미 52년(B.C.1286년)에 해
당한다. 이 해에 단군 소태는 22세 단군 색불루에게 옥책과 국보를 전하
고 아사달에 숨어서 생을 마쳤다.《삼국유사》의 1908세나《규원사화》의
1195년은 잘못된 것이다.《단기고사》의 1048년은 21세 단군 소태까지의
햇수이다.

42. **대해모수** - 북부여의 시조.

43. **웅심산** - 서란舒蘭. 만주 길림성 영길현의 서북쪽. 납목하拉木河의 지류, 잡
차하卡岔河의 동안東岸이 아닐까 추측한다. 재검토가 필요하다.

44. **위만** - 위만조선의 시조. 한漢의 연왕燕王 노관盧綰의 부하.

45. **번한** - 단군조선 삼한 중의 하나. 단군이 치우천왕의 후손인 치두남蚩頭
男을 봉했다(《번한세가》 참고).

46. **준왕** - 위만에게 나라를 빼앗긴 번한의 마지막 왕.

47. **우거** - 위만의 손자, 한무제에게 망했다.

48. **서압록** - 요하의 서쪽 연안.

49. **고두막한** - 북부여 후기 왕조의 시조.

50. **계해년** - 고주몽이 고구려를 세운 해.《삼국사기》에서는 고구려의 건국을
B.C.58년에서 21년을 깎아 B.C.37년으로 기록했다.

51. **고추무** - 고구려의 시조 고주몽을 가리킨다.

52. **건원** - 연호를 세우다.

53. **다물** - 고주몽의 연호. 회복의 뜻을 가지고 있으며 고구려의 정치 이념이
되었다.

삼성기전 三聖紀全

하편 下篇

원동중 元董仲

삼성기전三聖紀全 하편下篇

인류의 시조는 나반那般[1]이다. 처음에 아만阿曼[2]과 만난 곳은 아이사타
阿耳斯它[3]였다. 꿈에 천신의 가르침을 얻어 혼례를 이루니 구한족九桓族은
모두 그 후예들이다.

人類之祖曰那般初與阿曼相遇之處曰阿耳斯它夢得天神之教而自成
昏禮則九桓之族皆其後也

옛날에 한국이 있었다. 백성들은 부유하였으며 또한 수도 많았다. 처음
에 한인이 천산天山[4]에서 살면서 도道를 얻어서 죽지 않고, 몸에는 병이
없었다. 하늘을 대신하여 덕화德化를 펴서 사람으로 하여금 전란이 없게
하였으므로 사람들이 모두 힘을 써서 스스로 굶주림과 추위가 없었다.
혁서한인赫胥桓仁, 고시리한인古是利桓仁, 주우양한인朱于襄桓仁, 석제임한인
釋提壬桓仁, 구을리한인邱乙利桓仁에 이르러 지위리한인智爲利桓仁에 전하니

혹은 단인檀仁이라고도 한다.

昔有桓國眾富且庶焉初桓仁居于天山得道長生舉身無病代天宣化使
人無兵人皆作力自無飢寒傳赫胥桓仁古是利桓仁朱于襄桓仁釋提壬
桓仁邱乙利桓仁智爲利桓仁或曰檀仁

《고기古記》에 이렇게 일렀다. '파내류산波奈留山[5] 아래에 한인씨의 나라가
있었다. 천해天海[6] 동쪽의 땅을 또한 파내류국이라 한다. 그 땅의 넓이는
남북이 5만 리요, 동서는 2만여 리니 합하여 한국桓國이라 하고 나눠서
는 비리국卑離國, 양운국養雲國, 구막한국寇莫汗國, 구다천국句茶川國, 일군
국一群國, 우루국虞婁國[7] 또는 필나국畢那國, 객현한국客賢汗國, 구모액국句牟
額國, 매구여국賣句餘國 또는 직구다국稷臼多國, 사납아국斯納阿國, 선비국鮮
禪國 또는 시위국豕韋國 혹은 통고사국通古斯國, 수밀이국須密爾國[8]이다. 합
하여 12국이다. 천해는 지금의 북해北海다.' 7세世를 전하였는데 그 역년
은 3301년이다. 혹은 말하기를 63182년이라고도 한다. 어느 말이 옳은
지 알 수가 없다.

古記云波奈留之山下有桓仁氏之國天海以東之地亦稱波奈留之國
其地廣南北五萬里東西二萬餘里摠言桓國分言則卑離國養雲國寇
莫汗國句茶川國一群國虞婁國一云畢那國客賢汗國句牟額國賣句餘
國一云稷臼多國斯納阿國鮮禪國一稱豕韋國或云通古斯國須密爾
國合十二國也天海今曰北海傳七世歷年共三千三百一年或云六萬
三千一百八十二年未知孰是

한국의 말에 안파견安巴堅이 삼위산三危山[9]과 태백산太白山[10]을 내려다보
고 모두가 홍익인간을 할 수가 있으므로 누구를 보낼 것인가를 생각하

고 있었다. 오가첨五加僉[11]이 말하기를 '서자庶子에 한웅이 있는데 용기에 겸하여 어질고 지혜가 있습니다. 일찍이 홍익인간으로 세상을 바꿀 뜻이 있으므로 태백산에 보내어 다스리게 함이 좋을 듯합니다.'라고 하므로 천부인天符印 3종을 주고 조칙詔勅하여 이르기를 '이제 사람(人)과 물건(物)과 일(業)이 이미 만들어졌으니 군은 수고로움을 아끼지 말고 무리 3천[12]을 이끌고 가서 개천開天하여 입교立教하고 재세이화在世理化하여 만세 자손의 홍범洪範[13]이 되게 하라.' 라고 하였다.

桓國之末安巴堅下視三危太白皆可以弘益人間誰可使之五加僉曰庶子有桓雄勇兼仁智嘗有意於易世以弘益人間可遣太白而理之乃授天符印三種仍勅曰如今人物業已造完矣君勿惜厥勞率眾三千而往開天立教在世理化爲萬世子孫之洪範也

때에 반고盤固[14]라는 자가 있었는데 기술奇術[15]을 좋아하여 길을 나눠서 가기를 청하므로 곧 그 일을 허락하였다. 마침내 재보를 축적하여 10간干, 12지支 신장神將과 공공共工, 유소有巢, 유묘有苗[16], 유수有燧[17]를 거느리고 삼위산의 납목동굴拉木洞窟에 이르러 임금이 되니 제견諸畎이라 이르고, 이를 반고가한盤固可汗이라 하였다.

時有盤固者好奇術欲分道而往請乃許之遂積財寶率十干十二支之神將與共工有巢有苗有燧偕至三危山拉林洞窟而立爲君謂之諸畎是謂盤固可汗

이때에 한웅이 3천의 무리를 거느리고 태백산정의 신단수 아래에 내려와 신시라 이르니 이를 한웅천왕이라 하였다. 풍백, 우사, 운사를 거느리고, 주곡主穀, 주명主命, 주형主刑, 주병主病, 주선악主善惡하고, 무릇 인간의

3백6십여[18] 가지의 일을 주관하였으며 재세이화하여 홍익인간하였다.

於是桓雄率眾三千降于太白山頂神壇樹下謂之神市是謂桓雄天王也
將風伯雨師雲師而主穀主命主刑主病主善惡凡主人間三百六十餘事
在世理化弘益人間

이때에 일웅一熊과 일호一虎[19]가 이웃에서 함께 살았는데 일찍이 신단수에 빌어 신계神戒[20]의 백성이 되기를 원하므로 한웅이 그를 듣고 '가르칠 수 있겠구나' 하고 나서 주술로써 신이 되어 깨우친 다음 신령한 쑥한 심지와 마늘[21] 20매를 주고 경계하여 이르기를 "너희들은 그것을 먹고 100일 동안 햇빛을 보지 않으면 사람의 형상을 얻을 것이다."라고 하였다. 웅과 호 2족族은 그것을 받아 먹고 3·7일 동안 웅은 능히 배고픔과 추위를 참고 계율을 지키어 의용儀容을 얻었으나 호는 방만하여 참지 못하였으므로 선업善業을 얻지 못하였다. 두 성性이 이같이 서로 달랐다. 웅녀는 같이 돌아갈 사람이 없으므로 단수의 아래에서 잉태하기를 주원하였다. 한웅은 곧 거짓으로 단수를 한웅으로 변하게 하여 웅녀와 혼인하게 하니 잉태하여 아들을 낳고 장막을 둘렀다.

時有一熊一虎同隣而居嘗祈于神檀樹願化爲神戒之泯雄聞之曰可敎
也乃以呪術換骨移神先以神遺靜解靈其艾一炷蒜二十枚戒之曰爾輩
食之不見日光百日便得人形熊虎二族皆得而食之忌三七日熊能耐飢
寒遵戒而得儀容虎則放慢不能忌而不得善業是二性之不相若也熊女
者無與爲歸故每於壇樹下呪願有孕乃假化爲桓而使與之爲婚懷孕生
子有帳

한웅천왕이 처음으로 개천하여 백성에게 교화敎化를 베풀 때 천경天經[22]

을 연하고 신고神誥[23]를 강하여 크게 무리를 가르쳤다. 이로부터 그 후로 치우천왕이 토지를 개간하고, 구리와 쇠를 캐서 병사를 단련하고, 산업을 일으켰다. 대에 구한은 모두 하나같이 삼신을 하나의 조상으로 하였다. 소도蘇塗[24]를 주관하고, 관경管境[25]을 주관하며, 무리와 의논하여 하나로 화백和白[26]하고, 아울러 지생智生을 쌍수雙修하며 천궁天宮에서 살았다. 이로부터 구한족은 삼한관경三韓管境 천제자天帝子의 통치를 받았다. 곧 호를 단군왕검이라 하였다.'라고 하였다.

桓雄天王肇自開天生民施化演天經講神誥大訓于衆自是以後治尤天王闢土地採銅鐵鍊兵興産時九桓皆以三神爲一源之祖主蘇塗主管境主責禍與衆議一歸爲和白並智生雙修爲居佺滋是區桓悉統于三韓管境之天帝子乃號曰檀君王儉

《밀기密記》[27]에 이르기를, 『한국의 말末에 다스리기 어려운 강족强族이 있어 그것이 근심이었는데, 한웅이 삼신의 교教를 베풀고 전계佺戒로써 업業을 삼아 무리를 모아 서약을 하고 권징선악의 법을 두니 이로부터 전제剪除의 뜻이 엄밀하였다.

密記云桓國之末有難治之强族患之桓雄乃以三神說敎以佺戒爲業而聚衆作誓有勸懲善惡之法自是密有剪除之志

때에 각 종족의 호號가 같지 않아 풍속이 점점 나뉘어지더니 원주자原住者는 호虎가 되고, 신주자新住者는 웅熊이 되었다. 호의 성품은 잔인하고 약탈을 전업으로 하였으며 웅은 성품이 미련하고 괴곽하고 자긍(自矜)하여, 비록 같은 굴에서 사나 오래될수록 멀어져 어울리지 않았다. 일찍이 허물을 용서하지 않으며, 결혼하지 않으며, 일마다 거의 복종하지 않아,

모두 뜻이 합해지지 않았다. 이에 이르러 웅녀熊女의 군君이 한웅의 신덕神德을 듣고 곧 무리를 이끌고 와서 알현하고 말하기를, "원컨대 굴窟 하나를 주십시오." 하고 신계神戒의 맹세를 하므로, 한웅이 곧 그를 허락하고 그들로 하여금 머물러 있을 곳을 정하여 아들을 낳도록 하였다. 호는 끝내 고치지 못하므로 사해四海에 추방하여 버렸다. 한족의 일어남이 이에서 비롯하였다.』라고 하였다.

時族號不一俗尚漸歧原住者爲虎新住者爲熊虎性嗜貪殘忍專事掠奪熊性愚憨自恃不肯和調雖居同穴久益疎遠未嘗假貸不通婚嫁事每多不服咸未有一其途也至是熊女君聞桓雄有神德乃率眾往見曰願賜一穴廛一爲神戒之盟雄乃許之使之奠接生子有産虎終不能悛放之四海桓族之興始此焉

후에 갈고한웅葛古桓雄이 염제신농씨炎帝神農氏의 나라와 강토의 경계를 정하였으며 또 수 대代를 전하여 자오지한웅은 신용神勇이 관절冠絶하여 동두철액銅頭鐵額으로 능히 안개를 일으키고, 구치九治[28]를 만들며, 주철鑄鐵[29]을 캐서 병장비를 만드니 천하가 크게 두려워하여 세상에서 호를 치우천왕이라 하였다. 치우는 속언에 뇌우雷雨를 크게 만들어 산하山河를 바꾼다는 뜻이다.

後有葛古桓雄與炎農之國劃定疆界又數傳而有慈烏支桓雄紳勇冠絶以銅頭鐵額能作大霧造九治而採鑛鑄鐵作兵天下大畏之世號爲蚩尤天王蚩尤俗言雷雨大作山河改換之義也

치우천왕이 염농炎農이 쇠하는 것을 보고 마침내 웅대한 뜻을 품고 서西에서 여러 차례 천병天兵을 일으켜서 색도索度[30]로부터 진병進兵하여 회대

지간淮岱之間[31]을 점거하고 헌후軒侯[32]가 입국立國한 곳에까지 이르러 곧바로 탁록涿鹿[33]의 들에 들어가서 헌원軒轅을 잡아 신하로 삼았다. 뒤에 오장군吳將軍[34]을 보내어 서쪽의 고신高辛[35]을 쳐서 공을 세우게 하였다.

蚩尤天王見炎農之衰遂抱雄圖屢起天兵於西又自索度進兵據有淮岱之間及軒侯之立也直赴涿鹿之野擒軒轅而臣之後遣吳將軍西擊高辛有功

때에 천하가 솥발처럼 대치해 탁수涿水[36]의 북에는 대효大撓[37]가 있고, 동에는 창힐倉頡[38]이 있고, 서에는 헌원이 있었는데, 서로가 군사로써 싸워서 승리를 얻고자 하였으나 이루지 못하고, 또 창힐에게 의지하고자 하였으나 얻지 못하였으니, 두 나라는 모두 치우의 무리였기 때문이었다. 대효는 일찍이 간지干支의 술術을 배워갔고 창힐은 부도符圖의 문文을 받으니, 당시에 제후로 신하가 되어 섬기는 자가 이러하였다.'라고 하였다.

時天下鼎峙涿之北有大撓東有倉頡西有軒轅自相以兵慾專其勝而未也初軒轅稍後起於蚩尤每戰不利慾依大撓而未得又依倉頡而不得二國皆蚩尤之徒也大撓嘗學干支之術倉頡受符圖之文當時諸侯罔不臣事者亦以此也

사마천은《사기史記》에서 이르기를,『제후가 다 와서 복종하되 치우가 가장 포악하여 천하가 능히 치지 못하고 헌원이 섭정하매 치우가 형제 81인이 있어 짐승의 몸으로 사람의 말을 하며, 머리는 구리요 몸은 쇠이고 모래를 먹으며, 오구五丘의 장대와 칼, 창, 대노大弩를 만들어 천하를 흔드니 치우는 옛 천자의 호이다.』라고 하였다.

司馬遷史記曰諸侯咸來賓從而蚩尤最爲暴天下莫能伐軒轅攝政蚩尤

有兄弟八十一人並獸身人語銅頭鐵額食沙造五丘杖刀戟大弩威振天
下蚩尤古天子之號也

◎ 신시역대기 神市歷代記

배달倍達은 한웅이 정한 천하의 호니, 그가 도읍한 곳은 신시요, 뒤에 청구국으로 옮겨 18세를 전하고 역년은 1565년이었다.

倍達桓雄定有天下之號也其所都曰神市後徙靑邱國傳十八世歷年一千五百六十五年

1세는 한웅천왕이니 또는 거발한居發桓이라고도 하며 94년간 임금의 자리에 있었으며 120살까지 살았다.

一世曰桓雄天皇一云居發桓在位九十四年壽一白二十歲

2세는 거불리한웅居佛理桓雄이니 86년간 임금의 자리에 있었으며 102살까지 살았다.

二世曰居佛理桓雄在位八十六季壽一白二歲

3세는 우야고한웅右耶古桓雄이니 99년간 임금의 자리에 있었으며 135살까지 살았다.

三世曰右耶古桓雄在位九十九年壽一白三十五歲

4세는 모사라한웅慕士羅桓雄이니 107년간 임금의 자리에 있었으며 129살까지 살았다.

四世曰慕士羅桓雄在位一白七年壽一白二十九歲

5세는 태우의한웅太虞儀桓雄이니 93년간 임금의 자리에 있었으며 115살
까지 살았다.

五世曰太虞儀桓雄在位九十三年壽一白一十五歲

6세는 다의발한웅多儀發桓雄이니 98년간 임금의 자리에 있었으며 110살
까지 살았다.

六世曰多儀發桓雄在位九十八年壽一白十歲

7세는 거련한웅居連桓雄이니 81년간 임금의 자리에 있었으며 140살까지
살았다.

七世曰居連桓雄在位八十一年壽一白四十歲

8세는 인부련한웅安夫連桓雄이니 73년긴 임금의 자리에 있었으며 94살
까지 살았다.

八世曰安夫連桓雄在位七十三年壽九十四歲

9세는 양운한웅養雲桓雄이니 96년간 임금의 자리에 있었으며 139살까지
살았다.

九世曰養雲桓雄在位九十六年壽一白三十九歲

10세는 갈고한웅葛古桓雄 또는 독로한瀆盧韓이니 100년간 임금의 자리에
있었으며 125살까지 살았다.

十世曰葛古桓雄一云葛台天王又曰瀆盧韓在位一百年壽一白二十五歲

11세는 거야발한웅居耶發桓雄이니 92년간 임금의 자리에 있었으며 149살
까지 살았다.

十一世曰居耶發桓雄在位九十二年壽一白四十九歲

12세는 주무신한웅州武愼桓雄이니 105년간 임금의 자리에 있었으며 123
살까지 살았다.

十二世曰州武愼桓雄在位一白五年壽一白二十三歲

13세는 사와라한웅斯瓦羅桓雄이니 67년간 임금의 자리에 있었으며 100
살까지 살았다.

十三世曰斯瓦羅桓雄在位六十七年壽一白歲

14세는 자오지한웅慈烏支桓雄이니 세칭 치우천왕이며 청구국에 도읍하
고 109년간 임금의 자리에 있었으며 151살까지 살았다.

十四世曰慈烏支桓雄世稱蚩尤天王徙都青邱國在位一白九年壽一白
五十一歲

15세는 치액특한웅蚩額特桓雄이니 89년간 임금의 자리에 있었으며 118살
까지 살았다.

十五世曰蚩額特桓雄在位八十九年壽一白一十八歲

16세는 축다리한웅祝多利桓雄이니 56년간 임금의 자리에 있었으며 99살

까지 살았다.

十六世曰祝多利桓雄在位五十六年壽九十九歲

17세는 혁다세한웅赫多世桓雄이니 72년간 임금의 자리에 있었으며 97살
까지 살았다.

十七世曰赫多世桓雄在位七十二年壽九十七歲

18세는 거불단한웅居弗檀桓雄이니 혹은 단웅檀雄이라고도 하고 48년간
임금의 자리에 있었으며 82살까지 살았다.

十八世曰居弗檀桓雄或云檀雄在位四十八年壽八十二歲

1. **나반** – '나반', '나바이', '아바이'로 읽는다. 즉 아버지다.

2. **아만** – '아만', '아마이'로 읽는다. 즉 어머니다.

3. **아이사타** – 나반과 아만이 처음 만난 곳으로 '사타려아'라고도 했다. '아사
   달', '아유타', '사백력' 등의 말과 함께 모두 태양숭배의 사상에서 나온 말
   인 것 같다. 아이사타가 변해 아유타나 아사달로 바뀔 가능성은 있다. 아
   무튼 사백력의 하늘이 신神이 유거하는, 즉 빛나는 태양이 사는 곳이라면,
   그의 자손들이 사는 곳은 그의 빛이 있는 곳이라야 하므로 아이사타나 아
   사달 등은 태양 광선이 잘 비추는 곳이어야 한다.

4. **천산** – 옛이름은 백산白山, 설산雪山, 기련산祈連山으로 천산산맥 동쪽의 제

일 높은 산이다. 이 책에 한인이 처음 내려온 곳 또는 한국이 있었던 곳으로 파내류산, 천해, 천산과 흑수 사이를 들고 있으며 히말라야산도 관련짓고 있다. 또 한웅이 내려온 곳은 태백산이다. 그런데 천산은 옛이름이 백산 또는 설산이며, 이렇게 되면 바로 천산이 되고, 따라서 우리 민족이 처음 활동하던 곳은 파미르고원, 히말라야산, 천산, 태백산, 바이칼호, 흑수의 일대가 된다.

5. 파내류산 - 파미르고원. 중국명은 총령葱嶺, 한국어로는 파마루가 된다. 파미르고원은 파의 자생지다.

6. 천해 - 북해 즉 바이칼호.

7. 우루국 - 고대 메소포타미아에 있었던 수메르의 도시국가 '우르'로 보는 학자들이 있다.

8. 수밀이국 - B.C.4000년 이전부터 메소포타미아에서 살면서 서양 문화의 모체를 이룬 수메르인의 나라를 가리키는 것으로 보인다.

9. 삼위산 - 감숙성甘肅省 돈황현敦煌縣에 있는 산. 한웅천왕이 태백산으로 내려올 때 반고는 삼위산으로 갔다. 곤륜산 서쪽으로, 중국신화에서는 서황모가 거주했다고 한다.

10. 태백산 - 섬서성陝西省에 있는 산. 백두산.

11. 오가첨 - 오가五加들이란 뜻인 것 같다.

12. 무리 3천 - 중삼천衆三千, 삼천도三千徒 또는 삼천도단三千徒團으로 표기하고 있다. 9황皇 64면 또는 5가 64족 3천도단이다.

13. 홍범 - 천하를 다스리는 대법.

14. 반고 - 盤古라고도 쓰고, 반호盤瓠라고도 한다. 무릉만武陵蠻, 묘족苗族, 요족猺族의 시조. 중국에서 천지개벽 때 처음으로 세상에 나왔다고 하는 천자의 이름.《통감외기通鑑外紀》에 '천지가 혼돈하여 달걀과 같았는데 그

속에서 태어나 18000년을 살았다. 양은 밝아 하늘이 되고 음은 탁하여 땅이 되었다.'라고 하였다.

15. 기술 – 신기한 재주.

16. 유묘 – 묘족의 시조라고 말한다.

17. 유수 – 수인燧人씨.

18. 3백6십 – 1년 365.2422일과 사람의 366골혈과 통한다. 해모수는 신궁을 지을 때 366간으로 했다. 《북부여기》 상, 주14 참고)

19. 일웅과 일호 – 지금까지 곰 한 마리와 범 한 마리로 해석했으나 웅족과 호족을 나타내는 말이다.

20. 신계 – 신의 계율 또는 신시의 율법.

21. 쑥과 마늘 – 악귀를 물리치는 힘을 가지고 있는 풀로 알려져 왔다.

22. 천경 – 〈천부경天符經〉을 가리킨다.

23. 신고 – 〈삼일신고三一神誥〉를 가리킨다.

24. 소도 – 이 책에 따르면, 제천을 행하는 곳으로 교육도 실시했다. 소도는 처음 삼신에 대한 제사에서 시작했다. 후세로 오면서 한인, 한웅, 치우의 삼황三皇도 소도제천의 대상이 되었으며 단군도 또한 제사를 받게 되었다. 소도제천은 점차 확대되어 국중대회와 지방대회로 나누어졌으며 가정에도 소도가 들어서게 되어 삼신을 모셨다. 이러한 제사의 풍속은 점차로 확대되어 조상신, 일월산천, 묘원墓園, 어렵漁獵, 전진戰陣, 출행出行의 제사로까지 발전했다.

국중대회를 열어 제천祭天을 할 때는 원단圓壇을 쌓고 했으며, 제지祭地를 할 때는 방구方丘를 쌓아서 하고, 제선祭先을 할 때는 나무를 세웠다. 가정에서는 깨끗한 자리를 택해 단지에 곡물을 담아놓았다. 제천할 때의 단을 천단天壇이라 했으며 산정에 단을 만들고 주위를 팠다. 제지할 때의 단을 신단神壇이라 했으며 산곡山谷에 나무를 심고 토단土壇을 만들었다. 참성단은 천단의 하나다. 소도를 상소도와 하소도로 구분하기도 했다.

《규원사화》는 다음과 같이 쓰고 있다. '후세의 역대 나라들이 제사 지내지 않는 나라가 없으니 부여, 예, 맥, 마한, 신라, 고구려 등 제국은 시월十月로써 하고, 백제는 사중월四仲月로써 하되 각각 도천禱天, 무천舞天, 제천祭天, 교천郊天, 영고迎鼓, 동맹東盟이라 한다. 부여는 하늘에 제사 지낼 때 소를 잡아서 발굽으로 길흉을 점치는 풍속이 있었다.'라고 했는데 이와 같은 도천, 무천 등으로의 분화는 훨씬 후대에 와서 일어난 것이며 처음에는 모두 소도였던 것이다. 도천, 무천 등의 명칭들은 소도제천의식의 일부분의 명칭에 지나지 않았던 것으로 보아야 한다.

소도제천에서는 환무環舞하며 백희를 연출하는 영신종합민속迎神綜合民俗놀이 같은 것이 행해지기도 했다. 그런데 이 행사의 독특한 점은 반드시 먼저 〈천부경〉〈삼일신고〉〈참전계경參佺戒經〉을 연한 후에 행사를 진행했으며 또 이들 경을 노래했다는 것이다. 다음을 보자. '구한九桓의 제한諸汗이 영고탑寧古塔에 모여 삼신상제三神上帝와 한인, 한웅, 치우 및 단군왕검께 제사를 지내고 무리와 더불어 오일대연五日大宴을 베풀었다. 밝은 등은 밤을 지키고 경經을 창창唱하며 뜰을 밟고 일변 횃불을 줄지어 들고 일변 등 그렇게 돌아가며 춤을 추고 애환가愛桓歌를 제창했다.'(16세 단군위나檀君尉那 참고)

또 소도에는 경당扃堂을 설하여 국자랑國子郎들에게 충忠, 효孝, 신信, 용勇, 인仁 등 오상五常의 도道를 가르치고, 독서讀書, 습사習射, 치마馳馬, 예절禮節, 가악歌樂, 권박拳搏 등 육예六藝를 연마시키기도 했다. 신라의 화랑도는 경당에서 공부하던 천지화랑天指花郎에서 나온 것이며 소위 화랑 세속 오계는 천지화랑들이 행하던 오상五常의 도道였다. 소도는 민족의 이상을 실현하는 대화합의 장소이자 행사였다.

25. **관경** – 관할하는 영토. '삼한三韓에는 분조관경分朝管境의 뜻이 있고, 삼한 선三韓鮮에는 분권관경分權管境의 제제가 있다.' 관수토경管守土境.

26. **화백** – 신라의 화백제도도 여기서 나온 것이다.

27. **《밀기》** – 《삼성밀기》라는 책이 있으나 어느 책을 말하는지 확실하지 않다.

28. **구치** – 구치九治를 어떻게 보아야 할지 모르겠다. 9라는 숫자는 성수聖數 라고 볼 수가 있으나, 治가 만든다는 말과는 약간 호응이 되지 않는다. 구 치九治를 구야九冶로 보면 '9곳에 대장간을 만들어 주철을 캐서 병장비를 만들다'로 볼 수가 있다.

29. **주철** – 중국에서 처음으로 철기가 사용된 것은 춘추시대春秋時代 전반 즉 B.C.6~7세기경이었다고 한다. 그 무렵 청동을 미금美金이라 불렀으며 철을 아금亞金이라 부르고 호미나 괭이 등을 만들어 썼다고 한다. 그러나 은말殷末에 철이 출현했다는 설도 있다.

철은 대체로 탄소의 함유량이 적은 단철과 탄소가 많은 주철로 구분한 다. 유럽에서는 고대 철기가 전부 단철이고 주철은 훨씬 늦은 14세기경 독 일의 라인지방에서 처음으로 대량 생산되었다고 한다.

그런데 중국에서는 이와는 반대로 처음 사용된 것이 주철이며 그 후 2~3 세기를 지나서 전국중기戰國中期경에 단철이 나오게 된 것이라고 말하고 있다.

그런데 녹도승鹿島昇 씨는《일본 유다야 왕조의 수수께끼》에서 다음과 같이 쓰고 있다. '판전무언坂田武彦은 국동반도國東半島의 제철유적에서 B.C.695±40년의 목탄을 발굴했는데 승문시대繩文時代에서의 철문화의 존재를 입증하여 고고학계의 정설을 번복했다. 상야철웅上野鉄雄은 "이 유적의 연대는 하층에 승문후기의 유적이 있고 1~2m의 두께를 400년으로 보면 B.C.10~11세기가 된다. 여기에서 출토된 철검은 나무와 철의 이중 칼집에 들어 있으며 거친 베에 감겨 이개소二個所에 목정目釘이 있고 철분은 단철이다.'라고 보고하고 있다. 상야上野는 국동반도에 2~3만 톤의 쇠 찌꺼기가 있으며 고대에서는 세계에서 제일 큰 규모의 제철이 행해졌을 것으로 추정하고 있다. B.C.10세기는 인도는 전기 우에다 시대, 중국은 주초周初인데 국동의 제철은 성서에 "적토赤土에서 가져온다"고 한 방법이다.'라고 주장하고 있다. 당시 일본은 삼한관경 내에 속해 있었다. 치우는 B.C.2707년에서 2599년까지 109년간 집권했다. 《대세계大世界의 역사》 2권, 삼성출판사, 99~100쪽 및 《일본 유다야 왕조의 수수께끼》, 녹도승鹿島昇, 신국민사, 266~270쪽 참고)

30. **색도** - 백하白河 부근.

31. **회대지간** - 회수淮水와 대산岱山의 사이로 하남성과 산동성.

32. **헌후** - 중국의 황제黃帝. 성은 공손公孫, 이름은 헌원軒轅. 뒤에 성을 희姬로 고쳤다. 공손公孫은 소전少典의 별파別派, 소전少典은 고시高矢의 방계.

33. **탁록** - 하북성 탁록현. '탁록은 지금의 산서山西 대동부大同府다.'

34. **오장군** - 고신시대高辛時代 견융犬戎의 장군.

35. **고신** - 황제의 증손. 극극極의 아들. 수덕水德. 박亳에 도읍하고 원년을 기유己酉라 했다. 제곡帝嚳.

36. **탁수** - 탁록 근처를 흐르는 강.

37. **대효** - 황제의 스승이라고 한다.

38. **창힐** - 蒼頡로도 쓴다. 새의 발자국을 보고 처음으로 한자를 만들었다고 전한다.

단군세기

檀君世紀

행촌 杏村

이암 李嵒

● 단군세기檀君世紀 서序

위국爲國[1]의 도道가 사기士氣보다 먼저인 것이 없고, 사학史學보다 급한 것이 없음은 무엇 때문인가. 사학이 불명不明하면 사기가 부진하고, 사기가 부진하면 국본國本이 흔들리고 정법政法이 갈라진다. 대개 사학의 법은 깎을 수 있는 것은 깎고 보탤 수 있는 것은 보태어 인물을 형량衡量[2]하고 시상時像[3]을 논진論診[4]하니 만세의 표준이 되지 않는 것이 없다. 이 민족이 살아온 것은 참으로 오래되었다. 창세創世의 조서條序[5]가 또한 정증訂證[6]을 더하여 나라와 역사로 병존하고, 사람과 정사政事로 구거俱擧[7]하니 모두가 나보다 우선하는 것이요 소중한 것이다.

祝爲國之道莫先於士氣莫急於史學何也史學不明則士氣不振士氣不振則國本搖矣政法歧矣盖史學之法可貶者貶可褒者褒衡量人物論診時像莫非標準萬世者也斯民之生厥惟久矣創世條序亦加訂證國與史並存人與政俱擧皆自我所先所重者也

오호라, 정사는 그릇이요 사람은 도道이니 어찌 그릇이 도를 떠나서 존재할 수 있으며, 나라는 형상이요 역사는 혼이니 어찌 형상이 혼을 잃고 보존될 수 있겠는가. 도道와 기器를 같이 닦은 것이 우리이며, 또한 형상과 혼이 같이 이그러진 것이 우리다. 고로 천하 만사가 나를 아는 것이 먼저인데 나를 알고자 하는 것은 무엇으로부터 비롯하는 것인가.

嗚呼政猶器人猶道器可離道而存乎國猶形史猶魂形可失魂而保乎並

修道器者我也俱衍形魂者亦我也故天下萬事先在知我也然則其欲知
我自何而始乎

무릇 삼신일체三神一體의 도는 대원일大圓一의 뜻에 있으니 조화의 신(造化
神)은 내려와서 우리의 성性이 되고, 교화의 신(敎化神)은 내려와서 우리의
명命이 되고, 치화의 신(治化神)은 내려와서 우리의 정精이 되니, 고로 오
직 사람이 만물의 가운데서 가장 귀하고 가장 높은 것이다. 무릇 성은
신의 뿌리다. 신은 성에 근본하나 성은 신이 아니요, 기氣가 형형불매炯炯
不昧[8]한 것이 진성眞性이다. 이러하므로 신은 기에서 떠날 수가 없고, 기는
신에서 떠날 수가 없으니 우리 몸의 신과 기가 합한 후에 우리 몸의 성
과 명을 볼 수 있다.

夫三神一體之道在大圓一之義造化之神降爲我性敎化之神降爲我命
治化之神降爲我精故惟人爲最貴最尊於萬物者也夫性者神之根也神
本於性而性未是神也氣之炯炯不昧者乃眞性也是以神不離氣氣不離
神吾身之神與氣合而後吾身之性與命可見矣

성은 명에서 떠날 수가 없으며, 명도 성에서 떠날 수가 없는 것이니 우리
몸의 성과 명이 합한 후에 우리 몸이 신의 성에서 비롯하지 않음과 기의
명에서 비롯하지 않음을 볼 수가 있는 것이다. 고로 그 성의 영각靈覺[9]이
천신天神과 더불어 그 근원을 같이하고, 그 명의 현생現生[10]이 산천山川과
더불어 그 기를 같이하고, 그 정의 영속永續이 창생과 더불어 그 업業을
같이한다.

性不離命命不離性吾身之性與命合而後吾身未始神之性未始氣之命
可見矣故其性之靈覺也與大神同其源其命之塊生也與山川同其氣其

精之永續也與蒼生同其業也

곧 하나를 잡아 셋을 포함하고, 셋이 모여 하나가 되는 것이 이것이다. 고로 정定한 마음이 변하지 않는 것을 가리켜 진아眞我라고 하며, 신통만변神通萬變하는 것을 가리켜 일신一神이라고 한다. 진아는 일신이 유거攸居[11]하는 궁宮이다. 이 진원眞源을 알아서 의법 수행하면 길상吉祥[12]은 스스로 모이고 광명은 항상 이를 비출 것이다. 곧 삼신을 붙잡아 계율을 맹세하고 천天과 인人이 서로 같이 있을 때에 연분은 비로소 하나로 돌아갈 것이다.

乃執一而含三會三而歸一者是也故定心不變謂之眞我神通萬變謂之一神眞我一神攸居之宮也知此眞源依法修行吉祥自臻光明恒照此乃天人相與之際緣執三神戒盟而始能歸于一者也

고로 성性, 명命, 정精의 무기無機는 삼신일체의 상제上帝인 것이다. 우주 만물과 더불어 혼연동체가 되어 심기心氣와 더불어 몸은 형적이 없고 감感, 식息, 촉觸의 무기가 장존長存하는 것이 한인주조桓因主祖인 것이다. 세계 만방과 더불어 하나로 시행하여 천天, 지地, 인人이 함께 즐기고 무위無爲하여도 스스로 화化한다. 이런 고로 입교立敎하고자 하는 자는 모름지기 먼저 자아自我를 세우고, 형상을 혁신하고자 하는 자는 모름지기 먼저 무형無形을 펼 것이니, 이것은 곧 나를 알고나서 혼자서 일도一道를 구하는 것이다.

故性命精之無機三神一體之上帝也與宇宙萬物混然同體與心氣身無跡而長存感息觸之無機桓因主祖也與世界萬邦一施而同樂與天地人無爲而自化也是故其欲立敎者須先立自我革形者須先革無形此乃知

我求獨之一道也

오호라 슬프다. 부여는 부여의 도가 없어진 후에 한인漢人이 부여에 들어왔고, 고려는 고려의 도가 없어진 후에 몽고인이 고려에 들어왔다. 만약 그때 재빨리 부여에 부여의 도가 있었다면 한인은 한으로 돌아갔을 것이며, 고려에 고려의 도가 있었다면 몽고는 몽고로 돌아갔을 것이다.

嗚呼痛矣夫餘無夫餘之道然後漢人入夫餘也高麗無高麗之道然後蒙古入高麗也若其時之制先以夫餘有夫餘之道則漢人歸其漢也高麗有高麗之道則蒙古歸其蒙古也

오호 슬프다. 향년向年[13]에 오잠吳潛[14]과 류청신柳淸臣[15]배의 사론邪論은 음흉하게도 백귀百鬼와 더불어 야행夜行하고, 남생男生[16]과 발기發岐[17]의 역심으로 상응합세하여 위국자를 억누르니, 어찌 도와 기가 상喪하고 형과 혼이 전멸하는 때에 스스로 안전할 수 있겠는가. 지금 외인 간섭의 정치는 길수록 자심하여 임금을 마음대로 양위시키고 복위시키며, 두목을 임명하여 희롱하고 멋대로 놀아나도 우리 대신들은 속수무책이니 이는 어찌된 일인가. 나라에는 사학史學이 없고 형形은 혼을 잃은 까닭이다. 일 대신의 능력으로는 조금도 구할 수가 없는 것이다. 말하자면 곧 거국擧國의 사람들이 스스로 구국을 기약하고 구국에 유익한 바를 구한 후에야 구국이라고 말할 수 있는 것이다.

嗚呼痛矣向年潛淸輩之邪論陰與百鬼夜行以男生發岐之逆心相應而合勢爲國者抑何自安於道器兩喪形魂全滅之時乎今外人干涉之政去益滋甚讓位重祚任渠弄擅如我大臣者徒束手而無策何也國無史而形失魂之故也一大臣之能姑無可救之爲言而乃擧國之人皆救國自期而救

其所以爲有益於救國然後方可得以言救國也

구국의 길이 어디에 있는가 하면 앞에서 말한 바와 같이 나라에 사학이 있어야 형에 혼이 있는 것이다. 신시는 개천하여 스스로 그 법통이 있었다. 나라는 법통에 따라 세워지고 백성은 법통에 따라 일어났다. 어찌 사학이 중요하지 않다고 할 수가 있을 것인가. 즐거운 마음으로 이 글을 써서 《단군세기》의 서序로 삼는다.

然則救國何在哉向所謂國有史而形有魂也神市開天自有其統國因統而立民因統而興史學豈不重歟書此樂爲檀君世紀序

상上의 12년 계묘(공민왕 12년 A.D.1363년) 10월 3일
홍행촌수紅杏村叟가 강도江都의 해운당海雲堂에서 썼다.
上之十二年癸卯十月三日紅杏村叟書于江都之海雲堂

1. **위국** - 나라를 위하다.
2. **형량** - 저울로 헤아리다.
3. **시상** - 시상時狀과 같은 말. 시세時世의 상태.
4. **논진** - 논하여 진단하다.
5. **조서** - 차례, 질서.
6. **정증** - 바로잡아 고치어 밝히다.

7. **구거** – 함께 일어나다.

8. **형형불매** – 반짝반짝 빛나다.

9. **영각** – 영혼.

10. **현생** – 이 세상의 생애.

11. **유거** – 유거幽居. 그윽하고 깊숙한 곳에 살다.

12. **길상** – 운수가 좋을 조짐.

13. **향년** – 선년先年. '예전에'라는 뜻.

14. **오잠** – 고려 때의 간신. 충렬왕 때 문과에 급제, 승지에 이르러 김원상金元祥, 석천보石天輔 등과 함께 잔치를 벌여 즐기기를 좋아하는 왕의 총애를 미끼로 전국의 명기를 뽑아들이고 삼장사三藏寺, 사룡蛇龍 등의 새 노래를 지어 가무를 관람케 하는 등으로 환심을 샀다. 벼슬이 감찰대부를 거쳐 지도첨의사사까지 올라갔으나 항상 왕의 부자를 모함해 이간했고, 어진 신하들을 모해하여 원성이 높았다.

예문관 대제학, 첨의평리, 상의회의도감사 등을 역임하고 첨의찬성사로서 귀성군에 봉해졌다. 류청신柳淸臣 등과 심양왕瀋陽王 고暠의 일딩이 되어 1323년(충숙왕 10년)에는 원제元帝에게 고려에 행성行省을 설치, 국호를 폐하고 원나라의 내지內地와 똑같이 다스릴 것을 청하는 등 나라에 많은 해를 끼쳤다. 《국사대사전》, 이홍직)

15. **류청신** – 고려 때의 간신. 어려서 몽고어를 배워 여러 차례 원나라에 다녀왔고 외교에 능했으므로 충렬왕의 총애를 받아 낭장郎將이 되었다. 1316년 정조사로, 1321년에는 왕을 따라 원나라에 갔다. 이때 조적 등과 통하여 왕위를 노리는 심양왕 고에게 붙어 충선왕을 모함하려 했으며, 오잠과 함께 본국에 정동행성을 설치할 것을 원나라에 청하는 등 반역행위를 하다 이루지 못하자 누려워 귀국하지 못하고 9년 동안 원나라에 있다가 숙

었다.(위의 책 참고)

16. **남생** - 연개소문의 장자. 막리지 자리를 아우 남건이 탈취하자 이적李勣
과 함께 당군을 이끌고 와서 고구려를 멸망시켰다. 그 후 우위대장군 변
국공에 승진했다.(위의 책 참고)

17. **발기** - 고구려 신대왕新大王의 아들이자 고국천왕의 동생. 196년 고국천왕
이 후사가 없이 죽자 동생 연우와 왕위 쟁탈전을 하다가 패하고 요동으로
도망하여 공손탁에게서 군사를 얻어 본국을 치다가 패하여 자살했다.(위
의 책 참고)

단군세기 檀君世紀

《고기》에 이르기를, 『왕검의 아버지는 단웅檀雄[1]이요 어머니는 웅씨왕
녀인데, 신묘년(B.C.2370년) 5월 2일 인시에 단수檀樹 아래서 낳았다. 신인
神人의 덕이 있으므로 원근遠近이 두려워 복종하였다. 나이 14세 갑진년
(B.C.2357년)에 웅씨왕이 왕검의 신성함을 듣고 비왕裨王[2]을 삼아 대읍大
邑[3]의 국사國事를 섭행攝行[4]하게 하였다. 무진년(B.C.2333년) 당요唐堯[5] 때에
단국檀國[6]으로부터 아사달阿斯達 단목檀木의 터에 이르러 국인이 추대하
여 천제자天帝子로 삼으니 구한九桓이 하나가 되고 신화神化가 먼 곳에까
지 미치었다. 이를 단군왕검이라 한다. 비왕에 있은 지 93년이며 수壽는
130세였다.』고 하였다.

古記云王儉父檀雄母熊氏王女辛卯五月二日寅時生于檀樹下有神人
之德遠近畏服年十四甲辰熊氏王聞其神聖擧爲裨王攝行大邑國事戊
辰唐堯時來自檀國至阿斯達檀木之墟國人推爲天帝子混一九桓神化

遠曁是謂檀君王儉在裨王位二十四年在帝位九十三年壽一百三十歲

재위 원년은 무진년이다. 대시大始 신시神市의 세世에 사방에서 온 백성이 산곡山谷에 널리 퍼져서 살았는데 풀로 옷을 해 입고 맨발로 지냈다. 개천開天[7] 1565년 10월 3일에 이르러 신인 왕검이 오가五加[8]의 우두머리가 되어 무리 8백[9]을 이끌고 단목의 터에 와서 무리와 더불어 삼신三神에게 제사를 드렸다. 그 지극한 신神의 덕德을 겸한 성聖의 인仁은 능히 명命을 받들어 하늘을 이어 높고 평평하고 열렬하므로 구한九桓의 백성이 모두 열성으로 복종하여 천제天帝로 받들었다. 그 임금이 단군왕검이다. 단군왕검은 신시의 구규舊規[10]를 부활하여 아사달에 도읍을 하고 나라를 세워 국호를 조선朝鮮이라 하였다.

戊辰元年大始神市之世四來之民遍居山谷草衣跣足至開天一千五百六十五年上月三日有神人王儉者五加之魁率徒八百來御于檀木之墟與衆奉祭于三神其至神之德兼聖之仁乃能奉詔繼天巍蕩惟烈九桓之民咸悅誠服推爲天帝化身而帝之是爲檀君王儉復神市舊規立都阿斯達建邦號朝鮮

조서에 이르기를, 『천범天範[11]은 오직 하나요 그 문門은 둘이 아니다. 너희가 오직 너희의 마음을 순수하고 정성스럽게 하면 그것이 바로 조천朝天[12]이다. 천범은 항상 하나요 인심은 오직 한 가지다. 몸을 밀(推)고 마음을 다잡아 인심에 미치면, 인심은 오직 감화하여 또한 천범에 합하고 만방萬邦[13]에 작용한다.

詔曰天範惟一弗二厥門爾惟純誠一爾心乃朝天天範恒一人心惟同推己秉心以及人心人心惟化亦合天範乃用御于萬邦

너희가 사는 것은 어버이가 있기 때문이요, 어버이는 하늘로부터 하강하였으니 오직 너희 어버이를 공경하면 바로 하늘을 공경하여, 나라 안에 미치니 이것이 곧 충효인 것이다. 너희가 능히 도를 체득하면 하늘이 무너진다 하더라도 반드시 먼저 벗어날 것이다. 짐승도 쌍이 있고 헌 신도 짝이 있다. 너희 남녀는 화목하여 원망하지 말며, 질투하지 말며, 음란하지 말라. 열 손가락을 깨물어 보아라. 크고 작은 것 없이 다 아프다. 너희는 서로 사랑하고 서로 헐뜯지 말며, 서로 돕되 다투거나 싸우지 말아야 가정과 국가가 흥성할 것이다. 소와 말을 보아라. 오히려 꼴을 나눠서 먹는다. 서로 헐뜯지 않으며 서로 빼앗지 않고 함께 지어 서로 도둑질하지 않으면 국가는 은성할 것이다.

爾生由親親降自天惟敬爾親乃克敬天以及于邦國是乃忠孝爾克体是道天有崩必先脫免禽獸有雙弊履有對爾男女以和無怨無妬無淫爾嚼十指痛無大小爾相愛無胥讒互佑無相殘家國以興爾觀牛馬猶分厥芻爾互讓無胥奪共作無相盜國家以殷

호虎를 보아라. 강포하고 불령不靈하여 천민賤民이 되었다. 너희는 사납게 달려가 찔러 죽이지 말고 사람을 상하게 하지 말며, 항상 천범天範을 지키고 물物을 속속들이 사랑하여라. 너희는 기울면 부축여주고 약한 자를 능멸하지 말며 제휼濟恤[14]하고 낮은 자를 모멸하지 말라. 너희가 규칙을 흩트리면 신의 도움을 영원히 얻지 못하여 몸과 가정이 죽을 것이다.

　너희가 벼 밭에 불을 놓으면 벼는 남김없이 죽을 것이며 신인神人은 노할 것이다. 너희가 비록 그 향기를 두껍게 싸더라도 반드시 샐 것이다. 너희는 공경하며 떳떳한 성품을 지녀 사특함을 품지 말며, 악을 숨기지 말며, 화를 감추지 말며, 마음은 하늘을 속속들이 공경하며 백성을 친히 하라. 너희는 곧 복록이 무궁할 것이다. 너희 오가五加의 무리는 흠복해야 할 것이다.』라고 하였다.

爾觀于虎彊暴不靈乃作孼爾無桀驁以戕性無傷人恒遵天範克愛物爾扶傾無陵弱濟恤無侮卑爾有越厥則永不得神佑身家以殞爾如有衝火于禾田禾稼將殄滅神人以怒爾雖厚包厥香必漏爾敬持彝性無懷慝無隱惡無藏禍心克敬于天親于民爾乃福祿無窮爾五加衆其欽哉

이때에 팽우彭虞에게 명하여 토지를 개척하고 궁실을 지었다. 신지臣智는 문자를 만들고, 기성奇省은 의약을 베풀었다. 나을那乙은 판적版籍을 관장하고 희전羲典으로 점을 치며 더욱 병마兵馬를 관장하였다. 비서갑斐西岬 하백河伯의 딸을 들여 후后로 삼고 누에 치는 법을 가르치게 하니 순방지치淳厖之治의 밝음이 천하에 미치었다.

於是命彭虞闢土地成造起宮室臣智造書契奇省設醫藥那乙管版籍義典卦筮尤掌兵馬納斐西岬河伯女爲后治蠶淳厖之治熙洽四表

정사 50년(B.C.2284년) 홍수가 범람하여 백성이 쉬지 못하였다. 제帝는 풍백風伯 팽우에게 치수治水를 명하여 높은 산과 큰 내를 정하고 백성이 편안히 살게 하였다. 우수주牛首州[15]에 비가 있다. 무오 51년(B.C.2283년) 제가 운사雲師 배달신倍達臣에게 명하여 혈구穴口[16]에 삼랑성三郎城[17]을 설치하고 마리산摩璃山 제천단祭天壇을 쌓았다. 지금의 참성단塹城壇[18]이 이것이다.

丁巳五十年洪水汎濫民不得息帝命風伯彭虞治水定高山大川以便民居牛首州有碑戊午五十一年帝命雲師倍達臣設三郎城于穴口築祭天壇於摩璃山今塹城壇是也

갑술 67년(B.C.2267년) 제가 태자 부루扶婁를 보내어 우虞의 사공司空[19]과 도산塗山[20]에서 만나게 하였다. 태자는 오행치수법五行治水法을 전하였다. 국계國界를 감정勘定하여 유주幽州[21]와 영주營州[22]의 두 주를 우리에게 속하게 하였다. 회대淮岱의 제후諸侯는 분조分朝[23]하여 다스리게 하고 우순虞舜으로 하여금 그 일을 감리하도록 하였다.

甲戌六十七年帝遣太子扶婁與虞司空會于塗山太子傳五行治水之法 勘定國界幽營二州屬我定淮岱諸侯置分朝以理之使虞舜監其事

경자 93년(B.C.2241년) 제가 버들궁궐(柳闕)에 계시면서 스스로 토계土階를 이루었다. 풀과 순채를 없애지 않았으며 단목이 우거져 그늘이 생기므로 웅호熊虎와 더불어 놀고 소와 양이 살찌는 것을 보았다. 전답 사이에 있는 도랑은 파내고, 밭길을 만들며 누에치기를 권하고, 고기 잡는 법을 다스리니 백성들은 재물이 남으므로 국용國用에 보태어 10월에 국중대회를 열고 하늘에 제사를 지내니 백성들이 기뻐하며 즐겼다. 이로부터 황화皇化가 구역九域의 먼 곳에까지 적시어 덕교德敎를 즐김이 점차로 널리 퍼져 나갔다. 이때에 천하의 땅을 구획하여 삼한三韓[24]을 나눠서 통치했다. 삼한은 모두 5가家 64족族이었다.

慶子九十三年帝在柳闕土階自成草荊不除檀木茂陰與熊虎遊觀牛羊 苗浚溝洫開田陌勸田蠶治漁獵民有餘物俾補國用國中大會上月祭天民 皆熙皞自樂自此皇化洽被九域遠曁耽浪德敎漸得偉廣先是區劃天下 之地分統三韓三韓皆有五家六十四族

이 해 3월 15일 제가 봉정蓬亭에서 붕崩하므로 교외의 10리 지점에 장사 시냈나. 반 백성이 부모의 상을 만난 것처럼 단기檀旗[25]를 받들어 새벽까 저녁으로 합좌合坐 경배敬拜하고 상념常念하여 마음속에서 잊지 않았다. 태자 부루가 입立했다.

是歲三月十五日帝崩于蓬亭葬于郊外十里之地萬姓如喪考妣奉檀旂
晨夕合坐敬拜常念不忘于懷太子扶婁立

2세 단군檀君 부루扶婁 재위 58년

재위 원년은 신축년(B.C.2240년)이다. 제가 어질고 다복하여 재물을 많이 모아 큰 부자가 되었다. 백성과 더불어 산업을 공치共治하므로 굶주리거나 추운 백성이 한 사람도 없었다. 매년 춘추로 국중을 순성巡省하여 예의를 좇아 하늘에 제사를 지냈다. 제한諸汗[26]의 선악善惡을 살피고 상벌을 신중히 하며, 개천을 파내고 농상農桑을 권하며, 집을 짓고 학문을 일으키니 문화가 크게 진보하여 명성이 날로 드러났다.

辛丑元年帝賢而多福居財大富與民共治産業無一民飢寒每當春秋巡
省國中祭天如禮察諸汗善惡克愼賞罰浚渠洫勸農桑設寮興學文化大
進聲聞日彰

처음에 우순虞舜이 남국藍局[27]의 옆에 유주와 영주 두 주를 설치하므로 제가 군사를 보내어 정벌하고 그 군君을 모두 쫓아버린 다음 동무東武와 도라道羅[28]를 그 군君에 봉하고 공을 표창하였다.

初虞舜置幽營二州於藍國之隣帝遣兵征之盡逐其君封東武道羅等以
表其功

신시 이래로 국중대회를 열고 제천하였으며, 덕을 기리고 서로 화합하

는 노래를 제창하였다. 어아가^{於阿歌29}를 불러 근본에 대하여 감사하고
신인神人이 사방을 화합하는 식식을 행하였는데 이가 참전계參佺戒이며
그 사詞는 이러하다.

神市以來每當祭天國中大會齊唱讚德諧和於阿爲樂感謝爲本神人以
和四方爲式是爲參佺戒其詞曰

어아어아 우리들	於阿於阿我等
대조신大祖神³⁰의 큰 은덕을	大祖神大恩德
배달나라 우리들이	倍達國我等皆
백백천천 잊지 마세.	百百千千年勿忘
어아어아 선심善心은 활이 되고	於阿於阿善心大弓成
악심惡心은 과녁 되니	惡心矢的成
우리들 백백천천 활줄같이	我等百百千千人皆大弓絃同
착한 마음 곧은 살로 동심同心이네.	善心直矢一心同
어아어아 우리들	於阿於阿我等
백백천천 한 활로 과녁 뚫어	百百千千人皆大弓一衆多矢的貫破
비탕沸湯³¹ 같은 선심 중에	沸湯同善心中
한 점 눈(雪)이 악심이네.	一塊雪惡心
어아어아 우리들	於阿於阿我等
백백천천 활같이 굳은 마음	百百千千人皆大弓堅勁同心
배달나라 광영이네.	倍達國光榮
백백천천 높은 은덕	百百千千年大恩德
우리 대조신 우리 대조신.	我等大祖神我等大祖神

임인 2년(B.C.2239년) 제가 소련少連과 대련大連[32]을 불러 치도治道를 물었다. 이보다 앞서 소련과 대련은 거상居喪[33]을 잘하였다. 3일[34]을 게으르게 하지 않았고, 3월[35]을 태만하게 하지 않았으며 기년朞年[36]에는 슬퍼하였고 3년 상을 끝낼 때까지도 슬퍼하기를 마지 아니하였다. 이로부터 거개 세속에서는 5달로써 상을 마치었으며 오래하는 것을 영광스럽게 여겼다. 이것은 천하 대성인의 덕화가 마치 역마驛馬로 전하는 것처럼 빨리 유행流行된 것이라고 아니할 수 없는 것이다. 이련二連은 효도로써 알려졌으며 공자孔子 또한 이련을 칭송하였다. 무릇 효도는 사람을 사랑하고 세상을 이롭게 하는 근본으로써 온 세상에 퍼져서 표준이 되었다.

壬寅二年帝召少連大連問治道先是少連大連善居喪三日不怠三月不懈朞年悲哀三年憂自是擧俗停喪五月以久爲榮此非天下之大聖其能德化之流行如是傳郵之速者乎二連以孝聞亦見稱於孔子夫孝者愛人益世之本放諸四海而準焉

계묘 3년(B.C.2238년) 9월에 조詔를 내려 백성으로 하여금 머리칼을 땋아서 머리를 덮게 하고, 푸른 옷을 입게 하였으며 도량형의 모든 계기(諸器)는 관官에 따르게 하였다. 베와 모시의 시가가 정해지지 않았으나 두 백성이 스스로 속이지 않으므로 원근遠近이 편했다. 경술 10년(B.C.2231년) 4월에 구정邱井[37]을 그어 전결田結을 만들어 백성으로 하여금 스스로 사리私利가 없게 하였다. 임자 12년(B.C.2229년) 신지神誌 귀기貴己가 칠회력七回曆[38]과 구정도邱井圖를 만들어 바쳤다.

癸卯三年九月下詔使民編髮蓋首服靑衣斗衡諸器悉準於官布苧市價無處有二民不自欺遠近便之庚戌十年四月劃邱井爲田結使民自無私利壬子十二年神誌貴己製獻七回曆邱井圖

무술 58년(B.C.2183년) 제가 붕하였다. 이날 일식日蝕이 있었다. 산짐승이 떼를 지어 산 위에서 어지럽게 울부짖었다. 만백성이 심히 슬퍼하였다. 후에 국인國人은 집 안에 택지擇地하여 단壇을 설하고 제사를 지냈다. 토기土器에 화곡禾穀을 성히 하여 단상에 놓고 부루단지扶婁壇地[39]라 하였다. 이를 업신業神이라 하였다. 또 전인全人이 수계受戒하는 것을 전계佺戒라 칭하고 업주가리業主嘉利라 하였다. 인人과 업업이 구전俱全한다는 뜻이다. 태자 가륵嘉勒이 입했다.

戊戌五十八年帝崩是日日蝕山獸作隊亂叫山上萬姓慟之甚後國人説
祭家内擇地設壇而土器盛禾穀置壇上稱爲扶婁壇地是爲業神又稱佺
戒以全人受戒爲業主嘉利人與業俱全之義也太子嘉勒立

3세 단군檀君 가륵嘉勒 재위 45년

재위 원년은 기해년(B.C.2182년)이다. 제가 삼랑三郎 을보륵乙普勒을 불러 신왕종전의 도(神王倧佺之道)[40]를 물었다. 보륵은 엄지손가락을 교환하여 오른손에 보태어 삼육대례三六大禮[41]를 행하고 진언하기를, "신神은 능히 만물을 인출引出하고 그 성性을 각각 온전히 하므로 백성은 신의 묘한 바를 믿습니다. 왕은 능히 덕德과 이理로써 세상을 다스려 각기 그 생명을 안전하게 하는 것이 왕이 베풀 바요, 백성은 승복할 것입니다.

己亥元年五月帝召三郎乙普勒問神王倧佺之道普勒交拇加右手行三六
大禮而進言曰神者能引出萬物各全其性神之所玅民皆依恃也王者能
德義理世各安其命王之所宣民皆承服也

송佺[42]은 나라가 선백한 마요, 진佺은 백싱이 빋드는 비니 모두 7인을 끄

하여 삼신집맹三神執盟에 나아가 삼홀위전三忽爲佺 하면 구한九桓이 종佺이 되어 그 도를 덮을 것입니다. 아비가 아비 되고자 하는 자는 이래야 아비요, 임금이 임금 되고자 하는 자는 이래야 임금이요, 스승이 스승 되고자 하는 자는 이래야 스승이니, 아들이 되고 신하가 되고 제자가 되는 자도 역시 이 아들, 이 신하, 이 제자인 것입니다.

佺者國之所選也佺者民之所擧也皆七日爲回就三神執盟三忽爲佺九桓爲佺蓋其道也欲爲父者斯父矣欲爲君者斯君矣欲爲師者斯師矣爲子爲臣爲徒者亦斯子斯臣斯徒矣

그러므로 신시개천의 도 역시 신으로써 교敎를 베풀었으니 나를 알고 혼자 구하며 나를 희생하여 물物이 있게 하면 능히 인세人世에 복을 만들 것입니다. 천신天神을 대신하여 왕은 천하를 홍도익중弘道益衆하여 한 사람도 성性을 잃은 사람이 없이하고, 만왕萬王을 대신해 인간을 주관하여 병을 없애며 원한을 풀어 목숨을 해치는 물物이 하나도 없게 하고 국중의 사람으로 하여금 망녕됨을 고치도록 깨닫게 하는 것이 진眞입니다."라고 하였다.

故神市開天之道亦以神施敎知我求獨空我存物能爲福於人世而已代天神而王天下弘道益衆無一人失性代萬王而主人間去炳解怨無一物害命使國中之人知改妄卽眞

3·7의 날을 세어 모든 사람이 모여서 집계執戒하므로 이로부터 조정에는 종훈佺訓이 있고 백성에는 전계佺戒가 있어 우주의 정기가 순수하게 일역日域에 엉키어 삼광三光 오정五精이 응결하고 뇌해腦海[43]가 현묘하여 광명을 스스로 얻어 서로 도우니 이를 거발한居發桓[44]이라 하였다. 그를 구

한九桓에게 베푸니 구한의 백성이 모두 돌아와 하나로 화했다.

而三七計日會全人執戒自是朝有倧訓野有佺戒宇宙精氣粹鍾日域三
光五精凝結腦海玄玅自得光明共濟是爲居發桓也施之九桓九桓之
民咸率歸一于化

경자 2년(B.C.2181년) 시속時俗이 오히려 같지 아니하고 방언方言이 서로 달
랐다. 상형표의象形表意의 진서眞書[45]가 있었으나 10가家의 읍邑의 말이 대
부분 통하지 아니하고 100리의 국가가 서로 이해하기 어려웠다. 이 때에
삼랑 을보륵에게 명하여 정음正音 38자를 찬撰하니 이를 가림토加臨土[46]
라 하며 그 글은 다음과 같았다.

庚子二年時俗尚不一方言相殊雖有象形表意之眞書十家之邑語多不
通百里之國字難相解於是命三郎乙普勒撰正音三十八字是爲加臨土
其文曰

신축 3년(B.C.2180년) 신지神誌 고결高契에게 명하여 《배달유기倍達留記》[47]를
찬수하였다. 갑진 6년(B.C.2177년) 열양列陽 욕살褥薩[48] 색정索靖[49]을 약수弱
水[50]에 옮겨 종신終身 극치棘置에 처한 후 그를 사면하여 그 땅에 봉하였
다. 이가 흉노凶奴의 시조다. 병오 8년(B.C.2175년) 강거康居가 반하므로 제
가 그를 지백특支伯特[51]에서 토벌하였다. 하夏 4월에 제가 불함산不咸山에
솔라 민기를 내려다보고 취연炊烟이 적게 나는 집에 조세를 감면하여

차등을 두도록 명하였다.

辛丑三年命神誌高契編修倍達留記甲辰六年命列陽褥薩索靖遷于弱
水終身棘置後赦之仍封其地是爲凶奴之祖丙午八年康居叛帝討之於
支伯特夏四月帝登不咸之山望民家炊煙少起命減租稅有差

무신 10년(B.C.2173년) 두지주豆只州 예읍濊邑[52]이 반하므로 여수기余守己에
게 명하여 그 추장 소시모리素尸毛犁[53]를 참斬하였다. 이로부터 그 땅을
칭하여 소시모리라 하였다. 지금은 전음轉音하여 우수국牛首國이라 한다.
그 후손에 섬승노陝野奴[54]라는 자가 있어 해상海上으로 도망하여 삼도三
島[55]에 의거하여 천왕이라 참칭僭稱하였다. 계미 45년(B.C.2183년) 9월에 제
가 붕하고 태자 오사구烏斯丘가 입했다.

戊申十年豆只州濊邑叛命余守己斬其酋素尸毛犁自是稱其地曰素尸毛
犁今轉音爲牛首國也其後孫有陝野奴者逃於海上據三島僭稱天王
癸未四十五年九月帝崩太子烏斯丘立

4세 단군檀君 오사구烏斯丘 재위 38년

재위 원년은 갑신년(B.C.2137년)이다. 황제의 동생 오사달烏斯達을 봉하여
몽고리한蒙古里汗이라 하였다. 혹은 말하기를 지금의 몽고족은 그의 후손
이라고 하였다. 동冬 10월에 북쪽을 순시하고 태백산太白山에 돌아와 삼
신에 제사를 지내고 영초靈草를 얻었는데 인삼이라고 하였다. 또는 선약
仙藥이라고도 하였다. 그 후 신선불사神仙不死의 설설과 더불어 채삼採蔘이
보정保精에 밀접한 관련이 있으며 간간이 채득한 집이 있다고 전하는 바
신이神異한 영험靈驗이 있다는 기험奇驗에 관한 소문이 파다하였다.

甲申元年封皇弟烏斯達爲蒙古里汗或曰今蒙古族爲其後云冬十月北巡
而回到太白山祭三神得靈草是謂人蔘又稱仙藥自後神仙不死之設與
採蔘保精密有關聯間有採得家所傳神異顯靈頗多奇驗云

무자 5년(B.C.2133년) 둥근 구멍이 뚫린 패전貝錢[56]을 주조하였다. 추秋 8월에 하인夏人이 와서 방물方物[57]을 바치고 신서神書를 구하여 갔다. 10월에 조야朝野가 신서를 백성에게 알리기 위하여 돌에 별기別記하였다. 경인 7년(B.C.2131년) 살수薩水[58]에 배를 만들어서 띄웠다. 임인 19년(B.C.2119년) 하주夏主 상상(5代)이 실덕하므로 제가 식달息達에게 명하여 남藍·진眞·변弁의 삼부의 병兵을 이끌고 그를 정벌하게 하니 천하가 듣고 복종하였다. 신유 38년(B.C.2100년) 6월에 제가 붕하고 양가羊加의 구을丘乙이 입했다.

戊子五年鑄圓孔貝錢秋八月夏人來獻方物求神書而去十月朝野記別
書于石以公于民庚寅七年設造船于薩水之上壬寅十九年夏主相失德
帝命息達率藍眞弁三部之兵迋征之天下聞之乃服辛酉三十八年六月
帝崩鷄加丘乙立

5세 단군檀君 구을丘乙 재위 16년

재위 원년은 임술년(B.C.2099년)이다. 태백산에 단을 쌓도록 명하고 사신을 보내 제사를 지냈다. 계해 2년(B.C.2098년) 5월에 황충蝗虫[59]이 크게 일어나 들에 가득하였다. 제가 황충이 먹은 들을 순행하고 황충을 없애주도록 삼신께 고하였다. 수일 안에 황충이 없어졌다. 을축 4년(B.C.2096년) 처음으로 갑자(六十甲子)[60]를 쓰고 월력을 만들었다. 을사 8년(B.C.2092년) 연독인身毒人[61]이 표류하여 동혜의 선하장에 도착하였다.

壬戌元年命築壇于太白山遣使致祭癸亥二年五月蝗虫大作遍滿田野
帝親巡田野吞蝗而告三神使滅之數日盡滅乙丑四年始用甲子作曆己
巳八年身毒人流漂到東海濱

정축 16년(B.C.2084년) 장당경藏唐京에 친행하여, 삼신단을 축조하여 제사
를 지내고 한화桓花[62]를 많이 심었다. 7월에 제가 남으로 풍류강風流江에
순력하고 송양松壤[63]에서 병을 얻어 이윽고 붕하였다. 대박산大博山에 장
사지냈다. 우가牛加의 달문達門이 여러 사람에게 피선되어 대통을 이었다.
丁丑十六年親幸藏唐京封築三神壇多植桓花七月帝南巡歷風流江到
松壤得疾尋崩葬于大博山牛加達門被選於眾入承大統

6세 단군檀君 달문達門 재위 36년

재위 원년은 무인년(B.C.2083년)이다. 임자 35년(B.C.2049년) 제한諸汗이 상춘
常春에 모여 구월산九月山에서 제사를 지내고 신지 발리發理로 하여금 서
효사誓效詞[64]를 짓게 하니 그 가사는 이러하다.
'아침 햇빛 먼저 받는 땅. 삼신 혁세임赫世臨 한인桓因[65]께서 나타나시어
먼저 넓고 깊게 덕을 세우시고, 여러 신들과 의논하여 한웅을 보내 조칙
을 이어받아 처음으로 하늘을 열게 하셨습니다. 치우蚩尤께서는 청구에
서 일어나 무武의 명성을 만고에 떨치시니 회대淮岱가 다 왕께로 왔습니
다. 천하가 능히 왕검을 침노할 수 없으므로 대명大命을 받으니 환성이
구한九桓에 진동하였습니다. 고기와 물처럼 가까운 백성은 풀과 바람의
덕화로 소생하여 원한이 있으면 먼저 풀고 병이 있으면 먼저 낫게 하시
었습니다.

戊寅元年壬子三十五年會諸汗于常春祭三神于九月山使神誌發理作
誓効詞其詞朝光先受地三神赫世臨桓因出象先樹德宏且深諸神議
遣雄承詔始開天蚩尤起靑邱萬古振武聲淮岱皆歸王天下莫能侵王儉
受大命懽聲動九桓魚水民其蘇草風德化新怨者先解怨病者先去病

한 마음으로 사니, 인仁과 효孝가 사해四海에 가득하였습니다. 밝고도 밝
은 진한眞韓은 나라 안을 진정하여 치도治道는 모두 새롭기만 합니다. 모
한慕韓은 진한의 왼쪽을 보전하고, 번한番韓은 진한의 남쪽을 당겨 낭떠
러지가 사방을 에워싸서 벽이 되었습니다. 성주聖主께서는 저울추와 저
울판과 같은 신경新京에 행차하시었습니다. 저울판은 백아강白牙岡[66]이요
저울대는 소밀랑蘇密浪[67]이요 저울추는 안덕향安德鄕[68]입니다. 수미首尾가
균형이 잡히면 덕에 의뢰하여 신정神精을 지키고 나라가 흥왕하여 태평
을 보전하며 아침에 70국이 조공을 바쳐서 항복을 하고 영원히 삼한의
의를 보전하며, 왕업王業이 흥융할 것입니다. 흥폐興廢는 말로써 되는 것
이 아닙니다. 정성은 천신을 섬기는 데 있습니다.'
一心存仁孝四海盡光明眞韓鎭國中治道咸維新慕韓保其左番韓控其
南巘岩圍四壁聖主幸新京如秤錘極器極器白牙岡秤幹蘇密浪錘者安
德鄕首尾均平位賴德護神精興邦保太平朝降七十國永保三韓義王業
有興隆興廢莫爲設誠在事天神

이어 제한諸汗과 약속하여 말하기를, '무릇 우리들, 함께 약속한 사람들
은 한국桓國의 오훈五訓과 신시의 오사五事를 영구히 준수할 안案으로 삼
았다. 제천의 의식은 사람으로써 근본을 삼고 위국爲國의 도는 식물食物
로써 우선을 삼으니, 농자農者는 만사의 본이요 제자祭者는 오교五敎의

근원이므로 마땅히 국인國人과 더불어 산업을 공치共治하되 먼저 중족重族을 강구하라.

乃與諸汗立約束曰凡我同約之人以桓國五訓神市五事爲永久遵守之案祭天之儀以人爲本爲邦之道以食爲先農者萬事之本祭者五敎之源宜與國人共治爲産先講重族

다음으로 포로를 놓아주고, 아울러 사형과 책화責禍[69]를 없애고 경계를 지키며, 화백和白을 공정히 하여 공화共和의 마음을 베풀고 겸비자양謙卑自養[70]하는 것이 인정仁政의 비롯이리라." 하시니, 때에 맹약盟約의 집전執典에 폐물을 바치는 자가 대국은 2이요 소국은 20이며 부락은 2624개였다. 계축 36년(B.C.2048년) 제가 붕하고 양가羊加의 한률翰栗이 입했다.

次宥俘囚並除死形責禍保境和白爲公專以一施共和之心謙卑自養以爲仁政之始也時執盟貢幣者大國二小國二十墟落三千六百二十四癸丑三十六年帝崩羊加翰栗立

7세 단군檀君 한률翰栗 재위 54년

재위 원년은 갑인년(B.C.2047년)이다. 정미 54년(B.C.1994년) 제가 붕하고 우서한于西翰이 입했다.

甲寅元年丁未五十四年帝崩于西翰立

8세 단군檀君 우서한于西翰(또는 오사함烏斯舍) 재위 8년

재위 원년은 무신년(B.C.1993년)이다. 20분의 1 세법을 정하여 널리 통용

하였으므로 있고 없는 사람이 서로 도와 부족함이 없었다. 기유 2년(B.C.1992년) 이 해에 풍년이 들어 줄기(莖) 하나에 이삭이 여덟이었다. 신해 4년(B.C.1990년) 제가 미복微服으로 몰래 국경의 밖으로 나가 하夏나라의 사정을 시찰하고 돌아와 관제를 대개혁하였다. 갑인 7년(B.C.1987년) 세 발 달린 까마귀(三足烏)[71]가 동산에 날아왔는데 그 날개의 넓이가 석 자였다. 을묘 8년(B.C.1986년) 제가 붕하고 태자 아술阿述이 입했다.

戊申元年定二十稅一之法廣通有無以補不足己酉二年是歲豊登有一莖八穗辛亥四年帝以微服潛出國境視察夏情而還大改官制甲寅七年三足烏飛入苑中其翼廣三尺乙卯八年帝崩太子阿述立

9세 단군檀君 아술阿述 재위 35년

재위 원년은 병진년(B.C.1985년)이다. 제가 인덕이 있으므로 범금자犯禁者가 있으면 반드시 말하기를, '분지糞地가 비록 더럽더라도 비가 내리면 때를 맞춰 씻거지는 것이다'라 하고 범금자를 논하지 않고 교화하니 그 덕의 순방지화가 크게 행하여졌다. 이 날 두 해[72]가 같이 뜨니 구경하는 사람이 담장과 같이 늘어섰다.

丙辰元年帝有仁德民有犯禁者必曰糞地雖污降雨露有時置而不論犯禁者乃化其德淳厖之化大行是日兩日並出觀者如堵

정사 2년(B.C.1984년) 청해青海 욕살 우착于捉이 병사를 일으켜 궁궐을 범하였다. 제가 상춘常春에 피하고 구월산 남쪽에 신궁을 짓고 우지于支와 우속于粟을 보내어 그를 토주討誅한 후 3년에 환도하였다. 경인 35년(B.C.1951년) 제가 붕하고 우가牛加의 노을魯乙이 입했다.

丁巳二年靑海褥薩于捉擧兵犯闕帝避于常春創新宮于九月山南麓命
遣于支于粟等討誅之後三年還都庚寅三十五年帝崩牛加魯乙立

10세 단군檀君 노을魯乙 재위 59년

재위 원년은 신묘년(B.C.1950년)이다. 처음으로 대유大囿[73]를 만들어 외국
산 짐승을 길렀다. 임진 2년(B.C.1949년) 친히 마을에 나와서 안부를 물
으므로 가정駕停[74]의 야외野外에 현자들이 많이 모여들었다. 을미 5년
(B.C.1946년) 궁문 밖에 신원목伸寃木[75]을 설치하고 민정民情을 들으니 나라
안팎이 크게 기뻐하였다.

辛卯元年始作大囿養畜外之獸壬辰二年親臨墟落存問駕停野外賢者
多歸之乙未五年宮門外設伸寃木以聽民情中外大悅

병오 16년(B.C.1935년) 동문 밖 10리의 육지에 연蓮이 났는데 서로 같지 않
았으며, 누워 있던 돌이 스스로 일어나고 천하天河의 신구神龜가 도면圖
面을 짊어지고 나왔는데 윷판과 같았고, 발해渤海 연안에서 금덩이가 나
왔는데 수량이 석 섬이었다. 을축 35년(B.C.1916년) 처음으로 감성監星[76]을
설치하였다. 기축 59년(B.C.1892년) 제가 붕하고 태자 도해가 입했다.

丙午十六年東門外十里陸地生蓮不咸臥石自起天河神龜負圖而現圖
如栖板渤海沿岸金塊露出數量十有三石乙丑三十五年始置監星己丑
五十九年帝崩太子道奚立

11세 단군檀君 도해道奚 제위 57년

재위 원년은 경인년(B.C.1891년)이다. 제가 오가五加에 명하여, 12명산의 제일 좋은 곳을 택하여 국선소도國仙蘇塗를 설치하게 하였다. 둘레에 단수檀樹를 많이 심고 제일 큰 나무를 가려내어 한웅상桓雄像을 봉하고 제사를 지냈는데 이름을 '웅상雄常'이라 하였다.

庚寅元年帝命五加擇十二名山之最勝處設國仙蘇塗多環植檀樹擇最大樹封爲桓雄像而祭之名雄常

국자國子[77]의 사부師傅 유위자有爲子가 헌책獻策하여 말하기를, "오직 우리 신시에서만 실로 한웅 개천으로부터 무리를 받아들여 전佺으로써 계戒를 설하여 교화하였습니다. 천경天經과 신고神誥를 조술詔述하여 윗사람은 의관衣冠을 정제하고 대검을 차고 음악을 듣게 하였으며 아랫사람은 죄를 범하지 않고 함께 다스리며, 들에는 도적이 없으므로 스스로 안전하고 온 세상 사람들이 병이 없으므로 장수하였으며, 탐하지 않고 스스로 여유가 있으므로 산에 올라 영월迎月을 노래하고 춤을 추니 먼 곳에까지 미치지 않는 데가 없고 일어나지 않는 곳이 없었습니다. 덕교德敎가 만민에게 보태어져 백성들의 칭송하는 소리가 사해에 넘쳤습니다. 이와 같이 하시기를 청원합니다."라고 하였다.

國子師傅有爲子獻策曰惟我神市實自桓雄開天納眾以佺設戒而化之天經神誥詔述於上衣冠帶劍樂劾於下民無犯而同治野無盜而自安擧世之人無疾而自壽無歎而自裕登山而歌迎月而舞無遠不至無處不興德敎加於萬民頌聲溢於四海有是請

동 10월에 대시전大始殿을 세우도록 명령하였다. 대시전은 극히 장려하였다. 천제 한웅 유상遺像을 봉하였는데, 안전하게 하였다. 두상頭上은 태양처럼 광채가 섬섬하였다. 둥근 빛이 우주를 비추고 단수檀樹의 아래, 한화桓花의 위에 마치 일진신一眞神처럼 앉아 있었다. 원심圓心에 천부인표天符印標를 가진 대원일大圓一의 도圖가 누전樓殿에 걸려 있었다. 호를 거발한居發桓이라 하였다. 3일 동안 재계하고 3일 동안 강講하니 바람이 사해四海에 동動하였다.

冬十月命建大始殿極壯麗奉天帝桓雄遺像而安之頭上光彩閃閃如大日有圓光照耀宇宙坐於檀樹之下桓花之上如一眞神有圓心持天符印標揭大圓一之圖旗於樓殿立號居發桓三日而戒七日而講風動四海

그 염표念標의 글에 이르기를, '하늘은 현묵玄黙[78]하여 크니 그 도道는 보원普圓이요, 그 사事는 진일眞一이다. 땅은 축장蓄藏[79]하여 크니 그 도는 효원效圓이요, 그 사는 근일勤一이다. 사람은 지능知能하여 크니 그 도는 택원擇圓이요, 그 사는 협일協一이다. 고로 일신一神이 충衷에 내려 성성은 광명에 통하고 재세이화하여 홍익인간하였다.'라고 하였다. 인하여 그것을 돌에 새겼다.

其念標之文天以玄黙爲大其道也普圓其事也眞一地以蓄藏爲大其道也効圓其事也勤一人以知能爲大其道也擇圓其事也協一故一神降衷性通光明在世理化弘益人間仍刻之于石

정사 28년(B.C.1864년) 장소를 설하고 방물方物을 모아 진기한 것을 진열하였다. 천하의 백성들이 다투어 바쳤다. 진설한 것이 산더미 같았다. 정묘 38년(B.C.1854년) 민정民丁을 징집하여 모두 병사가 되게 하였다. 선사選士

20인을 하도夏都에 보내 처음으로 국훈國訓을 전하고 위성威聲을 보였다.

丁巳二十八年設所而聚方物以閱珍奇天下之民爭獻陳設如山丁卯
三十八年徵民丁皆爲兵送選士二十人于夏都始傳國訓以示威聲

을해 46년(B.C.1846년) 송화강 연안에 역소役所를 세우고 배와 기물器物을
만들어 세상에서 크게 쓰이게 하였다. 3월에 산남山南에서 삼신에 제사
를 지냈다. 술과 선물을 바치고 나서 치사致詞를 한 후 술을 따랐다. 이
날 밤 술을 특사特賜하여 국인과 더불어 환음環飮하고 백희百戱를 보았
다. 누전에 올라 경經을 논하고 고誥를 연하였다. 오가五加에게 이르기를,
이후부터는 죽이는 것을 금하고 방생放生하며 옥을 풀어 밥을 먹이고
사형을 없애라고 하였다. 내외의 사람들이 듣고 기뻐하였다. 병술 57년
(B.C.1835년) 제가 붕하니 만백성이 부모상처럼 통곡하였다. 3년간 근심하
고 사해에 노랫소리가 그쳤다. 우가牛加의 아한阿漢이 입했다.

乙亥四十六年設作廳于松花江岸舟楫器物大行于世三月祭三神于山
南供酒備膳致詞而醮之是夜特賜宣醞與國人環飮觀百戱而罷仍登樓
殿論經演誥顧謂五加曰自今以後禁殺放生釋獄飯丐並除死刑内外聞
之大悦丙戌五十七年帝崩萬姓慟之如考妣喪三年憂四海停聲樂牛加
阿漢立

12세 단군檀君 아한阿漢 재위 52년

재위 원년은 정해년(B.C.1834년)이다. 무자 2년(B.C.1833년) 하夏 4월 송화강
북변北邊에서 일각수一角獸를 보았다. 추추秋 8월 제가 국중을 순행하고 요
하遼河의 좌변에 이르러 순수관경비巡狩管境碑를 세워 역대 제왕의 명호

名號를 새겨 전하였는데 이것이 금석金石의 최초다. 후에 창해역사滄海力士 여홍성[80]이 이곳을 지나다가 보고 시 한 수를 지었다.

丁亥元年戊子二年夏四月一角獸見於松花江北邊秋八月帝巡國中至 遼河之左立巡狩管境碑刻歷代帝王名號而傳之是金石之最也後滄海 力士黎洪星過此題一詩曰

마을 밖 변한弁韓 땅에 수상한 돌이 있네	村郊稱弁韓別有殊常石
대臺는 무너지고 철쭉만 붉었구나.	臺荒躑躅紅字沒苺苔碧
글자는 매몰되고 이끼는 푸르고	
이끼를 갈라내고 글자를 찾아내니	生於剖判初立了興亡夕
세우고 마치고 흥하고 망하고 기울고	
문헌에 증거를 찾을 길이 없으나	文獻俱無徵此非檀氏跡
이것은 단씨檀氏의 자취가 아니냐	

을묘 29년(B.C.1806년) 청아菁莪 욕살 비신조信, 서옥저西沃沮 욕살 고사침 高士琛, 맥성貊城 욕살 돌개突盖를 봉하여 열한으로 삼았다. 무인 52년 (B.C.1783년) 제가 붕하고 우가牛加의 흘달屹達이 입했다.

乙卯二十九年命菁莪褥薩丕信西沃沮褥薩高士琛貊城褥薩突盖封爲 列汗戊寅五十二年帝崩牛加屹達立

13세 단군 흘달屹達(또는 대음달代音達) 재위 61년

재위 원년은 기묘년(B.C.1782년)이다. 갑오 16년(B.C.1767년) 주현州縣을 정하 여 분직分職의 제도를 수립하였다. 관官은 권權을 겸하지 않고, 정정政은 법

法을 넘지 않고, 민民은 향鄉을 떠나지 않으니 일하는 바가 스스로 편안하므로 현가絃歌가 역내域內에 넘쳤다. 이 해 겨울 은인殷人이 하夏를 벌하므로 그 주主 걸桀이 구원을 청하였다. 제가 읍차邑借[81] 말량末良에게 구한 구환九桓의 병사兵師를 이끌고 전사戰事를 돕도록 하므로 탕湯[82]이 사신을 보내어 사죄하고 곧 돌아갈 것을 명하였다. 걸이 약속을 어기고 군사를 보내 길을 막고 금맹禁盟을 어기려 하므로 곧 은인과 더불어 걸을 치기로 하고, 은밀히 신지臣智 우량于亮을 보내어 견군畎軍[83]을 이끌고 낙랑樂浪[84]에서 합하여 관중關中의 빈邠·기岐[85]의 땅에 진거進據하고 그곳에 살며 관제官制를 설하였다.

己卯元年甲午十六年定州縣立分職之制官無兼權政無越則民無離鄉自安所事絃歌溢域是歲冬殷人伐夏其主桀請援帝以邑借末良率九桓之師以助戰事湯遣使謝罪乃命引還桀違之遣兵遮路欲敗禁盟遂與殷人伐桀密遣臣智于亮率畎軍合與樂浪進據關中邠岐之地而居之設官制

무술 20년(B.C.1763년) 소도蘇塗를 많이 세워 천지화天指花를 심고 미혼 자제가 독서와 습사習射를 하니 그들을 이름하여 국자랑國子郎이라 하며, 국자랑이 출행할 때에 머리에 천지화를 꽂으므로 그때 사람들이 칭하여 천지화랑天指花郎이라 하였다. 무진 50년(B.C.1733년) 5성星[86]이 모이고 황학黃鶴이 와서 동산의 소나무에서 살았다. 기묘 61년(B.C.1722년) 제가 붕하니 만성萬姓이 절식絶食하고 곡이 끊이지 않았다. 인하여 포로를 석방하고 금살방생禁殺放生 하였으며 해를 넘겨 장사지냈다. 우가牛加의 고불古弗이 입했다.

戊戌二十年多設蘇塗植天指花使未婚子弟讀書習射號爲國子郎國子郎出行頭揷天指花故時人稱爲天指花郎戊辰五十年五星聚曹黃鶴來

棲苑松己卯六十一年帝崩萬姓絕食而哭不絕仍命釋囚俘禁殺放生過
歲而葬之牛加古弗立

14세 단군 고불古弗 재위 60년

재위 원년은 경진년(B.C.1721년)이다. 을유 6년(B.C.1716년) 이 해에 큰 가뭄
이 있었다. 제가 친히 하늘에 기도하여 비를 빌었다. 하늘에 바친 서고
문誓告文에 이르기를, '하늘이 비록 크더라도 백성이 없으면 어찌 베풀
수 있으리오. 비가 비록 기름지다고 하더라도 곡물이 없으면 어찌 귀하
리오. 백성의 하늘은 곡식이요 하늘의 마음은 사람이라 천인이 일체인
데 하늘이 어찌 백성을 버릴 수가 있습니까. 곧 비가 곡식을 적시게 하
여 때에 맞춰 구제하여 주소서'라고 하였다. 말을 마치자 곧 큰 비가 수
천 리에 내렸다.

庚辰元年乙酉六年是歲大旱帝親禱天祈雨誓告于天曰天雖大無民何
施雨雖膏無穀何貴民所天者穀天所心者人也天人一體天何棄民乃雨
滋穀濟化以時言訖大雨立降數千里

신유 42년(B.C.1680년) 9월에 고목에서 싹이 나오고 오색 빛의 큰 닭이 성
동자촌가城東子村家에서 태어났다. 잘못 보고 봉이라고 하였다. 기해 56년
(B.C.1666년) 사방에 관官을 보내 호구戶口를 조사하였다. 총 1억 8천만 가
구였다. 기묘 60년(B.C.1662년) 제가 붕하고 대음代音이 입했다.

辛酉四十二年九月枯木生芽五色大鷄生於城東子村家見者誤指爲鳳乙
亥五十六年遣官四方查計戶口總一億八千萬口己卯六十年帝崩代音立

15세 단군檀君 대음代音(또는 후흘달後屹達) 재위 51년

재위 원년은 경진년(B.C.1661년)이다. 은주殷主 소갑小甲이 사신을 보내어 화해를 구하였다. 이 해에 세제稅制를 개혁하여 80분의 1세로 하였다. 신사 2년(B.C.1660년) 홍수가 크게 넘쳐 민가의 피해가 많으므로 제가 심히 불쌍히 여겨 조(粟)를 창해蒼海의 사수蛇水의 땅으로 옮겨 백성에게 균급하여 구제하였다. 동冬 10월에 양운養雲, 수밀이須密爾의 두 나라 사람이 와서 방물方物을 바쳤다.

庚辰元年殷主小甲遣使求和是歲改八十稅一之制辛巳二年洪水大漲民家多被害帝甚憐恤移其粟於蒼海蛇水之地均給于民冬十月養雲須密爾二國人來獻方物

기축 10년(B.C.1652년) 제가 약수弱水에 서행西幸하고 신지 우속禹粟에게 명하여 금, 철 및 고유膏油[87]를 캐도록 하였다. 추秋 7월에 우루인虞婁人 20가가 투항하여 왔으므로 염수鹽水[88] 근처의 땅에 정착하도록 명하였다. 정미 28년(B.c.1634년) 제가 태백산太白山에 올라 비를 세우고 열성列聖과 군한群汗의 공을 새겼다. 기미 40년(B.C.1622년) 황제皇弟 대심代心을 남선비南鮮卑의 대인으로 봉하였다. 경오 51년(B.C.1611년) 제가 붕하고 우가牛加의 위나尉那가 입했다.

己丑十年帝西幸弱水命臣智禹粟採金鐵及膏油秋七月虞婁人二十家來投命定着于鹽水近地丁未二十八年帝登太白山立碑刻列聖羣汗之功己未四十年封皇弟代心爲南鮮卑大人庚午五十一年帝崩牛加尉那立

16세 단군 위나尉那 재위 58년

재위 원년은 신미년(B.C.1610년)이다. 무술 28년(B.C.1583년) 구한九桓의 제한諸汗이 영고탑寧古塔[89]에 모여 삼신상제三神上帝에 한인, 한웅, 치우 및 단군왕검을 배향하여 제사를 지내고 무리와 더불어 오일대연五日大宴을 베풀었다. 밝은 등은 밤을 지키고 경經을 창唱하며 뜰을 밟고 일변一邊 횃불을 줄지어 들고 일변 둥그렇게 돌아가며 춤을 추며 애환가愛桓歌[90]를 제창하였다. 애환은 곧 고신가古神歌의 종류다. 선인들이 한화桓花를 가리켜 이름 짓지 아니하고 직접 꽃이라고 하였다. 애환가에 이르기를 이와 같았다.

辛未元年戊戌二十八年會九桓諸汗于寧古塔祭三神上帝配桓因桓雄蚩尤及檀君王儉而享之五日大宴與眾明燈守夜唱經踏庭一邊列炬一邊環舞齊唱愛桓歌愛桓卽古神歌之類也先人指桓花而不名直曰花愛桓之歌有云

산유화야 산유화야	山有花山有花
거년 종種 만萬 수樹요 금년 종 만 수로다	去年種萬樹今年種萬樹
불함不咸에 봄이 오니 꽃은 만홍萬紅이라	春來不咸花萬紅
천신天神을 섬기고 태평을 즐기네	有事天神樂太平

무진 58년(B.C.1553년) 제가 붕하고 태자 여을余乙이 입했다.

戊辰五十八年帝崩太子余乙立

17세 단군 여을余乙 재위 68년

재위 원년은 기사년(B.C.1552년)이다. 경신 52년(B.C.1501년) 제가 오가五加와
더불어 국중國中을 역순歷巡하다가 개사성蓋斯城의 경계에 이르렀는데 청
포靑袍를 입은 노인이 헌하獻賀하여 이와 같이 말하였다.

己巳元年庚申五十二年帝與五加歷巡國中至蓋斯城之境有靑袍老人
獻賀曰

장생선인長生仙人의 나라   長生仙人之國樂爲仙人之氓
즐거이 선인의 백성이 되네.
제덕帝德은 어그러짐이 없고,   帝德無愆王道無偏
왕도王道는 치우침이 없네.
백성이여 이웃이여,   民兮隣兮不見愁苦
수고愁苦를 볼 수가 없네.
믿음으로 책화責禍히고   責禍以信管境以恩
은혜로 관경管境하니
성城이여 나라여   城兮國兮不見戰伐
전벌戰伐을 보지 못하네.

제가 말하기를, '가납嘉納 가납, 짐이 덕을 닦음이 일천日淺하여 백성의 여
망에 보답할 수 없을까 두렵다.'라고 하였다. 병자 68년(B.C.1485년) 제가
붕하고 태자 동엄冬奄이 입했다.

帝曰嘉納嘉納朕之修德日淺恐無以報民之興望丙子六十八年帝崩太
子冬奄立

18세 단군檀君 동엄冬奄 재위 49년

재위 원년은 정축년(B.C.1484년)이다. 병신 20년(B.C.1465년) 지백특인支伯特人이 와서 방물을 바쳤다. 을축 49년(B.C.1436년) 제가 붕하고 태자 구모소縡牟蘇가 입했다.

丁丑元年丙申二十年支伯特人來獻方物乙丑四十九年帝崩太子縡牟蘇立

19세 단군檀君 구모소縡牟蘇 재위 55년

재위 원년은 병인년(B.C.1435년)이다. 기축 24년(B.C.1412년) 남상인南裳人이 입조入朝했다. 기미 54년(B.C.1382년) 지리숙支離叔이 주천력周天曆과 팔괘상중론八卦相重論을 만들었다. 경신 55년(B.C.1381년) 제가 붕하고 우가牛加의 고홀固忽이 입했다.

丙寅元年己丑二十四年南裳人入朝己未五十四年支離叔作周天曆八卦相重論庚申五十五年帝崩牛加固忽立

20세 단군檀君 고홀固忽 재위 43년

재위 원년은 신유년(B.C.1380년)이다. 신미 11년(B.C.1370년) 가을에 백일白日이 무지개를 꿰뚫었다. 병신 36년(B.C.1345년) 영고탑을 수축하고 이궁離宮을 지었다. 경자 40년(B.C.1341년) 공공共工 공홀工忽이 구한의 지도를 그려 바쳤다. 계묘 43년(B.C.1338년) 사해四海가 편안하지 못하여 제가 붕하고 태자 소태蘇台가 입했다.

辛酉元年辛未十一年秋白日貫虹丙申三十六年修築寧古塔作離宮庚子

四十年共工工忽製獻九桓地圖癸卯四十三年四海未寧而帝崩太子蘇台立

21세 단군檀君 소태蘇台 재위 52년

재위 원년은 갑진년(B.C.1337)이다. 은주殷主 소을小乙이 사신을 보내어 입공入貢했다. 경인 47년(B.C.1291년) 은주 무정武丁[91]이 이미 귀방鬼方에서 이기고 다시 대군을 이끌고 침공해왔다. 색도索度, 영지令支[92] 등의 나라가 우리를 위하여 싸웠으므로 은이 대패하여 화의를 청하고 입공하였다.

임진 49년(B.C.1289년) 개사원蓋斯原 욕살 고등高登[93]이 귀방鬼方을 잠습하여 멸하였다. 일군一羣, 양운養雲 2국이 사신을 보내 조공했다. 이때에 고등이 중병重兵을 손에 넣고 서북지세西北地勢를 경략하여 심히 강성하였는데, 사람을 보내 우현왕右賢王이 될 것을 청하여왔다. 제가 꺼리어 불윤不允하였으나 여러 번 청하므로 허락하니 호를 두막루豆莫婁라 하였다.

甲辰元年殷主小乙遣使入貢庚寅四十七年殷主武丁旣勝鬼方又引大軍侵攻索度令支等國爲我大敗請和入貢壬辰四十九年蓋斯原褥薩高登潛師襲鬼方滅之一羣養雲二國遣使朝貢於是高登手握重兵經畧西北地勢甚强盛遣人請爲右賢王帝憚之不允屢請乃許號爲豆莫婁

을미 52년(B.C.1286년) 우현왕 고등이 죽고 그의 손자 색불루索弗婁가 이어서 우현왕이 되었다. 제는 국중을 순행하고 남으로 해성海城에 이르러 부로父老들을 대회大會하여 제천가무祭天歌舞 하였다. 인하여 오가五加를 소집하고 전위傳位를 의논하여 말하기를, '늙고 권태로와 정사政事를 서우여徐于餘[94]에게 넘기고자 한다.' 하고 살수薩水 주위 1백 리를 봉하여 섭주攝主로 삼고 호를 기수奇首라 하였다.

乙未五十二年右賢王高登薨其孫索弗婁襲爲右賢王帝巡狩國中南至
海城大會父老祭天歌舞仍召五加與之議傳位自謂老倦于勤欲委政於
徐孟餘環薩水百里而封之命爲攝主號曰奇首

우현왕이 이를 듣고 사람을 보내 제가 그 일을 그치기를 권하였으나 제
는 끝내 듣지 아니하였다. 이 때에 우현왕은 좌우인과 엽호獵戶 수천을
거느리고 마침내 부여의 신궁新宮에서 즉위하였다. 제는 부득이 옥책玉
冊[95]과 국보國寶[96]를 전하고 서우여를 폐하여 서인庶人으로 하였다. 제는
아사달阿斯達에 숨어서 생을 마치었다. 이 해에 백이伯夷와 숙제叔齊[97] 역
시 고죽국孤竹國[98] 군君의 아들로서 나라를 빠져나와 도망하여 동해의 물
가에 살면서 밭을 갈아 자급하였다.

右賢王聞之遣人勸帝止之帝終不聽於是右賢王率左右及獵戶數千遂
卽位于夫餘新宮帝不得已傳玉冊國寶廢徐于餘爲庶人帝隱於阿斯達
以終時歲伯夷叔齊亦以孤竹君之子遜國而逃居東海濱力田自給

22세 단군檀君 색불루索弗婁 재위 48년

재위 원년은 병신년(B.C.1285년)이다. 제가 녹산鹿山을 수축할 것을 명하고
관제를 개혁하였다. 가을 9월에 장당경藏唐京에 친행親幸하여 고등왕高登
王의 묘사廟祀를 세우고 11월에 구한九桓의 사師를 친솔親率하여 여러 번
싸워 은도殷都를 파하였다. 이윽고 화和하였으나 다시 대전大戰하여 은도
를 파하였다. 이듬해 2월 하상河上까지 추격하여 승첩의 하례를 받고 회
대淮岱의 지방에 변한弁韓의 백성을 옮겨 그들을 시켜 목축과 농업을 하
게 하므로 국위가 진동하였다.

丙申元年帝命修築鹿山改官制秋九月親幸藏唐京立廟祀高登王十一
月親率九桓之師屢戰破殷都尋和又復大戰破之明年二月追至河上而
受捷賀遷弁民于淮岱之地使之畜農國威大振

신축 6년(B.C.1280년) 신지 육우陸右가 아뢰기를, '아사달은 천년제업千年帝
業의 땅으로 이미 대운大運이 다하고, 영고탑寧古塔은 왕기王氣가 농후하
여 백악산白岳山보다 낫습니다.'라고 한 다음 성을 쌓고 이도移都할 것을
청하였으나 제는 불허하여 말하기를, '신도新都가 이미 정해졌는데 어찌
다시 다른 곳으로 가랴.'라고 하였다.

辛丑六年臣智陸右奏日阿斯達千年帝業之地大運已盡寧古塔王氣濃
厚似勝於白岳山請築城移之帝不許日新都已宅更何他往

을묘 20년(B.C.1266년) 이에 이르러 남국藍國이 자못 강하여 고죽군孤竹君
과 더불어 제적諸賊을 몰아내고 남천南遷하여 엄독홀奄瀆忽에 이르러 은
경殷境에 가까운 곳에 살면서 여파달黎巴達을 시켜 병사를 나누어 진격
하게 하여 빈邠·기岐를 점거하고 그 유민과 서로 맺어 나라를 세워 '여
黎'라 칭하였는데, 은나라 제후諸侯 사이에 있는 서융西戎과의 잡처雜處였
다. 남씨의 위세는 심히 강성하여 황화皇化가 항산恒山[99] 이남의 땅 먼 곳
에까지 미치었다.

乙卯二十年至是藍國頗强與孤竹君逐諸賊南遷至奄瀆忽居之近於
殷境使黎巴達頒兵進據邠岐與其遺民相結立國稱黎與西戎雜處於
殷家諸侯之間藍氏威勢甚盛皇化遠及恒山以南之地

신미 36년(B.C.1250년) 변상邊將 신독申督이 병란을 일으켜 제가 집시 영고

탑에 피하였다. 많은 백성이 따랐다. 계미 48년(B.C.1238년) 제가 붕하고 태자 아홀阿忽이 입했다.

辛未三十六年邊將申督因兵作亂帝暫避于寧古搭民多從之癸未四十八年帝崩太子阿忽立

23세 단군檀君 아홀阿忽 재위 76년

재위 원년은 갑신년(B.C.1237년)이다. 황숙皇叔 고불가固弗加에게 명하여 낙랑홀樂浪忽을 다스리게 하고 웅갈손熊乬孫을 보내 남국군藍國君과 함께 남정南征하는 병사를 관전觀戰하게 하였다. 은지殷地에 육읍六邑을 설치하였다. 은인이 서로 싸우므로 진병하여 공파하였다. 추秋 7월에 신독申督을 주誅하고 환도하여 포로를 석방하도록 명하였다.

甲申元年命皇弟固弗加治樂浪忽遣熊乬孫與藍國君觀南征之兵置六邑於殷地殷人相爭不決乃進兵攻破之秋七月誅申督還都命釋囚俘

을유 2년(B.C.1236년) 남국군 금달今達이 청구군青邱君, 구려군句麗君과 주개周愷에서 만나 몽고리蒙古里의 병과 합하여 이르는 곳마다 은의 성책城柵을 부수고 오지奧地까지 깊이 들어가 회대淮岱의 땅을 평정하여 포고씨蒲古氏를 '엄淹'에, 영고씨盈古氏를 '서徐'에, 방고씨邦古氏를 '회淮'에 분봉分封하였다. 은인이 우러러보고 겁이 나서 감히 가까이하지 못하였다. 무자 5년(B.C.1233년) 2한韓과 오가五加를 불러 영고탑으로 이도하는 일에 대한 논의를 중지하게 하였다. 기해 76년(B.C.1162년) 제가 붕하고 태자 연나延那가 입했다.

乙酉二年藍國君今達與青邱君句麗君會于周愷合蒙古里之兵所到破

殷城柵深入奧地定淮岱之地分封蒲古氏於淹盈古氏於徐邦古氏於淮
殷人望風惶惻莫敢近之戊子五年召二韓及五加議停寧古塔移都事己
亥七十六年帝崩太子延那立

24세 단군檀君 연나延那 재위 11년

재위 원년은 경자년(B.C.1161년)이다. 황숙 고불가固弗加를 섭정으로 명하
였다. 신축 2년(B.C.1160년) 제한諸汗이 조詔를 받들어 소도蘇塗를 증설하고
제천祭天하였다. 국가에 대사大事나 이재異災가 있으면 번번이 기도하여
백성을 안정시키고 뜻을 한 데 모았다. 경술 11년(B.C.1151년) 제가 붕하고
태자 솔나率那가 입했다.

庚子元年命皇叔固弗加爲攝政辛丑二年諸汗奉詔增設蘇塗祭天國家
有大事異災則輒禱之定民志于一庚戌十一年帝崩太子率那立

25세 단군檀君 솔나率那 재위 88년

재위 원년은 신해년(B.C.1150년)이다. 정해 37년(B.C.1114년) 기자箕子[100]가 서
화西華에 사거徙居하고 인사를 사절謝絶했다. 정유 47년(B.C.1104년) 제가 상
소도上蘇塗에 계시면서 고례古禮를 강강講하고 인하여 영신佞臣[101]과 직신直
臣[102]을 구별하는 법을 물으니 삼랑三郎 홍운성洪雲性이 대답하여 말하기
를, "이치를 붙잡아서 굴하지 않는 자는 직신이요, 위협을 두려워하여
곡종曲從하는 자는 영신입니다. 임금은 근원이요 신하는 흐름이니, 근원
이 이미 흐린데 흐름이 맑기를 구하는 것은 불가할 것입니다. 고로 임금
이 싱스러운 후에 신하는 곧은 법입니다."라고 하였다.

辛亥元年丁亥三十七年箕子徙居西華謝絶人事丁酉四十七年帝在上
蘇塗講古禮因問佞臣直臣之分三郎洪雲性進對曰執理不屈者直臣也
畏威曲從者佞臣也君源臣流源旣濁矣流豈求淸是爲不可故君聖然後
臣直帝曰善哉

기유 59년(B.C.1092년) 밭곡식이 풍년이 들어 줄기 하나에 이삭이 다섯이
나 되는 조가 있었다. 무인 88년(B.C.1063년) 제가 붕하고 태자 추로鄒魯가
입했다.
己酉五十九年田穀豊登有一莖五穗之粟戊寅八十八年帝崩太子鄒魯立

26세 단군檀君 추로鄒魯 재위 65년

재위 원년은 기묘년(B.C.1062년)이다. 추秋 7월에 백악산 계곡에 흰 사슴
2백 마리가 떼를 지어 와서 놀았다. 계미 65년(B.C.998년) 제가 붕하고 태
자 두밀豆密이 입했다.
己卯元年秋七月白岳山溪谷白鹿二百作隊而來遊癸未六十五年帝崩太
子豆密立

27세 단군檀君 두밀豆密 재위 26년

재위 원년은 갑신년(B.C.997년)이다. 천해天海의 물이 넘쳐 사아란산斯阿蘭
山이 무너졌다. 이 해에 수밀이국須密爾國, 양운국養雲國, 구다천국句荼川國
이 모두 사신을 보내 방물을 바쳤다. 신묘 8년(B.C.990년) 큰 가뭄 끝에 큰
비가 쏟아져 백성들은 수확이 없으므로 제가 명하여 창고를 열어 두루

나눠 주었다. 기유 26년(B.C.972년) 제가 붕하고 해모奚牟가 입했다.

甲申元年天海水溢斯阿蘭山崩是歲須密爾國養雲國句茶川國皆遣使
獻方物辛卯八年太旱之餘大雨注下民無收穫帝命發倉周給己酉二十
六年帝崩奚牟立

28세 단군檀君 해모奚牟 재위 28년

재위 원년은 경술년(B.C.971년)이다. 제가 병이 있어 백의동자白衣童子를 시
켜 하늘에 빌게 하였더니 이윽고 나았다. 경신 11년(B.C.961년) 여름 4월에
선풍旋風이 크게 일어나 폭우가 쏟아지고 육상陸上에 물고기가 어지럽게
떨어졌다. 정묘 18년(B.C.954년) 빙해氷海의 제한諸汗이 사신을 보내 입공하
였다. 정축 28년(B.C.944년) 제가 붕하고 마휴摩休가 입했다.

庚戌元年帝有疾使白衣童子禱天尋瘳庚申十一年夏四月旋風大起暴
雨注下陸上魚類亂墜丁卯十八年氷海諸汗遣使入貢丁丑二十八年帝
崩摩休立

29세 단군檀君 마휴摩休 재위 34년

재위 원년은 무인년(B.C.943년)이다. 주인周人이 입공入貢하였다. 을유 8년
(B.C.936년) 여름에 지진이 있었다. 병술 9년(B.C.935년) 남해南海의 조수潮水
가 석 자나 물러났다. 신해 34년(B.C.910년) 제가 붕하고 태자 내휴奈休가
입했다.

戊寅元年周人入貢乙酉八年夏地震丙戌九年南海潮水退三尺辛亥
三十四年帝崩太了奈休立

30세 단군檀君 내휴奈休 재위 35년

재위 원년은 임자년(B.C.909년)이다. 제가 남쪽으로 순행하여 청구靑邱의
정사를 살핀 후 치우천왕蚩尤天王의 공덕을 돌에 새기고 서쪽으로 엄독
홀奄瀆忽에 이르러 분조分朝의 제한諸汗이 모여 열병閱兵하고 제천했다. 주
인周人과 더불어 수호했다. 병진 5년(B.C.905년) 흉노가 입공했다. 병술 35년
(B.C.875년) 제가 붕하고 태자 등올登屼이 입했다.

壬子元年帝南巡觀靑邱之政刻石蚩尤天王功德西至奄瀆忽會分朝諸汗
閱兵祭天與周人修好丙辰五年凶奴入貢丙戌三十五年帝崩太子登屼立

31세 단군檀君 등올登屼 재위 25년

재위 원년은 정해년(B.C.874년)이다. 임인 16년(B.C.859년) 백악白岳에서 봉이
울고 기린이 와서 상원上苑에서 놀았다. 신해 25년(B.C.850년) 제가 붕하고
아들 추밀鄒密이 입했다.

丁亥元年壬寅十六年鳳鳴白岳麒麟來遊上苑辛亥二十五年帝崩子鄒
密立

32세 단군檀君 추밀鄒密 재위 30년

재위 원년은 임자년(B.C.849년)이다. 갑인 3년(B.C.847년) 선비산鮮卑山 추
장 문고們古가 입공하였다. 계해 12년(B.C.838년) 초楚의 대부大夫 이문기李
文起가 입조하였다. 갑자 13년(B.C.837년) 3월에 일식이 있었다. 병인 15년
(B.C.835년) 농작이 크게 흉년이 들었다. 신사 30년(B.C.820년) 제가 붕하고

태자 감물甘勿이 입했다.

壬子元年甲寅三年鮮卑山酋長們古入貢癸亥十二年楚大夫李文起入朝
甲子十三年三月日蝕丙寅十五年農作大饑辛巳三十年帝崩太子甘勿立

33세 단군檀君 감물甘勿 재위 24년

재위 원년은 임오년(B.C.819년)이다. 계미 2년(B.C.818년) 주인周人이 와서 범
과 코끼리의 가죽을 바쳤다. 무자 7년(B.C.813년) 영고탑寧古塔 서문 밖 감
물산甘勿山 아래에 삼성사三聖祠를 세우고 친히 제사를 지냈는데 서고문
誓告文에 이르기를, '삼성三聖의 높음은 삼신三神과 더불어 그 공이 같고
삼신의 덕은 삼성으로 인하여 더욱 커집니다. 허虛와 조祖는 한 몸이요,
개個와 전全은 하나이므로 지智와 생生을 같이 닦고 형形과 혼魂을 함께
넓혀 진교眞敎를 세워 믿기를 오래하면 승세乘勢는 자명自明합니다. 삼성
과 삼신으로 회광반궁回光反躬[103]을 끊으면 저 백악은 영원히 푸르고 열
성列聖은 이어서 글을 짓고 예악禮樂이 일어난 것입니다. 규모가 이렇게
크므로 도술道術은 연못처럼 넓어 하나를 잡으면 셋이 들어 있고 셋이
모여 하나가 되니, 천계天戒를 대연大演하는 것은 영세永世의 법입니다.'라
고 하였다. 을사 24년(B.C.796년) 제가 붕하고 태자 오루문娛婁門이 입했다.

壬午元年癸未二年周人來獻虎象之皮戊子七年寧古塔西門外甘勿山
之下建三聖祠親祭有誓告文曰三聖之尊與神齊功三神之德因聖益大
虛粗同體個全一如智生雙修形魂俱衍眞敎乃立信久自明乘勢以尊回
光反躬截彼白岳萬古一蒼列聖繼作文興禮樂規模斯大道術淵宏執一
含三會三歸一大演天戒永世爲法乙巳二十四年帝崩太子奧婁門立

34세 단군檀君 오루문奧婁門 재위 23년

재위 원년은 병오년(B.C.795년)이다. 이 해에 오곡이 풍성하게 익으므로 만백성이 환강歡康하여 도리가兜里歌[104]를 지었다. 그 노래에 이르기를 이와 같았다.

丙午元年是歲五穀豊熟萬姓歡康作兜里之歌其歌曰

하늘에는 아침 해가 있어	天有朝暾明光照耀
밝은 빛을 환하게 비추네	
나라에는 성인聖人이 있어	國有聖人德敎廣被
덕교德敎를 널리 입네	
대읍국大邑國 우리 배달성조倍達聖朝	大邑國我倍達聖朝
그 많은 사람들 가정을 못 보았네	多多人不見苛政
밝고밝은 노랫소리 오래도록 태평일세	熙皞歌之長太平

을묘 10년(B.C.786년) 해가 둘이 함께 나오니 황무黃霧가 사방을 막았다. 무진 23년(B.C.773년) 제가 붕하고 태자 사벌沙伐이 입했다.

乙卯十年兩日並出仍黃霧四塞戊辰二十三年帝崩太子沙伐立

35세 단군檀君 사벌沙伐 재위 68년

재위 원년은 기사년(B.C.772년)이다. 갑술 6년(B.C.767년)에 황충蝗虫과 큰물이 있었다. 임오 14년(B.C.759년) 범[105]이 궁전에 들어왔다. 임진 24년(B.C.748년) 큰물이 나서 산이 무너지고 골짜기를 메웠다. 무오 50년(B.C.723년) 장수 언파불합彦波弗哈을 해상海上의 웅습熊襲에 보내 평정하게 하였다.

己巳元年甲戌六年是歲有蝗蟲大水壬午十四年虎入宮殿壬辰二十四
年有大水山崩壞谷充塡戊午五十年帝遣將彦波弗哈平海上熊襲

갑술 66년(B.C.723년) 제가 조을祖乙을 보내니 곧바로 연도燕都와 제병齊兵을 뚫어 임치臨淄[106]의 남쪽 교외에서 싸워 승첩을 고하였다. 병자 68년(B.C.705년) 제가 붕하고 태자 매륵買勒이 입했다.

甲戌六十六年帝遣祖乙直穿燕都與齊兵戰于臨淄之南郊告捷丙子六
十八年帝崩太子買勒立

36세 단군檀君 매륵買勒 재위 58년

재위 원년은 정축년(B.C.704년)이다. 갑진 28년(B.C.677년) 지진과 해일이 있었다. 무신 32년(B.C.673년) 서촌西村의 민가民家에서 소가 태어났는데 발이 여덟 개인 송아지였다. 신해 35년(B.C.670년) 천하天河에서 용마龍馬가 나왔는데 등에 성문星文이 있었다. 갑인 38년(B.C.667년) 섬승후陝野侯 배폐명裵幣命[107]을 보내어 해상海上을 토벌하게 하였다. 12월에 삼도三島를 모두 평정하였다.

丁丑元年甲辰二十八年有地震海溢戊申三十二年西村民家牛生八足犢
辛亥三十五年龍馬出於天河背有星文甲寅三十八年遣陝野侯裵幣命往
討海上十二月三島悉平

무진 52년(B.C.653년) 제가 병兵을 보내 수유須臾[108]의 병과 더불어 연燕을 멸하였다. 연인이 제齊에게 급함을 고하므로 제인이 대거 고죽孤竹에 든

어왔으나 우리의 복병을 만나 싸움에 불리하므로 화和를 빌고 돌아갔다. 갑술 58년(B.C.647년) 제가 붕하고 태자 마물이 입했다.

戊辰五十二年帝遣兵與須臾兵伐燕燕人告急於齊齊人大擧入孤竹遇
我伏兵戰不利乞和而去甲戌五十八年帝崩太子麻勿立

37세 단군檀君 마물麻勿 재위 56년

재위 원년은 을해년(B.C.646년)이다. 경오 56년(B.C.591년) 제가 남순南巡하다가 기수淇水[109]에 이르러 붕하였다. 태자 다물多勿이 입했다.

乙亥元年庚午五十六年帝南巡至淇水崩太子多勿立

38세 단군檀君 다물多勿 재위 45년

재위 원년은 신미년(B.C.590년)이다. 을묘 45년(B.C.546년) 제가 붕하고 태자 두홀豆忽이 입했다.

辛未元年乙卯四十五年帝崩太子豆忽立

39세 단군檀君 두홀豆忽 재위 36년

재위 원년은 병진년(B.C.545년)이다. 신묘 36년(B.C.510년) 제가 붕하고 태자 달음達音이 입했다.

丙辰元年辛卯三十六年帝崩太子達音立

40세 단군檀君 달음達音 재위 18년

재위 원년은 임진년(B.C.509년)이다. 기유 18년(B.C.492년) 제가 붕하고 태자 음차音次가 입했다.

壬辰元年己酉十八年帝崩太子音次立

41세 단군檀君 음차音次 재위 20년

재위 원년은 경술년(B.C.491년)이다. 기사 20년(B.C.422년) 제가 붕하고 태자 을우지乙于支가 입했다.

庚戌元年己巳二十年帝崩太子乙于支立

42세 단군檀君 을우지乙于支 재위 10년

재위 원년은 경오년(B.C.471년)이다. 기묘 10년(B.C.462년) 제가 붕하고 태자 물리勿理가 입했다.

庚午元年己卯十年帝崩太子勿理立

43세 단군檀君 물리勿理 재위 36년

재위 원년은 경진년(B.C.461년)이다. 을묘 36년(B.C.426년) 융안隆安의 엽호獵戶 우화충于和沖이 자칭 장군이 되어 무리 수 만을 모아 서북 36군郡을 함락하였다. 제가 병兵을 보냈으나 이기지 못하였다. 겨울에 적이 도성都城을 포위하고 급히 공격하므로 제와 좌우 궁인宮人이 종묘사직宗廟社稷

과 신주神主를 받들고 배를 타고 해두海頭로 내려가 이윽고 붕하였다. 이 해에 백민성白民城 욕살褥薩 구물丘勿이 명을 받고 병을 일으켜 먼저 장당경藏唐京을 점거하였다. 구지九地의 군사가 그를 따랐다. 동서압록東西鴨綠 18성城이 모두 병을 보내 원조하였다.

庚辰元年乙卯三十六年隆安獵戶于和冲自稱將軍聚衆數萬陷西北三十六郡帝遣兵不克冬賊圍都城急攻帝與左右宮人奉廟社主浮舟而下之海頭尋崩是歲白民城褥薩丘勿以命起兵先據藏唐京九地師從之東西鴨錄十八城皆遣兵來援

44세 단군檀君 구물丘勿 재위 29년

재위 원년은 병진년(B.C.425년)이다. 3월에 큰물이 도성을 침몰시켰다. 적이 크게 난을 일으키므로 구물이 병兵 1만을 이끌고 가서 토벌하니 적이 싸우지 못하고 스스로 무너져 마침내 우화충于和冲을 참하였다. 이 때에 구물이 제장諸將의 추대를 받아 3월 16일에 단을 쌓아 하늘에 제사를 지내고 마침내 장당경에서 즉위하였다. 국호를 바꿔 대부여大夫餘라 하고 삼한三韓을 바꿔 삼조선三朝鮮이라 하였다. 이로부터 삼조선은 비록 치제治制에서는 단군일존檀君一尊을 받들었으나 화전和戰의 권한은 일존一尊에 있지 않았다. 7월에 해성海城을 개축하여 평양平壤으로 하고 이궁離宮을 지었다.

丙辰元年三月大水浸都城賊大亂丘勿率兵一萬往討之賊不戰自潰遂斬于和冲於是丘勿爲諸將所推乃於三月十六日築壇祭天遂卽位于藏唐京改國號爲大夫餘改三韓爲三朝鮮自是三朝鮮雖奉檀君爲一尊臨理之制而惟和戰之權不在一尊也七月命改築海城爲平壤作離宮

정사 2년(B.C.424년) 예관禮官이 청하여 삼신영고제三神迎鼓祭[110]를 행하였다. 곧 3월 16일이었다. 제가 친행하여 경배敬拜하였다. 초배初拜는 세 번, 재배再拜는 여섯 번, 삼배三拜는 아홉 번을 두드렸다. 중衆에 따라 특별히 열 번을 두드리기도 하였다. 이것을 삼육대례三六大禮라 한다. 임신 17년(B.C.409년) 주군州郡에 감찰관을 보내 관리와 백성을 살피게 하여 효렴孝廉에 천거하게 하였다. 무인 23년(B.C.403년) 연燕이 사신을 보내 신정新正을 축하하였다. 갑신 29년(B.C.397년) 제가 붕하고 태자 여루余婁가 입했다.

丁巳二年禮官請行三神迎鼓祭乃三月十六日也帝親幸敬拜初拜三叩
再拜六叩三拜九叩禮也從衆特爲十叩是爲三六大禮也壬申十七年遣
監察官于州郡赴察吏民擧孝廉戊寅二十三年燕遣使賀正甲申二十九
年帝崩太子余婁立

45세 단군檀君 여루余婁 재위 55년

재위 원년은 을유년(B.C.396년) 장령長嶺과 낭산狼山에 성을 쌓았다. 신축 17년(B.C.380년) 연인燕人이 변군邊郡을 침략하므로 수장守將 묘장춘苗長春을 보내어 그를 격패擊敗시켰다. 병진 32년(B.C.365년) 연인이 배도입구倍道入寇하여 요서遼西를 함락시키고 운장雲障을 핍박하였다. 번조선番朝鮮이 상장 우문언于文言에게 명하여 그를 막게 하였다. 진막眞莫 2조선 역시 구원병을 파병하여 왔으므로 복병하였다가 오도하五道河에서 연제燕齊의 병을 협공하여 파멸시켰다. 요서의 제성諸城을 다 수복하였다.

乙酉元年築城長嶺狼山辛丑十七年燕人侵邊郡守將苗長春擊敗之丙
辰三十二年燕人倍道入寇陷遼西逼雲障番朝鮮命上將于文言禦之眞
莫二朝鮮亦派兵來救設伏火以破燕齊之兵於五道河遼西諸城悉復

정사 33년(B.C.364년) 연인이 패하고 연운도連雲島[111]에 주둔하여 배(舟)를 만들어 장차 습격하려 하므로 우문언이 추격하여 대파大破하고 그 장수를 사살하였다. 신미 47년(B.C.350년) 북막北漠[112] 추장 액니거길厄尼車吉이 내조來朝하여 말 2백 필을 바치고 연을 공벌共伐하기를 청하였다. 곧 번조선番朝鮮의 소장少將 신불사申不私가 병 1만을 이끌고 연의 상곡上谷을 합공하므로 그를 도와 성읍城邑을 설치하였다.

丁巳三十三年燕人敗屯連雲島造船將來襲于文言追擊大破射殺其將
辛未四十七年北漠酋長厄尼車吉來朝獻馬二百匹請共伐燕乃以番朝
鮮少將申不私率兵一萬合攻燕上谷拔之置城邑

무인 54년(B.C.343년) 상곡전역上谷戰役 후 연이 해마다 침공하여 오다가 이에 이르러 사신을 보내서 화평을 청하므로 그를 허락하고 조양造陽[113]으로 다시 서계西界를 삼았다. 기묘 55년(B.C.342년) 여름에 큰 가뭄으로 근심이 있었다. 원통하게 옥살이를 하는 사람을 크게 사면하여 주고 친행하여 비를 빌었다. 9월에 제가 붕하고 태자 보을普乙이 입했다.

戊寅五十四年自上谷役後燕連年來侵至是遣使請和許之復以造陽
以西爲界己卯五十五年夏大旱慮有寃獄大赦親幸祈雨九月帝崩太子
普乙立

46세 단군檀君 보을普乙 재위 46년

재위 원년은 경진년(B.C.341년)이다. 12월에 번조선 왕 해인解仁이 연에서 보낸 자객의 해를 입었다. 오가五加가 쟁립하였다. 무술 19년(B.C.323년) 읍차邑借 기후箕詡가 병兵으로서 입궁入宮하여 스스로 번조선 왕이 되고 사람을 보내어 윤허允許할 것을 청하므로 제가 그를 허락하고 연을 튼튼히 방비하게 하였다.

庚辰元年十二月番朝鮮王解仁爲燕所遣刺客所害五加爭立戊戌十九年正月邑借箕詡以兵入宮自以番朝鮮王遣人請允帝許之使堅備燕

정사 38년(B.C.304년) 도성都城이 큰불로 타버리므로 제가 해성海城의 이궁離宮으로 피하였다. 계해 44년(B.C.298년) 북막北漠의 추장 이사尼舍가 악樂을 바치고 후상厚賞을 받았다. 을축 46년(B.C.296년) 한개韓介가 수유須臾의 병을 이끌고 대궐을 범하여 자립自立하므로 상장 고열가高列加가 의병을 일으켜 격파하였다. 제가 환도하여 대사大赦하였다. 이로부터 국세가 심히 미약해져서 국가의 비용이 늘어나지 못하였다. 이윽고 제가 붕하고 사자嗣子(이을 사람)가 없으므로 단군 물리勿理의 현손인 고열가가 무리로부터 추대를 받고 또한 한개韓介를 몰아낸 공이 있으므로 즉위하였다.

丁巳三十八年都城大火盡燒帝避御于海城離宮癸亥四十四年北漠酋長尼舍獻樂乃受而厚賞乙丑四十六年韓介率須臾兵犯闕自立上將高列加起義擊破之帝還都大赦自此國勢甚微國用不敷尋帝崩無嗣高列加以檀君勿理之玄孫爲衆愛戴且有功遂卽位

47세 단군檀君 고열가高列加 재위 58년

재위 원년은 병인년(B.C.295년)이다. 기묘 14년(B.C.282년) 백악산白岳山에 단군왕검의 묘묘廟를 세워 유사有司로 하여금 사시四時에 제사하도록 하고 제가 1년에 한 번씩은 친제親祭하였다. 기유 44년(B.C.252년) 연燕이 사신을 보내어 하성賀正했다. 계축 48년(B.C.248년) 10월 1일에 일식이 있었다. 이

해 겨울에 북막추장 아리당부阿里當夫가 군사軍師를 내어 연燕을 칠 것을 청하였으나 제가 따르지 않으므로 이로부터 원망하고 조공하지 않았다.

丙寅元年己卯十四年立檀君王儉廟于白岳山令有司四時祭之帝歲一親祭己酉四十四年燕遣使賀正癸丑四十八年十月朔日蝕是歲冬北漠首長阿里當夫請出師伐燕帝不從自是怨不朝貢

임술 57년(B.C.239년) 4월 8일 해모수解慕漱가 웅심산熊心山에 내려 병兵을 일으켰다. 그의 선조는 고리국槀離國[114] 사람이었다. 계해 58년(B.C.238년) 제가 인유부단仁柔不斷[115]하여 명령은 많으나 행하지 않으므로 제장諸將이 용기를 믿고 화란禍亂을 자주 일으키므로 국용國用이 늘지 않고 백성의 기운은 날로 쇠하므로 3월에 제천祭天의 날 저녁에 오가五加와 더불어 의논하고 말하기를, "옛날 우리 열성列聖께서 조극수통肇極垂統[116]하시어 덕을 넓고 멀리 심어 영세永世의 법이 되었으나 지금 왕도王道는 쇠미하고 제한諸汗이 강강을 다투니 오직 짐이 덕이 적고 나약하고 다스릴 능력이 없고 초무招撫할 방책方策이 없으므로 백성이 흩어지니, 오직 그대 오가들이 현자賢者를 택하여 천거하고 옥문을 크게 열어 사형수 이하의 모든 포로들을 놓아 보내라." 하고 이튿날 마침내 제위帝位를 버리고 입산수도入山修道하여 등선登仙하였다. 이 때에 오가가 국사國事를 6년 동안 공치共治하였다.

壬戌五十七年四月八日解慕漱降于熊心山起兵其先槀離國人也癸亥五十八年帝仁柔不斷令多不行諸將恃勇禍亂頻起國用不敷民氣益衰三月祭天之夕乃與五加議曰昔我列聖肇極垂統種德宏遠永世爲法今王道衰微諸汗爭强惟朕凉德懦不能理無策招撫百姓離散惟爾五加擇賢以薦大開獄門放還死囚以下諸俘虜翌日遂棄位入山修道登仙於是

五加共治國事六年

일찍이 종실宗室의 대해모수가 수유須臾와 제통帝統을 잇기로 밀약密約하고 백악산白岳山 고도古都를 점거하고 천왕랑天王郞이라 칭하니 사경四境의 모든 사람이 명령을 들었다. 이 때에 제장諸將을 봉하고 수유후須臾侯 기비箕丕를 번조선番朝鮮 왕으로 승격시켜 상하上下의 운장雲障을 가서 지키도록 하였다. 대개 북부여北夫餘의 일어남이 이것이 시작이며, 고구려는 해모수의 생향生鄕이므로 또한 고구려라고 칭하였다.

先是宗室大解慕漱密與須臾約襲據故都白岳山稱爲天王郞四境之內皆爲聽命於是封諸將陞須臾侯箕丕爲番朝鮮王往守上下雲障皆北夫餘之興始此而高句麗乃解慕漱之生鄕也故亦稱高句麗也

단군기원 원년 무진으로부터 금상今上의 천조踐祚 후 12년 계묘까지
무릇 3616년인 이 해 10월 3일에
홍행촌수紅杏村叟가 강도江都의 해운당海雲堂에서 썼다.
自檀君紀元元年戊辰至今上踐祚後十二年癸卯
凡三千六百十六年也是歲十月三日紅杏村叟書于江都之海雲堂

1. **단웅** - 18세 한웅, 즉 거불단居弗檀.
2. **비왕** 부 왕副王.

3. **대읍** - '큰 나라'라는 뜻.

4. **섭행** - 직무를 대리하여 보다.

5. **당요** - 중국의 요임금.

6. **단국** - 단군이 비왕으로 있던 나라.

7. **개천** - 한웅천왕이 나라를 세운 일 또는 세운 해. B.C.3898년 10월 3일.

8. **오가** - 우가牛加, 마가馬加, 구가狗加, 저가豬加, 양가羊加(또는 계가鷄加). 신시시대神市時代부터 있던 중앙관직의 제도. 가가는 가家이다. 〈한국본기〉에 '오사五事는 우가牛加는 주곡主穀하고, 마가馬加는 주명主命하고, 구가狗加는 주형主刑하고, 저가豬加는 주병主病하고, 양가羊加는 주선악主善惡한다.'라고 하였다.

9. **8백** - 한웅은 3천을 이끌고 신시에 내려왔으며, 단군은 8백을 이끌고 단국에서 아사달로 왔다.

10. **구규** - 옛 법. 구장과 같은 말.

11. **천범** - 하늘의 법.

12. **조천** - 천제를 배알하다.

13. **만방** - 모든 나라.

14. **제휼** - 구제하다.

15. **우수주** - 《규원사화》와 《단군세기》의 관계 기사를 뽑아 소개하기로 한다. 《규원사화》에 '도읍을 태백산 서남쪽 우수하牛首河 언덕에 세우고 임검성이라 하였다. 지금 만주 길림땅에 소밀성蘇密城이 있으니, 속말강涑末江 남쪽에 있는데 이것이 곧 그 땅이다. 속말강은 또 '소밀하'라고도 하니 이는 예전의 속말수다.

대개 소밀蘇密, 속말涑末, 속말粟末은 모두 소머리란 뜻이다. 지금 춘천 청평산 남쪽으로 십여 리 떨어진 소양강과 신연강이 합치는 곳에 우두대촌

牛頭大村이 있으니 이것이 맥국의 옛 도읍지다. 맥국 역시 단군 때에 나왔으니 도읍을 세우는데 그 이름을 이어받은 것은 당연한 이치다.'라고 하였다. 우수牛首나 우두牛頭는 우리말의 소머리란 뜻으로 그것이 소밀蘇密 또는 속말涑末로 전음되었다는 뜻이다.

《단군세기》에는 다음과 같은 기사가 있다. '두지주 예읍이 반하므로 여수 기余守己에게 명하여 그 추장 소시모리素尸毛犁를 참하였다. 이로부터 그 땅을 칭하여 소시모리라 하였다. 지금은 전음하여 우수국牛首國이라 한다. 그 후손에 섬승노陝野奴라는 자가 있어 해상海上으로 도망하여 삼도에 의거하여 천왕天王이라 참칭하였다.'라고 하였다.(신학균著 명지대출판부刊 《규원사화》 46~47쪽 참조)

16. 혈구 – 지금의 강화江華.

17. 삼랑성 – 강화에 있다. 삼랑三郎은 본래 배달신인데 세습되는 삼신 수호의 관官이다. 삼신시종지랑三神侍從之郎이 삼시랑三侍郎으로, 다시 삼랑三郎으로 되었다.

18. 참성단 – 삼신二神에게 제사드리는 제천단.

19. 우의 사공 – 중국의 우禹를 말하며, 사공은 직명이다.

20. 도산 – 산 이름. 중국 안휘성 회원현 회하의 동안, 절강성 소흥현의 서북, 사천성 파현의 동쪽이다.

21. 유주 – 13주의 하나. 순舜임금이 기주冀州의 동북지東北地를 나눠 유주라고 했다. 하북성河北省의 순천順天, 영평永平 및 만주 요령성 금주錦州의 서북西北 일대의 땅.

22. 영주 – 순임금이 청주靑州의 동북 요동遼東의 땅을 나눠 영주라고 했다. 지금의 하북성에서 요녕성遼寧省 및 그 동쪽.

23. 분소 – 나라를 나누다.

24. **삼한** - 진한眞(辰)韓, 번한番韓(변한弁韓), 마한馬韓(모한慕韓)을 가리킨다. 단
군조선 강역 전체 또는 단군조선 자체를 가리키는 말이다. 번한과 마한
에는 각각 비왕裨王이 있었으며, 그 안에 여러 개의 소국이 있었다. 소국의
장은 한汗이라고 했다.

25. **단기** - 단군의 기. 기旂는 기旗.

26. **제한** - 여러 소국의 장.

27. **남국** - 치우천왕의 후손이 세운 나라로 한때 매우 강성했다고 한다.('22세
단군' 참조)

28. **동무와 도라** - 《규원사화》는 다음과 같이 쓰고 있다. '돌아와 평양에 다다
르니 세 사람의 이인異人이 동방으로부터 패수를 건너와 있었다. 처음은
선라仙羅라 하고, 다음을 도라道羅라 했으며, 그 다음을 동무東武라 하였
다.'(앞의 책《규원사화》59쪽 참조)

29. **어아가** - '어아於阿'는 기뻐서 내는 소리다. 고구려 광개토대왕 때는 언제
나 진중에서 병사들에게 어아가를 부르게 하여 사기를 도왔다고 한다. 제
천시祭天時에 부르는 노래로 애환가愛桓歌, 도리가兜里歌도 이와 같은 노래
이다.

30. **대조신** - 조상신.

31. **비탕** - 끓는 물.

32. **소련과 대련** - 인명. 부모의 거상을 잘했다는 성인으로 《소학小學》에도 그
이름이 보인다.(《소학》〈명륜明倫〉 참조)

33. **거상** - 부모의 상중에 있음을 말한다.

34. **3일** - 부모가 죽은 뒤 맨 처음 삼일 동안.

35. **3월** - 장례를 마친 뒤 3개월 동안, 세 차례의 우제虞祭 기간을 말한다.

36. **기년** - 소상小祥.

37. **구정** - 균전제.

38. **칠회력** - 〈신시본기〉는 다음과 같이 쓰고 있다. '신시神市의 세世에 7회回 제신祭神의 역曆이 있었으니 1회回 날은 제천신祭天神 하고, 2회回 날은 제월신祭月神 하고, 3회回 날은 제수신祭水神 하고, 4회回 날은 제화신祭火神 하고, 5회回 날은 제목신(祭木神) 하고, 6회回 날은 제금신祭金神 하고, 7회回 날은 제토신祭土神 하니, 대개 역曆을 만드는 것이 이에서 비롯했다.'라고 하였다. 지금까지 일日, 월月, 화火, 수水, 목木, 금金, 토土의 7요일과 1년 360일, 궁륭 180도, 원 360도의 분할은 바빌로니아에서 시작되었다고 알려져 있다.

39. **부루단지** - 업신業神이라고도 한다. 단군檀君 부루扶婁에게 제사를 지내는 곳으로 집안을 지켜주는 신이 되었다.《규원사화》는 다음과 같이 쓰고 있다. '지금 사람의 집에 부루단지라는 것이 있다. 울타리 아래 깨끗한 곳에 흙을 쌓아 단을 모으고 토기에 벼를 담아 단 위에 두고 짚을 엮어서 가린 뒤에 시월이 되면 반드시 새 곡식을 천신한다. 이를 혹 업주가리라 하는데 이는 즉, 부루씨가 물을 다스리고 자리를 정하여 산 것을 치성드린 다는 뜻이니 이에 힘입어 그 땅을 지켜주는 신이 되었다.(앞의 책《규원사화》64~65쪽 참조)

40. **신왕종전의 도** - 신왕神王의 치화治化와 교화敎化의 도, 곧 신시의 치도治道를 말한다.

41. **삼육대례** - 양손 엄지손가락을 서로 교환하면 태극의 분할선이 생긴다. 태극의 무늬는 화합과 발전을 뜻한다. 삼신영고제 때 초배에는 세 번, 재배에는 여섯 번, 삼배에는 아홉 번 북을 두드리는 의식이 있었다.(《단군세기》'44세 단군 구물丘勿' 참조)

42. **풍** - 풍俙 - 인人 ㅣ 중宗, 견佺 = 인人 + 전소, 선仙 - 인人 + 산山(《신시본기》

참조)

43. **뇌해** - 뇌.

44. **거발한** - 1세 한웅천왕의 별호.

45. **진서** - 한자를 가리킨다.

46. **가림토** - 삼랑 을보륵이 만든 정음 38자의 다른 이름. 정음 제작의 목적
은 10가家의 읍邑의 말이 통하지 않고 100리里의 국자가 서로 이해하기
어려웠기 때문이었다. 〈소도경전〉에서는 제자의 원리를 자세하게 설명하
고 있다. 현재의 한글은 이것을 재정리한 것이다.

일본에는 가림토와 자형이 같은 소위 신대문자神代文字라는 아비유문자阿
比留文字가 있으며,《신왕오천축국전新往五天竺國傳》에 따르면, 인도의 서부
구자라트주에서는 우리 한글과 거의 같은 문자를 현재 사용하고 있다고
한다. 그리고 남미의 볼리비아에서도 한글과 비슷한 문자를 사용한다고
한다.

녹도승鹿島昇 씨는 가림토문자가 해남도海南島의 계문자鍥文字 및 오루메
가의 신성문자神聖文字와 비슷하다고 한다.(〈광장〉 1984년 1, 2, 3월호 및 송호수
著 국학연구회刊《한민족의 뿌리사상》 52~62쪽, 녹도승著 신국민사刊《일본 유다야 왕조
의 수수께끼》 248~259쪽, 윤내현著 단대출판부刊《중국의 원시시대》 238쪽 참조)

47. **배달유기** - 우리나라 최초의 역사책이라 할 수 있으나 현재 전하지 않는다.

48. **욕살** - 지방관서의 장, 고구려에서는 오부五部의 장관長官을 욕살이라고
했다.

49. **색정** - 반고 다음으로 우리 민족에게서 두 번째로 갈려나간 흉노의 시조.

50. **약수** - 합려산合黎山 근처에서 고비사막으로 흘러들어가는 강 이름.

51. **지백특** - 티베트.

52. **예읍** - 지금의 춘천에 있다.

53. **소시모리** - 소머리.

54. **섬승노** - 송호수 박사는《한민족의 뿌리사상》에서 다음과 같이 쓰고 있다. '일본의 고사에 비치는 이른바 스사노(천조天照의 제弟 소잔명존素戔鳴尊)가 근국根國인 소시모리에로 갔다는 사실과 일치하고 있다. 그런가 하면 일본에는 우두천왕牛頭天王(스사노오노미꼬도)을 모신 신사도 있고, 우두사牛頭寺를 일본인들이 '소머리 데라'라고 부르고 있다.'(앞의 책《한민족의 뿌리사상》265쪽 참조)

55. **삼도** - 일본을 가리킨다. 전내와편箭內瓦編《동양독사지도東洋讀史地圖》에는 필리핀을 '서嶼'라고 했다.

56. **패전** - 중국에서는 은殷과 서주西周 시대에 패전을 사용했다.

57. **방물** - 토산물.

58. **살수** - 지금의 개평 남쪽의 강 이름 또는 지금의 청천강.

59. **황충** - 메뚜기의 일종.

60. **갑자** - 갑자를 썼다는 말은 '갑자甲子'로 세수歲首를 삼았다는 뜻이다. 이전에는 계해가 세수였다.

61. **연독인** - 인도인. 인도의 옛 이름인 천축天竺을 '연독, 견독, 건독'이라고도 했다(신독은 아니다). 후한서後漢書에 천축국을 연독국身毒國이라 했고, 당나라 때 두우杜佑가 지은《통전通典》에서는 천축은 후한 때 일컬어졌고, 전한 때에는 身毒國이라 했다고 한다. 송宋나라 때 정초鄭樵가 지은《통지通志》에도 천축은 후한 때 있었던 나라로, 한나라 때는 연독국捐毒國이라 했고, 연독국은 본래 身毒國이며, 연독국의 원 뿌리는 동이국東夷國이 조상이라고 했다.

62. **한화** - 무환수無患樹. 학명은 Sapindus Mukorosi var Carinatus. 무환자과의 길잎 넓은잎 근기나푸.

63. **송양** - 비류沸流, 졸본卒本, 비서갑非西岬.

64. **서효사** - 고려 숙종 때 사람 김위제金謂磾가 천도를 주장하는 상소문에 신지의 비사를 인용했다는 기록이《고려사》에 있다.《고려사》가 말하는 신지의 비사가 바로 이 신지 발리의 서효사다. 서효사란 삼신께 맹세하고 복을 비는 글이란 뜻이다. 단재는 이 비사의 전문을 얻어 볼 수 없는 것을 애석하게 생각했다.

65. **혁세임 한인** - 2세 혁서赫胥 한인桓仁.

66. **백아강** - 지금의 평양, 마한의 수도.

67. **소밀랑** - 지금의 하얼빈(哈爾賓). 단군조선의 수도.

68. **안덕향** - 번한의 수도. 탕지湯池. '탕지는 안덕향이다.'

69. **책화** - 벌칙의 한 가지. 각 정치 지역 사이에 서로 침범했을 경우, 그 피해 측에 노예와 가축으로 변상하던 일.

70. **겸비자양** - 제 몸을 겸손히 하여 낮추고 스스로 수양하다.

71. **삼족오** - 해를 상징한다. 고구려의 고분벽화에서는 삼족오를 허다하게 볼 수 있다. 김기웅 박사는《한국의 벽화고분》에서 다음과 같이 쓰고 있다. '원 속에 세 발이 달린 까마귀를 그린 해와, 서쪽에는 두꺼비를 그려 달을 표현하였으며, 또 이십팔수二十八宿 중 대표적인 칠성좌七星座를 원과 선으로 연결시켜 표시하였다.'

까마귀는 천지 창조의 신화와 관계가 깊고,《삼국유사》에도 까마귀에 관한 이야기가 있을 뿐만 아니라, 견우와 직녀의 전설에서 까마귀는 은하에 징검다리를 놓아준다. 김선풍 씨는《한국 무속신앙의 현대적 이해》라는 글에서 다음과 같이 쓰고 있다. '옛날부터 까마귀가 신의神意를 하달하는 전시조傳示鳥로 믿어 온 내력은 까마귀 신앙, 즉 구서비리아종족舊西比利亞種族-감차달, 코리악, 축치족 등에 보이는 대조신화大鳥神話까지 그 민속

전파 계보가 소급된다.

코리악의 신화 140편 중 9편 이외에는 모두 대오설화에 속하는데, 코리악의 신화에 따르면 대오는 실로 세계의 창조요 인류의 시조요 또 코리악의 선조라고 믿어 왔다.《성인지구식민설星人地球植民說》은 다음과 같이 쓰고 있다. '쌍둥이의 어머니가 내려 선 곳은 알 속인데 그것은 큰 까마귀의 알이다. 거기서 거북이 태어났다는 것이다.' 까마귀 설화는 구서비리아 종족에서 아메리카 인디언까지 넓게 퍼져 있다.(김기웅著 동화출판공사刊《한국의 벽화고분》92쪽 및 〈홍대학보〉 492호 김선풍 '한국무속신앙의 현대적 이해', 진현서관刊《미래의 유산》8권 166~167쪽 참조)

72. **두 해** – 해는 왕을 상징하므로 두 왕의 대립 즉 전란을 예언한 것이다.

73. **대유** – 짐승을 방사하기 위해 담을 친 곳.

74. **가정** – 임금의 수레가 멈추다.

75. **신원목** – 원통함을 호소하는 데 쓰이도록 세워 둔 나무.

76. **감성** – 천문대. 조선시대에는 개항장 개시장의 사무를 관장했다.

77. **국자** – 소도에서 공부하는 국자랑, 즉 천지화랑. 해모수는 천왕랑이라고 했다.

78. **현묵** – 침묵을 지키다.

79. **축장** – 모아서 저장하다.

80. **여홍성** – 양무현陽武縣 박랑사중博浪沙中에서 120근 철추鐵椎로 진시황秦始皇을 저격한 바 있는 창해의 역사力士.

81. **읍차** – 국읍의 군장에 대한 칭호의 하나. 제일 작은 지방의 군장을 읍차라고 했다.

82. **탕** – 은나라의 시조.

83. **신군** – 신융大戎의 군軍 혹은 구가狗加의 군軍?

84. 낙랑 - 백하白河와 소릉하小凌河 사이의 지방.

85. 빈·기 - 섬서성의 빈현과 기현.

86. 5성 - 목, 화, 금, 수, 토의 다섯 별.

87. 고유 - 역청 혹은 석탄을 말하는 것일까?

88. 염수 - 별명은 백사하白沙河, 무함하巫咸河.

89. 영고탑 - 길림성 영안寧安현의 지명.

90. 애환가 - 제천행사 때에 부르던 고신가古神歌 중의 하나다. '어아가於阿歌' 다음으로 보이는 노래로 백성을 꽃에 비유한다. 백성의 번성함과 태평세월을 노래하고 있다. 애환가는 오늘날의 애국가와 같은 것이다.

91. 무정 - 은의 22대 왕.

92. 영지 - 난하의 하류 쪽에 있던 나라 이름. 단군왕검이 쌓았던 요중遼中 12성의 하나.

93. 고등 - 개사원 욕살, 호는 두막루. 우현왕 22세 단군 색불루의 할아버지이다. 고구려에서는 고등신高登神에게 제사를 지냈다. 진단학회에서 편찬한 《한국사》 고대편(250쪽)에는 다음과 같은 내용이 있다. '신묘 2개소가 있다. 하나는 부여신인데 나무에 부인상을 새겨서 만들었다. 하나는 고등신인데 그 시조라고 한다. 부여신의 아들을 병배하여 관사를 설치하고 사람을 보내 수호하였다. 대개 하백녀와 주몽은…'(유신묘이소有神廟二所. 일일부여신一日夫餘神 각목작부인상刻木作婦人像, 일일고등신운시기시조一日高登神云是其始祖. 부여신지자병치夫餘神之子並置 관사유인수호官司遣人守護. 개하백녀주몽운蓋河伯女朱蒙云.)

94. 서우여 - 해성海城 욕살. 호는 기수奇首. 섭주가 되는 것이 실패로 돌아가자 좌원坐原으로 숨어들어가 사냥꾼 수천과 모의하여 기병했다. 색불루가 달래어 번한의 왕으로 삼았다. 소위 기자조선의 기자의 정체는 해성

욕살 서우여이며, 고죽국의 기자는 따로 있다. 기자조선 이야기는 중국 측의 모략에 지나지 않는다.('마한세가' 상 및 〈번한세가〉 하 참조)

95. 옥책 – 제왕이나 후비后妃의 존호를 알릴 때에 그 덕을 기리는 글을 새긴 간책簡策.

96. 국보 – 국새.

97. 백이와 숙제 – 중국 측에 따르면, 주나라 무왕이 은나라를 치려는 것을 말려도 듣지 않으므로 수양산에 들어가 고사리를 캐서 먹으며 살았다고 한다. 그러나 이 책에 따르면, 백이와 숙제는 은의 22대 무정 때의 사람들이므로 연대가 맞지 않는다. 은나라는 기묘년(B.C.1122년)에 망한 것으로 되어 있다.

98. 고죽국 – 지금의 요녕성遼寧省 객좌喀左현 지방에 있던 나라로 번조선의 소국.

99. 향산 – 대동大同에 있는 산 이름.

100. 기자 – 은殷의 마지막 왕 주紂의 서숙庶叔. 이름은 서여胥餘라고 전한다. 그런데 '마한세가'에 따르면, B.C.1122년에 은이 멸망한 3년 후 신사 즉 B.C.1120년에 아들 서여가 태행산太行山 서북지西北地에 피난하여 살므로 막조선莫朝鮮이 그를 듣고 제주군諸州郡을 순심巡審하여 열병하고 돌아왔다고 했다. 그런데, 여기서는 기자가 B.C.1114년에 서화西華에 옮겨 살면서 인사를 사절했다고 했다. 이와 같이 기자조선설은 전혀 근거가 없는 낭설이며 기수奇首 서우여가 번조선의 왕이 되고 그 후로 수유인須臾人 기후箕詡가 다시 번조선의 왕이 된 것을 가지고 거짓말 잘하는 중국 사람들이 그럴듯하게 꾸민 것이다.(주94 참조)

101. 영신 – 간신.

102. 식신 – 충신.

103. **회광반궁** – 회광반조回光返照와 비슷한 말인지 알 수가 없다. 회광반조는 사람이 죽기 전에 조금 나아지는 것처럼 보이는 일이다.

104. **도리가** – 이 책에는 신시神市와 단군조선 시대의 것으로 보이는 조서詔書, 신가神歌, 진언進言, 헌책獻策, 서고誓誥, 염표念標, 헌가獻歌, 포고문布告文, 강문講文, 송송頌 등의 문문이 23편 가량 전한다. 그 중에 제천국중대회 후 집단으로 부른 노래 즉 신가神歌 또는 도리가라 할 수 있는 것이 4편이 전하는데, 어아가於阿歌와 애환가愛桓歌 및 도리가兜里歌는 순 한문으로 되어 있으며 천단가天壇歌만이 토가 달려 있다. 그 외에 토가 달려 있는 노래로 위태자헌가爲太子獻歌가 있다. 녹도문鹿圖文이나 가림토문加臨土文으로 된 것을 볼 수 없는 것이 아쉽다.

105. **범** – 범이 궁전에 들어왔다는 기사는 《삼국사기》 〈백제본기〉에도 있다. 즉 '오호입성五虎入城 국모살해國母殺害'가 그것이다.(《삼국사기》 온조왕 13년 참조)

106. **임치** – 제나라의 서울.

107. **배폐명** – 섬승후. '마한세가에는 갑인에 섬승후에 명하여 전선 500척을 이끌고 가서 해도를 토벌하여 왜인의 반란을 평정했다고 했다.

108. **수유** – 번조선의 속령. 기箕씨의 세거지世居地.

109. **기수** – 하남성 임현林縣에서 발원하는 황하의 지류.

110. **삼신영고제** – 소도제천이 변한 형태.

111. **연운도** – 산동반도의 남쪽, 해주海州의 북쪽에 있다.

112. **북막** – 고비사막의 북방 변지, 외몽고.

113. **조양** – 난하의 상류 좌안, 연의 읍. 지금의 차하얼성(察合爾省) 회래현懷來縣이다.

114. **고리국** – 〈대진국본기〉에 다음과 같은 가사가 있다. '서경西京은 압록부

鴨綠府다. 본래 고리고국槀離古國이며 지금의 임황臨潢이다.' 고진高辰의 나라, 해모수의 생향生鄕.

115. 인유부단 – 우유부단과 같은 뜻.

116. 조극수통 – 나라를 세워 대통을 잇다.

북부여기

北夫餘紀

범장 范樟

북부여기北夫餘紀 상上

시조 단군檀君 해모수解慕漱 재위 45년

재위 원년은 임술년(B.C.239년)이다. 제가 천자天姿[1]가 영용하고 신광神光[2]
이 사람을 쏘므로 그를 바라보면 천왕랑天王郎[3]과 같았다. 나이 23세에
하늘에서 내려오니, 그 때가 단군 고열가 57년 임술 4월 8일[4]이었다. 웅
심산熊心山에 의거하여 난빈蘭濱에 제실帝室을 짓고, 오우관烏羽冠[5]을 쓰고
용광검龍光劍[6]을 차고 오룡거五龍車[7]를 타고 종자從者 5백 인과 더불어 아
침이면 정사政事를 보고 저녁이면 하늘로 올랐는데 이에 이르러 즉위하
였다.

壬戌元年帝天姿英勇神光射人望之若天王郎年二十三從天而降是檀
君高列加五十七年壬戌四月八日也依熊心山而起築室蘭濱戴烏羽冠
佩龍光劍乘五龍車與從者五百人朝則聽事暮則登至是卽位

계해 2년(B.C.238년) 이 해 3월 16일에 하늘에 제사를 지내고 연호법烟戸法[8]을 설하였다. 오가병五加兵의 둔전屯田[9]을 분치分置하여 자급自給하고 비축하므로 근심이 없었다. 기사 8년(B.C.232년) 제가 무리를 이끌고 고도古都에 가서 오가를 설유하여 마침내 공화정치共和政治[10]를 철폐하였다. 이때에 국인이 추대하여 단군이 되었다. 이가 북부여의 시조다. 동冬 10월에 공양태모지법公養胎母之法을 세워 가르쳤는데 오로지 태훈胎訓의 시초였다. 임신 11년(B.C.229년) 북막추장 산지객융山只喀隆이 영주寧州를 습격하여 순사巡使 목원등穆遠登을 죽이고 크게 약탈한 후 돌아갔다.

癸亥二年是歲三月十六日祭天設烟戸法分置五加之兵屯田自給以備
不虞己巳八年帝率眾往諭故都五加遂撤共和之政於是國人推爲檀君
是爲北夫餘始祖也冬十月立公養胎母之法敎人必自胎訓始壬申十一
年北漠酋長山只喀隆襲寧州殺巡使穆遠登大掠而去

경인 19년(B.C.221년) 비조[11]가 죽었다. 아들 기준箕準을 아버지를 이어 번조선 왕으로 봉하고 관리를 보내어 병兵을 감독하고 더욱 연燕을 방비하는 데에 힘을 다하도록 하였다. 연이 장군 진개秦介[12]를 보내어 침입하므로 서쪽 끝의 만번한滿番汗[13]에 이르러 경계를 삼았다. 신사 20년(B.C.220년) 백악산 아사달에서 제천하도록 명하고 7월에 신궐新闕 3백6십6[14]간을 지어 이름을 천안궁天安宮이라 하였다. 계미 22년(B.C.218년) 창해역사滄海力士 여홍성黎洪星이 한인韓人 장량張良과 더불어 박랑사중博浪沙中에서 진왕秦王 정政[15]을 저격하였으나 부차副車를 오중誤中하였다.

庚辰十九年丕薨子準襲父封爲番朝鮮王遣官監兵尤致力於備燕先是
燕遣將秦介侵我西鄙至滿番汗爲界辛巳二十年命祭天于白岳山阿斯
達七月起新闕三百六十六間名爲天安宮癸未二十一年滄海力士黎洪

星與韓人張良狙擊秦王政于博浪沙中誤中副車

임진 31년(B.C.209년) 진승陳勝[16]이 기병起兵하므로 진秦나라 사람들이 크게 소란하고 연燕, 제齊, 조趙의 백성이 번조선番朝鮮에 망명 귀화하는 자가 수만 명이 되므로 상하上下 운장雲障[17]에 분치하고 장군을 보내어 감독하게 하였다. 기해 38년(B.C.202년) 연燕의 노관盧綰이 요동 고새故塞를 수복했는데 동쪽 한계가 패수浿水였다. 패수는 지금의 난하灤河다.

　　병오 45년(B.C.195년) 연의 노관이 한漢에 반叛하여 흉노로 들어가고 그 당黨의 위만衛滿이 우리에게 망명을 구하므로 제가 허락하지 않았는데 병病으로 자단自斷할 수 없으므로 번조선 왕 기준箕準[18]이 크게 실기失機하여 마침내 위만을 박사博士로 배하고 상하 운장을 베어 봉했다. 이 해 겨울 제가 붕하므로 웅심산 동록에 장사하고 태자 모수리慕漱離가 입하였다.

壬辰三十一年陳勝起兵秦人大亂燕齊趙民亡歸番朝鮮者數萬口分置於上下雲障遣將監之己亥三十八年燕盧綰復修遼東故塞東限浿水浿水今潮河也丙午四十五年燕盧綰叛漢入凶奴其黨衛滿求亡於我帝不許然帝以病不能自斷番朝鮮王箕準多失機遂拜衛滿爲博士劃上下雲障而封之是歲冬帝崩葬于熊心山東麓太子慕漱離立

2세 단군檀君 모수리慕漱離 재위 25년

재위 원년은 정미년(B.C.194년)이다. 번조선 왕 기준이 오래 살던 수유須臾에는 일찍이 은혜로운 백성이 많았는데 모두 부요富饒하였으나 후에 유적流賊[19]에게 패하여 바다로 들어가 돌아오지 않으므로 제가諸加의 중衆

이 상장 탁대卓大[20]를 받들어 곧바로 월지月支[21]에 이르러 나라를 세웠다. 월지는 탁대의 생향生鄕이다. 이를 중마한中馬韓이라 이르며, 이 때에 변진 2한二韓 역시 각각 그 무리로써 백 리에 봉함을 받고 도읍을 세워 스스로 호號하였는데 모두 마한의 정령政令을 들었으며 세세世世로 반叛하지 않았다.

丁未元年番朝鮮王箕準久居須史嘗多樹恩民皆富饒後爲流賊所敗亡入于海而不還諸加之眾奉上將卓大舉登程直到月支立國月支卓之生鄕也是謂中馬韓於是弁辰二韓亦各以其眾受封百里立都自號皆聽用馬韓政令世世不叛

무신 2년(B.C.193년) 제가 상장 연타발延佗勃[22]을 보내어 적賊 위만을 방비하기 위하여 평양平壤[23]에 성책城柵을 만들었다. 위만 또한 소요騷擾를 싫어하여 다시는 침입하지 않았다. 기유 3년(B.C.192년) 해성海城을 평양도平壤道에 속하게 하여 황제皇弟 고진高辰으로 하여금 지키게 하였다. 중부여中大餘 일역一域은 다 양향糧餉(양식, 군량)에 따랐다. 동冬 10월에 경향분수지법京鄕分守之法을 만들어 경京은 천왕이 친히 총위수總衛戍 하고 향鄕은 사출분진四出分鎭 하니 윷놀이와 흡사하였으며 용도龍圖를 구경하며 변화를 아는 것 같았다. 신미 25년(B.C.107년) 제가 붕하고 태자 고해사高奚斯가 입했다.

戊申二年帝遣上將延佗勃設城柵於平壤以備賊滿滿亦厭苦不復侵擾己酉三年以海城屬平壤道使皇弟高辰守之中夫餘一域悉從糧餉冬十月立京鄕分守之法京則天王親總衛戍鄕則四出分鎭恰如柶戲觀戰龍圖知變也辛未二十五年帝崩太子高奚斯立

3세 단군檀君 고해사高奚斯 재위 49년

재위 원년은 임신년(B.C.169년)이다. 정월에 낙랑왕樂浪王 최숭崔崇이 해성海城에 양곡 3백 석을 바쳤다. 일찍이 최숭은 낙랑산에서 진보珍寶를 싣고 바다를 건너 마한의 수도 왕검성王儉城에 이르렀다. 이 때가 단군 해모수 병오년 겨울이었다. 계축 42년(B.C.128년) 제가 몸소 보기 1만을 이끌고 남려성南閭城에서 위적衛賊을 파하고 관리를 배치하였다. 경신 49년(B.C.121년) 일군국一群國이 사신을 보내 방물을 바쳤다. 이 해 9월 제가 붕하고 태자 고우루高于婁가 입했다.

壬申元年正月樂浪王催崇納穀三百石于海城先是催崇自樂浪山載積珍寶而渡海至馬韓都王儉城是檀君解慕漱丙午冬也癸丑四十二年帝躬率步騎一萬破衛賊於南閭城置吏庚申四十九年一羣國遣使獻方物是歲九月帝崩太子高于婁立

4세 단군檀君 고우루高于婁(또는 해우루解于婁) 재위 34년

재위 원년은 신유년(B.C.120년)이다. 장수를 보내 우거右渠를 치다가 불리하므로 고진高辰을 발탁하여 서압록西鴨錄[24]을 지키고 병력을 증강하여 성책城柵을 많이 세워 능히 우거를 방비하게 하였다. 고진이 공이 있으므로 고구려후高句麗侯로 승진시켰다. 계해 3년(B.C.118년) 적 우거가 대거 입구入寇하므로 아군이 대패하여 해성 이북 5십 리의 땅이 다 포로가 되었다. 갑자 4년(B.C.117년) 제가 장수를 보내 해성을 공략하였으나 석달이 지나도 이기지 못하였다.

辛酉元年遣將討右渠不利擢高辰守西鴨綠增强兵力多設城柵能備右

渠有功陞爲高句麗侯癸亥三年右渠賊大擧入寇我軍大敗海城以北
五十里之地盡爲虜有甲子四年帝遣將攻海城三月而不克

병인 6년(B.C.115년) 제가 친히 정예 5천을 거느리고 해성을 습파襲破한 후
추격하여 살수에 이르렀다. 구려하九黎河 이동以東이 모두 항복했다. 정묘
7년(B.C.114년) 좌원坐原[25]에 목책木柵을 설치하고 남려南閭에 군대를 배치
하여 방비하므로 근심이 없었다. 계유 13년(B.C.108년) 한漢의 유철劉徹[26]이
평나平那[27]에 들어와 우거를 멸하고 사군四郡[28]을 설치하고자 많은 병사
로 사방에서 침입하였다. 이 때에 고두막한高豆莫汗이 창의기병倡義起兵하
여 이르는 곳마다 한구漢寇를 연파連破하였다. 유민遺民이 사방에서 응하
여 도우므로 군보軍報를 크게 떨쳤다.

丙寅六年帝親率精銳五千襲破海城追至薩水九黎河以東悉降丁卯七
年設木柵於坐原置軍於南閭以備不虞癸酉十三年漢劉徹寇平那滅右
渠仍欲易置四郡盛以兵四侵於是高豆莫汗倡義起兵所至連破漢寇遺
民四應以助戰軍報大振

갑오 34년(B.C.87년) 동명왕東明王[29] 고두막한이 사람을 시켜 고告하기를,
'나는 천제天帝의 아들이오. 장차 그곳에 도읍하려 하니 왕은 피하시오.'
라고 하였다. 제가 걱정하였다. 이 달에 제가 근심으로 병을 얻어 붕하고
황제皇弟 해부루解夫婁[30]가 입했다. 동명왕이 병兵으로써 협박함이 그치지
않으니 군신이 자못 걱정하였다. 국상國相 아란불阿蘭弗이 상주上奏하기를
'통하通河의 물가에 가섭원迦葉原[31]이라는 땅이 있는데 흙이 기름져 오곡
이 잘 자라므로 도읍지로 적당합니다.' 하고 왕께 권하여 마침내 도읍을
옮겼나. 이를 가섭원부여迦葉原夫餘 또는 동부여東夫餘라 한다.

甲午三十四年十月東明國高豆莫汗使人來告曰我是天帝子將欲都之王
其避之帝難之是月帝憂患成疾而崩皇弟解夫婁立東明王以兵脅之不
已君臣頗難之國相阿蘭弗奏曰通河之濱迦葉之原有地土壤膏腴宜五
穀可都遂勸王移都是謂迦葉原夫餘或云東夫餘

1. **천자** – 타고난 자태.

2. **신광** – 신기한 눈빛.

3. **천왕랑** – 천왕.

4. **4월 8일** – 해모수의 생일. 지금 불가에서 기념하는 4월 8일로 된 석가탄신
   일은 본래 해모수의 생일에서 유래했다고 한다. 석탄일 기념행사는 우리나
   라에서만 4월 8일로 하고 있으며 통일이 되어 있지 않다. 우리나라 절의 중
   심 건물인 대웅전은 한웅桓雄의 한桓이 대大로 바뀌어 대웅大雄이 되고 거
   기에 전殿자가 붙어서 대웅전大雄殿으로 되었다고 한다. 〈신시본기〉는 다음
   과 같이 쓰고 있다. '불상이 처음으로 들어와서 절을 짓고 대웅大雄이라 하
   였으니, 이는 승도들이 고사古事를 답습하여 잉칭仍稱한 것이요 본래는 승
   가僧家의 말이 아니다. 또 말하기를, 승도僧徒와 유생儒生은 다 낭가郎家에
   예속되었다고 하니 이로써 가히 알 것이다.'(앞의 책《한민족의 뿌리사상》257~261
   쪽 참조)

5. **오우관** – 까마귀의 털을 꽂은 관. 까마귀에 대해서는 《단군세기》의 주註
   '삼족오'에서 자세히 설명했다. 소도의 경당에서 공부하는 국자랑 즉 천지

화랑들은 의관을 정제하고 대검을 찼다. 해모수는 천지화를 꽂은 관 대신에 까마귀 털을 꽂은 관을 쓰고 용광검을 차고 하늘에서 내려왔으나 해모수의 용태도 화랑의 모습으로 보아야 할 것 같다.

6. **용광검** - 빛나는 검.

7. **오룡거** - 다섯 용이 끄는 수레.

8. **연호법** - 연호烟戶는 농민을 말한다.

9. **둔전** - 전답, 군졸, 서리, 평면, 관노들에게 미간지를 개척하여 경작하게 하고 여기서 나오는 수확물은 지방 관청의 경비 및 군량과 기타 국가경비에 쓰도록 했다.

10. **공화정치** - 단군 고열가가 기위棄位한 후 오가五加들이 6년 동안 공치共治했다.

11. **비** - 기비箕丕.

12. **진개** - 연의 장수. 부여에 침입해 상곡上谷, 어양漁陽, 우북평右北平 등지를 탈취했다고 한다.

13. **만번한** - 민빈한을 민한과 번힌으로 보는 데는 신채호, 이병도, 김재원이 같은 의견이다. 그러나 그 위치에 대해서는 신채호와 이병도 및 김재원이 각각 다르게 주장하고 있다. 신채호는 그의 《조선상고사》에서 만번한을 지금의 만주 해성, 개평 등지로 보는 반면, 이병도와 김재원은 평북의 박천으로 보고 박천강으로 경계를 삼은 것은 더 설명할 필요가 없다고 진단학회의 《한국사》에서 주장하고 있다.(신채호著 삼성사刊 《조선상고사》 상 115~117쪽 및 진단학회編 을유문화사刊 《한국사》 고대편 105~107쪽 참조)

14. **3백6십6** - 송호수 박사는 《한민족의 뿌리사상》에서 다음과 같이 쓰고 있다. '세계를 홍익인간 할 수 있는 이화理化의 조목이 3백6십여 사이며 3백6십여 사는 곧 3백6십6사이고 또 3백6십6사는 곧 3백6십6고

임을 이상의 분석에서 확인할 수 있게 되었다.'고 했다. 《규원사화》와 《단기고사》에도 3백6십6으로 되어 있다. 3백6십6의 숫자는 1년 3백6십6일과 인간의 3백6십6골혈에서 연유한 것이다. 고대의 철학은 천문학에서 출발했음을 상기하면서 칠회력七回曆과도 관련시켜 생각해보는 것이 좋겠다.(앞의 책 《한민족의 뿌리사상》 155~176쪽 참조)

15. **정** – 진시황의 이름.

16. **진승** – 하남성 남부의 빈농 출신으로 오광과 함께 진시황 2세에 반하여 봉기했다.

17. **운장** – 《단군세기》에 병진 32년(B.C.365년)에 연인이 배도입구하여 요서를 함락시키고 운장을 핍박하므로 번조선이 상장 우문언에게 명하여 그를 막게 했다고 한다. 이 글로 미루어보면 운장은 요서 인접지역에 있다. 그러나 진단학회의 《한국사》는 운장의 위치를 대동강 연안으로 비정하고 있다.(앞의 책 《한국사》 고대편 108~109쪽 참조)

18. **기준** – 번조선의 마지막 왕.

19. **유적** – 위만을 가리킨다.

20. **탁대** – 중마한의 시조. 이 때부터 단재가 말하는 소위 후삼한 시대에 들어간다. 마한은 B.C.238년에 망했다. 마한의 수도 왕검성 평양에는 B.C.195년 겨울에 낙랑왕 최숭이 요서의 낙랑산에서 진보를 싣고 바다를 건너 들어와서 왕이 되었다. 삼조선 가운데서 가장 오래까지 있었던 번조선이 B.C.194년에는 위만에게 망하고 만다. 바로 이 때에 상장 탁대는 생향인 월지에 도착하여 나라를 세우고 마한이라 했다. 반도에는 다시 진한과 변한이 세워지고, 진과 번 두 개의 한은 마한의 정령을 따랐다. 지금까지 우리가 통상적으로 말하는 삼한은 이것이다.

21. **월지** – 충남의 직산, 성환과 경기의 평택 지방으로 보고 있다.

22. **연타발** – 일설에 고구려 시조 고주몽의 제2 부인이며, 백제 시조 온조의 어머니인 소서노召西弩의 아버지라고 한다. 〈고구려본기〉에 연타발은 졸본 인으로 남북 갈사를 왕래하면서 이재치부理財致富하여 거만을 쌓기에 이르고, 주몽을 도와 건국에 공이 많았다고 한다.

23. **평양** – 요동에 있는 평양이다.

24. **서압록** – 지금의 요하 서쪽.

25. **좌원** – 봉천성, 성창본계城廠本溪, 고력영자高力營子, 궁원宮原 부근.

26. **유철** – 한무제.

27. **평나** – 《삼국유사》에 기해년에 이외부二外府를 설치했는데 조선 구지의 평나 및 현도를 이른다고 했다.(己亥 置 二外府 謂 朝鮮舊地 平那及 玄菟郡 等, 《삼국유사》 기이紀異 제일第一 이부二府 참조)

28. **사군** – 소위 한사군을 말한다. 한사군의 한반도 내 존재설은 이미 단재 등 국내 학자와 소련의 학자가 부정했지만 한사군에 대해서는 그동안 논란이 많았으므로 여기서 다시 한 번 검토하기로 하고, 우선 이 책에서 볼 수 있는 관계된 기록을 아래에 열거한다.

- B.C.238년에 단군조선이 멸망했다.
- B.C.221년(단군 해모수 19년)의 연침燕侵 이래 전화는 거듭하여 밀려오고 해마다 흉년이 든 데에다가 또 치화治化를 잃어 국력은 갈수록 쇠약해졌다. 연이 장군 진개를 보내어 침입하므로 서쪽 끝의 만번한滿番汗에 이르러 경계를 삼았다.
- B.C.195년에 위만을 박사로 임명하고 운장雲障을 베어 봉했다. 낙랑왕樂浪王 최숭崔崇이 낙랑산에서 진보珍寶를 싣고 바다를 건너 마한의 수도 왕검성王儉城에 이르렀다.
- B.C.194년에 번조선이 멸망하였다.

- B.C.108년에 한漢의 유철劉徹 무제武帝가 요하의 중하류 지방에 위치한 평나平那에 들어와 위만조선의 우거를 멸하고 사군을 설치하고자 많은 군사로 사방에서 침입하였다. 이 때에 고두막한高豆莫汗이 창의기병倡義起兵하여 이르는 곳마다 한구漢寇를 연파連破하였다.
- B.C.106년에 고두막高豆莫이 한구와 싸울 때마다 먼 곳에서 바라만 보아도 궤산潰散하므로 마침내 구려하九黎河를 건너 요동遼東 서안평西安平 즉 임황臨潢에 이르니 이곳은 해모수의 생향生鄕인 고리국橐離國의 땅이었다.
- B.C.87년에 배천裴川(비류수沸流水?)의 한구를 파했다. 북부여北夫餘 전기왕조前期王朝가 멸망했다.
- B.C.86년에 서압록하西鴨綠河(요하遼河)의 상류 지방에서 한구와 여러 차례 싸워서 대첩大捷했다.
- B.C.58년에 북부여 후기 왕조가 멸망하고 고구려가 건국되었다.
- A.D.37년에 고구려 대무신열제大武神烈帝가 낙랑국樂浪國(평양平壤)의 최리崔理를 멸망시키고 동압록 이남이 우리에게 속했다. 유독 해성 이남 근해 제성諸城은 하속下屬시키지 못했다.
- A.D.197년 산상제山上帝 원년에 동생 계수罽須를 보내 공손강公孫康을 공파攻破하고 현도와 낙랑을 벌하여 그를 멸하고 요동을 다 평정했다.

이상을 정리하면 ①평양에는 위만의 침입 후 그를 피해서 온 최숭崔崇의 낙랑국樂浪國이 A.D.37년까지 존속되다가 대무신열제大武神烈帝에게 망했다. ②그동안에 한漢의 공손강公孫康은 요동遼東에 있다가 산상제山上帝 원년 A.D.197년에 계수罽須에게 대패했다는 결론을 내릴 수 있다. 그리고 《삼국사기》와 《삼국지》에 따르면, 그 후 공손강公孫康의 세력이 A.D.209년에 전의 낙랑왕樂浪王 최리崔理의 고지故地인 평양平壤과 소서노召西弩의 대방帶方에 들어왔다가 A.D.238년에 위魏의 사마의司馬懿와 고구려高句麗 주부대가主簿大加의 합동작전에 따라 공손연公孫淵이 요동遼東에서 죽자 낙랑樂浪과 대방帶方은 위魏의 판도에 들어가게 되었다. 고구려高句麗 15대 代 미천제美川帝가 낙랑과 대방을 A.D.313년과 314년에 각각 멸망시켰으며, 19대 광개토호태열제廣開土好太烈帝는 현토玄菟의 잔존 세력까지 멸망 시켜버린다.

그리고 A.D.427년에는 장수열제長壽烈帝가 남진정책南進政策을 수행하기 위해 국내성國內城에서 평양으로 천도한다. 여기서 우리가《삼국지》의 기록을 그대로 받아들이더라도 소위 평양의 낙랑군이라는 것이 A.D.209년의 공손강으로부터 313년의 진晉까지 약 104년 동안 평양에 있었던 중국 세력에 불과하다는 것을 알 수 있다. 이 기간 외에는 중국의 세력이 평양에 들어올 틈이 없었다. 대방에는 고주몽의 부인 소서노의 어하라於瑕羅가 있었다.

평양과 대방에서 발견된 유물 중 한소제漢昭帝 시원始元 2년(B.C.85년)의 명문銘文이 들이 있는 칠구배漆具杯와 왕망王莽 거섭원년居攝元年(A.D.6년)의 각기刻記가 들어 있는 동경銅鏡 등은 휴대 가능한 생활용구로 공손강의 세력과 함께 들어온 것이며, 다른 지상 유물 유적은 그 후의 것이다. 평양과 대방에서 발견된 유물 중에는 후한 영제 광화光和 5년 A.D.182년(고국천왕故國川王 4년)의 전塼이 있다고 하나 대부분의 유물은 위魏·진晉 대代의 것들이며, 대방 소멸 후인 A.D.334년, 345년, 352년의 것도 있다.

유물에 새겨진 연호 같은 것은 낙랑이나 대방의 성격 규명에 큰 도움이 되지 않는다. 만약 연호가 위치나 강역 비정에 절대적인 것이라면 A.D.650년에 당나라 연호 '영휘'를 사용한 이후의 신라는 신라가 아니라 당나라唐에 끌 수 없으며, 원나라의 연호를 사용했던 고려와, 명나라의 청나라의 연호를 사용했던 이조는 고려나 조선이 아니라 마땅히 원이나 명 또는 청이어야 한다. 따라서 점선현신사비秥蟬縣神祠碑 '원화元和'의 비정이나 황해도 사리원역 2·3리里 지점에 있는 장무이張撫夷의 묘 전각문 '태강太康' 비정은 설사 그것이 후한 장제 원화 2년이고 서진 무제 태강 9년이라 하더라도 하등의 구속력을 가질 수가 없다.

한사군의 반도 내 존재는 단재를 비롯한 몇 분을 제외하고는 최남선, 이병도를 위시한 거의 모든 국사학자들이 인정하고 있다. 그런데 그들이 내세우는 가장 중요한 고고학적 증빙자료라는 것이 위에서 말한, 평안남도 용강군 운평동雲坪洞에 있는 점선신사비문과 황해도 사리원역 근처에 있는 장무이의 묘 전각문塼刻文이다.

그러나 그 점선비문帖蟬碑文이나 전각문塼刻文을 보면 평안도나 황해도 지역이 당시에 한이나 진의 것이라고 할 수 있는 믿을 만한 증거는 그 글의 내용 속에 한 자도 없다. 그들은 단순히 점선秥蟬이 낙랑 25현 중의 하나이며 또 어양 출생의 장무이가 대방 태수라 하여 대단히 기뻐하고, 장무이가 어양 출신이고 어양漁陽은 중국땅이니까 대방은 중국의 것이라는 식으로 소설적으로 상상했다. 그들은 점선비秥蟬碑 초두의 결자缺字에 억지로 후한後漢 장제章帝 원화元和 2년(A.D.85년)을 집어넣고, 장무이 비문의 무신戊申에 서진西晉 무제武帝 태강太康 9년(A.D.288년)을 무작정 대입했다.

다음으로 '태수太守'나 '무이撫夷' 등의 호칭 문제가 있으므로 덕흥리德興里 벽화와 안악安岳 3호분 벽화의 명문을 살펴보기로 한다.

김기웅 박사는《한국의 벽화고분》에서 다음과 같이 쓰고 있다. 『이 인물들의 옆에는 묵서의 설명문이 있는데 상단에는 '구엄장군연군태수래조시舊威將軍燕郡太守來朝時' '범양내사래론주시范陽內史來論州時' '어양태수래론주시漁陽太守來論州時' '상곡태수래조하시上谷太守來朝賀時' '광녕태수래조하시廣審太守來朝賀時 '대군내사래조하代郡內史來朝賀'로 쓰여 있고, 하단에는 '북평태수래하시北平太守來賀時' '요서태遼西太…' '창려태수래론주시昌黎太守來論州時' '요동태수래조하시遼東太守來朝賀時' '현토태수玄菟太守…' '낙랑태수樂浪太守…' '…라고 쓰고 있다. 그러나 하단의 묵서는 일부 지워져서 분명하지가 않다.

그리고 상하上下 태수들 앞에는 태수들의 내조來朝를 자사刺史에게 고하는 통사이通事夷(안내자)가 1명씩 그려져 있고 상단의 통사이와 선두의 태수太守 사이에는 '북십삼군속유주군부변칠십오주치광계금치연국거낙양이천삼백리도위일부병십삼군北十三郡屬幽州郡部影七十五州治廣薊今治燕國去洛陽二千三百里都尉一部幷十三郡'이라고 쓰여 있다.』 덕흥리 고분은 광개토호태열제 때의 유주자사 진鎭의 무덤이다.

고구려에는 낙랑태수뿐만이 아니라 대방태수와 어양, 상곡, 북평태수도 있었다. 다시 김기웅 박사는 앞의 책에서 안악 제3호분 벽화 중의 기년묵서紀年墨書를 소개하고 있다.

『□화싱삼년십월무자삭감육일   □和上三年十月戊子朔廿六日

□□사지절도독제군사   □□使持節都督諸軍事

평동장군호무이교위락랑   平東將軍護撫夷校尉樂浪

□창려현토대방태수도   □昌黎玄菟帶方太守都

향□유주요동평곽   鄕□幽州遼東平郭

□□경상리동( )자   □□敬上里多( )字

□안년육십구훙관   □安年六十九薨官

이 글의 뜻은 '영화십삼년永和十三年(서기 357년) 시월十月 무자삭戊子朔 이십육일二十六日 계축癸丑에 사지절使持節 도독都督 제군사諸軍事 평동장군平東將軍 호무이교위護撫夷校尉이니 닉딍樂浪, 징러昌黎, 흰도玄菟, 대빙帶方 대수

太守요 도향후都鄕侯이며 유주幽州 땅 요동군遼東郡 평곽현平郭縣 시내 경
상리敬上里 사람인 동수冬壽의 자字는 □안□安인데 나이 69세에 벼슬
살이하다 죽었다.'는 것이다.』

묵서 제3행에 '호무이護撫夷'가 있다. '장무이張撫夷'가 사람의 이름이거
나 또는 서진西晋의 벼슬 이름이라면 고구려의 고분인 안악 3호분 동수
묘의 '호무이護撫夷'는 어떻게 해석해야 할 것인가. 과학적인 연대 측정을
기다려봐야겠지만 장무이의 묘는 고구려의 것으로 그리고 점제비는 고
구려 또는 백제의 것으로 보는 것이 타당할 것이다.(앞의 책《한국사》고대편
196~200쪽,《한국의 벽화고분》52~53쪽, 253~260쪽 및 국사대사전 참조)

29. **동명왕** – 다른 곳에서는 모두 동명왕이 고주몽으로 되어 있다. 이 책에 따
르면 동명왕 사화는 해모수, 동명왕, 고모수, 고주몽 등의 기록이 압축되
어서 이루어진 것이다.

30. **해부루** – 가섭원부여 즉 동부여의 시조.

31. **가섭원** – 단재는 가섭원을 지금의 혼춘이라 했다. 분릉수盆陵水 지역. 압
록강 동북.

5세 단군檀君 고두막高豆莫(또는 두막루豆莫婁) 재위 22년, 제帝 재위 27년

계유 원년(B.C.108년)은 단군 고우루 13년이다. 제는 사람됨이 호준豪俊하
고 용병用兵을 잘하여 일찍이 북부여가 쇠약해지고 한구漢寇가 치성熾盛
해지는 것을 보고, 개연慨然히 세상을 구할 뜻이 있어 이에 이르러 졸본
卒本[1]에서 즉위하고 자호自號를 동명東明이라 하였다. 고열가高列加의 후손
이라고도 하였다.

癸酉元年是爲檀君高于婁十三年帝爲人豪俊善用兵嘗見北夫餘衰漢
寇熾盛慨然有濟世之志至是卽位於卒本自號東明或云高列加之後也

을해 2년(B.C.106년) 제가 스스로 장수가 되어 격문을 전하니 이르는 곳마
나 무적無敵이었다. 얼흘이 못 되어 5천이 보여 한구와 싸울 때마다 빈

곳에서 바라만 보고도 궤산潰散하므로 마침내 병兵을 이끌고 구려하九黎河를 건너 요동의 서안평西安平[2]에 이르니 이는 옛 고리국藁離國의 땅이었다. 갑오 22년(B.C.87년) 단군 고우루 34년에 제가 장수를 보내어 배천裵川의 한구를 파하고 유민과 힘을 합하여 향하는 곳마다 한구를 연파連破하고 그 수장守將을 사로잡았으며 방비를 하여 적을 막았다.

乙亥三年帝自將傳檄所至無敵不旬月眾至五千每與戰漢寇望風而潰遂引兵渡九黎河追至遼東西安平乃古藁離國之地甲午二十二年是爲檀君高于婁三十四年帝遣將破裵川之漢寇與遺民幷力所向連破漢寇擒其守將拒以有備

을미 23년(B.C.86년) 북부여[3]가 성읍城邑을 들어 항복하고 여러 차례 슬피 보전保全하고자 하므로 제가 듣고 해부루解夫婁를 강봉하여 후侯로 삼아 분릉岔陵에 옮겼다. 제가 북을 치고 나팔을 불며 앞장을 서서 수만 군중을 이끌고 도성에 들어와 북부여라 칭하였다. 추秋 8월에 서압록하의 위에서 한구와 여러 차례 싸워서 크게 이겼다. 임인 30년(B.C.79년) 5월 5일에 고주몽高朱蒙[4]이 분릉에서 탄강誕降하였다. 신유 49년(B.C.60년) 제가 붕하고 유명遺命에 따라 졸본천에 장사지냈다. 태자 고무서高無胥가 입했다.

乙未二十三年北夫餘擧城邑降屢哀欲保帝聽之降封解夫婁爲侯遷之岔陵帝前導鼓吹率眾數萬而入都城仍稱北夫餘秋八月與漢寇屢戰于西鴨綠河之上大捷壬寅三十年五月五日高朱蒙誕降于岔陵辛酉四十九年帝崩以遺命葬于卒本川太子高無胥立

6세 단군檀君 고무서高無胥 재위 2년

재위 원년은 임술년(B.C.59년)이다. 제가 졸본천에서 즉위하고, 백악산白岳山에 부로父老가 모여 사례에 따라 널리 제천祭天을 행할 것을 약속하니 내외가 크게 기뻐하였다. 제가 태어나면서부터 신덕神德이 있어 능히 주술呪術로 바람과 비를 부르고 잘 구휼하므로 민심을 크게 얻어 소해모수小解慕漱라는 칭이 있었다. 때에 한구의 소란이 요좌遼左[5]에 두루 미쳐 여러 번 싸워 이겼다.

壬戌元年帝卽位于卒本川與父老會于白岳山立約祭天頒行事例內外大悅帝生而有神德能以呪術呼風喚雨善賑大得民心有小解慕漱之稱時漢寇騷亂遍于遼左屢戰得捷

계해 2년(B.C.58년) 제가 영고탑寧古塔에 순행하여 흰 노루를 얻었다. 겨울 10월에 제가 붕하고 고주몽이 유명에 따라 대통大統을 이었다. 이보다 앞서 제가 고주몽을 보고 사람이 비상하므로 딸로써 이니를 삼게 하였다. 이에 이르러 즉위하니 이 해에 나이가 스물셋이었다. 전에 부여인이 장차 그를 죽이려 하므로 어머니의 명을 받들어 오이烏伊, 마리摩離, 협보俠父[6] 등 세 사람을 벗으로 삼아 분릉수에 이르러 건너고자 하나 다리가 없으므로 추병追兵이 쫓아오는 것을 두려워하여 물에 고하기를, "나는 천제天帝의 아들이요 하백河伯의 외손인데 오늘 도주하였으나 추병이 다다를 텐데 어찌 하리까?" 하니 이 때에 고기와 자라가 떠올라 다리를 만들므로 주몽이 건너자 고기와 자라는 바로 흩어졌다.

癸亥二年帝巡到寧古塔得白獐冬十月帝崩高朱蒙以遺命入承大統先是帝無子見高朱蒙爲非常人以女妻之至是卽位時年二十三時下夫餘

人將欲殺之奉母命與烏伊摩離陜父等三人爲德友行至岔陵水欲渡無
梁恐爲追兵所迫告水曰我是天帝子河伯外孫今日逃走追者垂及奈何
於是魚鼈浮出成橋始得渡魚鼈乃解

1. **졸본** – 동명왕이 도읍을 정한 곳으로 광개토왕 비문에 있는 홀본忽本과 같은 말이다. 지금 혼강渾江 유역의 한인桓仁 지방을 이곳으로 본다.

2. **서안평** – 〈대진국본기大震國本紀〉는 다음과 같이 쓰고 있다. 『서경은 압록부다. 본래 고리고국藁離古國이며 지금의 임횡臨橫이다. 지금의 서요하西遼河는 곧 옛날의 서압록하西鴨綠河다. 고로 《구지舊志》의 안민현安民縣은 동東에 있으며, 그 서西는 임황현이다. 임황은 후에 요의 상경上京 임황부가 되었다. 곧 옛날의 서안평西安平이다.』(〈대진국본기〉 참조)

3. **북부여** – 여기서는 해부루를 가리킨다.

4. **고주몽** – 고구려의 시조로 B.C.58년에 고구려를 세웠다. 고진高辰의 손자인 옥저후沃沮侯 불리지弗離支(고모수高慕漱)의 아들. 《삼국사기》와 《삼국유사》에는 해모수의 아들로 되어 있다. 어머니는 하백河伯의 딸 유화柳花, 본부인은 예씨禮氏이다. 북부여로 남하南下하여 고무서高無胥의 사위가 되어 북부여의 왕이 되었다고 하며, 소서노召西弩를 부인으로 삼아 비류沸流와 온조溫祚 형제를 두었다고도 한다.(《삼국사기》〈동명왕편〉 '온조왕' 및 《삼국유사》 '고구려, 남부여, 전백제前百濟' 참조)

5. **요좌** – 요하의 동쪽.

6. 협보 - 주몽의 협력자로 뒤에 일본으로 건너가 다자라국多姿羅國을 세웠다. 〈고구려국본기〉는 다음과 같이 쓰고 있다. 『이보다 먼저 협보陜父는 남한南韓으로 도망하여 마한馬韓의 산중山中에서 살았다. 따라와서 사는 자의 수가 백여 가였다. 얼마 아니하여 세월은 연속하여 흉년이 들므로 이곳저곳을 떠돌아다니다가 협보가 곧 장혁將革을 알게 되어 무리를 유혹하여 식량을 싸가지고 배로 패수浿水를 따라 아래로 해포海浦를 지나 잠항하여 곧바로 구야狗邪 한국韓國, 바로 가라해加羅海의 북안에 이르러 몇 달을 살다가 아소산阿蘇山으로 전사轉徙하여 살았다. 이가 다자라국의 시조다. 후에 임나任那에 합하여 연정聯政으로 다스렸다.』(〈고구려국본기〉 참조)

가섭원부여기迦葉原夫餘紀

시조 해부루解夫婁 재위 39년

재위 원년은 을미년(B.C.86년)이다. 왕이 북부여의 압제를 받아 가섭원으로 이사하고 역시 분릉이라 하였다. 오곡이 잘 되었는데 더욱 보리가 많고, 또 호랑이와 표범과 곰과 이리가 많아 사냥하기에 편리하였다. 정유 3년(B.C.84년) 국상國相 아란불阿蘭弗에게 명하여 원근 유민流民을 구휼하고 위로하며 때에 맞춰 배불리 먹이고 따뜻하게 입히고 또 밭을 주어 경작하게 하므로, 해를 헤아릴 수 없이 나라는 부강하고 백성은 은성殷盛하며 적시에 비가 내리므로 분릉의 백성들이 왕정춘의 노래(王正春之謠)를 불렀다.

乙未元年王爲北夫餘所制徙居迦葉原亦稱岔陵宜五穀尤多麥又多虎豹熊狼便於獵丁酉三年命國相阿蘭弗設賑招撫遠近流民使及時飽暖

又給田耕作不數年國富民殷時有時雨滋岔陵民歌王正春之謠

임인 8년(B.C.79년) 일찍이 하백河伯의 딸에 유화柳花가 있었는데 놀러 나왔다가 부여의 황손皇孫 고모수高慕漱[1]에게 유혹되어 강제로 압록강변의 실중室中[2]에 이르러 사통私通[3]하여 잉태시키고 승천하여 돌아오지 않으므로 부모가 그 무모하게 따른 것을 책망하여 마침내 변실邊室에 적거謫居[4]시켰다. 고모수는 본명이 불리지弗離支이며 혹은 고진高辰의 손이라고도 한다. 왕이 이상하게 생각하여 유화를 싣고 궁전으로 돌아와 유폐시켰다.

이 해 5월 5일에 유화부인이 알 하나를 낳았는데, 한 남자 아이가 껍질을 깨고 나오니 이를 고주몽高朱蒙이라 하였다. 잘 생긴 얼굴에다 나이겨우 7세에 스스로 활과 화살을 만들어 백발백중하니 부여의 말에 활을 잘 쏘는 것을 '주몽'이라 하므로 이름을 주몽이라고 하였다.

壬寅八年先是河伯女柳花出遊爲夫餘皇孫高慕漱之所誘强至鴨綠邊室中而私之仍升天不歸父母責其無媒而從之遂謫居邊室高慕漱本名弗離支或曰高辰之孫王異柳花同乘還宮而幽之是歲五月五日柳花夫人生一卵有一男子破殼而出是謂高朱蒙骨表英偉年甫七歲自作弓矢百發百中夫餘語善射爲朱蒙故以名云

갑진 10년(B.C.77년) 왕이 늙도록 아들이 없으므로 하루는 산천에 제사하고 사자嗣子를 구하였다. 타고 가던 말이 곤연鯤淵에 이르러 큰 돌을 보고 상대하여 눈물을 흘리므로 왕이 괴이하게 여겨 사람을 시켜 그 돌을 떠들어 보게 하였더니 금빛 개구리[5] 모양의 어린 아이가 있으므로 왕이 기뻐하여 "이는 하늘이 내게 아들을 준 것이다." 하고 거두어 길러 이름을 금와金蛙라고 하였으며, 자라자 태자로 삼았다.

甲辰十年王老無子一日祭山川求嗣所乘馬至鯤淵見大石相對俠淚王怪之使人轉其石有小兒金色蛙形王喜曰此乃天賚我令胤乎乃收而養之名曰金蛙及其長立爲太子

임술 28년(B.C.59년) 국인이, 고주몽이 나라에 불리하므로 그를 죽이고자 하니 고주몽이 어머니 유화부인의 명을 받들어 동남으로 도망하여 엄리대수淹利大水[6]를 건너 졸본천에 도달하여 명년에 새 나라를 개국하였다. 이가 고구려의 시조다. 계유 39년(B.C.48년) 왕이 죽고 태자 금와가 입했다.

壬戌二十八年國人以高朱蒙爲不利於國欲殺之高朱蒙奉母柳花夫人命東南走渡淹利大水到卒本川明年開新國是爲高句麗始祖也癸酉三十九年王薨太子金蛙立

2세 금와金蛙 재위 41년

재위 원년은 갑술년(B.C.47년)이다. 왕이 고구려에 사신을 보내어 방물을 바쳤다. 정유 24년(B.C.24년) 유화부인이 죽으므로 고구려가 위병 수만으로 졸본에 반장返葬[7]하여 황태후의 예로써 산릉山陵을 만들고 그 옆에 묘사廟祠를 세우게 하였다. 갑인 41년(B.C.7년) 왕이 죽고 태자 대소帶素가 입했다.

甲戌元年王遣使高句麗獻方物丁酉二十四年柳花夫人薨高句麗以衛兵數萬返葬于卒本命以皇太后禮遷就山陵建廟祠于其側甲寅四十一年王薨太子帶素立

3세 대소帶素 재위 28년

재위 원년은 을묘년(B.C.6년)이다. 봄 정월에 왕이 고구려에 사신을 보내어 질자質子를 교환할 것을 청하였다. 고구려 열제烈帝는 태자 도절都切[8]을 질자로 하였으나 도절이 행하지 않으므로 왕이 성을 내어 동冬 10월에 병사 5만으로 졸본성을 침략하였지만 큰 눈이 내려 동사자가 많으므로 바로 퇴각하였다. 계유 19년(A.D.13년) 고구려를 침공하여 학반령鶴盤嶺 아래에 이르러 복병을 만나 대패하였다.

乙卯元年春正月王遣使高句麗請交質子高句麗烈帝以太子都切爲質都切不行王恚之冬十月以兵五萬往侵卒本城大雪多凍死乃退癸酉十九年王侵攻高句麗至鶴盤嶺下遇伏兵大敗

임오 28년(A.D.22년) 2월에 고구려가 대거 침입하므로 왕이 스스로 무리를 이끌고 출전하여 진흙을 만나 왕의 말이 빠져 나오지 못하므로 고구려 상장 괴유怪由가 왕을 죽였으나 아군이 오히려 굴하지 않고 여러 겹으로 포위하였는데 마침 큰 안개가 7일 동안이나 계속되므로 고구려 열제가 병사로 몸을 감춰 밤에 샛길을 따라 탈주하였다. 여름 4월에 왕의 동생이 종자從者 수백 명과 더불어 달아나 압록곡鴨綠谷에 이르러 해두왕海頭王이 사냥하는 것을 보고 그를 죽이고 그 백성을 취하여 달아나 갈사해빈曷思海濱을 확보하여 나라를 세우고 왕이라 칭하니, 이것이 갈사曷思이다.

壬午二十八年二月高句麗舉國來侵王自率眾出戰遇泥淖王御馬陷不得出高句麗上將怪由直前殺之我軍猶不屈圍數重適大霧七日高句麗烈帝潛師夜脫從間道而遁去夏四月王弟與從者數百人奔至鴨綠谷見海

頭王出獵遂殺之而取其民走保曷思水濱立國稱王是爲曷思

고구려 태조 무열제 융무隆武 16년 8월에 이르러 도두왕都頭王이 고구려가 날로 강성하는 것을 보고 마침내 나라를 들어 스스로 항복하니, 무릇 3세에 역년이 47년 만에 나라가 끊겼다. 도두왕을 우태于台라 하고 집을 주고 혼춘琿春을 식읍食邑으로 하여 봉하고 동부여후東夫餘侯라 하였다.

至太祖武烈帝隆武十六年八月都頭王見高句麗日强遂擧國自降凡三世歷四十七年而國絶命都頭爲宇台賜第宅以琿春爲食邑仍封爲東夫餘侯

추秋 7월에 왕의 종제가 국인에게 이르기를, "선왕先王은 시해되고 나라는 망하고 인민은 의지할 곳이 없고 갈사는 한쪽 구석에 있으면서도 나라를 지키지 못하였으니, 우리 역시 재주가 없어 일어날 수가 없다. 차라리 항복하고 살기를 도모하자." 하고 고도故都의 인민 1만여 가구로써 고구려에 투항하므로 고구려가 왕으로 봉하고 연나부椽那部에 안치하였다. 그의 등에 낙문絡文이 있으므로 낙씨 성을 주니 후에 점점 자립하여 개원開原⁹ 서북으로부터 백랑곡白狼谷¹⁰으로 옮기고 다시 연燕에 가까운 곳에 이르렀다. 문자열제文咨烈帝¹¹ 명치明治¹² 갑술(A.D.494년)에 결단하고 고구려에 돌아오니 연나부 낙씨는 마침내 제사하지 못하였다.

秋七月王從弟謂國人曰先王身弑國亡人民舞所依曷思偏安不能自國吾亦才智魯下無望興復寧降以圖存以故都人民萬餘口投高句麗高句麗封爲王安置椽那部以其背有絡文賜姓絡氏後稍自立自開原西北徙到百狼谷又近燕之地至文咨烈帝明治甲戌以其國折入于高句麗椽那部絡氏遂不祀

1. **고모수** - 본명은 불리지弗離支, 고구려의 시조인 고주몽의 아버지이다.《삼국사기》나《삼국유사》및《동명왕편》등 다른 책에서는 해모수로 기록되어 있다.

2. **실중** - 궁실의 안.《동명왕편》의 주註는 다음과 같이 쓰고 있다. 『좌우의 신하들이 말하기를, "대왕님은 어찌하여 궁전을 마련하지 아니하옵니까? 여자들이 방에 들어오거든 문을 닫아서 가로막으시옵소서."라 하니, 왕이 "그러리다." 하고는 말채로 땅에 금을 그으니 동실銅室이 문득 서서 장관이었다. 방 가운데에 세 자리를 준비하고 술통을 차려놓았다. 그녀들이 각각 자리에 앉아 서로 권하여 술을 마시더니 크게 취하였다고들 한다.』(박두포 譯, 을유문화사刊《동명왕편·제왕운기》58~59쪽 참조)

3. **사통** - 절차를 밟지 않고 서로 통하다.

4. **적거** - 《동명왕편》은 다음과 같이 쓰고 있다. 『하백이 크게 노하여 그녀를 책망하기를, "너는 내 훈계를 따르지 아니하다가 끝내는 우리 집안을 욕보였다." 하고는 좌우 신하들을 시키어 딸의 입을 쥐어 당겨 석 자나 되게 하였다. 오직 비복 2인만을 주어 우발수중優渤水中에 추방하였다. 우발은 못 이름인데 지금 태백산 남쪽에 있다.』(앞의 책 63쪽 참조)

5. **개구리** - 개구리는 달을 상징하는데, 땅속에서 나온 개구리는 지신을 뜻한다.

6. **엄리대수** - 분릉수라고도 했다. 지금 압록강 동북에 있다.

7. **반장** - 객지에서 죽은 사람의 시체를 고향으로 옮겨와 장사지내는 일.

8. **도절** - 2내 유리왕의 대자.

9. **개원** - 요하의 중류 연안. 심양의 북쪽.

10. **백랑곡** - 열하성熱河省 조양현朝陽縣의 서남. 대성자大城子의 동북東北.

11. **문자열제** - 고구려의 제21대 왕. 연호는 명치明治, 이름은 나운羅雲. 장수왕
    의 손자이다.

12. **명치** - 문자왕의 연호.

태백일사

太白逸史

일십당 一十堂 이맥 李陌

제1 삼신오제본기 三神五帝本紀

《표훈천사表訓天詞》[1]에 이르기를, 『대시大始[2]에 일찍이 상하와 사방에 암흑을 볼 수가 없었다. 옛날부터 지금까지 다만 하나의 빛만이 밝았는데 그 빛이 상계上界에서 물러나자 삼신三神이 있었다. 바로 일상제一上帝였다. 일상제는 주체이기 때문에 일신一神이며, 삼신은 각기 따로 있는 것이 아니라 작용할 때만 삼신이 된다. 삼신은 만물을 끌어내고 전 세계의 무량한 지능을 통치한다. 그 형체는 볼 수가 없다. 가장 높은 하늘에 앉아 있으며 이 세상에 살지 않는 곳이 없다. 언제나 광명光明을 크게 쏟아내며, 신묘神妙를 크게 나타내며, 길상吉祥을 크게 내린다.

表訓天詞云大始上下四方曾未見暗黑古往今來只一光明矣自上界却有三神卽一上帝主体則爲一神非各有神也作用則三神也三神有引出萬物統治全世界之無量智能不見其形體而坐於最上上之天所居千萬億土恒時大放光明大發神玅大降吉祥

기氣를 불어서 만물을 감싸주고, 열熱을 쏟아내며, 씨앗을 기르고, 신묘를 행하여 세상 일을 다스리니 기氣가 없으면서 생수生水하여 태수太水로 하여금 북방에 살면서 생명을 맡게 하여 흑黑을 숭상하게 하고, 기機가 없으면서 생화生火하여 태화太火로 하여금 남방에 살면서 생명을 맡게 하여 적赤을 숭상하게 하고, 질質이 없으면서 생목生木하여 태목太木으로 하여금 동방에 살면서 생명을 맡게 하여 청靑을 숭상하게 하고, 형形이 없으면서 생금生金하여 태금太金으로 하여금 서방에 살면서 생명을 맡게 하여 백白을 숭상하게 하고, 체體가 없으면서 생토生土하여 태토太土로 하여금 중방中方에 살면서 생명을 맡게 하여 황黃을 숭상하게 하였다. 이때에 천하 모든 곳에 있는 자가 오제五帝를 주관하여 사람의 생명을 맡으니 이가 천하대장군天下大將軍이요, 지하 모든 곳에 있는 자가 오령五靈을 주관하여 본받음을 이루나니 이는 지하여장군地下女將軍이다.』라고 하였다.

呵氣以包萬有射熱以滋物種行神以理世務未有氣而始生水使太水居北方司命尚黑未有機而始生火使太火居南方司命尚赤未有質而始生木使太木居東方司命尚靑未有形而始生金使太金居西方司命尚白未有體而始生土使太土居中方司命尚黃於是遍在天下者主五帝司命是爲天下大將軍也遍在地下者主五靈成効是爲地下女將軍也

상고하건대 무릇 삼신은 천일天一이요, 지일地一이요, 태일太一이다. 천일은 조화造化를 주관하고, 지일은 교화敎化를 주관하고, 태일은 치화治化를 주관하였다. 상고하건대 오제는 흑제黑帝요, 적제赤帝요, 청제靑帝요, 백제白帝며, 황제黃帝다. 흑제는 숙살肅殺[3]을 주관하고, 적제는 광열光熱을 주관하고, 청제는 생양生養[4]을 주관하고, 백제는 성숙成熟을 주관하고, 황제는 화조和調를 주관하였다. 상고하건대 오령은 태수요, 태화요, 태목이요, 태금이요, 태토이다. 태수는 영윤榮潤[5]을 주관하고, 태화는 용전鎔煎[6]을 주관하고, 태목은 영축營築[7]을 주관하고, 태금은 재단裁斷을 주관하고, 태토는 가종嫁種[8]을 주관한다.

稽夫三神曰天一曰地一曰太一天一主造化地一主敎化太一主治化稽夫五帝曰黑帝曰赤帝曰靑帝曰白帝曰黃帝黑帝主肅殺赤帝主光熱靑帝主生養白帝主成熟黃帝主和調稽夫五靈曰太水曰太火曰太木曰太金曰太土太水主榮潤太火主鎔煎太木主營築太金主裁斷太土主稼種

때에 삼신이 오제를 독려하여 각기 그 홍통弘通[9]함을 나타내도록 명하고 오령은 화육化育함을 이루게 하여, 해가 뜨면 낮이 되고 달이 뜨면 밤이 되는 천문역법天文曆法을 헤아리고 한서기년寒暑紀年[10]을 하게 하였다.(어구漁區에 배를 내서 바다를 지키게 하고, 농구農區에 수레를 내서 육지를 지키게 하였다.-원주)

於是三神乃督五帝命各顯厥弘通五靈啓成厥化育日行爲晝月行爲夜候測星曆寒暑紀年(漁區出船以守海農區出乘以守陸)

크고도 크구나. 삼신일체三神一體가 서물庶物의 원리가 되어 서물의 원리는 덕德이 되고, 지혜가 되고, 힘이 되는구나. 높고도 크구나. 세상이 충색充塞[11]하는 현묘한 이치여. 불가사의不可思議한 것이 운행運行이로구나. 그래서 서물은 각기 수數가 있되 수가 반드시 다하지 않는 것이 서물이며, 서물은 각기 힘이 있되 힘이 반드시 다하지 않는 것이 서물이며, 서물은 각기 무궁함이 있되 무궁함이 반드시 다하지 않는 것이 그 서물이니, 세상에서 살다가 살아서 하늘로 올라가는 것이 죽는 것이요, 죽는다는 것은 영구한 생명의 근본인 것이다.

大矣哉三神一體之爲庶物原理而庶物原理之爲德爲慧爲力也巍湯乎
充塞于世玄妙乎不可思議之爲運行也然庶物各有數而數未必盡厥庶
物也庶物各有理而理未必盡厥庶物也庶物各有力而力未必盡厥庶物
也庶物各有無窮而無窮未必盡厥庶物也住世爲生歸天爲死死也者永
久生命之根本也

그러므로 죽음에는 반드시 삶이 있고, 삶에는 반드시 이름이 있고, 이
름에는 반드시 말이 있고, 말에는 반드시 행함이 있는 것이다. 비유하면
모든 살아 있는 나무에 뿌리가 있으면 반드시 묘목이 있고, 묘목이 있으
면 반드시 꽃이 있고, 꽃이 있으면 반드시 열매가 있고, 열매가 있으면
반드시 쓰임이 있는 것과 같은 것이다. 비유하면 일행日行이 암흑이 있으
면 반드시 광명이 있고, 광명이 있으면 반드시 보는 것이 있고, 보는 것
이 있으면 반드시 작용함이 있고, 작용함이 있으면 반드시 공功이 있는
것이므로 무릇 천하 모든 사물이 개벽히는 것처럼 존재하고, 진화하는
것처럼 존재하며, 순환하는 것처럼 존재하는 것이다.

故有死必有生有生必有名有名必有言有言必有行也譬諸生木有根必有
苗有苗必有花有花必有實有實必有用也譬諸日行有暗必有明有明必
有觀有觀必有作有作必有功也則凡天下一切物有若開闢而存有若進
化而在有若循環而有

유원惟元[12]의 기氣와 지묘至妙[13]의 신神이 스스로 집일함삼執一含三[14]의 충
실한 빛이 되었다. 머물면 존재하고, 느끼면 대답하고, 그 오는 것은 처음
이 없고, 그 가는 것은 끝이 없다. 하나에 통하여 만을 만들지도 아니하

고 있지도 아니한다.

惟元之氣至玅之神自有執一含三之充實光輝者處之則存感之則應其
來也未有始焉者也其往也未有終焉者也通於一而未形成於萬而未有

《대변경大辯經》[15]에 이르기를, 『오직 하늘의 일신이 까마득하게 위에 있으
면서 삼대三大, 삼원三圓, 삼일三一의 영부靈符[16]가 되어 만만 세상의 만만
백성에게 크게 내렸다. 일체가 오직 삼신이 만든 바이니 심心, 기氣, 신身
은 반드시 서로 믿고 영겁토록 서로 살피지 아니한다. 영靈, 지智, 의意, 삼
식三識은 바로 영靈, 각覺, 생生 삼혼三魂으로 또한 그것을 바탕으로 하여
능히 형形, 연年, 혼魂을 부연하는데 일찍이 경우에 따라 감感, 식息, 촉觸
하는 바가 있는 자이며 진眞과 망妄이 서로 당겨 삼도三途[17]로 갈라선다.
大辯經曰惟天一神冥冥在上乃以三大三圓三一之爲靈符者大降降于
萬萬世止萬萬民一切惟三神所造心氣身必須相信未必永劫相守靈智
意三識卽爲靈覺生三魂亦因其素以能衍刑年魂嘗與境有所感息觸者
而眞妄相引三途乃歧

그러므로 말하기를, 참되면 살고 거짓되면 죽는다고 하였다. 이 때에 인
물人物[18]의 낳음은 균일한 것으로써 그 진원眞源은 성性, 명命, 정精의 삼관
三關이 된다. 관關은 수신守神의 요회要會[19]다. 성性은 명命을 떠나지 아니하
고, 명命은 성性을 떠나지 아니하며, 정精은 그 중에 있는 것이다.
故曰有眞而生有妄而滅於是人物之生均是一其眞源性命精爲三關關
爲守神之要會性不離命命不離性精在其中

심心, 기氣, 신身을 삼방三房이라 한다. 방房은 성화成化의 근원이다. 기氣는

심心을 떠나지 아니하고 심心은 기氣를 떠나지 아니하며, 신身은 그 중에 있다. 감感, 식息, 촉觸을 삼문三門이라 한다. 문門은 행도行道의 삼법三法이다. 감感은 식息을 떠나지 아니하고, 식息은 감感을 떠나지 아니하며, 촉觸은 그 중에 있다. 성性은 진리眞理의 원관元關이요, 심心은 진신眞神의 현방玄房이며, 감感은 진응眞應의 묘문妙門이다. 자성自性[20]을 구리究理하고 진기眞機를 대발大發하여 신神의 존재를 마음에서 구하고 진신眞身을 크게 나타내어 화응상감化應相感[21]하여 진업眞業을 대성한다.

心氣身爲三房房爲化成之根源氣不離心心不離氣身在其中感息觸爲三門門爲行途之常法感不離息息不離感觸在其中性爲眞理之元關心爲眞神之玄房感爲眞應之玅門究理自性眞機大發存神求心眞身大現化應相感眞業大成

소험所驗에는 시간이 있고, 소경所境에는 공간이 있으며, 사람은 그 사이의 서물庶物이 있는 곳에 있다. 허虛와 조粗는 동체同體요, 오직 일기一氣이며 오직 삼신三神일 뿐이다. 결코 막히지 않는 수數가 있고, 결코 피할 수 없는 이理가 있고, 결코 저항할 수 없는 역力이 있다. 혹 선善이나 불선不善이 있으면 영겁永劫에 갚고, 혹 선이나 불선이 있으면 자연自然에 갚고, 혹 선이나 불선이 있으면 자손子孫에 갚는다.』고 하였다.

所驗有時所境有空人在其間庶物之有虛粗同體者惟一氣而已惟三神而已有不可窮之數有不可避之理有不可抗之力有或善不善報諸永劫有或善不善報諸自然有或善不善報諸子孫

《경經》에 이르기를,『인물人物은 다 같이 삼진三眞을 받았으나 오직 사람만이 땅(地)에 미혹하여 삼망三妄이 착근着根한다. 신眞과 망妄이 대대對待하여

삼도三途를 만드니 부도父道의 법은 천天이 진일眞一하여 거짓이 없고, 사
도師道의 법은 지地가 근일勤一하여 게으름이 없고, 군도君道의 법은 인人
이 협일協一하여 어김이 없다.』고 하였다.

經云人物同受三眞惟衆迷地三妄着根眞妄對作三途父道法天眞一无
僞師道法地勤一无怠君道法人協一无違

《고려팔관기高麗八觀記》의 삼신설三神說에 이르기를, 『상계上界의 주신主神
은 그 호를 천일天一이라 한다. 조화造化를 주관하고 절대 지고의 권능을
가지고 있다. 무형이형無形而形[22]하여 만물로 하여금 각각 그 성성性에 통하
게 한다. 이것이 청진대清眞大의 체體이다.

　하계下界의 주신主神은 그 호를 지일地一이라 한다. 교화敎化를 주관하
고 지선유일至善唯一의 법력法力을 가지고 있다. 무위이작無爲而作[23]하여 만
물로 하여금 각각 그 명命을 알게 한다. 이것이 선성대善聖大의 체體이다.

　중계中界의 주신主神은 그 호를 태일太一이라 한다. 치화治化를 주관하
고 최고무상最高無上의 덕량德量을 가지고 있다. 무언이화無言而化[24]하여
만물로 하여금 각각 그 정精을 보전하게 한다. 이것이 미능대美能大의 체
體이다. 그러므로 주체는 일상제一上帝인 것이며 신神은 각기 따로 있는 것
이 아니다. 작용함으로써 삼신三神이 된다.

高麗八觀記三神說云上界主神其號曰天一主造化有絕對至高之權
能無形而形使萬物各通其性是爲清眞大之體也下界主神其號曰地一
主教化有至善惟一之法力無爲而作使萬物各知其命是爲善聖大之
體也中界主神其號曰太一主治化有最高無上之德量無言而化使萬物
各保其精是爲美能大之體也然主体則爲一上帝非各有神也作用則
三神也

고로 한인桓仁씨는 일一이 변화하여 칠七이 되고, 이二가 변화하여 육六이 되는 운運을 이어 부도父道를 전용專用하여 천하에 불어넣어 천하가 화하게 하였다. 신시神市씨는 천일天一이 물을 낳고 지이地二가 불을 낳는 위位를 이어 사도師道를 전용專用하여 천하를 이끌어 천하가 본을 받게 하였다. 왕검王儉씨는 원둘레가 지름의 3.14배가 되는 기機를 이어 왕도王道를 전용하여 천하를 다스리니 천하가 따랐다.』고 하였다.

故桓仁氏承一變爲七二變爲六之運專用父道而注天下天下化之神市氏承天一生水地二生火之位專用師道而率天下天下效之王儉氏承徑一周三徑一匝四之機專用王道而治天下天下從之

오제설五帝說에 이르기를,『북방의 사명司命을 태수太水라고 한다. 그 제帝는 흑黑이며 그 호는 현묘진원玄妙眞元이요 그 좌佐는 한인桓仁인데 소류천蘇留天에 있다. 이를 대길상大吉祥이라 한다. 동방의 사명을 태목太木이라고 한다. 그 제는 청靑이며, 그 호는 동인호생同仁好生이요 그 좌는 대웅大雄인데 태평천太平天에 있다. 이를 대광명大光明이라 한다.

五帝説云北方司命曰太水其帝曰黑其號曰玄妙眞元其佐曰桓仁在蘇留天是爲大吉祥也東方司命曰太木其帝曰靑其號曰同仁好生其佐曰大雄在太平天是爲大光明也

남방의 사명을 태화太火라고 한다. 그 제는 적赤이며 그 호는 성광보명盛光普明이요 그 좌는 포희庖犧[25]인데 원정천元精天에 있다. 이를 대안정大安定이라 한다. 서방의 사명을 태금太金이라 한다. 그 제는 백白이며 그 호는 청정견허淸淨堅虛요 그 좌는 치우治尤인데 균화천鈞和天에 있다. 이를 대가리人嘉利라 한다. 중방의 사명을 태도人土라 한다. 그 제는 황黃이니 그 호는 중상유구中常悠久요 그 좌는 왕검王儉인데 안덕천安德天에 있다. 이를 대예락大豫樂이라 한다.』고 하였다.

南方司命曰太火其帝曰赤其號曰盛光普明其佐曰庖犧在元精天是爲
大安定也西方司命曰太金其帝曰白其號曰淸淨堅虛其佐曰治尤在鈞和
天是爲大嘉利也中方司命曰太土其帝曰黃其號曰中常悠久其佐曰王儉
在安德天是爲大豫樂也

오제주五帝注에 이르기를, 『오방五方에는 각각 사명이 있다. 하늘에 있는 것을 제帝라 하고, 땅에 있는 것을 대장군大將軍이라 한다. 오방을 독찰하는 것은 천하대장군天下大將軍이고, 지하를 독찰하는 것은 지하여장군地下女將軍이다. 용왕龍王 현구玄龜는 선악을 주관하고, 주작朱鵲 적표赤熛는 명命을 주관하고, 청용靑龍 영산靈山은 곡穀을 주관하고, 백호白虎 병신兵神은 형刑을 주관하고, 황웅黃熊[26] 여신女神은 병病을 주관한다.』고 하였다.

五帝注曰五方各有司命在天曰帝在地曰大將軍督察五方者爲天下大將
軍督察地下者爲地下女將軍也龍王玄龜主善惡朱鵲赤熛主命靑龍靈
山主穀白虎兵神主刑黃熊女神主病

삼신산三神山은 천하의 근산根山이다. 삼신을 가지고 붙여진 이름인데 대개 상세上世로부터 삼신이 이곳에 내려와 놀면서 삼계三界 3백6십 만의 대주천大周天을 화선化宣[27]하였다고 모두가 믿고 있다. 삼신은 그 체體는 불생불멸하고, 그 용用은 무궁무한하며, 그 검리檢理[28]는 유시유경有時有境이다. 신의 지미지현至微至顯 과 신의 여의자재如意自在는 끝내 지식으로써는 얻을 수가 없다.

三神山爲天下之根山以三神名者盖自上世以来咸信三神降遊於此化

宣三界三百六十萬之大周天其体不生不滅其用無窮無限其檢理有時有境神之至微至顯神之如意自在終不可得以知也

그 영迎은 애연優然[29]하나 보는 것과 같고, 그 헌獻은 희연愾然[30]하나 듣는 것과 같고, 그 찬讚은 흔연欣然하나 주는 것과 같고, 그 서誓는 숙연肅然하나 얻는 것과 같고, 그 송送은 황연恍然[31]하나 어루만지는 것과 같나니, 이는 만세의 인민이 순화신열順和信悅의 지역으로 인식추앙認識追仰하는 곳이기 때문이다.

其迎也優然而如有見其獻也愾然而如有聞其讚也欣然而如有賜其誓也肅然而如有得其送也恍然而如有憐是爲萬世人民之所以認識追仰於順和信悅之域者也

삼신은 혹 삼三으로써 새롭게 하는 것이라는 설이 있다. 새로운 것은 흰 것이다. 신은 높고, 높은 것은 머리이다. 그러므로 백두산白頭山 또는 개미蓋馬리는 것은 헤미리奚摩離의 전음轉音이다. 고어에 백白을 해奚라 하고, 두頭를 마리摩離라 하였다. 백두산의 이름 역시 여기서 나온 것이다.

三神或説有以三爲新新爲白神爲高高爲頭故亦稱白頭山又云蓋馬奚摩離之轉音古語謂白爲奚謂頭爲摩離也白頭山之名亦起於是矣

인류의 시조는 나반那般이다. 처음에 아만阿曼과 더불어 서로 만난 곳은 아이사타阿耳斯它이다. 또는 사타려아斯它麗阿라고도 한다. 어느 날 꿈에 신의 계시를 받아 혼례를 지내고 명수明水로 하늘에 고한 다음 환음環飲하였다. 산남山南의 주작朱鵲이 와서 즐거워하고, 수북水北의 신구神龜가 와서 시기瑞氣를 드러내고, 곡서谷西의 백호白虎가 와서 신모둥이를 지키고, 계동溪東의 창룡蒼龍이 공중으로 올랐다. 황웅黃熊은 거기서 살았다.

人類之祖曰那般初與阿曼相偶之處曰阿耳斯它亦稱斯它麗阿也曰
夢得神啓而自成昏禮明水告天而環飮山南朱鵲來喜水北神龜呈瑞
谷西白虎守峙溪東蒼龍升空中有黃熊居之

천해天海, 금악金岳, 삼위三危, 태백太白은 본래는 구한九桓에 속하였으며
대개 9황皇 64민民이 모두 그 후손이다. 그런데 일산일수一山一水에 각기
일국一國을 이루었으며 군녀群女와 군남群男이 역시 서로 경계를 나누고
경계에 따라 나라별로 다르고 또 세월이 오래 쌓이니 창세조서創世條序
후로 알 길이 없고, 오랜 후에야 제帝 한인桓仁께서 나타나니 국인國人에
게 받들리어 안파견安巴堅 또는 거발한居發桓이라 하였다.

天海金岳三危太白本屬九桓而蓋九皇六十四民皆其後也然一山一水
各爲一國羣女羣男亦相分境從境而殊國別積久創世條序後無得究也
久而後有帝桓仁者出爲國人所愛戴曰安巴堅亦稱居發桓也

대개 소위 안파견은 계천입부繼天立父의 이름인 것이다. 소위 거발한은
천天, 지地, 인人을 하나로 정하여 부르는 호이다. 이로부터 한인의 형제
아홉 사람이 분국하여 나라를 다스렸다. 이를 9황 64민이라 한다.

蓋所謂安巴堅乃繼天立父之名也所謂居發桓天地人定一之號也自是
桓仁兄弟九人分國而治是爲九皇六十四民也

가만히 생각하면 삼신은 하늘을 낳아 만물을 창조하고, 한인은 사람을
가르쳐 의義를 세웠다. 이로부터 자손이 서로 교敎와 의義를 전하고 현묘
의 도를 깨달아 광명이세光明理世하였다. 이미 천·지·인 삼극三極이 대원

일大圓一 하는 것이 서물庶物이 되는 원의原義인즉 천하 구한九桓의 예악禮樂이 어찌 삼신 고제古祭의 속俗에 없을 것인가.

窃想三神生天造物桓仁教人立義自是子孫相傳玄妙得道光明理世旣有天地人三極大圓一之爲庶物原義則天下九桓之禮樂豈不在於三神古祭之俗乎

전하는 바에 따르면, 삼신의 후後를 한국桓國이라 하고 한국은 천제天帝가 사는 나라라고 하였다. 또 말하기를, 삼신은 한국보다 먼저 있었다고 하였다. 나반이 죽어서 삼신이 되었다고도 하였다. 무릇 삼신은 영구한 생명의 근본이다. 그러므로 말하기를, 인물人物이 다같이 삼신에서 나왔으며 삼신을 일원一源의 조상이라고 하였다. 한인 역시 삼신을 대신하여 한국의 천제가 되었다. 후에 나반을 칭하여 대선천大先天이라 하였으며, 한인을 대중천大中天이라 하고, 한인과 더불어 한웅桓雄과 치우治尤를 삼황三皇이라 하였다.

傳曰三神之後稱爲桓國桓國天帝所居之邦又曰三神在桓國之先那般死爲三神夫三神者永久生命之根本也故曰人物同出於三神以三神爲一源之祖也桓仁亦代三神爲桓國天帝後稱那般爲大先天桓仁爲大中天桓仁與桓雄治尤爲三皇

한웅을 대웅천大雄天이라 한다. 치우는 지위천智偉天이다. 곧 황제黃帝 중경中經이 만들어진 유래이다. 삼광오기三光五氣는 모두 시視, 청聽의 감각에 있으며 세급일진世級日進하여 불을 이용하게 되고, 말을 하게 되고, 문자를 이용하게 되어 비로소 우승열패의 경쟁이 생기게 되었다.

桓雄稱大雄天治尤爲智偉天乃黃帝中經之所由作也三光五氣皆在視

聽感覺而世級日進攢火焉發語焉造字焉優勝劣敗之相競始乎起耳

웅족熊族 중에서 단국檀國이 가장 강성하였다. 왕검王儉 역시 하늘에서 불함산不咸山에 내려와 사람들이 공립共立하여 단군이 되었다. 이를 단군 왕검檀君王儉이라 한다. 낳으면서부터 신성神聖의 경지에 이르러 원만하므로 구한九桓의 삼한관경三韓管境을 통합하고, 신시神市의 구규舊規를 부활하여 천하를 대치大治하니 세상 사람들이 모두 신처럼 보았다. 이로부터 숭보崇報의 예가 오래도록 바뀌지 않았다.

熊族之中有檀國最盛王儉亦自天而降來御于不咸之山國人共立爲檀
君是謂檀君王儉也生而至神兼聖圓滿統合九桓三韓管境復神市舊規
天下大治擧世視同天神自是崇報之禮永世不替者也

대개 구한족九桓族은 오종五種으로 나뉘는데 피부색과 얼굴 모양으로 구별한다. 모두 그 풍속이 취실구리就實究理[32]의 책策을 쓰고, 구하는 것이 한 가지로 같았다. 부여夫餘는 수한병질水旱兵疾[33]에 국왕을 책하여 충사존망忠邪存亡[34]을 필부匹夫와 같이 하는 풍속이 있었는데 이것이 그 증거의 하나인 것이다.

蓋九桓之族分爲五種以皮膚色貌爲別也皆其俗就實究理策事而求其
是則同也夫餘爲俗水旱兵疾國王有責忠邪存亡匹夫同歸是其一證也

색色에 따른 종족은, 황부黃部의 사람은 피부는 약간 노랗고 코는 높지 않으며 광대뼈가 높고 머리는 검으며 눈은 평평하고 청흑색이다. 백부白部의 사람은 피부가 밝고 얼굴은 길며 코가 튀어나오고 머리는 회색이다. 적부赤部의 사람은 피부가 녹슨 구리빛이고 코는 낮고 코끝이 넓으며 이마는 뒤로 경사지고 머리는 말아서 오그라졌다. 얼굴 모양은 황부의 사람과 비슷하다. 남부藍部의 사람은 한편 풍족이라고도 한다. 또 종색 종棕色種이 있다. 그 피부는 암갈색이고 얼굴은 황부의 사람과 같다.

色族如黃部之人皮膚稍黃鼻不隆頰高髮黎眼平晴黑白部之人皮膚
晳頰高鼻隆髮如灰赤部之人皮膚銹銅色鼻低而端廣顙後傾髮捲縮
貌 類黃部之人藍部之人一云風族又棕色種其皮膚暗褐色貌猶黃部
之人也

삼한 고속古俗에 모두 10월 상순에는 국중대회國中大會를 열어 원단圓壇
을 쌓고 제천祭天하였다. 제지祭地할 때는 방구方丘를 쌓았으며, 제선祭先
할 때는 각목角木으로 하였다. 산상웅상山像雄常[35]은 모두 그 유법遺法이
다. 제천할 때 한韓에서는 반드시 스스로 제사를 지냈는데, 그 예禮가 심
히 성대하였음을 알 수 있다. 이날에는 원근의 남녀가 다 소산所産을 바
치고 고취鼓吹 백희百戲 했다.

三韓古俗皆十月上日國中大會築圓壇而祭天祭地則方丘祭先則角木
山像雄常皆其遺法也祭天韓必滋祭其禮甚盛可知也是日遠近男女皆
以所産薦供鼓吹百戲是俱

이 때 작은 나라들이 모두 찾아와서 방물方物을 바치니 진보珍寶가 산처
럼 둥그렇게 쌓였다. 대개 백성을 위하여 기양祈穰[36]하였는데 그 까닭은
관경管境이 번성하도록 하기 위한 것이며, 소도제천蘇塗祭天은 곧 구려九黎
교화敎化의 근원이었다. 이로부터 책화선린責禍善隣 하고, 유무상자有無相
資 하며, 문명성치文明成治 하고, 개화평등開化平等 하여 사해지내四海之內에
서 사선祀典[37]을 숭식崇飾하지 않는 자가 없다.

眾小諸國皆來獻方物珍寶環積邱山蓋爲民所禳乃所以繁殖管境而蘇
塗祭天乃九黎教化之源也自是責禍善隣有無相資文明成治開化平等
四海之內莫不崇飾祀典者也

아이를 낳게 해달라고 삼신三神께 빌고, 벼가 익게 해달라고 업業에게 빌
었다. 산은 뭇 생명이 살아가는 곳이요, 업業은 생산작업을 하는 신이므
로 또한 업주가리業主嘉利라 칭했다. 집터는 토지대감에게 발원하고, 가택
家宅은 성조대군에게 발원했으니, 또한 해마다 좋은 복을 이루게 하는 신
이다. 묘원墓園, 어렵漁獵, 전진戰陣, 출행出行에 다 제사를 지냈다. 제사에
는 반드시 택일하여 재계齋戒[38]하여야 이성利成[39]하였다.

祝兒之生曰三神祝禾之熟曰業山爲羣生通力之所業爲生産作業之神
故亦稱業主嘉利發願坌土曰土主大監發願家宅曰成造大君亦歲成嘉
福之神也墓園漁獵戰陣出行皆有祭祭必擇齋以利成也

소도가 선 곳에는 다 계율이 있었다. 충忠·효孝·신信·용勇·인仁의 오상五
常의 도가 그것이다. 소도 옆에는 반드시 경당扃堂을 세우고 미혼 자제로
하여금 사물을 강습講習하게 하였다. 대개 독서讀書, 습사習射, 치마馳馬,
예절禮節, 가악歌樂, 권박拳博 겸 검술劍術 등의 육예六藝의 유였다.

蘇塗之入皆有戒忠孝信勇仁五常之道也蘇塗之側必立扃堂使未婚子
弟講習事物蓋讀書習射馳馬禮節歌樂拳搏(並劍術)六藝之類也

모든 읍락邑落이 다 스스로 삼로三老를 세웠다. 삼로는 또한 삼사三師라고
도 한다. 현덕賢德한 자가 있었다. 재물을 내놓는 자가 있었다. 사리를 아
는 자도 있었다. 다 그것들을 사사師事하는 것이 이것이다. 또 육정六正이

라는 것이 있었는데 현좌賢佐, 충신忠臣, 양장良將, 용졸勇卒, 명사明師, 덕우德友가 그것이다.

諸邑落皆自設三老三老亦曰三師有賢德者有財施者有識事者皆師事之是也又有六正乃賢佐忠臣良將勇卒明師德友是也

살생殺生에도 법이 있었다. 위로는 왕에서부터 아래로는 서민에 이르기까지 반드시 스스로 때와 사물을 택하여 하나같이 그것을 행하되 함부로 죽이지 아니하였다. 자고로 부여에는 말[40]이 있었는데 타지 아니하고 죽이는 것을 금하여 방생放生하였으니 이 또한 그 뜻이다. 그러므로 자는 것을 죽이지 아니하며 알을 죽이지 아니하는 것은 택시擇時요, 어린 것을 죽이지 아니하며 유익한 것을 죽이지 아니하니 이것은 택물擇物이다. 사물을 중히 여기는 뜻이 가히 지극하다 할 것이다.

又殺生有法上自國王下至庶民須自擇時與物而行之一不濫殺自故夫餘有馬不乘禁殺放生者亦其義也故不殺宿不殺卵是擇時也不殺幼不殺益是擇物也重物之義可謂至矣

원화源花는 여랑女郎을 칭한다. 남자는 화랑花郎[41]이라 하였다. 또는 천왕랑天王郎이라고도 하였다. 임금이 명하여 오우관烏羽冠을 내려 가관加冠하고 의주儀注[42]할 때에 큰 나무를 봉하여 한웅신상桓雄神像을 만들고 거기에 절을 하였다. 신수神樹를 속속俗에서 웅상雄常이라 하는데, 상常은 상재常在 즉 항상 있다는 뜻이다.

源花稱女郎男曰花郎又云天王郎自上命賜烏羽冠加冠有儀注時封大樹爲桓雄神像而拜之神樹俗謂之雄常常謂常在也

하백河伯은 천하天河의 사람으로서 나반那般의 후손이다. 7월 7일 즉 나반이 도하渡河[43]하는 날, 이 날 천신天神이 용왕龍王에게 명하여 하백을 불러 용궁에 입궁入宮시키고 그로 하여금 사해四海의 제신諸神을 주관하게 하였다. 천하는 천해天海라고도 하며 지금의 북해北海가 이것이다. 천하의 주注에 이르기를, 『천도天道가 북극에서 일어난 고로 천일天一이 생수生水하고 이를 북수北水라고 한다.』하였다. 대개 북극은 수정자水精子[44]가 사는 곳이다.

河伯是天河人那般之後也七月七日卽那般渡河之日也是日天神命龍王召河伯入龍宮使之主四海諸神天河一云天海今曰北海是也天河注曰天道起於北極故天一生水是謂北水盖北極水精子所居也

1. 《표훈천사》 - 표훈은 신라 고승인 의상의 10대 제자 중의 한 사람이다. 경덕왕 때 불국사가 창건되자 그 주지가 되었으며, 흥륜사興輪寺 금당金堂에 신라 10성聖의 한 사람으로 안치되었다. 《표훈천사》는 책 이름으로 조선 성종의 수서목收書目에 들어 있으며, 일제의 관학자 금서룡今西龍에 따르면 당시 서운관書雲觀에 《표훈삼성밀기表訓三聖密記》가 있었다고 한다.(문정창著 백문당刊 《단군조선사기 연구》98~99쪽 및 송호수著 《한민족의 뿌리사상》24~25쪽 참조)

2. 대시 - 태시 또는 태초와 같은 말이다.

3. 숙살 - 가을 기운이 초목을 말라 죽게 하다.

4. 생양 - 낳아서 기르다.

5. **영윤** – 영달하고 재물이 넉넉해지다.

6. **용전** – 녹이고 달이다.

7. **영축** – 짓는 일.

8. **가종** – 씨 뿌리다.

9. **홍통** – 널리 퍼지다.

10. **한서기년** – 춥고 더움과 연年을 기록하는 일. 기년은 기원에서부터 기산한 햇수를 말한다.

11. **충색** – 차고 막히다.

12. **유원** – 단지 원기뿐이라는 뜻.

13. **지묘** – 지극한 묘.

14. **집일함삼** – 하나를 붙잡아서 셋을 안다.

15. **《대변경》** – 《대변설大辯說》이라고도 한다. 세조의 수서목收書目에도 들어 있는 책이며 금서령 때까지 서운관에 있었다.(주1 참조)

16. **영부** – 영험이 있는 부적.

17. **삼도** – 부도父道, 사도師道, 군도君道. 불교에서는 화도火道, 혈도血道, 도도刀道.

18. **인물** – 인人과 물物로 보아야 한다.

19. **요회** – 총계.

20. **자성** – 본래부터 가지고 있는 성질.

21. **화응상감** – 화하고 응하여 서로 느끼다.

22. **무형이형** – 모양이 없으나 나타나다.

23. **무위이작** – 일하지 않으나 만들다.

24. **무언이화** – 말하지 않으나 교화하다.

25. **포희** – 복희씨를 가리킨다.

26. **황웅** - 중방中方의 색은 황색이요, 중방의 동물은 곰이다. 웅족熊族의 명
칭과도 관련이 있다.

27. **화선** - 만들어 베풀다.

28. **검리** - 법식 또는 원리를 말하는 것일까?

29. **애연** - 희미하다.

30. **희연** - 한숨을 쉬는 모양.

31. **황연** - 황홀한 모양.

32. **취실구리** - 실질을 좇고 이치를 밝히다.

33. **수한병질** - 홍수, 가뭄, 난리, 질병.

34. **충사존망** - 충자忠者와 사자邪者와 생자生者와 사자死者. 시왕弒王 모티브
를 생각해볼 것. 시왕 모티브는 역易 사상과도 관련이 있다.(프레이저著 삼성
출판사刊《황금가지》 참조)

35. **산상웅상** - 『신수神樹를 속俗에서 웅상雄常이라 하였다.』 '산山'이나 '선仙'
은 우리 민족이 고산족임을 나타내는 말이라고 하겠다.(《삼신오제본기》 참조)

36. **기양** - 기도와 같다.

37. **사전** - 제사의 전례.

38. **재계** - 음식과 행동을 삼가며 근신하는 일.

39. **이성** - 복을 받다.

40. **말** - 기마민족설은 재검토할 필요가 있다.

41. **화랑** - 천지화랑天指花郎 또는 천왕랑天王郎의 준말. 화랑의 근원이 신라가
아니었음을 알 수 있다.

42. **의주** - 예법 및 길흉 행사를 적은 책. 의식을 치르다.

43. **도하** - 덕흥리 벽화 고분에 견우와 직녀도의 전설로 남아 있다. 이 전설
도는 남측 천정의 동측 하부에서 서측에 걸쳐 있는 은하를 사이에 두고

앞쪽에는 고삐를 쥐고 소를 끄는 견우가, 그 뒤쪽에 개를 데리고 서 있는 직녀의 상이 그려져 있으며, 견우상과 직녀상 옆에는 '견우의 상', '직녀의 상'이라고 쓰여 있다.(김기웅著 동화출판공사刊《한국의 벽화고분》262쪽 참조)

44. 수정자 – 수성, 진성辰星을 가리킨다.

제2 한국본기桓國本記

《조대기朝代記》[1]에 이르기를, 『옛날에 한인桓仁이 있었는데 하늘에서 내려와 천산天山에서 살면서 천신天神에게 제사지내는 일을 주관하였다. 인민人民을 정명定命[2]하고 군무群務[3]를 섭치攝治[4]하니 들에 있어도 충수蟲獸[5]의 해가 없었으며 군행群行[6]하여도 원역怨逆[7]의 환患이 없었다. 친소親疏를 구별하지 아니하고, 상하가 차등이 없었으며, 남녀가 평권平權하고, 노소老少가 일을 나누었다.

朝代記曰昔有桓仁降居天山主祭天神定命人民攝治羣務野處而無蟲獸之害群行而無怨逆之患親疏無別上下無等男女平權老少分役

당세當世에는 비록 법규나 호령이 없어도 스스로 화락和樂과 순리循理를 이루었다. 병病을 없애서 원통함을 풀고 위태로움을 도와서 약한 자를 구제하니 한 사람도 원한을 품거나 도리에 어긋나는 일을 하는 자가 없었다. 때에 사람들은 모두 스스로 호를 지어 한桓이라 하였다. 감군監群을 인仁이라 한다. 인은 말하자면 임任이다. 홍익제인弘益濟人 하고 광명이세光明理世 하는 것은 말하건대 임이요 그것은 반드시 인이다.

當此之世雖無法規號令自成和樂循理去其病而解其寃扶其傾而濟其弱一無憾且怫異者時人皆自號爲桓以監羣爲仁仁之爲言任也弘益濟人光明理世使之任其必仁也

그러므로 오가五加의 무리는 서로 바꿔가며 대중으로부터 선출되어 반드시 직업을 구하므로 애증愛憎이 유별하고, 각기 마음먹은 바로써 그것을 주판主辨[8]하여 스스로 그 구하는 정곡正鵠을 택하므로, 오직 구한九桓에 있어서만 공정하여 대동귀일大同歸一 하기 때문에, 또한 당연히 스스로 비교하여 득실得失이 한 사람도 다름이 없이 한 연후에 그것을 따랐다. 제중諸衆도 역시 감히 일방만을 편향하지 아니하고 혼자서 재주를 닦으며 지냈다.

故五加衆交相選於大衆以必求業故愛憎有別各以其所心主辨之而自擇其所求鵠惟在九桓爲公大同歸一焉者則亦當自較得失無一人異然後從之諸衆亦不敢邊下獨術以處之

대개 백성이 살아가는 법은 무비無備면 유환有患하고, 유비有備면 무환無患하므로 반드시 미리 자급自給하여 방비하고 능히 착한 무리가 되게 다스리므로, 만 리萬里가 동성同聲으로 말하지 않아도 감화하여 행하였다. 이 때에 만방萬方의 백성이 기약도 없이 모여든 자가 수만數萬이었다. 무리가 스스로 서로 환무環舞[9]하고 인하여 한인을 추대하여 한화桓花의 아래, 석석積石[10]의 위에 앉게 하고 나배羅拜[11]하였나. 산오성山呼聲[12]이 넘쳐 흘렀다. 돌아가는 자가 시장市場과 같았다. 이가 인간 최초의 두조頭祖[13]이다.』라고 하였다.

蓋處眾之法無備有患有備無患必備豫自給善羣能治萬里同聲不言化
行於是萬方之民不期而來會者數萬眾自相環舞仍以推桓仁坐於桓花
之下積石之上羅拜之山呼聲溢歸者如市是爲人間最初之頭祖也

《삼성밀기三聖密記》[14]에 이르기를, 『파내류산波奈留山 아래에 한인씨의 나라가 있었으니 천해 동쪽의 땅을 또한 파내류국波奈留國이라 한다. 그 땅의 넓이는 남북이 5만 리요 동서는 2만여 리니 합하여 한국이라 하고, 나눠서는 비리국, 양운국, 구막한국, 구다천국, 일군국, 우루국 또는 필나국, 객현한국, 구모액국, 매구여국 또는 직구다국, 사납아국, 선비국 또는 시위국 혹은 통고사국, 수밀이국이라 한다. 합하여 12국이다. 천해는 지금의 북해다.』라고 하였다.

三聖密記云波奈留山之下有桓仁氏之國天海以東之地亦稱波奈留國
也其地廣南北五萬里東西二萬餘里摠言桓國分言則卑離國養雲國寇
莫汗國勾茶川國一群國虞婁國一云卑那國客賢汗國勾牟額國賣勾餘國
一云稷臼多國斯納阿國鮮卑爾國一云豕韋國一云通古斯國須密爾國
合十二國是也天海今日北海

《밀기密記》의 주注에 이르기를, 『개마국盖馬國은 웅심국熊心國이라고도 하며 북개마대령北盖馬大嶺의 북쪽에 있고, 구다국句茶國에서 2백 리 떨어져 있다. 구다국의 구칭은 독로국瀆盧國이며, 북개마대령의 서쪽에 있다. 월청국月淸國은 그 북쪽 5백 리에 있다. 직구다국稷臼多國은 혹 매구여국賣勾餘國이라고도 하며 옛날에는 오란하五難河에 있었고 후에 독로국에 패하여 마침내 금산金山[15]으로 옮겼다. 구다국은 본래 쑥과 마늘의 소산지다. 쑥은 달여서 먹으면 냉冷을 고치고 마늘은 구워서 먹으면 마귀를 물리친다.』고 하였다.

密記注曰蓋馬國一云熊心國在北蓋馬大嶺之北距勾茶國二百里勾茶國舊稱瀆盧國在北蓋馬大嶺之西月漬國在其北五百里稷臼多國或稱賣勾餘國舊在五難河後爲瀆盧國所破遂移于金山居之勾茶國本艾蒜所産也艾煎服以治冷蒜燒食以治魔也

《조대기朝代記》에 이르기를, 『옛날에 한국이 있었다. 백성은 부유하고 또한 살쪘다. 처음에 한인이 천산에서 살았는데 득도得道하여 장생長生하고 치신治身하여 무병無病하였다. 하늘을 대신해 흥화興化하여 사람으로 하여금 병란兵亂이 없게 하니 사람들이 모두 일하기에 힘써 부지런하므로 스스로 굶거나 추위에 떠는 일이 없었다. 혁서한인, 고시리한인, 주우양한인, 석제임한인, 구을리한인에 전하고 지위리한인에 이르렀는데 단인이라고도 하며 7세世를 전하고 역년歷年은 3,301년 혹은 63,182년이다.

朝代記曰昔有桓國衆富且庶焉初桓仁居于天山得道長生治身無病代天興化使人無兵人皆力作以勤自無飢寒也傳赫胥桓仁古是利桓仁朱于襄桓仁釋提壬桓仁邱乙利桓仁至智爲利桓仁或曰檀因傳七世歷三千三百一年或曰六萬三千一百八十二年

한국에는 오훈五訓이, 신시에는 오사五事가 있었다. 오훈은 첫째가 성신불위誠信不僞, 둘째가 경근불태敬勤不怠, 셋째가 효순불위孝順不違, 넷째가 염의불음廉義不淫, 다섯째가 겸화불투謙和不鬪이다. 오사는 우가牛加는 주곡主穀하고, 마가馬加는 수명主命하고, 구가狗加는 수형主刑하고, 서가猪加

는 주병主病하고, 양가羊加(또는 계가鷄加)는 주선악主善惡한다.』고 하였다.

桓國有五訓神市有五事所謂五訓者一曰誠信不僞二曰敬勤不怠三曰
孝順不違四曰廉義不淫五曰謙和不鬪所謂五事者牛加主穀馬加主命
狗加主刑猪加主病羊加一作鷄加主善惡

한국桓國 주注에 말하기를, 『한桓은 전일全一이요 광명이다. 전일은 삼신
의 지혜와 권능이며, 광명은 삼신의 실덕實德이다. 우주의 만물보다 앞서
있다.』고 하였다.

桓國注曰桓者全一也光明也全一爲三神之智能光明爲三神之實德乃
宇宙萬物之所先也

《조대기朝代記》에 이르기를, 『고속古俗에 광명을 숭상하여 태양을 신이라
하고 하늘을 조상이라 하여 만방萬方의 백성이 그것을 믿고 서로 의심하
지 않았다. 조석으로 경배敬拜하여 항상 의식儀式을 지냈다.

朝代記曰古俗崇尙光明以日爲神以天爲祖萬方之民信之不相疑朝夕
敬拜以爲恒式

태양은 광명이 모인 곳이며 삼신이 유거悠居하는 곳이다. 사람은 빛을 얻
어 무위자화無爲自化하여 아침에는 일제히 동산東山에 올라 뜨는 해에 절
을 하고, 저녁이 되면 일제히 서천西天에 재촉하여 돋는 달에 절을 하였
다. 이보다 먼저 한인은 날 때부터 스스로 알아서 오물五物을 만들어 기
르고, 오훈五訓을 부연敷演하고, 오사五事를 주치主治하므로 오가五加의 무
리가 다 애써 부지런히 일하여 지선수행至善修行하고, 개심광명開心光明하
고, 작사길상作事吉祥하고, 주세쾌락住世快樂하게 하였다.

太陽者光明之所會三神之攸居人得光以作而無爲自化朝則齊登東山
拜日始生夕則齊趨西川拜月始生先是桓仁生而自知化育五物敷演五訓
主治五事五加衆皆勤苦使至善修行開心光明作事吉祥住世快樂

한인은 높고 높은 하늘에 계시어 오직 뜻이 간절하므로 백도百道가 다
스스로 화평하니, 때에 칭하기를 천제의 화신化身이라 하고 감히 반叛하
는 자가 없었으며 구한九桓의 백성이 모두 하나로 돌아왔다.』고 하였다.
桓仁高御上上天惟意懇切百途咸自和平時稱天帝化身而無敢叛者九
桓之民咸率歸于一

1.《조대기》 - 우리나라 고대의 역사 책으로 세조世祖의 수서목에 들어 있
   으며 금서룡 때까지 서운관에 있었다.(문정창著 백문당刊《단군조선사화 연구》
   98~99쪽 참조)

2. **정명** - 사람의 수명을 정하다.

3. **군무** - 여러 가지 일.

4. **섭치** - 대리하여 다스리다.

5. **충수** - 벌레와 짐승.

6. **군행** - 떼를 지어 가다.

7. **원역** - 원망하여 반역하다.

8. **주핀** - 어떤 사물을 주긍더여 취급하다.

9. **환무** – 빙 둘러싸고 둥글게 돌아가며 춤을 추다.

10. **적석** – 임금이 등극할 때 적석 또는 적곡의 위에 앉는 법이 있었던 듯하다. 왕건은 적곡의 위에 앉아서 예를 받았다.(《고려국본기高麗國本紀》 참조)

11. **나배** – 둘러싸고 절하다.

12. **산호성** – 신민臣民이 임금을 바라보며 만세를 부르는 소리.

13. **두조** – 우두머리.

14. **《삼성밀기》** – 어느 책인지 확실하지는 않으나, 서운관에 있었던 것은 《표훈삼성밀기表訓三聖密記》라 하였으며,《규원사화揆園史話》에는 그냥 《삼성밀기三聖密記》라 하였다.

15. **금산** – 요령성 강평현康平縣 외에 다른 곳에도 있다.

제3 신시본기 神市本紀

《진역유기震域留記》[1]의 〈신시기神市紀〉에 이르기를, 『한웅천왕桓雄天王이 사람의 거처가 이미 완성된 것과, 만물이 각기 그 자리를 얻은 것을 보고 곧 고시례高矢禮로 하여금 궤양饋養[2]의 임무를 전장專掌하게 하였다. 이가 주곡主穀이다. 때에 농사의 도道가 불비하고 또 불씨도 없었다.

震域留記神市紀云桓雄天皇見人居已完萬物各得其所乃使高矢禮專掌饋養之務是爲主穀而時稼穡之道不備又無火種爲憂

어느 여름날 우연히 깊은 산 속에 들어가서 교목喬木이 황락荒落[3]하여 다만 유골遺骨만이 남은 늙은 줄기의 죽은 가지가 어지럽게 교차하며 서 있는 것을 오랫동안 보고 있다가 깊은 신음에 잠겨서 말이 없었는데 갑자기 큰 바람이 숲에 불어와서 만 개의 구멍이 노호怒號하여 바람을 불어내어 늙은 줄기가 서로 문지르며 불을 일스켜서 빛이 번쩍번쩍히고 잠깐 일어났다가 갑자기 꺼지고 하는 것을 보고 맹연히 깨닫고는 "이것이다. 이것이다. 이것이 불을 일으키는 방법이다." 하고 돌아와 늙은 홰나무 가지를 문질러 불을 만들었으나 이루지 못하였다.

一日偶入深山只看喬木荒落但遺骨骸老幹枯枝交織亂又立住多時沈吟無語忽然大風吹林萬竅怒號老幹相逼擦起火光閃閃爍爍乍起旋消乃猛然惺悟曰是哉是哉是乃取火之法也歸取老槐枝擦而爲火功猶不完

이튿날 다시 교림喬林에 이르러 배회하며 깊은 생각에 잠겨 있었는데 갑자기 한 마리 호랑이가 포효하며 뛰어 나오니 고시高矢씨가 외마디 소리로 크게 꾸짖으며 돌을 날려 맹타했으나 잘못하여 바위의 모서리를 맞추자 번쩍하고 불이 일어나므로 크게 기뻐하고 돌아와서 다시 돌을 쳐서 불을 얻었다. 이에 따라 백성들은 화식火食하는 법을 얻게 되고, 주야鑄冶[4]하는 기술을 처음으로 일으켜 만드는 공력 또한 점차로 진보하였다.

明日復至喬林處徘徊尋思忽然一個條紋虎咆哮躍來高矢氏大叱一聲飛石猛打誤中岩角炳然生火乃大喜而歸復擊石取火從此民得火食鑄冶之術始興而制作之功亦漸進矣

한웅천왕은 또 다시 신지神誌 혁덕赫德에게 명하여 서계書契[5]를 만들게 하였다. 대개 신지씨는 대대로 주명主命의 직職을 관장하고 출납헌체出納獻替[6]의 일을 전장하였으나, 단지 후설喉舌[7]에 의존하고 일찍이 문자文字로 적어두는 방법이 없었다.

桓雄天皇又復命神誌赫德作書契蓋神誌氏世掌主命之職專掌出納獻替之務而只憑喉舌曾無文字記存之法

하루는 무리에서 떨어져 수렵狩獵을 나갔는데 갑자기 놀라서 일어난 암사슴 한 마리를 보고 활을 당겨 쏘려고 하다가 놓쳐버리고 말았다. 사방으로 찾아 산과 들을 지나서 평평한 모래바탕에 이르렀을 때 비로소 발자국이 어지럽게 얽혀 있는 것을 보고 향방을 알았다. 머리를 숙이고 신음에 잠겨 있던 신지는 갑자기 깨달은 바가 있어 "기록하는 방법은 오직 이 같은 것뿐이구나." 하였다.

一日出衆狩獵忽見驚起一隻牝鹿彎弓欲射旋失其蹤乃四處搜探遍過山野至平沙處始見足印亂鎖向方自明乃俯首沈吟旋復猛悝曰記存之法惟如斯而已夫惟如斯而已夫

이 날은 사냥하기를 그만두고 돌아와서 반복하여 만상萬象을 깊이 생각하고 넓게 살핀 끝에, 얼마 지나지 않아 깨달음을 얻고 문자를 창성創成하였으니 이것이 태고太古 문자의 시초였다. 다만 후세에 연대가 아득하고 멀므로 태고 문자는 형적이 없어져서 존재하지 아니하니 또한 그 조성組成힘에 불편한 깃이 있어 그렇게 된 깃이 아닌가 생긱된다.

是日罷獵而歸反復審思廣察萬象不多日悟得創成文字是爲太古文字之始矣但後世年代邈遠而太古文字沒泯不存抑亦其組成也猶有不便而然歟

일찍이 남해도南海島 낭하리郎河里[8]의 계곡 및 경박호鏡珀湖[9] 선춘령先春嶺[10]과 무릇 오소리烏蘇里 이외의 암석 사이에서 때때로 조각 즉 범자梵字도 아니고 전자篆字도 아닌 것이 발견된다는 말을 들었다. 사람들이 이것을 깨닫지 못하고 신지씨가 만든 고문자古文字가 아니라고 하였다. 여기에서 다시 한 번 우리나라의 비신함과 우리 민족의 불상사彊함을 한반

한다.

亦嘗聞南海島郎河里之溪谷及鏡珀湖先春嶺與夫鳥蘇里以外岩石之
間時或有發見彫刻非梵非篆人莫能曉此非神誌氏之所作古字歟於是
而更恨吾國之未振吾族之不强也

한웅천왕이 풍백風伯 석제라釋提羅를 시켜 조수충어鳥獸蟲魚의 해를 없이
하였으나 인민人民은 오히려 동굴과 토혈土穴 속에서 살고 있었으므로
바다의 습기와 외풍이 사람을 핍박하여 병을 이루고 또 금수충어禽獸蟲
魚의 붙이가 한 길로 급하게 쫓겨 점차 스스로 피해 숨어버리므로 도살
屠殺하여 공궤供饋[11]하기가 불편하게 되었다.

桓雄天皇使風伯釋提羅雖除鳥獸蟲魚之害而人民猶在洞窟土穴之中
下濕外風之氣逼人成疾且禽獸蟲魚之屬一經窘逐漸自退避藏匿不
便於屠殺供饋

그러므로 이 때에 우사雨師 왕금王錦을 시켜 사람이 살 집을 짓게 하고
소, 말, 개, 돼지, 수리, 호랑이 등의 짐승[12]을 맡아서 길러 이용하게 하였
으며, 운사雲師 육약비陸若飛를 시켜 남녀간의 혼취婚娶의 법을 정하게 하
고, 치우治尤에게는 병마兵馬와 도적을 막는 일을 세장世掌하게 하였다.

於是使雨師王錦營造人居主致牛馬狗豚雕虎之獸而牧畜利用使雲師
陸若飛定男女婚娶之法焉而治尤則世掌兵馬盜賊之職焉

이로부터 치우와 고시 및 신지의 후예들이 번연최성繁衍最盛[13]하고 치우
천왕治尤天王이 등극함에 이르러 구치九治를 만들어 구리와 쇠를 캐서 쇠
를 제련하여 칼과 창 그리고 대노大弩[14]를 만들어 수렵하고 정전征戰하므

로 먼 곳의 외족外族들이 신神으로 알고 심히 두려워하였다. 오래 전부터 대궁大弓의 위력을 풍문에 듣고 담이 서늘해진 자가 많았다.

自此治尤高矢神誌之苗裔繁衍最盛及至治尤天王登極造九冶以採銅
鐵鍊鐵以作刀戟大弩而狩獵征戰賴以爲神遠外諸族甚畏大弓之威聞
風膽寒者久矣

그러므로 저들이 우리 겨레를 말하여 '이夷'라고 하였다.《설문해자說文
解字》에 소위 '이대궁위동방인자夷從大從弓爲東方人者'라고 한 것이 이것이다. 공구孔丘[15]씨가《춘추春秋》[16]를 짓기에 이르러 이夷의 이름을 마침내 융戎, 적狄과 아울러 더러운 것이라고 지칭한 것은 서글픈 일이다.』고 하였다.

故彼謂我族爲夷說文所謂夷從大從弓爲東方人者是也乃至孔丘氏春
秋之作而夷之名遂與戎狄並爲腥臊之稱惜哉

《삼성밀기三聖密記》에 이르기를, 『한국의 말末에 다스리기 어려운 강족强
族이 있었는데 그것이 긱정이었다. 한웅이 나라를 위하여 곧 삼신을 설교하고 무리를 모아 엄밀한 전제剪除[17]의 뜻이 들어 있는 맹세를 하게 하였다.

三聖密記曰桓國之末有難治之强族患之桓雄爲邦乃以三神設敎而聚
衆作誓密有剪除之志

그 시절에는 족호族號가 한결같이 않고 풍속은 오히려 점차로 갈라져 원주자原住者[18]는 호虎가 되고 신이자新移者[19]는 웅熊이 되었으나, 호의 성품은 기탐잔인嗜貪殘忍[20]하여 약탈을 일삼았으며 웅의 성품은 우팍자긍愚愎自矜[21]하여 불긍화소不肯和調[22]하였다. 비록 같은 굴에 살고 있었으나 오래

될수록 더욱 멀어져 일찍이 서로 빌리어주지 아니하고, 서로 결혼도 하지 아니하며, 매사每事에 불복하여 다같이 하나로 뭉치지 못하였다.

時族號不一俗尙漸歧原住者爲虎新移者爲熊然虎性嗜貪殘忍專事掠奪熊性愚憨自恃不肯和調雖居同穴久益疎遠未嘗假貸不通婚嫁事每多不服咸未有一其途也

이에 이르러 웅녀熊女의 군군이 한웅의 신덕神德을 듣고 무리를 거느리고 찾아와서 말하기를, "원컨대 한 혈전穴廛[23]을 주어 같은 신계神戒[24]의 백성(氓)이 되게 하소서." 하므로 한웅이 허락하고 머물러 있을 곳을 정하여 주니 아들을 낳았다. 호는 끝내 깨닫지 못하므로 추방하여 버렸다. 사해四海 한족桓族의 일어남이 이에서 비롯하였다.』고 하였다.

至是熊女君聞桓雄有神德乃率眾往見曰願賜一穴廛一爲神戒之氓雄乃許之使之奠接生子有産虎終不能悛放之四海桓族之興始此

《조대기朝代記》에 이르기를, 『시인時人이 다산多産하므로 물자가 모자라서 근심스러웠으나 어찌할 방도가 없었다. 서자부庶子部에 대인大人 한웅이 있었는데 여론與論을 깊이 듣고 지상에 광명세계를 만들고자 하늘에서 내려오기로 하였다.

朝代記曰時人多産乏憂其生道之無方也庶子之部有大人桓雄者探聽與情期欲天降開一光明世界于地上

때에 안파견安巴堅이 금악金岳과 삼위三危와 태백太白을 두루 살피고 태백이 가히 홍익인간弘益人間 할 수 있으므로 한웅에게 명하기를, "이제 인人과 물物과 업業이 이미 만들어졌으니 군君이 노고를 아끼지 말고 중인衆

人을 거느리어 몸소 하계下界에 내려가서 개천시교開天施敎하고 천신제天神祭를 주관하며, 부권父權을 세우고 부로휴유扶老携幼[25]하며, 평화로 귀일歸一하고 사도師道를 세워 재세이화在世理化하여 자손 만세萬世의 홍범洪範이 되게 하라." 하였다.

時安巴堅遍視金岳三危太白而太白可以弘益人間乃命雄曰如今人物業已造完矣君勿惜勞苦率衆人躬自降往下界開天施敎主祭天神以立父權扶携平和歸一以立師道在世理化爲子孫萬世之洪範也

한웅에게 천부인天符印 세 개를 주어 내려보내서 다스리게 하였다. 한웅이 무리 3천을 이끌고 처음에 태백산 신단수神檀樹 아래에 내려와서 신시神市라고 말하고 풍백, 우사, 운사를 거느리고 주곡主穀, 주명主命, 주형主刑, 주병主病, 주선악主善惡 등 무릇 인간의 3백6십여 일을 주관하여 재세이화하여 홍익인간하였다. 이를 한웅천왕이라고 한다.

乃授天符印三個遣往理之雄率徒三千初降于太白山神壇樹下謂之神市將風伯雨師雲師而主穀主命主刑主病主善惡凡主人間三百六十餘事在世理化弘益人間是謂桓雄天王也

때에 일웅一熊과 일호一虎가 이웃에 살면서 항상 신단수에 빌고 또 한웅에게 청하기를, "원컨대 천계天戒의 백성(氓)이 되게 하소서." 하므로 한웅이 신주神呪[26]로써 환골이신換骨移神[27]하여 신유神遺[28]로써 득험영활得驗靈活[29]하게 하였다. 곧 그것은 쑥 한 묶음과 마늘 2십 매였다. 인하여 경계하여 말하기를, "너희들은 그것을 먹고 자유로이 성진成眞[30]하고 평등하게 제물濟物[31]하되 1백 일 동안 햇빛을 보지 아니하면 문득 사람이 되어 전영踐形[32]의 대인大人이 되리라." 하였나.

時有一熊一虎同隣而居常祈于神壇樹而又請於桓雄願化爲天戒之氓雄乃以神呪換骨移神又以神遺得驗靈活乃其艾一炷蒜二十枚也仍戒之曰爾輩食之不見日光百日自由成眞平等濟物便得化人踐形之大人者也

웅과 호 양가兩家가 다 얻어서 먹고 3·7일 동안 금기하고 스스로 수련하기에 힘써 웅은 기한통고飢寒痛苦[33]를 참고 천계를 준수하여 한웅과의 약속을 지키고 건강한 여자의 모습을 얻었다. 호는 속이고, 거만하고, 금기를 지키지 못하고, 천계를 어기어 끝내 그것과 함께 천업天業을 찬송하는 것을 얻지 못하였다. 이렇게 두 성姓이 같지 않음이 이와 같았다.

熊與虎兩家皆得而食之忌三七日務自修鍊而熊耐飢寒痛苦遵天戒守雄約而得健者之女容虎則誣慢不能忌違天戒而終不得與之贊天業是二姓之不相若也

웅씨의 여자들은 고집이 세고 어리석어 그와 함께 돌아갈 사람이 없으므로 늘 단수의 아래에 떼로 모여 장막을 치고 잉태하기를 주원呪願하므로 웅雄이 가화假化[34]하여 한桓[35]이 되어 관경管境을 얻고 그들과 혼인하여 자녀를 낳은지라 이로부터 군녀群女와 군남群男이 점차로 취륜就倫[36]함을 얻었다.

熊氏諸女自執愚强而無與之爲歸故每於壇樹下群聚以呪願有孕有帳雄乃假化爲桓得管境而使與之婚孕生子女自是群女群男漸得就倫

그 후 호를 단군檀君이라 하는 왕검王儉이 있어 아사달阿斯達, 지금의 송화강松花江에 도읍을 세우고 비로소 칭국稱國하여 조선朝鮮이라 하였다.

삼한三韓, 고리高離, 시라尸羅, 고례高禮, 남북 옥저沃沮, 동북 부여夫餘, 예濊
와 맥貊이 다 그 관경이다.

其後有號曰檀君王儉立都阿斯達今松花江也始稱國爲朝鮮三韓高離
尸羅高禮南北沃沮東北夫餘濊與貊皆其管境也

신시의 세世에 7회 제신祭神의 역曆이 있었다. 1회 날은 천신天神에게 제사
지내고, 2회 날은 월신月神에게 제사지내고, 3회 날은 수신水神에게 제사
지내고, 4회 날은 화신火神에게 제사지내고, 5회 날은 목신木神에게 제사
지내고, 6회 날은 금신金神에게 제사지내고, 7회 날은 토신土神에게 제사
지냈다. 대개 역을 만드는 것은 이에서 비롯하였다.

神市之世有七回祭神之曆一回日祭天神二回日祭月神三回日祭水神四
回日祭火神五回日祭木神六回日祭金神七回日祭土神盖造曆始於此

그런데 옛적에는 계해癸亥[37]를 썼고, 단군 구을丘乙이 비로소 갑자甲子[38]를
써서 시월로써 싱달(上月)을 삼았다. 이것이 세수歲首다. 육계六癸[39]는 신시
씨가 신지神誌에게 명하여 짓게 한 바 계癸로써 수首를 삼은 것이니 계癸
는 계啓요, 해亥는 핵核이니 일출日出의 뿌리이다.

然舊用癸亥而檀君邱乙始用甲子以十月爲上月是謂歲首六癸自神市氏
命神誌所製而以癸爲首癸啓也亥核也日出之根

그러므로 계癸는 소라蘇羅가 되고, 갑甲은 청차이淸且伊가 되고, 을乙은 적
강赤岡이 되고, 병丙은 중림仲林이 되고, 정丁은 해익海弋이 되고, 무戊는 중
황中黃이 되고, 기己는 열호수烈好邃가 되고, 경庚은 임수林樹가 되고, 신辛
은 강신强振이 되고, 임壬은 유불시流不地가 된다.

故癸爲蘇羅甲爲淸且伊乙爲赤剛丙爲仲林丁爲海弋戊爲中黃己烈好
遂庚爲林樹辛爲强振壬爲流不地

해亥는 지우리支于離가 되고, 자子는 효양曉陽이 되고 축丑은 가다加多가
되고, 인寅은 만량萬良이 되고, 묘卯는 신특백新特白이 되고, 진辰은 밀다密
多가 되고, 사巳는 비돈飛頓이 되고, 신申은 명조鳴條가 되고, 유酉는 운두
雲頭가 되고, 술戌은 개복皆福이 된다.

亥爲支于離子爲曉陽丑爲加多寅爲萬良卯爲新特白辰爲密多巳爲飛頓
午爲隆飛未爲順方申爲鳴條酉爲雲頭戌爲皆福

신시 조강肇降의 세世에는 산에는 길이 없고, 못에는 배와 다리가 없었
다. 금수禽獸는 무리를 이루고, 초목은 마침내 길게 자랐다. 곳곳마다 금
수군족禽獸群族이 있었다. 만물이 금수의 떼와 어우러져 서로 얽히어 놀
고 까막까치의 둥지에 기어 올라가 엿보고, 배고프면 먹고, 목마르면 마
시고, 그 피와 고기를 시용時用하고, 옷을 짜고, 먹을 것을 경작하는 것
이 편의에 따라 스스로 있었으니 이것을 일러 지덕至德의 세世라 한다.

神市肇降之世山無蹊逕澤無舟梁禽獸成羣草木遂長處與禽獸羣族與
萬物并禽獸之隊可依羈而遊鳥鵲之巢可攀援而闚飢食渴飮時用其血
肉織衣耕食隨便自在是謂至德之世

백성이 살면서 할 바를 알지 못하고, 가면서 갈 곳을 알지 못하고, 그 행
동함은 진진鎭鎭[40]하고, 그 보는 것은 전전顚顚[41]하였다. 배부르게 먹고 기
뻐서 배를 두드리며 놀다가, 해가 뜨면 일어나고 해가 지면 쉬니 대개 하
늘의 은택에 감화되어 궁핍한 것을 알지 못한 것이다.

民居不知所爲行不知所之其行鎭鎭其視顚顚含哺而熙鼓腹而遊日出
而起日入而息盖天澤洽化而不知窘乏者也

후세에 내려와 민물民物이 더욱 번성하므로 소박한 것은 점점 없어져서
절름발이와 앉은뱅이까지도 힘써 일을 해야만 하고, 늙은이마저 부지런
히 일을 해도 생계 때문에 걱정을 하기 시작하였다. 이 때에 농사를 짓
는 사람은 두둑을 다투고, 고기 잡는 사람은 구역을 다투게 되니, 다투
지 않고도 얻는 것은 장차 궁핍을 면하지 못하는 것뿐이었다.
降及後世民物益繁素樸漸離蹩躄踉跂勞勞孜孜始以生計爲慮於是耕
者爭畝漁者爭區非爭而得之則將不免窘乏矣

이와 같이 된 후로, 활을 만드니 새와 짐승은 숨어버리고, 그물을 치니
고기와 새우는 모습을 감추었다. 이에 칼과 창을 든 갑병甲兵이 나타나
너와 내가 서로 치며, 이를 갈고, 피를 흘리고, 간肝과 뇌腦를 땅에 바르
니 이 또한 하늘의 뜻이 진실로 이런 것인가. 이에 가히 전쟁을 면할 수
없는 것을 알았다.
如是以後弓弩作而鳥獸遁網罟設而魚鰕藏乃至刀戟甲兵爾我相攻磨
牙流血肝腦途地此亦天意固然於是乎知戰爭之不可免也

지금 그 근원을 연구하여 보면 대개 한 근원의 조상에서 나왔다. 그러나
땅은 이미 동서로 나뉘어져 각기 한쪽을 차지하고, 토경土境은 아주 멀
어 사람과 연기가 통하지 아니하여, 백성은 나는 알되 남은 알지 못하게
되었다. 일찍이 수렵과 채벌採伐밖에는 음흉한 일이 없었는데 수천 년 후
로 내려와 세국世局이 이미 변하였다.

今夫究其源則盖一源之祖也然地旣分東西各據一方土境逈殊人煙不
通民知有我而不識有他故狩獵採伐之外曾無險陂降至數千載之後而
世局已變

중국仲國[42]은 서쪽 땅의 보고寶庫가 되었다. 옥야천리沃野千里에 바람이 회
창恢暢하였다. 우리 한국에서 그 지역에 옮겨 가는 자가 침을 흘리고 찾
아가니 토착민도 또한 성하게 모여들었다. 이 때에 같으면 당黨이 되고
다르면 원수가 되어 방패와 창이 서로 움직이니, 이것이 실로 만고 전쟁
의 시작이었다.

仲國者西土之寶庫也沃野千里風氣恢暢我桓族之分遷該域者垂涎而
轉進土着之民亦湊集而萃會於是焉黨同讐異干戈胥動此實萬古爭戰
之始也

한웅천왕으로부터 5세를 전하여 태우의太虞儀 한웅桓雄이 있었다. 사람
들을 가르쳐 반드시 묵념默念, 청심淸心, 조식調息, 보정保精을 하게 하니
이것이 곧 장생구시長生久視[43]의 술術이었다. 아들 열두 명이 있었는데 장
자를 다의발多儀發 한웅桓雄이라 하고 계자季子를 태호太皞라 하였다. 태
호는 다시 호를 복희伏羲라 하였다.

自桓雄天皇五傳而有太虞儀桓雄敎人必使默念淸心調息保精是乃長
生久視之術也有子十二人長曰多儀發桓雄季曰太皞復號伏羲

어느날 꿈에 삼신이 몸에 강령降靈하여 만 리를 통철洞徹[44]하게 되고 인
하여 삼신산三神山[45]에 가서 하늘에 제사를 지내고 천하天河[46]에서 괘도
卦圖를 얻었는데 삼절삼련三絶三連[47]하여 환위추리換位推理[48]하면 묘하게도

삼극三極을 품고 있어 변화가 무궁하였다.』고 하였다.

日夢三神降靈于身萬理洞徹仍往三神山祭天得卦圖於天河其劃三絶
三連換位推理妙合三極變化無窮

《밀기密記》에 이르기를,『복희는 신시에서 태어나서 우사雨師의 직職을
세습世襲하고 뒤에 청구靑邱와 낙랑樂浪을 경유하여 마침내 진陳으로 옮
겨 수인燧人, 유소有巢와 함께 서토西土에서 입호立號[49]하였다. 후예들이
풍산風山에 분거分居하였으므로 역시 성姓이 풍風이며 후에 마침내 패佩,
관觀, 임壬, 기己, 포庖, 이理, 사姒, 팽彭의 8성姓으로 나뉘었다. 지금 산서
山西의 제수濟水에 희족羲族의 구거舊居가 아직도 남아 있다. 임壬, 숙宿, 수
須, 구句, 수유須臾 등의 나라가 모두 복희의 후예들이다.』라고 하였다.

密記曰伏羲出自神市世襲雨師之職後經靑邱樂浪遂徙于陳並與燧人
有巢立號於西土也後裔分居于風山亦姓風後遂分爲佩觀任己庖理姒
彭八氏也今山西濟水羲族舊居尚在任宿須句須臾等國皆環焉

《대변경大辯經》에 이르기를,『복희는 신시에서 태어나서 우사를 지내고,
신룡神龍의 변화를 보고 괘도卦圖를 지었으며, 신시의 계해癸亥 역법曆法
을 고쳐 갑자甲子로 세수歲首를 삼았다. 여와女媧[50]는 복희의 제도를 이었
다. 주양朱襄[51]이 구舊 문자文字에 인하여 비로소 육서六書를 전하였다. 복
희의 능陵은 지금의 산동山東 어대현魚臺縣 부산鳧山의 남쪽에 있다.

大辯經曰伏羲出於神市而作雨師觀神龍之變而造卦圖改神市癸亥而
爲首甲子女媧承伏羲制度朱襄仍舊文字而始傳六書伏羲陵今在山東
魚臺縣鳧山之南

신농神農[52]은 열산列山에서 일어났다. 열산은 열수가 흘러나오는 곳이다. 신농은 소전少典[53]의 아들이다. 소전과 소호少皥[54]는 다 고시高矢 씨의 방계傍系 후손이다. 대개 당세當世의 백성은 정착하여 직업을 가졌는데 점차로 언덕을 이루기에 이르고 곡穀, 마麻, 약藥, 석石의 기술 또한 점점 갖추게 되어 낮에는 시장에 나가 교역하고 돌아왔다.

神農起於列山列山列水所出也神農少典之子少典與少皥皆高矢氏之傍支也盖當世之民定着爲業漸至成阜穀麻藥石之術亦已稍備日中爲市交易以退也

유망楡罔[55]이 위정爲政함에 이르러 급속히 여러 읍邑을 묶어 두 백성(二民)을 이끄니 이산離散하는 사람이 많아 세도世道가 자못 어지러웠다. 우리 치우천왕蚩尤天王이 신시의 여렬餘烈[56]을 이어 백성과 더불어 경장更張하니 능히 개천지생開天知生, 개토이생開土理生, 개인숭생開人崇生을 얻었다. 중물衆物의 원리가 다 스스로 검찰檢察되어 덕德이 이르지 않은 곳이 없고, 혜慧가 옳지 않은 것이 없고, 힘(力)이 갖춰지지 않은 일이 없게 되었다. 곧 백성과 더불어 호虎족을 분치分治하고 하삭河朔[57]에 의거하였다. 안으로는 병사를 양성하고 밖으로는 시변時變을 살폈다.

及至楡罔爲政束急諸邑携二民多離散世道多艱我蚩尤天王承神市之餘烈與民更張能得開天知生開土理生開人崇生衆物原理盡自檢察德無不至慧無不宜力無不備乃與民分治虎据河朔内養兵勇外觀時變

유망의 정치가 쇠약하여지자 곧 병兵을 일으켜 출정出征하였다. 형제종당兄弟宗黨 가운데서 81인을 뽑아 제군諸軍의 부령部領이 되게 하고 갈로산葛盧山의 금을 발發하여 검劍, 개鎧, 모矛, 극戟, 대궁大弓, 호시楛矢[58]를 만들고 하나로 아울러 제정齊整[59]하여 탁록涿鹿을 뽑아버리고 구혼九渾에 올라 연전連戰하여 승첩하니 세勢가 질풍과 같았다. 만 군을 습복慴伏[60]시키니 위엄이 천하에 떨쳤다. 한 해에 무릇 아홉 제후諸侯의 땅을 무찔러 버렸다.

及楡罔衰政内興兵出征選兄弟宗黨中可將者八十一人部領諸軍發葛盧山之金大制劒鎧矛戟大弓楛矢一并齊整拔涿鹿而登九渾連戰而捷勢若疾風慴伏萬軍威振天下一歲之中凡拔九諸侯之地

다시 옹호雍狐의 산山에 나아가 구치九冶로써 수금水金과 석금石金을 발하여 예芮의 과戈와 옹호의 극戟을 만들고 다시 군사를 정비하여 몸소 군사를 이끌고 양수洋水[61]에 출진出陣하여 공상空桑에 쇄지殺至하니 공상은 지금의 진류陳留로 유망이 도읍했던 곳이다.

更就雍狐之山以九冶發水金石金而制芮戈雍狐之戟更整師躬率而出陣洋水殺至空桑空桑者今之陳留楡罔所都也

이 해에 12제후의 나라를 겸병兼併시키고 시체가 들에 가득 차게 하였다. 서토西土의 백성이 담이 서늘하여 도망하여 숨지 않는 사람이 없었다. 때에 유망이 소호少昊를 시켜 거전拒戰하게 하므로 천왕이 예芮의 과戈와 옹호雍狐의 극戟을 휘둘러서 소호와 더불어 크게 싸웠다. 또 크게 안개를 만들어 적의 장병으로 하여금 혼미자란昏迷自亂하게 하니 소호가 크게 패하여 황급히 공상空桑으로 들어가 유망과 함께 달아나버렸다.

是歲之中兼併十二諸侯之國殺得伏尸滿野西土之民莫不喪膽奔竄時楡罔使少昊拒戰天王揮芮戈雍狐之戟與少昊大戰又作大霧使厰

將兵昏迷自亂少昊大敗落荒而走入空桑偕楡罔出奔

치우천왕이 하늘에 제사를 지내서 천하가 태평하기를 서고誓告하고, 다시 진병進兵하여 탁록을 포위하고 쳐들어가서 일거에 멸망시켜버렸다. 관자管子가 소위 "천하의 군君이 싸움이 벌어지자 한 번 노하여 시체가 들에 가득하였다."라고 한 것은 이것을 가리킨 것이다.

蚩尤天王乃卽祭天而誓告天下泰平更復進兵圍迫涿鹿一擧而滅之管子所謂 天下之君頓戰一怒伏尸滿野者是也

때에 공손公孫[62] 헌원軒轅이 있었으니 토착민의 괴수魁首였다. 비로소 치우천왕이 공상空桑에 입성하여 신정新政을 크게 베푼다는 말을 듣고 감히 자대自代에 천자天子가 되겠다는 뜻을 품었다. 곧 병마를 크게 일으켜 와서 싸우고자 하므로 천왕이 먼저 항장降將 소호少昊를 보내어 탁록을 포위하고 쳐들어가 멸망시켜버렸다.

時有公孫軒轅者土着之魁始聞蚩尤天王入城空桑大布新政而敢有自代爲天子之志乃大興兵馬來與欲戰天王先遣降將少昊圍迫涿鹿而滅之

그러나 오히려 헌원이 굴복하지 아니하고 감히 백 번을 싸우니 천왕이 구군九軍에게 명령을 내려 네 길로 나눠서 출전하게 하고 스스로 보기步騎 3천을 이끌고 곧바로 탁록의 웅의 들(熊之野)에서 헌원과 연전하였다.

軒轅猶不自屈敢出百戰天王動令九軍分出四道自將步騎三千直與軒轅連戰于涿鹿有熊之野

병을 풀어 사방으로 조여 들어가 참살하였으나 승산이 없으므로 또 크게 안개를 만들어 지척을 가릴 수 없게 하고 독전督戰하니, 적군이 곧 마음은 다급하고 손은 떨려 달아나 숨고 명령을 듣지 않으므로 백 리 안에 병마를 볼 수가 없었다.

縱兵四處斬殺無算又作大霧咫尺難辨而督戰賊軍乃心慌手亂奔竄逃命百里兵馬不相見

이 때에 기주冀州와 연주兗州, 회대淮岱의 땅이 다 점거되어 탁록에는 성城을, 회대에는 집을 세우니 헌원의 속屬이 다 칭신稱臣하고 입공入貢하였다. 대개 당시 서토西土의 사람들은 헛되이 시석矢石[63]의 힘만을 믿고 개갑鎧甲의 용법과 가치를 알지 못하였으며 치우천왕의 법력法力이 고강高强하여 마음은 놀라고 담은 서늘하여 매전每戰에 번번이 패하였다.

於是冀克淮岱之地盡爲所據乃城於涿鹿宅於淮岱軒轅之屬皆稱臣入貢盖當時西土之人徒憑矢石之力不解鎧甲之用又値蚩尤天王之法力高强心驚膽寒每戰輒敗

《운급雲笈》[64]의 〈헌원기軒轅記〉에 이르기를, '치우가 처음으로 갑옷과 투구를 만들어 쓰니 그 때의 사람들이 알지 못하고 머리는 구리요 몸은 쇠로 되었다.'라고 한 것은 역시 가히 그 낭패가 심하였음을 생각해볼 수가 있는 것이다.

雲笈軒轅記之所謂蚩尤始作鎧甲兜鍪時人不知以爲銅頭鐵額者亦可想見其狼狽之甚矣

치우천왕이 더욱 군용軍容을 성비하여 사면으로 진격한 지 10년 동안 헌원과 더불어 73회를 싸웠으나 장수들은 피곤한 기색이 없고 군사들은 물러가지를 않았다. 후에 헌원이 여러 차례 싸워 치우에게 패하고도 더욱 군사를 크게 일으키고 우리 신시神市를 본받아 병갑兵甲을 광조廣造하고 지남차指南車를 제작하여 감히 백 회나 출전하니 천왕이 혁연赫然[65]히 진노震怒하여 형제종당兄弟宗黨으로 하여금 대전大戰에 필요한 일에 힘쓰도록 하여 위엄을 세우고, 헌원의 군으로 하여금 감히 전의戰意가 생기지 못하게 추습追襲하여 그들과 더불어 크게 싸워 일진一陣을 혼살混殺한 연후에야 바야흐로 싸움이 그쳤다.

蚩尤天王益整軍容四面進擊十年之間與軒轅戰七十三回將無疲色軍不退後軒轅旣屢戰敗尤益大興士馬劾我神市而廣造兵甲又制指南之車敢出百戰天王赫然震怒使兄弟宗黨務要大戰而立威使軒轅之軍不敢生意於追襲與之大戰混殺一陣然後方熄

이 전역에서 우리의 장수 치우비蚩尤飛가 공을 급히 다투다가 불행하게도 진중陣中에서 몰沒하였다. 《사기史記》에 이르기를, '치우를 금살擒殺하였다.'라고 한 것은 대개 이를 말하는 것이다. 천왕이 혁노하여 군사를 동원하여 새로이 비석박격기飛石迫擊機를 만들어 진陳을 이루고 연합하여 진격하니, 적진이 마침내 항거하지 못하였다.

是役也我將蚩尤飛者不幸有急功陣沒史記所謂擒殺蚩尤者盖謂此也天王赫怒動師新造飛石迫擊之機成陣聯進賊陣終不能抗也

이 때에 정예精銳를 분견分遣하여 서쪽으로는 예芮와 탁涿의 땅을 지키고, 동쪽으로는 회대淮岱를 취하여 성읍城邑을 만들어 헌원이 동침東侵하는 길을 당하게 하였다. 붕서崩逝하여 수천 년이 흘렀으나 오히려 만장萬

丈의 광렬光烈은 능히 후인의 감명을 일으키게 하였다.

於是分遣精銳西守芮涿之地東取淮岱爲城邑而當軒轅東侵之路及至
崩逝數千載而猶有萬丈光烈能起感於後人者也

지금《한서漢書》의 〈지리지地理志〉에 따르면, 그 능陵이 산동山東 동평군東
平郡 수장현壽張縣의 궐향성闕鄕城 중에 있으며 높이가 7장丈인데 진한秦漢
의 시절에 주민들이 오히려 항상 시월에 그를 제사지냈다고 한다. 그때
마다 반드시 붉은 기氣를 내뿜었는데 진홍색의 피륙[66]과 같았으며 그를
말하여 '치우의 깃발'이라고 하였다.

今據漢書地理志其陵在山東東平郡壽張縣闕鄕城中高七丈秦漢之際
住民猶常以十月祭之必有赤氣出如疋絳謂之蚩尤旗

그의 영용한 혼魂과 뛰어난 백魄은 스스로 보통의 사람과는 아주 달리
천 년을 지내고도 오히려 다하지 아니하였을 따름이었다. 헌원은 이로
써 쓸쓸해지고 유망 또한 따라서 영추永墜[67]하여버렸다. 치우천왕의 여
렬餘烈이 세습하여 능히 떨치고 다 유주幽州와 청주靑州에 있어 성위聲威
가 떨어지지 아니하므로 헌원 이래로 세상이 스스로 편안하지 못하였
다. 그가 생을 마치도록 일찍이 편안히 베개를 베고 눕지를 못하였다.

其英魂雄魄自與凡人迥異歷數千歲而猶不泯者歟軒轅以是索然楡罔
亦從以永墜矣蚩尤天王之餘烈世襲能振盡有幽靑聲威不墜軒轅以來
世不自安終其世而未嘗安枕而臥

《사기》에 이르기를, '산을 헤쳐 길을 내도 편안하게 살지를 못하고 탁록
하涿鹿河에 읍을 성하고 이리저리 쫓겨나느니라 성안 곳이 없었으니 군

사를 시켜 영營을 지키게 하였다.'라고 하였으니 대개 그 전긍戰兢[68]의 뜻을 역력히 볼 수가 있는 것이다.

《상서尚書》의 여형呂刑에도 역시 이르기를, '만약 고훈古訓이 있다면 오직 치우가 난을 일으킨다.'라고 하였다. 저들의 두려움이 탈기가 되어 세상이 그 훈訓을 전하고 후인을 위하여 경계한 것이다. 역시 심한 것이다. 그후 3백 년은 무사하였으며 오직 전욱顓頊[69]과 일전一戰하여 그를 깨뜨려 버렸다.

史記所謂披山通路未嘗寧居邑于涿鹿之河邊徙往來無常定處以師兵爲營衛者蓋其戰兢之意歷歷可觀而尚書呂刑亦云若有古訓惟蚩尤作亂彼之畏威奪氣而世傳其訓以爲後人戒者亦甚矣其後三百年無事只與顓頊一戰破之

대개 신시 개천開天으로부터 18세世 1,565년을 지나 비로소 단군왕검이 웅씨의 비왕裨王이 되었다가 마침내 신시神市의 대代를 이어 구역九域을 통일하고 관경管境을 삼한三韓으로 나누었다. 이를 말하여 단군조선檀君朝鮮이라 한다.』고 하였다.

蓋自神市開天傳十八世歷一千五百六十五年而始有檀君王儉以熊氏裨王遂代神市統一九域分三韓以管境是謂檀君朝鮮也

《삼한비기三韓秘記》[70]에 이르기를,『복희가 이미 서쪽 변방에 봉함을 얻어 자리에 올라 정성을 다하므로 방패와 창을 쓰지 않고도 일역一域이 화복化服하였다. 마침내 수인燧人을 대신하여 역외域外에 호령하였다. 그 후에 갈고한웅葛古桓雄이 있어 신농神農의 나라와 강계疆界를 획정劃定하고 공상空桑 이동以東을 우리에게 속하게 하였다.

三韓秘記曰伏羲旣受封於西鄙位職盡誠不用干戈一域化服遂代燧人
號令域外後有蒿古桓雄與神農之國劃定彊界空桑以東屬我

또 수대를 전하여 자오지慈烏支 한웅桓雄[71]에 이르렀다. 신용神勇이 뛰어나
고 그 머리와 몸은 구리와 쇠였으며 능히 크게 안개를 짓고, 구야九冶를
만들어 주철鑄鐵을 채광하여 병기를 만들고 비석박격기를 만들므로 천
하가 그를 두려워하여 함께 받들어 천제자天帝子 치우가 되었다. 무릇 치
우蚩尤란 속俗에서 뇌우雷雨를 말하는 것이며 크게 산과 강을 바꾼다는
뜻이다.

又數傳而至慈烏支桓雄神勇冠絕其頭額銅鐵能作大霧造九冶以採礦
鑄鐵作兵造飛石迫擊之機天下大畏之共尊爲天帝子蚩尤夫蚩尤者俗
言雷雨大作山河改換之義也

치우천왕이 신농이 쇠퇴하는 것을 보고 큰 뜻을 품고 여러 차례 서쪽에
서 친병天兵을 일으켜 진격하여 회대淮岱의 사이를 점거히고 헌원이 있는
곳에 이르러 직접 탁록의 들에서 헌원을 사로잡아 신하로 삼은 후에 오
장군吳將軍을 보내어 서쪽으로 고신高辛을 쳐서 공을 세우게 하였다.』라
고 하였다.

蚩尤天王見神農之衰遂抱雄圖屢起天兵於西進據淮岱之間及軒轅之
立也直赴涿鹿之野擒軒轅而臣之後遣吳將軍西擊高辛有功

《대변경大辯經》에 이르기를, 『신시씨는 전佺으로써 수계修戒하여 사람을
교화教化하고 제천祭天하였다. 이른바 전佺은 사람이 스스로 전全한 바를
따라 능히 성性에 통하여 진眞을 이루는 것이다. 청구씨青邱氏[72]는 신仙으

로써 설법說法하여 사람을 교화하고 관경管境하였다. 이른바 선仙은 사람이 스스로 산(山은 産也-원주)한 바를 따라 능히 명命을 알아서 선善을 넓히는 것이다.

조선씨朝鮮氏[73]는 종倧으로써 건왕建王하여 사람을 교화하고 책화責禍하였다. 이른바 종倧은 사람이 스스로 종宗한 바를 따라 능히 정精을 보전하여 미美를 구제하는 것이다. 그러므로 전佺은 비어 있으면서 하늘에 근본을 두고, 선仙은 밝으면서 땅에 근본을 두고, 종倧은 건강하면서 사람에 근본을 둔다.』라고 하였다.

大辯經曰神市氏以佺修戒敎人祭天所謂佺從人之所自全能通性以成眞也靑邱氏以仙設法敎人管境所謂仙從人之所自山山產也能知命以廣善也朝鮮氏以倧建王敎人責禍所謂倧從人之所自宗能保精以濟美也故佺者虛焉而本乎天仙者明焉而本乎地倧者健焉而本乎人也

주注에 이르기를,『한인桓仁을 또한 천신天神이라 한다. 천天은 곧 대大요, 일一이다. 한웅桓雄을 또한 천왕天王이라 한다. 왕王은 곧 황皇이요, 제帝다. 단군檀君을 또한 천군天君이라 한다. 주제主祭의 장長이다. 왕검王儉은 또한 곧 감군監群이요, 관경管境의 장長이다.

그러므로 하늘로부터의 광명을 한桓이라 하고, 땅으로부터의 광명을 단檀이라 한다. 소위 한桓은 곧 구황九皇을 말하는 것이다. 한韓 또한 곧 대大다. 삼한三韓을 풍백風伯, 우사雨師, 운사雲師라 한다.

가加는 곧 가家다. 오가五加를 우가주곡牛加主穀, 마가주명馬加主命, 구가주형狗加主刑, 저가주병豬加主病, 양가주선악羊加主善惡이라 한다. 민民은 64가 있다. 도徒는 3천이 있다.

注曰桓仁亦曰天神天卽大也一也桓雄亦曰天王王卽皇也帝也檀君亦曰

天君主祭之長也王儉亦卽監群管境之長也故自天光明謂之桓也自地
光明謂之檀也所謂桓卽九皇之謂也韓亦卽大也三韓曰風伯雨師雲師
加卽家也五加曰牛加主穀馬加主命狗加主形猪加主病鷄加主善惡也
民有六十四徒有三千

견왕이세遣往理世를 개천이라 한다. 개천은 그러므로 능히 서물庶物을 창
조한다. 이것은 허虛의 동체同體다.[74] 탐구인세貪求人世를 개인開人이라 한
다. 개인은 그러므로 능히 인사人事를 순환循環한다. 이것은 혼魂의 구연
俱衍이다. 치산통로治山通路를 개지開地라 한다. 개지는 그러므로 능히 시
무時務를 개화開化한다. 이것은 지智의 쌍수雙修다.』라고 하였다.

遣往理世之謂開天開天故能創造庶物是虛之同體也貪求人世之謂開
人開人故能循環人事是魂之俱衍也治山通路之謂開地開地故能開化
時務是智之雙修也

《삼한비기三韓秘記》에 이르기를, 『대개 백두거악白頭巨岳은 대황大荒[75] 중에
반거盤居[76]하고 가로는 1천 리에 뻗쳐 있으며 높이는 2백 리나 솟아 있다.
웅장한 위용은 등준嶝峻[77]하고 원연蜿蜒[78]하고 방전磅磚[79]하며 배달천국倍
達天國의 진산鎭山이다. 신인神人의 척강陟降[80]이 실로 이곳에서 시작하였
다. 어찌 구구히 묘향산妙香山이 다만 낭림狼林 서주西走의 맥脉에 매달려
이 같은 성사聖事에 득참得參할 수 있을 것인가.

三韓秘記曰盖白頭巨岳盤居大荒之中橫亘千里高出二百里雄偉嶝峻蜿
蜒磅磚爲倍達天國之鎭山神人陟降實始於此豈以區區妙香山只係狼
林西走之脉而能得叅於如許聖事耶

세속에 이미 묘향산을 태백산이라고 한 것은 곧 그 보는 눈이 다만 동압록수東鴨綠水[81] 이남 일우一隅의 땅에 국한했기 때문이다. 문득 산의 조종祖宗은 곤륜崑崙[82]이라고 부르짖고 소중화小中華가 되는 것을 기뻐하고 스스로 달콤해져서 그 공사貢使[83]가 북행北行하는 것이 여러 1백 년이 지났어도 그것을 부끄러움으로 여기지 않고 당연하게 생각하였으니, 이것은 곧 서책書冊이 없어진 까닭이요 장탄長嘆할 수밖에 없는 것이다.

世俗旣以妙香山爲太白則其見只局於東鴨綠水以南一隅之地便唱山之祖宗崑崙欣欣然以小中華自甘宜其貢使北行歷累百年而不爲之耻是乃廢書而長嘆者也

그런데 지금 동방의 여러 산을 태백太白이라고 이름한 것이 많으니 세속에 영변寧邊 묘향산으로써 좇아 그것을 당當한 것은 실로 일연一然 씨의 《삼국유사》의 설에 연유한 것으로써 저들의 눈구멍이 콩도 같고 팥도 같으니 어찌 족히 그들과 더불어 논의할 수 있겠는가.

然今東方諸山以太白爲名者頗多世俗率以寧邊妙香山當之實由於一然氏三國遺事之說而彼等眼孔如豆如太安足以與之論哉

지금 백두산白頭山은 정상에 큰 못이 있는데 주위는 8십 리가 되고 압록鴨綠, 성화松花, 두만豆滿의 모든 강이 다 여기에서 발원發源하니 천지天池라고 한다. 곧 신시씨가 구름을 타고 하늘에서 내려온 곳이다. 묘향산은 일찍이 조그마한 웅덩이 하나도 없었다. 또 한웅천왕이 처음으로 그곳에 내려온 것도 아니다. 태백이라고 논하기에는 부족한 것이다.』라고 하였다.

今白頭山上有大澤周可八十里鴨綠松花豆滿諸江皆發源於此曰天池

卽桓雄氏乘雲天降處也妙香山曾無一小涔且不爲桓雄天皇肇降之太白山不足論也

《위서魏書》[84]의 〈물길전勿吉傳〉에 이르기를, 『나라의 남쪽에 도태산徒太山이 있는데 위魏에서는 태황太皇[85]이라고 하였다. 범과 표범과 곰과 승냥이가 있는데 사람을 해치지 아니하므로 사람도 산에 올라 오줌(수뇨溲溺)을 누며 길을 가는 자가 없으므로 동물들이 성하여 갔다.』라고 하였다.
魏書勿吉傳曰國南有徒太山魏言太皇有虎豹熊狼不害人人不得上山溲溺行逕者皆以物盛去

한웅천왕의 조강肇降이 이미 이 산에서 있었으며, 또 이 산은 신주神州흥왕興王의 영지靈地인즉 소도제천蘇塗祭天의 고속은 반드시 이 산에서 시작되었다. 자고로 한족桓族의 숭경崇敬 또한 이 산에서 시작되었으니 심상한 것이 아닌 것이다.
盖桓雄天皇之肇降旣在此山而又此山爲神州興王之靈地則蘇塗祭天之古俗必始於此山而自古桓族之崇敬亦此山始不啻尋常也

또 그 금수가 다 신화神化를 적시어 편안하게 이 산에서 살며 일찍이 사람을 상하게 하는 일이 없으므로 사람 또한 감히 산에 올라 오줌을 누어서 신을 모독하지 아니하므로 항상 만세 경호敬護[86]의 징표가 되었다.
且其禽獸悉沾神化安棲於此山而未曾傷人人亦不敢上山溲溺而瀆神恒爲萬世敬護之表矣

대개 우리 한족桓族은 다 신시에서 나와서 3전 도단徒團의 장막에 이날린 바가 되었는데, 후세로 내려와 비록 여러 씨족으로 나뉘었지만 실은 한단桓檀 일원一源의 예손裔孫에 불외한 것이다. 신시 조강의 공덕은 틀림 없이 전송傳誦되어 잊혀지지 아니하였으므로 선왕先王과 선민先民이 그 삼신 고제古祭의 성지를 가리켜 삼신산三神山이라고 하였음이 또한 틀림 이 없는 것이다.

蓋我桓族皆出於神市所率三千徒團之帳後世以降雖有諸氏之別實不外於桓檀一源之裔孫也神市肇降之功惠當必傳誦而不忘則先王先民指其三神古祭之聖地曰三神山者亦必矣

대개 신시 이후로 신리神理[87]와 성화聖化는 점점 해를 다투어 더욱 회복 되고 갈수록 깊어졌다. 입국立國 경세經世의 대본大本은 스스로 사람과 나 라와 더불어 매우 달랐다. 그 신풍神風[88]과 성속聖俗은 멀리 천하에 전파 되어 천하 만방의 사람들이 신리와 성화를 숭모하여 반드시 삼신을 추 숭推崇하기에 이르러 동북신명사東北神明舍의 칭이 있기에까지 되었다.

蓋神市以降神理聖化之漸逐歲而尤復益深立國經世之大本自與人國迥異其神風聖俗遠播於天下天下萬邦之人有慕於神理聖化者必推崇三神至有東北神明舍之稱焉

그러나 세월이 흐르고 말류末流의 폐단에 젖어들어 점점 황탄불경荒誕不經에 빠지고 갈수록 점점 더 괴상하여져서 괴탄무계怪誕無稽의 설이 소위 연제燕齊 해상海上의 괴이한 방사方士[89]에서 번거롭게 나돌았다. 대개 그 땅은 구한九桓의 신시神市와 더불어 서로 접하여 있으므로 백성과 산 물의 교류가 특히 성하였는데, 제나름으로 소문을 듣고 놀래고 신기하 게 생각하고 또 다시 추연부회推演附會하여 말하기를, 삼신산은 발해渤海

중에 있는 봉래蓬萊, 방장方丈, 영주瀛洲라고 운운하여 세상을 현혹시키는 주장을 하였다.

及其末流之弊則漸陷於荒誕不經愈出愈奇恠誕無稽之說迭出於所謂燕齊海上怪異之方士盖其地與九桓神市相接民物之交特盛自能風聞驚奇又復推演附會曰三神山是蓬萊方丈瀛洲在渤海中云云以惑世主也

그러하나 당시의 사람들은 동쪽으로 바다에 이르면 바다가 끝이 없으므로 발해의 가운데에 다시 다른 바다가 있는 것을 모르고 문득 말하기를, 삼신산은 발해 가운데에 있다고 운운하였으나 실인즉 삼신산은 각각 삼도산三島山에 있는 것이 아니다.

然當時之人東至海上一望無所際涯而渤海之中更不知有他海故輒曰三神山亦在渤海中云云實則非三神山各在三島山也

봉래蓬萊는 쑥이 무성하게 자라는 묵정밭 곧 천왕이 내려온 곳이요, 방장方丈은 사방이 일장一丈인 각閣 즉 소도蘇塗가 있는 곳이며, 영주瀛洲는 못이 섬을 둘러싼 모양 즉 천지天池가 나오는 곳이다. 이것들을 말하여 삼신산이라 하고, 삼신은 곧 일상제一上帝인 것이다. 그런데 더욱 그 황괴자荒恠者는 삼신의 본말(원위源委)을 알지도 못하면서 금강金剛을 봉래, 지이智異를 방장, 한라漢拏를 영주라고 하였다.

蓬萊蓬勃萊徑之處卽天王所降方丈四方一丈之閣卽蘇塗所在瀛洲瀛環洲島之貌卽天池所出摠言爲三神山而三神卽一上帝也然尤其荒恠者不知三神之源委而乃金剛曰蓬萊智異曰方丈漢拏曰瀛洲是也

《사기史記》〈봉선서封禪書〉에 이르기를, 『그것은 발해의 가운데 있으며 대개 일찍이 가 본 사람이 전하기를 모든 선인仙人과 불사약不死藥이 다 있고, 그 물건과 짐승은 다 희고, 황금과 백은으로 궁궐을 지었다.』라고 운운하였다.

또 《선가서仙家書》에 이르기를, 『삼신산에 환혼불로還魂不老 등의 풀이 있는데 일명 진단眞丹[90]이라 하였다.』라고 하였다. 지금 백두산白頭山에는 자고로 백록白鹿, 백치白稚 혹은 백응白鷹의 속屬이 있다. 《괄지지括地志》[91]에 이르기를, 『조수鳥獸와 초목이 다 하얗다.』라고 하였다.

또 백두산 일대에 산삼이 많이 나는데 세인이 그를 비겨 불로초不老草라 하고, 산사람들이 캐려고 할 때는 반드시 먼저 목욕을 하여 깨끗하게 재계하고 산에 제사를 지낸 후에야 감히 출발하였으며, 그 환혼불로還魂不老라는 이름 또한 착상이 여기에서 근원한 것이다.

《세기世紀》[92]에 이르기를, 『단군 오사구烏斯丘 원년에 북순北巡하여 영초靈草를 얻었다.』라고 한 것은 곧 이것이요 또한 징험徵驗하는 것이다.

史記封禪書日其傳在渤海中盖嘗有至者諸仙人及不死之藥皆在焉其物禽獸盡白而黃金白銀爲宮闕云云又仙家書日三神山有還魂不老等草一名眞丹今白頭山自古有白鹿白雉或白鷹之屬括地志所云有鳥獸草木皆白是也又白頭山一帶多産山蔘世人擬之不老草山氓欲採取則必先沐浴潔齋而祭山然後敢發其還魂不老之名亦想源於此也世紀云檀君烏斯丘元年北巡而得靈草云則此又驗也

10월 제천은 마침내 천하 만세의 유속遺俗이 되었다. 이는 곧 신주神州[93] 특유의 성전盛典이며 외방外邦에 비할 바가 아니다. 태백산은 홀로 곤륜崑崙의 이름을 눌렀으며 역시 이유를 가지고 있다. 옛날의 삼신산은 곧 태백산이다. 또한 지금의 백두산이다.

十月祭天遂爲天下萬世之遺俗此乃神州特有之盛典而非外邦之可比
也太白山獨壓崐륜之名亦有餘矣古之三神山者卽太白山也亦今白頭
山也

대개 상세上世 신시의 인문교화人文敎化가 근세에 이르러 비록 튼튼하게
행하여지지 못하였으나 천경天經과 신고神誥가 오히려 후세에 전하여 나
라 안의 모든 남녀가 역시 다 말없는 가운데 숭신崇信하였다. 곧 인간의
생사生死는 반드시 삼신이 주관하는 바라고 말하여 소아小兒 10세 이내
의 신명身命, 안위安危, 지우智愚, 준용俊庸을 다 삼신에게 맡겼다. 무릇 삼
신은 우주를 창조하고 만물을 만든 천일신天一神이다.

盖上世神市之人文敎化至于近世雖不得健行而天經神誥猶有傳於
後世擧國男女亦皆崇信於潛嘿之中卽人間生死必曰三神所主小兒十
歲以內身命安危智愚俊庸悉托於三神夫三神者卽創宇宙造萬物之天
一神也

옛적에 사마상여司馬相如[94]가 한주漢主 유철劉徹에게 말하기를, "폐하, 겸
양하여 발發[95]하지 마십시오. 삼신의 기쁨을 이끄십시오."라고 하였다. 위
소韋昭[96]의 주注에 『삼신상제三神上帝 삼신의 설說은 일찍이 저들의 나라에
전파된 것이 분명하다.』라고 하였다.

昔司馬相如謂漢主劉徹曰陛下謙讓而弗發也挈三神之驩韋昭注三神
上帝三神之説早已傳播於彼境也明矣

《신역유기農域留記》에 이르기를, 『세나라의 풍속에 팔신제八神祭가 있으

니 8신神은 천주天主, 지주地主, 병주兵主, 양주陽主, 음주陰主, 월주月主, 일주日主, 사시주四時主다. 천天은 음陰을 좋아하므로 그것에 제사를 지낼 때는 반드시 높은 산의 아래, 작은 산의 위에서 지냈다. 곧 태백산록에서 제천하던 유법이다. 지地는 양陽을 귀하게 여기므로 그것에 제사를 지낼 때는 반드시 못 가운데의 모난 언덕(방구方丘)에서 지냈다. 이것 역시 참성단塹城壇에서 제천하던 여속餘俗이다.

震域留記曰齊俗有八神之祭八神者天主地主兵主陽主陰主月主日主四時主也天好陰故祭之必於高山之下小山之上乃祭天太白山之麓之遺法也地貴陽故祭之必於澤中方丘亦卽祭天塹城之壇之餘俗也

천주는 삼신을 제사하고 병주는 치우蚩尤를 제사하였다. 삼신은 천지 만물의 조祖요, 치우는 만고 무신武神 용강勇强의 조祖로 큰 안개를 만들고 물과 불을 몰아내며 또 만고 도술道術의 종宗으로 바람을 불게 하고 비를 부르는 만신萬神이다. 이로써 대시大始의 세상에 항상 천하 융사戎事의 주인이었다. 해대海岱[97]의 땅은 이미 엄奄[98], 남藍[99], 양양陽[100], 개개介[101], 우우[102], 래萊[103], 서徐[104], 회淮[105]의 8족이 살았으므로 팔신의 설은 8족에서 싹이 터서 당시에 성행하였다.

天主祠三神兵主祠蚩尤三神爲天地萬物之祖也蚩尤爲萬古武神勇强之祖作大霧驅水火又爲萬世道術之宗喚風雨招萬神是以大始之世恒爲天下戎事之主海岱之地旣爲奄藍陽介嵎萊徐淮八族之所宅則八神之說萌於八族而盛行於當時也

유방劉邦[106]은 비록 이계夷系는 아니었으나 풍패豊沛[107]에서 기병起兵하여 풍패의 속에 치우를 제사지냈으므로 유방 또한 그 풍속으로 인하여 치우를 제사지내고 희생의 피를 그릇에 바르고 북을 치며 기를 날렸다. 마침내 10월에 이르러 패灞[108] 강의 상류에서 제후와 더불어 함양咸陽[109]을 평정하고 한왕漢王이 되었으므로 10월로써 세수歲首를 삼았다.

　이것은 비록 진秦의 정삭正朔[110]을 이은 것이지만 역시 동황태일東皇太一[111]을 숭경하고 치우를 제사지내는 것에서 기인한 것이다. 4년 후에 이미 진나라 전역이 평정되었으므로 축관祝官에게 명하여 장안長安에 치우의 사당祠堂을 세웠다. 그가 치우를 공경하는 마음이 독실한 것이 이와 같았다.』라고 하였다.

劉邦雖非夷系而起兵於豐沛則豐沛之俗祠蚩尤也故邦亦因俗以祠蚩尤而釁鼓旗遂以十月至灞上與諸侯平咸陽而立爲漢王則因以十月爲歲首此雖襲秦正朔而亦因崇敬東皇太一敬祠蚩尤也後四歲秦域已定則令祝官立蚩尤之祠於長安其敬蚩尤之篤如此

《진천문지晉天文志》[112]는 『치우의 기旗는 혜성彗星과 같았으며 뒤에 모양을 구부렸다. 기가 보이는 곳의 바로 아래에는 병사기 있었다.』리고 말히였으니, 곧 치우천왕이 올라가 별이 된 것이다.

晉天文志蚩尤旗類慧而後曲象旗所見之方下有兵云則乃蚩尤天王上爲列宿也

《통지通志》[113]의 〈씨족략氏族略〉에 『치씨는 치우씨의 후손이다.』라고 하였다. 혹은 말하기를, '창힐蒼頡과 고신高辛 역시 다 치우씨의 묘예苗裔[114]이다. 대극성大棘城[115]에서 출생하여 산동山東 회북淮北으로 이사하였다.'라고 하였다. 대개 치우천왕의 영풍英風과 웅렬雄烈이 먼 지역의 깊은 곳에까지 선파되있음을 이로 미루어 알 수가 있다.

通志氏族畧蚩氏蚩尤之後或曰蒼頡與高辛亦皆蚩尤氏之苗裔生大棘
城而轉徙於山東淮北者也盖蚩尤天王之英風雄烈播傳遠域之深推
此可知也

연제燕齊의 선비들은 신이神異한 무만誣謾[116]의 설에 깊이 빠져들었으며 또
한 숭상하였다. 제齊의 위선威宣과 연燕의 소昭 시절부터 사신을 보내어
삼신산을 구하였다. 진한秦漢 때의 송무기宋無忌, 정백교正伯僑, 극상克尙,
선문자고羨門子高는 최후의 무리인데 연燕나라 사람들이다. 문성文成 오리
공伍利公과 손경孫卿, 신공申公의 속屬은 다 제齊나라 사람들이다.

燕齊之士沈惑於神異誣謾之說亦尚矣自齊威燕昭之時遣使求三神山
秦漢之際宋無忌正伯僑克尚羨門子高最後之徒則燕人也文成伍利公
孫卿申公之屬皆齊人也

옛날의 여상呂尙[117] 역시 치우씨의 후예다. 그러므로 역시 성이 강姜이다.
대개 치우씨는 강수姜水[118]에서 살면서 아들을 두어 다 강씨가 되었다.
강태공姜太公이 제나라를 다스리자 먼저 도술을 닦고 천제지天齊池에서
제천祭天을 하였다. 또한 제나라에 봉함을 받으니 이 땅에 8신의 풍속
은 더욱 성하였다. 후세에 그 땅에서 도술을 썩 좋아하는 사람이 신선
황로黃老[119]와 더불어 나와 자주 만나 부연敷演하고 그것을 윤식潤飾하니,
이 또한 강태공이 그 풍속을 도운 것이다.

昔呂尚亦蚩尤氏之後故亦姓姜盖蚩尤居姜水而有子者皆爲姜氏也姜
太公治齊先修道術祭天於天齊池而亦受封於齊八神之俗尤盛於此地
後世其地多好道術者出與神仙黃老混會敷演尤爲之潤飾則此又姜太
公爲之助俗也

일찍이 《음부경陰符經》[120] 주註를 짓고 자부紫府[121] 삼황三皇[122]의 뜻을 조술祖述[123]하였으니 연제燕齊의 선비들이 어찌 괴이부탄怪異浮誕의 설을 싫어할 수 있을 것인가. 또 오행치수의 법(五行治水之法)[124] 황제중경의 서(黃帝中經之書)[125]가 또 태자 부루扶婁에게서 나와서 우虞의 사공司空[126]에게 그것이 전해지고 후에 다시 주왕紂王[127]에게 기자箕子[128]가 진술陳述한 홍범洪範[129]이 되었으니, 역시 바로 그것은 황제중경 오행치수의 설인즉 대개 그 학문의 근본은 신시神市 구정균전邱井均田[130]의 유법인 것이다.

嘗作陰符經注祖述紫府三皇之義則燕齊之士安得以不好恠異浮誕之說哉且其五行治水之法黃帝中經之書又出於太子扶婁而又傳之於虞司空後復爲箕子之陳洪範於紂王者亦即黃帝中經五行治水之說則蓋其學本神市邱井均田之遺法也

《밀기密記》에 이르기를, 『옛날에 도사徒死[131]를 하면 출향하지 아니하고 한 곳에 합장하여 지석支石[132]을 만들어 표表를 하였다. 뒤에 변하여 단壇을 민들고 지석단支石壇이라 칭하였다. 또한 제석단祭石壇이라고도 하였다. 산정山頂에 있고 산에 구덩이를 파서 성단城壇이 된 것을 천단天壇이라 하였으며, 산곡山谷에 있고 나무를 심어 토단土壇을 이룬 것을 신단神壇이라 하였다. 지금 승도僧徒들이 혼동하여 제석帝釋을 가지고 단壇이라고 칭한 것은 옛것이 아니다. 삼신을 호수護守하고 인명人命을 다스리는 자를 삼시랑三侍郎이라고 하였다. 본래는 삼신시종지랑三神侍從之郎이었다. 삼랑三郎은 배달신倍達臣이었다. 역시 삼신 수호의 관官을 세습世襲하였다.』라고 하였다.

密記云古者徒死無出鄉合葬一處表爲支石後變爲壇稱支石壇亦祭夕壇在山頂而剄山爲城壇者曰天壇在山谷而植木爲土壇者曰神壇今僧

徒混以帝釋稱壇則非古也護守三神以理人命者爲三侍郎本三神侍從
之郎三郎本倍達臣亦世襲三神護守之官也

《고려팔관잡기高麗八觀雜記》에 또한 이르기를, 『삼랑三郎은 배달신倍達臣이
다. 가종稼種과 재리財利를 주관하는 자를 업業이라 하고, 교화敎化와 위
복威福을 주관하는 자를 낭郎이라 하고, 취중원공聚衆願功을 주관하는 자
를 백伯이라 하였다. 곧 고발古發의 신도神道다. 다 능히 강령降靈 예언豫言
하여 신리神理를 누누이 적중하는 일이 많았다.
高麗八觀雜記亦日三郎倍達臣也主稼種財利者爲業主敎化威福者爲
郎主聚衆願功者爲伯卽古發神道也皆能降靈豫言多神理屢中也

지금 혈구穴口에는 삼랑성三郎城이 있다. 성城은 곧 삼랑이 숙위宿衛하는
곳이다. 낭郎은 곧 삼신 수호의 관官이다. 불상佛像이 처음으로 들어와 절
을 짓고 대웅大雄이라 하였다. 이는 승도僧徒들이 고사古事를 답습하여
잉칭仍稱한 것이요 본래는 승가僧家의 말이 아니다.』라고 하였다. 또 말하
기를, '승도僧徒와 유생儒生은 다 낭가郎家에 예속되었다. 이로써 가히 알
것이다.'라고 하였다.
今穴口有三郎城城者卽三郎宿衛之所也郎者卽三神護守之官也佛像
始入也建寺稱大雄此僧徒之襲古仍稱而本非僧家言也又云僧徒儒生
皆隷於郎家以此可知也

혹은 말하기를, '옛날에 인민人民이 계곡溪谷에 흩어져 살므로 장사葬事
에 정한 땅이 없었다. 위로는 국왕으로부터 다 수혈隧穴에 옮겨서 천신天
神에 병배並配하고 제사를 지냈다. 뒤에 혹 평지에 장사지내고 박달나무,

버드나무, 소나무, 잣나무를 환식環植하여 그것을 식별識別할 수 있게 하였다. 이처럼 신시의 세世에는 능묘陵墓의 제도가 없었다.

或云古者人民散處溪谷葬無定地上自國王皆遷置於隧穴並配天神以祭後或有平地而葬之環植檀柳松栢以識之是以神市之世無陵墓之制

그 뒤에 중고中古에 이르러 국부족강國富族强하고 양생득담養生得贍하게 되자 죽은 자를 보낼 때도 역시 사치스럽게 제사하였다. 치묘治墓의 예禮도 자못 융성하였다. 혹은 원圓 혹은 방方으로 지극히 사치스럽게 꾸몄으며 높고, 크고, 넓고, 좁고, 모나고, 반듯한 것에도 법규가 있었다. 내벽內壁과 외분外墳을 고르게 정리하였으며 겸하여 교묘하게 하였다. 고구려 때에 이르러 능묘를 규제하여 천하를 눌러버렸다.'라고 하였다.

後至中古國富族强養生得贍送死亦侈祭之有禮治墓頗隆或圓或方克厥侈飾高大廣狹方正有規內壁外墳均整兼巧至于高句麗陵墓規制冠於天下

1. 《진역유기》 - 고려 때 청평산인淸平山人 이명李茗이 《조대기朝代記》 등을 인용하여 지은 역사책. 북애는 이 책 등을 인용하여 《규원사화》를 지었다.

2. 궤양 - 먹여 살리다.

3. 황락 - 거칠고 쓸쓸하다.

4. 수야 - 쇠를 나누는 기술.

5. **서계** – 글자로 사물을 표시하던 부호.

6. **출납헌체** – 출납과 헌체. 헌체는 임금을 보좌하여 선을 권하고 악을 못하게 한다는 뜻.

7. **후설** – 말.

8. **낭하리** – 경남 남해군 이동면 낭하리. 여기에 바위에 새긴 각자가 있다. 정인보는 훈민정음 이전의 한국 고대문자로 추측하여 '사냥을 하러 이곳에 물을 건너와 기를 꽂다.'로 해석했다.(이홍직《국사대사전》'남해도 각자' 참조)

9. **경박호** – 혹 경박호鏡泊湖가 아닌가 한다. 경박호鏡泊湖는 흑룡강성黑龍江省 영안현寧安縣의 서남西南에 있다.

10. **선춘령** – 『선춘령先春嶺은 두만강 7백 리 밖의 송화강 가까운 곳에 있다.』고 한다.(《고구려국본기》참조)

11. **공궤** – 음식을 드리다.

12. **짐승** – 동물의 사육은 질그릇의 발명보다 먼저였다.

13. **번연최성** – 매우 번성하다.

14. **대노** – 큰 쇠뇌. 한꺼번에 여러 개의 화살이 나가는 활의 한 가지.

15. **공구** – 공자를 가리킨다.

16. **《춘추》** – 오경五經의 하나. 노나라 사관의 손으로 이루어졌으며, 공자가 필산筆刪했다는 위국휘치爲國諱恥의 중국 역사책.

17. **전제** – 베어버리다.

18. **원주자** – 호虎족의 집단. 뒤에 황제黃帝는 원주자의 괴수가 되어 치우천왕과 싸웠다.

19. **신이자** – 웅熊족의 집단. 다음에 구한족의 중심 세력으로 성장한다. 호虎는 방위에서 서쪽을 나타내는 짐승이며, 웅熊은 중앙을 나타내고 황색黃色으로 표시하므로 황웅黃熊이라 한다.

20. **기탐잔인** - 욕심이 많고 잔인하다.

21. **우팍자긍** - 어리석고 괴팍하며 제 스스로 자기를 높이다.

22. **불긍화조** - 서로 어울리려고 하지 않다.

23. **혈전** - 움집.

24. **신계** - 신의 계율. 신시의 계율.

25. **부로휴유** - 노인은 부축하고 어린아이는 끌고 가다.

26. **신주** - 신통한 주술.

27. **환골이신** - 뼈를 바꿔서 신이 되다.

28. **신유** - 신의 영향력.

29. **득험영활** - 시험을 치러 영靈이 살아나다. 즉 시험하여 사람으로 만들다.

30. **성진** - '진眞'을 이루다.

31. **제물** - 만물을 구제하다.

32. **천형** - 예禮와 의義를 따르다.

33. **기한통고** - 배고프고 춥고 고통스럽다.

34. **가화** - 거짓으로 변하다.

35. **한** - 한은 하늘의 빛이다. 한은 한족 즉 구한족의 총칭이다.

36. **취륜** - 인륜의 길에 나아가다.

37. **계해** - 세수를 계해로 했다는 말이다.

38. **갑자** - 여기서는 단군 구을이 비로소 갑자를 써서 10월로 상달을 삼았다고 했으나, 복희가 신시의 계해 역법을 고쳐 갑자로 세수를 삼았다고 하기도 했다.《단군세기》 및 〈신시본기〉 참조)

39. **육계** - 육갑의 이치와 같은 말.

40. **진진** - 차분하고 편안하며 오래 가다.

41. **선선** - 선빌卅一하나.

42. 중국 - 지금의 중국을 가리킨다. 중국中國이라 쓰지 않고 서토西土, 서국西國 또는 중국仲國이라고 했다.

43. 장생구시 - 오래 살다.

44. 통철 - 환하게 통하다.

45. 삼신산 - 백두산.

46. 천하 - 송화강을 가리킨다. 천지天池, 천악天樂, 천손天孫, 천산天山 등의 천天은 모두 우리나라를 가리킨다.(송호수著 국학연구회刊《한민족의 뿌리사상》 33~34쪽 참조)

47. 삼절삼련 - 세 번은 끊어지고 세 번은 이어지다. 곧 변화를 나타낸다. 역易 사상은 변화가 그 근본이다. 다물多勿사상과도 통한다. 변화는 고대에 모든 사상의 근본 원리가 된 것 같다.

48. 환위추리 - 자리를 바꿔서 추리하다. 괘도의 위치를 바꿔서 추리한다는 뜻이다.

49. 입호 - 나라를 세우다.

50. 여와 - 복희의 여동생. 중국 신화의 창세신. 인면사신人面蛇身. 흙을 이겨 사람의 형상을 만들고 혼령을 불어넣어 7일 만에 마쳤다고 한다. 구약성 서의 여호와와 이름과 기능이 비슷하므로 여와와 여호와를 같은 사람으로 주장하는 학자가 있다.(송호수著 국학연구회刊《한민족의 뿌리사상》 261~269쪽 참조)

51. 주양 - 염제의 별호라는 설이 있다.

52. 신농 - 성은 강姜. 염제라고도 한다.(《제왕운기帝王韻紀》상 〈삼황오제三皇五帝〉 참조)

53. 소전 - 《제왕운기》에는 황제의 아버지로 되어 있다.

54. 소호 - 《제왕운기》에는 황제의 아들로, 어머니는 여절女節이라고 했다. 소

호小昊와 같다.

55. **유망** - 신농神農의 후손일까?

56. **여렬** - 공덕. 여업.

57. **하삭** - 황하 이북의 땅.

58. **호시** - 호목楛木으로 만든 화살.

59. **제정** - 정돈.

60. **습복** - 두려워서 복종하다.

61. **양수** - 별명은 양천洋川. 섬서성 서향현西鄕縣의 남쪽에서 한수漢水로 들어간다. 감숙성의 적수籍水.

62. **공손** - 황제黃帝의 성. 뒤에 성을 희姬로 고쳤다.

63. **시석** - 화살과 돌.

64. **《운급》** - 도가道家의 설說을 기록한 책으로 송宋나라의 장군방張君房이 편찬했다.

65. **혁연** - 벌컥 성을 내는 모양.

66. **피륙** - 옷감이 될 만한 포목.

67. **영추** - 영원히 떨어지다.

68. **전긍** - 전전긍긍의 준말. 매우 두려워하여 조심하다.

69. **전욱** - 황제黃帝의 손자 창의昌意의 아들이라고 한다. 고양高陽씨.

70. **《삼한비기》** - 어떤 책인지 자세히 알 수가 없다. 일연 때까지 《삼한고기三韓古記》라는 책이 있었다.

71. **자오지 한웅** - 치우천왕.

72. **청구씨** - 치우천왕을 가리킨다.

73. **조선씨** - 단군왕검을 가리킨다.

74. **동제** - 서불燋物이 어虛와 같나는 날, 즉 소粗인 서불燋物이 어虛와 같나는

말은 유심유물불이唯心唯物不二의 사상과 같은 것이다. 삼신사상三神思想에 뿌리를 두고 있다.

75. **대황** – 동쪽 끝에 있다는 거친 바다.

76. **반거** – 터전을 굳게 잡다.

77. **등준** – 고개가 높다.

78. **원연** – 꿈틀꿈틀하다.

79. **방전** – 꾸불꾸불하다.

80. **척강** – 오르내리다.

81. **동압록수** – 지금의 압록강. 서압록수는 지금의 요하이다.

82. **곤륜** – 중국의 곤륜산.

83. **공사** – 조공을 바치는 사신.

84. **《위서》** – 북제의 위수魏收가 편찬한 북위의 정사.

85. **태황** – 이 책에는 태황太皇으로 썼으나 《규원사화》에는 태백太白으로 되어 있다.(신학균譯 명지대刊 《규원사화》 72~73쪽 참조)

86. **경호** – 공경하여 보호하다.

87. **신리** – 신리성화神理聖化의 가른 말.

88. **신풍** – 신성한 풍속 또는 신시의 풍속으로 해석할 수 있다. 일본의 신풍은 여기에서 비롯했다는 주장이 있다.

89. **방사** – 신선의 술법을 닦는 사람.

90. **진단** – 장생불사약. 연단鍊丹과 비슷한 말이다.

91. **《괄지지》** – 당唐나라의 소덕언蕭德言과 고윤顧胤 등이 주군州郡의 지지地志에 대해 편찬한 지지서地志書 5백5십 권. 지금은 흩어지고 없어져 전하지 않지만 청淸나라의 손성연孫星衍이 여러 책에 인용된 일문을 집록集錄해 8권이 전한다.

92. 《세기》 - 《단군세기》를 말한다.

93. 신주 - 신시와 같은 말.

94. 사마상여 - 한漢나라 무제武帝 때의 문인文人.

95. 발 - 《설문해자說文解字》에 '발發은 난야亂也'라고 했다.

96. 위소 - 중국 삼국시대三國時代의 오吳나라 사람. 자字는 홍사弘嗣.

97. 해대 - 순舜 12주州의 하나. 동해에서 태산 사이의 땅. 옛 청주靑州, 지금의 산동성山東省이다.

98. 엄 - 郼과 같다. 은殷의 나라 이름.

99. 남 - 남국藍國.

100. 양 - 주대周代의 나라 이름으로 제齊에게 멸망당했다고 한다. 산동성山東省 기수현沂水縣 서남西南의 양도성陽都城으로 추측한다. 양이陽夷는 구이九夷의 하나.

101. 개 - 주대周代의 동이족이 세운 나라.

102. 우 - 위치가 확실하지 않다. 구이九夷의 하나.

103. 래 - 주대周代의 나라 이름으로 제齊에 멸망되었다.

104. 서 - 서언왕徐偃王의 나라. 고성故城은 안휘성安徽省 사현泗縣의 북北.

105. 회 - 주대周代에 회수淮水의 남북南北에 의거하여 나라를 세웠다. 뒤에 오吳에, 그 후로 초楚에 병합되었다고 한다. 위의 8족에 대해서는 《단군세기》 23세 단군을 참조.

106. 유방 - 한 고조.

107. 풍패 - 강소성江蘇省 동산현銅山縣의 서북西北.

108. 패 - 섬서성陝西省 장안현長安縣의 동東.

109. 함양 - 진秦의 서울. 장안현의 동.

110. 정삭 - 정월 삭일. 진秦은 해亥월 즉 10월을 정월로 했나.

111. 동황태일 - 단재는 단군왕검檀君王儉을 가리킨다고 했다.(신채호著 삼성사刊 《조선상고사》상 72~74쪽 참조)

112. 《진천문지》 - 진서 천문지.《진서》는 중국 24史의 하나.

113. 《통지》 -《통전通典》《문헌통고文獻通考》와 함께 삼통三通이라 일컫는 책.

114. 묘예 - 후예와 같다.

115. 대극성 - 요령성 의현義縣의 서북.

116. 무만 - 속이다.

117. 여상 - 강태공을 가리킨다.

118. 강수 - 기수岐水. 섬서성陝西省 기산현岐山縣의 서西.

119. 황로 - 황제와 노자 또는 그 도를 닦는 사람.

120. 《음부경》 - 〈소도경전본훈蘇塗經典本訓〉은 다음과 같이 쓰고 있다. 『《삼황내문경三皇內文經》은 자부선생紫府先生이 헌원軒轅에게 주어서 그것을 써서 마음을 닦고 의義로 돌아가게 한 것이다. 선생은 일찍이 삼청궁三淸宮에서 살았는데 궁은 청구국靑邱國 대풍산大風山의 양지陽地에 있었다. 헌후軒侯가 친히 치우蚩尤를 조견朝見하려고 가는 길에 명화名華를 승문承聞한 것이다. 경문經文은 신시神市의 녹서鹿書로 그것을 썼는데 삼편三篇으로 나뉘어 있다. 후인이 추연推演하고 주註를 보태어 따로 신선음부설神仙陰府說이 되었다.』(〈소도경전본훈〉 참조)

121. 자부 - 자부선생紫府先生. 신시시대神市時代 발귀리發貴理의 후학後學. 칠정운천도七政運天圖를 지었는데 이것이 칠성력七星曆의 시초라고 한다.(〈소도경전본훈〉 참조)

122. 삼황 - 자부선생이 지은《삼황내문경三皇內文經》을 말한다.

123. 조술 - 선인先人의 설에 따라 저술하다.

124. 오행치수의 법 - 창기소蒼其蘇(팔개창서八凱蒼舒의 후後)가 자부선생의 칠정

운천도七政運天圖의 법法을 복연復演하여 된 것인데, 이것 역시 신시神市 황부黃部의《중경中經》에서 온 것이다.(〈소도경전본훈〉 참조)

125. **황제중경의 서** - 황제黃帝의 황黃은 중앙부中央部를 말한다. 황제중경의 서는 창수사자 태자 부루에 의해 우禹에게 전해지고, 그것이 상서尙書의 홍범洪範으로 남게 되었다고 한다.(〈소도경전본훈〉 참조)

126. **사공** - 우禹를 가리킨다.

127. **주왕** - 은殷의 마지막 왕.

128. **기자** - '마한세가馬韓世家' 하下에『기묘己卯에 은殷이 멸한 후 3년 신사辛巳에 자서여子胥餘(기자箕子)가 태행산太行山 서북지西北地에 피거避居하므로 막조선莫朝鮮이 그를 듣고 제주군諸州郡을 순심巡審하여 열병하고 돌아왔다.』라고 하였으며,《단군세기》25세 단군 솔나率那 37년(B.C.1114년)에『기자箕子가 서화西華에 사거徙居하고 인사人事를 사절했다.』라고 하였다.《단군세기》주註100 참조)

129. **홍범** -《서전書傳》의 한 편. 기자箕子가 주 무왕에게 천지天地의 대법을 베풀어준 깃이라고 하나, 여기서는 주왕紂王에게 진술했다고 했으므로 믿을 수가 없다.

130. **구정균전** - 구정은 전리田里의 구획을 말한다. 구는 16정井, 정은 9백 묘. 구정균전과 치수의 법은 밀접한 관계가 있는 것 같다.

131. **도사** - 개죽음. 무리의 죽음. 이하의 기록은 고고학적·민속학적으로 극히 귀중한 자료가 된다. 상고시대의 묘제墓制와 지석묘支石墓의 유래 및 천단天壇과 신단神壇의 구별에 대해 말하고 있으며, 고구려 동맹제東盟祭 때의 수혈隧穴의 정체를 밝혀주고 있다.

132. **지석** - 무덤의 표시로 세운 돌. 뒤에 변하여 단이 되었다.(삼성문화사고89 《성농기시대와 그 문화》참소)

제4 삼한관경본기三韓管境本紀

태백산太白山은 북으로 달려 비서갑斐西岬의 지경地境에 흘흘屹屹[1]히 서 있다. 물을 지고 산을 안고 다시 돌아서 가는 곳에 있다. 곧 대일왕大日王[2]이 제천祭天하는 곳이다. 세상에 전하기를 한웅천왕桓雄天王이 이곳에 순주巡駐하고 전렵田獵하여 제사를 지냈다고 하였다. 풍백風伯은 천부天符를 거울(鏡)에 새겨서 들고 나가고, 우사雨師는 영고迎鼓하며 환무環舞하고, 운사雲師는 백검佰劍[3]으로 폐위陛衛[4]하였다. 대개 천제天帝가 산山에 나아가는 의장儀丈은 이와 같이 성엄盛嚴하였다. 산의 이름을 불함不咸이라 하였다. 지금 또한 완달完達은 음이 비슷하다.

太白山北走屹屹然立於斐西岬之境有負水抱山而又回焉之處乃大日王祭天之所也世傳桓雄天王巡駐於此佃獵以祭風伯天符刻鏡而進雨師迎鼓環舞雲師佰劍陛衛盖天帝就山之儀仗若是之盛嚴也山名曰不咸今亦曰完達音近也

뒤에 웅녀熊女의 군君이 천왕의 신임을 받아 세습하여 비서갑의 왕검王儉이 되었다. 왕검은 속언으로 대감大監이다. 관수토경管守土境[5]하고 제포부민除暴扶民[6]한다. 천왕이 국인國人의 뜻을 깨달아 경계하여 말하기를, "부모가경야父母可敬也, 처자가보야妻子可保也, 형제가애야兄弟可愛也, 노장가융야老長可隆也, 소약시혜야少弱施惠也, 서중가신야庶衆可信也."라 하였다. 또 의약醫藥, 공장工匠, 양수養獸, 작농作農, 측후測候, 예절禮節, 문자文字의 법을 만들어 하나같이 경境을 교화敎化하니 원근의 백성이 다 서로 의심하지 아니하였다.

後熊女君爲天王所信世襲爲斐西岬之王儉王儉俗言大監也管守土境除暴扶民以天王諭國人之意戒之曰父母可敬也妻子可保也兄弟可愛也老長可隆也少弱可惠也庶衆可信也又制醫藥工匠養獸作農測候禮節文字之法一境化之遠近之民皆不相疑也

웅씨熊氏의 땅을 나눠 소전少典이라 하였다. 안부련安夫連 한웅桓雄[7]의 말末에 소전이 명을 받들어 강수姜水에서 감병監兵을 하였는데, 그 아들 신농神農이 일찍이 백초百草로 약을 만들었다. 후에 열산烈山으로 이사하고 낮으로 교역하여 사람들에게 많은 편의를 주었다. 소전의 별파別派를 공손公孫이라 한다. 짐승을 잘 기르지 못하여 헌구軒丘에 유배하였다. 헌원軒轅의 속屬은 다 그의 후손들이다.

熊氏之所分曰少典安夫連桓雄之末少典以命監兵于姜水其子神農嘗百草制藥後徙列山日中交易人多便之少典之別派曰公孫以不善養獸流于軒丘軒轅之屬皆其後也

사와라斯瓦羅 한웅桓雄[8]의 조었다. 웅녀군熊女君의 후손을 녀黎라 하는데,

처음으로 단허檀墟에 봉함을 얻어 왕검이 되었다. 덕德을 심고 백성을 사랑하니 토경土境이 점차 커져서 여러 토경의 왕검들이 찾아와 방물方物을 바치고 귀화歸化를 한 자가 1천여 수였다. 460년 후에 신인神人 왕검이 백성의 신망을 크게 얻어 비왕裨王에 올라 섭정을 한 지 24년에 웅씨의 왕이 싸움에서 죽자 왕검이 마침내 그 자리를 이어 구한九桓을 통일하니 이가 단군왕검이다.

斯瓦羅桓雄之初熊女君之後曰黎始得封於檀墟爲王儉樹德愛民土境漸大諸土境王儉來獻方物以歸化者千餘數後四百六十年有神人王儉者大得民望陞爲裨王居攝二十四年熊氏王崩於戰王儉遂代其位統九桓爲一是爲檀君王儉也

곧 국인을 소집하여 입약立約하고 말하기를, "이제부터는 민성民聲을 듣고 법을 공정히 집행하라. 이를 천부天符라 하는 것이다. 무릇 천부는 만세의 강전綱典이요 지존至尊이 소재所在하니 범할 수가 없는 것이다."라고 하였다. 마침내 삼한三韓으로 땅을 나눠 다스리게 하고, 진한辰韓은 천왕이 스스로 다스렸다. 아사달阿斯達에 도읍을 정하고 개국開國하여 호號를 조선朝鮮이라 하였다. 이가 1세 단군이다. 아사달은 삼신에게 제사를 지내는 곳이다. 왕검의 구택舊宅이 아직도 있으므로 후인이 왕검성王儉城이라 칭하였다.

乃召國人立約曰自今以後聽民爲公法是謂天符也夫天符者萬世之綱典至尊所在不可犯也遂與三韓分土而治辰韓天王自爲也立都阿斯達開國號朝鮮是爲一世檀君阿斯達三神所祭之地後人稱王儉城以王儉舊宅尚存故也

1. **흘흘** - 산이 우뚝 솟은 모양.

2. **대일왕** - 대일여래大日如來. 밀교密教의 본존本尊으로 범명梵名을 마사비로차나摩詞毘盧遮那라 한다. 마사摩詞는 '대大'의 뜻으로 마라족의 마라에서 나왔다. 비로차나毘盧遮那는 일日의 별명이다. 분신分身인 금강수보살金剛手菩薩은 인도라이다. 여기서는 천왕天王을 가리킨다.

3. **백검** - 백인일조百人一組 또는 그 장長. 백伯은 백百과 인人의 합자合字. 고대 군대의 편성상 5인 1조를 오伍, 10인 1조를 십什, 100인 1조를 백佰이라 했다. 따라서 백검佰儉은 100인 1조의 검劍을 말한다.

4. **폐위** - 궁중의 섬돌 밑을 지키는 군사 또는 그 일.

5. **관수토경** - 영토를 관리하고 지키다.

6. **제포부민** - 포악함을 없애고 백성을 돕다.

7. **안부련 한웅** - 8세 한웅. 재위 기간 73년(B.C.3240·3168년).

8. **사와라 한웅** - 13세 한웅. 재위 기간 67년(B.C.2772~2708년).

웅熊과 호虎가 서로 다툴 때 한웅천왕桓雄天王은 아직 군림君臨하지 않았
다. 묘苗[2]와 한桓은 곧 구황九皇의 하나였다. 옛날에 이미 우리 한국桓國이
유목 농경을 하는 곳이 있었는데 신시神市가 개천開天하여 땅(土)으로써
다스리니 1이 쌓여, 음陰이 입立하여 10이 커지고, 양陽이 작作하여 무너
지지 아니하고 충衷이 생生하게 되었다.

熊虎交爭之世桓雄天王尚未君臨苗桓乃九皇之一也在昔已爲我桓族
遊牧農耕之所而及神市開天以土爲治一積而陰立十鉅而陽作无匱而
衷生焉

백아강白牙剛에는 봉조鳳鳥가 모여서 살았다. 법수교法首橋에는 선인仙人이
내왕하였다. 법수는 선인仙人의 이름이다. 인문人文은 일찍이 발달하고 오
곡은 풍숙하였다. 마침 이때 자부선생紫府先生이 칠회제신의 역(七回祭神
之曆)을 만들어 삼황내문三皇內文을 천폐天陛에 진상進上하니 천왕이 이를
가상하게 여기고 삼청궁三淸宮을 지어 살게 하였다. 공공共工, 헌원軒轅, 창
힐倉頡, 대효大撓의 무리가 다 와서 배웠다. 이때 윷놀이를 만들어 한역桓
易[3]을 연연演하였다. 대개 신지 혁덕赫德이 쓴 천부天符의 유의遺意였다.

鳳鳥聚捿於白牙岡仙人來往於法首橋法首仙人名也人文早已發達五

穀豐熟適以是時紫府先生造七回祭神之曆進三皇內文於天陛天王嘉
之使建三淸宮而居之共工軒轅倉頡大撓之徒皆來學焉於是作柶戲以
演桓易盖神誌赫德所記天符之遺意也

옛날에 한웅천왕이 천하가 큰 것을 생각하고 한 사람의 능력으로는 이
화理化할 수 없으므로 풍백과 우사, 운사를 시켜 주곡, 주명, 주형, 주병,
주선악 등 무릇 주인간 3백6십여 가지 일을 맡게 하고 3백6십5일 5시간
48분 46초[4]를 1년으로 하여 역易을 만들었다. 이것은 곧 삼신일체상존
의 유법(三神一體上尊之遺法)이다.
昔者桓雄天王思天下之大非一人所能理化將風伯雨師雲師而主穀主
命主刑主病主善惡凡主人間三百六十餘事作曆以三百六十五日五時
四十八分四十六秒爲一年也此乃三神一體上尊之遺法也

그러므로 삼신으로써 교敎를 세워 곧 포념[5]의 표(布念之標)를 지었는데 그
글에 이르기를, '일신一神이 충衷에 내려와 성성이 광명光明에 통하고 재세
이화在世理化 하여 홍익인간弘益人間 한다.'라고 하였다. 이로부터 소도蘇塗
가 도처에 세워지고 산정山頂에서는 산상웅상山像雄常을 볼 수 있게 되었
다. 사방에서 모여든 백성들이 둥그렇게 마을을 만들고 4가동정四家同井
20세 1(二十稅一)이 시행되니, 때는 화和하고 해는 풍년이 들어 노적露積이
산처럼 쌓이고 만 백성이 기뻐하여 태백환무지가太白環舞之歌를 지어 전
하였다.
故以三神立敎乃作布念之標其文曰一神降衷性通光明在世理化弘益
人間自是蘇塗之立到處可見山像雄常山頂皆有四來之民環聚墟落四
家同井二十稅一時和牛豐露積坵山萬姓歡康之作太白環舞之歌以傳

이어서 치우씨가 구치九治를 작조作造하고 주철鑄鐵을 채광하여 병기兵器를 만들고 또 비석박격기飛石迫擊機를 제작하니 천하가 감히 그를 복수하지 못하였다. 때에 헌구軒丘가 불복하므로 치우가 몸소 정벌에 나아가 탁록에서 대전大戰하였다. 탁록은 지금 산서山西의 대동부大同府다. 장차 싸우려고 할 때 탁록격涿鹿檄을 지어 곧 81종당대인八十一宗黨大人을 소집하였다. 먼저 치우의 형상形像을 반시頒示하여 함께 맹세할 것을 명하고 그것을 고하였다.

繼有蚩尤氏作造九治以採礦鑄鐵作兵又制飛石迫擊之機天下莫敢譬之時軒丘不服蚩尤躬率往征之大戰於涿鹿涿鹿今山西大同府也將戰作涿鹿檄乃召八十一宗黨大人先以頒示蚩尤形像具命誓而告之

치우천왕蚩尤天王이 말하기를, "너희들 헌구軒丘는 짐의 깨우침을 분명히 들어라. 오늘 자식이 있도록 오직 짐 한 사람이 만세를 위하고 공정한 의리를 위하여 인간의 마음을 씻는 맹세를 지었다. 너희 헌구는 우리 삼신일체의 원리를 업신여기고 삼륜구서三倫九誓[6]를 행하는 것을 게을리하여 버렸으므로 삼신이 그 더러움을 싫어하여 짐 한 사람에게 명하여 토벌을 행하게 하였으니 너희들은 이미 마음을 씻어 행동을 고치고 자성自性으로 자식을 구하여라. 너희의 뇌 속에 신이 내리어 있으니 만약 순종하지 않으면 천인天人이 함께 노하여 그 명命이 범상하지 못할 것인즉 너희들은 두려움이 없느냐!"라고 하였다. 이 때에 헌구가 곧 평정되고 천하가 우리를 받들었다.

蚩尤天王曰爾軒丘明聽朕誥曰之有子惟朕一人爲萬世爲公之義作人間洗心之誓爾軒丘侮我三神一體之原理怠棄三倫九誓之行三神久厭其穢命朕一人行三神之討爾早已洗心改行自性求子降在爾腦若不順

命天人咸怒其命之不常爾無可懼乎哉於是軒丘乃平服天下宗我焉

때에 유위자有爲子가 묘향산妙香山에 은둔하여 있었는데 그 학學은 자부선생紫府先生에게서 나왔다. 웅씨군熊氏君이 지나다가 보고 청하여 "나를 위하여 도를 베풀어 주소서!" 하므로 대답하여 말하기를, "도道의 대원大原은 삼신三神으로부터 나온 것이다. 도는 이미 대對가 없고 칭稱이 없으니 대가 있는 것은 도가 아니요 칭이 있는 것 또한 도가 아닌 것이다. 도는 상도常道[7]가 없으며 때에 따르니 곧 도의 귀한 바요, 칭은 상칭常稱이 없으며 백성을 편안하게 하니 곧 칭稱의 실實한 바다. 그 밖에는 큰 것이 없고 안에는 작은 것이 없으니 도는 곧 포함하지 않는 것이 없는 것이다.

時有爲子隱於妙香山其學出於紫府先生也過見熊氏君君請爲我陳道乎對曰道之大原出乎三神也道旣無對無稱有對非道有稱亦非道也道無常道而隨時乃道之所貴也稱無常稱而安民乃稱之所實也其無外之大無內之小道乃無所不含也

하늘이 기기機[8]가 있으니 내 마음의 기기에서 보며, 땅이 상상象이 있으니 내 몸의 상상에서 보며, 물物이 재세宰[9]가 있으니 내 기氣의 재세에서 본다. 곧 하나를 잡아서 셋을 품고(執一而含三) 셋이 모여서 하나로 되는(會三而歸一) 것이다. 일신一神이 내려오는 것, 이것은 물리物理다. 곧 천일天一은 생수生水의 도다. 성性이 광명에 통하는 것, 이것은 생리生理다. 곧 지이地二는 생화生火의 도다. 재세在世하여 이화理化하는 것, 이것은 심리心理다. 곧 인삼人三은 생목生木의 도다. 대개 대시大始에 삼신이 삼계三界를 만들어 물은 하늘을 나타내고, 불은 땅을 나타내고, 나무는 사람을 나타냈다. 대지나무는 땅에 뿌리를 내리고 하늘에서 나왔다. 역시 사람처럼 땅에 서서 나와(出) 능히 하늘을 대신한다."라고 하였다. 웅씨 임금이 "그 말씀 참 좋습니다."라고 하였다.

天之有機見於吾心之機地之有象見於吾身之象物之有宰見於吾氣之
宰也乃執一而含三會三而歸一也一神所降者是物理也乃天一生水之
道也性通光明者是生理也乃地二生火之道也在世理化者是心理也乃
人三生木之道也蓋大始三神造三界水以象天火以象地木以象人夫木
者柢地而出乎天亦如人立地而出能代天也君曰善哉言乎

단군왕검이 이미 천하를 정하고 삼한으로 나눠서 토경土境을 관장하니 곧 웅백다熊伯多[10]를 봉하여 마한馬韓이라 하고 달지국達支國에 도읍하였으니 역시 이름이 백아강白阿岡이다. 마한산馬韓山에 올라가 제천祭天하고 천왕이 하조下詔하기를, "사람이 거울을 보면 연추妍醜[11]가 스스로 만들어지고 백성이 임금(君)을 보면 치란治亂[12]의 정사政事를 본다. 거울을 보면 모름지기 먼저 형상을 보고, 임금을 보면 모름지기 먼저 정사를 본다."라고 하였다. 마한馬韓이 상차上箚[13]하여 이르기를, "성스럽도다, 그 말씀이여! 성주聖主는 능히 중의衆議를 따르는 고로 도道가 크고, 암군暗君[14]은 독선獨善을 즐겨 쓰는 고로 도가 작다. 가히 내성內省이 없으면 게으르지 아니할 것인가."라고 하였다.

檀君王儉旣定天下分三韓而管境乃封熊伯多爲馬韓都於達支國亦名
曰白牙岡也登馬韓山祭天天王下詔曰人視鏡則妍醜自形民視君則治
亂見政視鏡須先視形視君須先視政馬韓上箚曰聖哉言乎聖主能從衆
議故道大暗君好用獨善故道小可無內省而不怠乎

단군왕검 51년(B.C.2283년)에 천왕이 운사 배달신倍達臣에게 명하여 혈구穴口에 삼랑성三郎城[15]을 쌓고 마리산摩璃山에 제천단을 설設하였다. 강남江南의 민정民丁 8천 인을 발發하여 조역助役하게 하였다. 웅백다가 죽었다. 재위 55년. 아들 노덕리盧德利가 입했다. 노덕리가 죽었다. 아들 불여래弗如來가 입했다. 이는 단군 부루扶婁 12년(B.C.2229년) 임자 가을 10월이며 백성에게 칠회력七回曆을 반포하도록 명하였다. 명년 봄 3월에 비로소 백아강에 도정都亭[16]을 짓고 버드나무[17]를 심을 것을 가르쳤다. 병진(B.C.2225년)에 남산南山에 삼일신고비三一神誥碑를 새겨서 세웠다. 경신(B.C.2221년)에 도전稻田[18]을 경작하였다. 기해(B.C.2182년)에 소도蘇塗를 세워 삼륜구서三倫九誓의 훈訓을 베푸니 치화治化가 크게 행하여졌다.

檀君王儉五十一年天王命雲師倍達臣築三郎城于穴口説祭天壇于摩
璃山發江南民丁八千人以助役辛酉三月天王親幸摩璃山祭天熊伯多薨
在位五十五年子盧德利立盧德利薨子弗如來立是檀君扶婁十二年壬
子秋十月以命頒七回曆于民明年春三月始教民種柳于白牙岡作都亭
丙辰刻立三一神誥碑於南山庚申作稻田己亥立蘇塗施三倫九誓之訓
治化大行

단군 가륵嘉勒 3년에 불여래가 죽었다. 아들 두라문杜羅門이 입했다. 을사(B.C.2176년) 9월에 천왕이 칙하여 이르기를, "천하의 대본大本이 내 마음속 하나에 있다. 사람이 하나를 잃으면 일을 성취하지 못하고 물物이 하나를 잃으면 몸이 곧 무너져 군심君心은 오직 위태롭고 중심衆心은 오직 쇠미衰微할 것이니, 전인全人이 통균統均하게 입중立中[19]하여 잃지 않은 후에 곧 일一에 정定하여야 한다.

檀君嘉勒三年弗如來薨子杜羅門立乙巳九月天王敕曰天下人本在於

吾心之中一也人失中一則事無成就物失中一則體乃傾覆君心惟危衆心惟微全人統均立中勿失然後乃定于一也

유중유일惟中惟一[20]의 도는 아비가 되어서는 마땅히 자애롭고, 자식이 되어서는 마땅히 효도하고, 임금이 되어서는 마땅히 정의롭고, 신하가 되어서는 마땅히 충성하고, 부부가 되어서는 마땅히 상경相敬하고, 형제가 되어서는 마땅히 상애相愛하고, 노소는 마땅히 차례가 있고, 벗은 마땅히 믿음이 있어야 하는 것이다.

惟中惟一之道爲父當慈爲子當孝爲君當義爲臣當忠爲夫婦當相敬爲兄弟當相愛老少當有序朋友當有信

몸을 바로잡고 검소한 것을 공경하고 학문을 닦고 직업을 연마하고 지능을 계발하고 능력을 발휘하여 홍익상면弘益相勉하여 성기成己[21] 자유自由 개물開物 평등平等하고, 천하가 스스로의 임무에 당하고 국통國統[22]을 높이고 헌법憲法을 엄수하고 각각 그 직職을 다하고 부지런히 산업을 보호하여야 그 국가 유사시에 몸을 버려 의義를 보전하며 모험용진冒險勇進하여 만세 무강無疆의 운조運祚[23]를 부양할 것이다. 이는 짐이 너희 국인과 더불어 절절切切히 패복佩服[24]하여 바꾸지 않아야 할 것이다. 서기庶機[25]가 일체로 완실完實[26]되는 지극한 뜻이다."라고 하였다. 그 공경함이여.

飭身恭儉修學鍊業啓智發能弘益相勉成己自由開物平等以天下自任當尊國統嚴守憲法各盡其職獎勤保産於其國家有事之時捨身全義冒險勇進以扶萬世无疆之運祚也是朕與爾國人切切佩服而勿替者也庶幾一體完實之至意焉其欽哉

두라문이 죽었다. 아들 을불리乙弗利가 입했다. 을불리가 죽었다. 아들 근우지近于支가 입하니 단군 오사구烏斯丘 을유(B.C.2136년)다. 경인(B.C.2131년)에 민정民丁 3십 인을 보내 살수薩水에서 배[27]를 만드니 곧 진한辰韓의 남해안이다. 임자(B.C.2109년)에 한韓이 명을 받들어 상춘常春에 들어가 구월산九月山 삼신제를 돕고, 10월에 목단봉牧丹峰 중록에 천왕이 순주巡駐할 이궁離宮을 일으켰다. 매년 3월에 당하여 마한馬韓에 명하여 열무전렵閱武田獵하였다. 16일에 기린굴麒麟窟에서 제천하고 조의皂衣를 내려 가관加冠의 예[28]를 행하였다. 가무백희歌舞百戲하고 파하였다.

杜羅門薨子乙弗利立乙弗利薨子近于支立乃檀君烏斯丘乙酉也庚寅
遣民丁三十人造船舶于薩水乃辰韓南海岸也壬子韓以命入常春助祭
三神于九月山十月起離宮於荄芛峰中麓爲天王巡駐之所每當三月命
馬韓閱武佃獵十六日祭天麒麟窟賜皂衣加冠之禮仍歌舞百戲而罷

갑인(B.C.2107년)에 근우지가 죽었다. 아들 을우지乙于支가 입했다. 을우지가 죽었다. 동생 궁호弓戸가 입했다. 궁호가 죽고 사嗣기 없으므로 두라문의 동생 두라시杜羅時의 증손 막연莫延이 명을 받들어 마한馬韓에 입승하였다. 무신(B.C.1993년)에 단군 우서한于西翰이 백아강白牙岡에 순주하여 획전劃田[29]을 명하고 땅을 주어 사가작구四家作區[30]하게 하였다. 구區에서 1승乘을 내서 향鄕을 나눠서 지키게 하였다.

甲寅近于支薨子乙于支立乙于支薨弟弓戸立弓戸薨無嗣杜羅門之弟杜
羅時曾孫莫延以命入承馬韓戊申檀君于西翰巡駐白牙岡命劃田授土
四家作區區出一乘分守鄕衛

단군 노을魯乙 임인(B.C.1939년)에 막연이 죽었다. 동생 아화阿火가 입했다.

때에 단군 도해道奚가 바야흐로 예의개화銳意開化 하여 평등하게 다스리고 대성산大聖山에 대시전大始殿을 세우고 대동강大同江에 대교를 놓을 것을 명하였다. 삼홀三忽로 전佺을 삼아 경당局堂을 설設하고 칠회제신七回祭神의 의儀를 정하였으며 삼륜구서三倫九誓의 훈訓을 강講하였다. 한도桓道의 문명文明이 역외域外에 들리어 하주夏主 근廑[31]이 사신을 보내어 방물方物을 바쳤다.

檀君魯乙壬寅莫延薨弟阿火立時檀君道奚方銳意開化平等爲治以命
建大始殿于大聖山作大橋于大同江三忽爲佺説局堂定七回祭神之儀
講三倫九誓之訓桓道文明之盛聞于域外夏主廑遣使獻方物

정사(B.C.1924년)에 아화가 죽었다. 아들 사리沙里가 입했다. 단군 아한阿漢 을묘(B.C.1806년)에 사리가 죽었다. 동생 아리阿里가 입했다. 단군 고불古弗 을유(B.C.1716년)에 아리가 죽었다. 아들 갈지曷智가 입했다. 갈지가 죽었다. 단군 대음代音 무신(B.C.1633년)에 아들 을아乙阿가 입했다. 을유(B.C.1596년)에 탐모라耽牟羅[32]인이 말(馬) 3십 필을 바쳤다.

丁巳阿火薨子沙里立檀君阿漢乙卯沙里薨弟阿里立檀君古弗乙酉阿里
薨子曷智立曷智薨檀君代音戊申子乙阿立己酉耽牟羅人獻馬三十匹

을아가 죽었다. 단군 여을余乙 신미(B.C.1550년)에 아들 두막해豆莫奚가 입했다. 임신(B.C.1549년) 3월 16일에 마리산摩璃山에 친행親行하여 참성단塹城壇에 삼신三神을 제사지냈다. 하주夏主 외임外壬이 사신을 보내 제사를 도왔다.

乙阿薨檀君余乙辛未子豆莫亥立壬申三月十六日親幸摩璃山祭三神于
塹城壇殷主外壬遣使助祭

두막해가 죽었다. 을축(B.C.1496년)에 아들 독로瀆盧가 입했다. 독로가 죽었다. 단군 고홀固忽 경오(B.C.1371년)에 아들 아루阿婁가 입했다. 아루가 죽었다. 갑오(B.C.1287년)에 동생 아라사阿羅斯가 입했다. 이 해에 고등高登이 개성開城에 의거하여 반叛하고 천왕에 항명하므로 마한馬韓이 바야흐로 거병擧兵하여 토벌하려고 홍석령紅石嶺에 이르렀을 때 천왕이 고등으로 우현왕右賢王[33]을 허락했다는 소식을 듣고 그쳤다.

豆莫奚薨戊寅子慈烏漱立薨己丑子瀆盧立瀆盧薨檀君固忽庚午子阿婁立阿婁薨戊午弟阿羅斯立是歲高登叛據開城抗命天王馬韓方擧兵討之到紅石嶺界聞天王許高登爲右賢王乃止

을미(B.C.1286년)에 천왕이 해성海城 욕살褥薩 서우여徐于餘에게 양선讓禪하고자 하므로 마한이 불가함을 간諫하여 불윤不允하였다. 색불루索弗婁가 천왕이 되므로 마한이 군사를 정비하고 몸소 해성의 싸움터에 나가 전패戰敗하고 돌아오지 못하였다.

乙未天王欲讓禪于海城褥薩徐于餘馬韓諫不可而不允及索弗婁之立而馬韓整師躬率往戰于海城戰敗不還

1. 세가 – 어떠한 특권을 가지고 세습하여 세록을 받는 집안 또는 그 집의 역사. 마한馬韓이나 번한番韓은 조선국朝鮮國 삼한三韓 중 하나의 한韓에 불과했으므로 세가世家라고 했다.

2. **묘** - 묘족苗族(Miao tzu). 중국의 귀주성을 중심으로 강서성, 호남성, 운남성 등의 일부에 분포한 민족. 몸은 왜소하고 살갗은 푸른 빛이다. 태곳적에는 성질이 사납고 중국의 본부에 널리 퍼졌으나 한족漢族에게 쫓기어 지금은 귀주성, 호남성에서 산다고 한다.(이홍직編 일중당刊《국사대사전》참조)

3. **한역** - 한국의 역易이라는 뜻. 지금의 역은 중국의 주나라 때 이룩된 것이지만 주역은 한역에서 나온 것이다. 한역은 한웅천왕이 만들었다고 했으며 그것은 삼신 일체상존의 유법이라고 했다. 천체의 변화가 그 근본 원리라고 보아야 할 것이다.(《소도경전본훈》 참조)

4. **3백6십5일 5시간 48분 46초** - 365.24219907, 현재의 역은 365.2422이다.

5. **포념** - 포덕은 천도교에서 전교傳敎를 일컫는 말이다.

6. **삼륜구서** - 삼륜三倫과 구서九誓. 삼륜은 애愛·예禮·도道, 구서는 효孝·우友·신信·충忠·손遜·지知·용勇·렴廉·의義를 말한다.(송호수著 가람출판사刊《겨레 얼 삼대원전三大原典》참조)

7. **상도** - 불변불역不變不易의 도道.

8. **기** - 심기心機, 마음의 활동, 마음의 기능.

9. **재** - 처리하다.

10. **웅백다** - 마한의 시조. 마한馬韓은 마한이라는 나라를 가리키기도 하나 한韓에는 장長이라는 뜻도 있다. 마한이 도읍한 곳은 백아강白牙岡 즉 지금의 평양이다.

11. **연추** - 미추, 아름다운 것과 더러운 것.

12. **치란** - 잘 다스려진 세상과 어지러운 세상.

13. **상차** - 신하가 임금에게 올리는 문서의 한 종류.

14. **암군** - 어리석은 임금.

15. **삼랑성** - 삼랑三郎은 삼시랑三侍郎 또는 삼신시종지절三神侍從之節의 준말

이다. 삼신三神을 지키고 인명人命을 다스리는 자를 삼시랑三侍郎이라고 했으며 본래는 배달신倍達臣인데 세습되는 삼신수호三神守護의 관官이다. 또 교화敎化와 위복威福을 주는 자를 랑郎이라고도 했다. 성城이란 것은 삼랑三郎이 자지 않고 지키는 곳이다.(《단군세기》 주17 참조)

16. **도정** - 군현郡縣의 마을이 있는 곳에 지은 나그네가 휴식하는 집.

17. **버드나무** - 소도蘇塗 주변이나 묘지 주위에 박달나무, 버드나무, 소나무, 잣나무를 심어서 그것을 표시하는 풍속이 있었다. 숲 속의 생활과 어떤 연관성이 있는지에 대해 인류학적인 연구 과제가 된다고 하겠다.(《신시본기》 참조)

18. **도전** - 한국 도전의 기원에 관한 중요한 기록이다.

19. **입중** - 치우침 없이 가운데에 있다.

20. **유중유일** - 중일中一의 도道. 주희朱熹의 《중용中庸》 '장구서章句序'는 다음과 같이 쓰고 있다. 『상고上古에 성신聖神이 하늘을 이어 만인의 준칙準則을 세우면서부터 도통道統의 전승傳承이 시작되어 왔으니, 그 경서經書에 나타나 있는 것으로서 '진실로 그 중中을 잡으라고 한 것은 요堯가 순舜에게 전수한 것이요, 인심人心은 위태危殆하고 도심道心은 미묘하나니 정밀히 하고 한결같이 하고서야 진실로 그 중中을 잡으리라.'고 한 것은 순舜이 우禹에게 전수한 것이다.』

21. **성기** - 자기 완성.

22. **국통** - 나라의 대통.

23. **운조** - 하늘로부터 받은 복조. 세상의 운수.

24. **패복** - 깊이 감복하다.

25. **서기** - 가깝다, 바라다, 희망하다, 모든 기능.

26. **완실** - 완전하고 충실하다, 충분히 갖추어지다.

27. **배** - 배에 대해 처음 나오는 기사이다. 가락국 수로왕首露王 부인은 지금의 태국지방인 아유타에서 배를 타고 김해金海에 왔다. 또 수로왕은 탈해를 쫓아버리기 위해 주사舟師 5백 척을 발했다고 《삼국유사》〈가락국기〉에 쓰여 있다. 페니키아인들이 바다를 지배하기 위해 배를 만들기 시작한 것은 철기시대가 시작된 B.C.1200년경과 거의 일치한다고 한다(《꾸리에》 1984년 3월호 참조). 우리나라에서 B.C.2131년에 배를 만들었다는 기사는 놀라운 것이라고 아니할 수 없다.

28. **가관의 예** - 천지화랑에게 행해지던 의식의 하나로 오우관鳥羽冠을 쓰게 했다.

29. **획전** - 두럭을 지어 밭을 나누다.

30. **사가작구** - 사가동정四家同井의 균전제.

31. **근** - 하夏의 13代 왕.

32. **탐모라** - 탐라국. 몽고의 병란과는 관계없이 제주도가 말의 산지였음을 알 수 있다.

33. **우현왕** - 우현왕의 위치가 어떤 것인지 확실하게 알 수 없으나 천제天帝의 밑에 마한馬韓과 번한番韓의 비왕裨王 외에 다른 왕의 제도가 있었다는 점에 주목하고자 한다.

단군 색불루索弗婁가 아버지[1]의 공功을 이어 중병重兵을 손에 넣으니 진한辰韓이 스스로 무너지고 2한韓 역시 한 번도 이겨보지 못하고 패멸敗滅하였다. 전제前帝[2]가 사람을 시켜 옥책玉冊 국보國寶를 전하여 양위讓位하였다. 신제新帝[3]가 상의하여 백악산白岳山[4]에 도읍하니 모든 욕살褥薩이 불가함을 고집하므로 여원흥黎元興과 개천령蓋天齡 등이 조詔를 받들어 깨우치니 이 때에야 욕살들이 다 복종하였다.

檀君索弗婁承祖父功手握重兵辰韓自潰二韓亦未一勝而敗滅前帝使人傳玉冊國寶以讓新帝相都於白岳山諸褥薩執不可黎元興蓋天齡等奉詔諭之於是諸褥薩畢服

병신(B.C.1285년) 원년 정월에 마침내 녹산鹿山에서 즉위하니 이가 백악산白岳山 아사달阿斯達이다. 3월에 하조下詔하여 이르기를, "이자邇者 아사달阿斯達이 사람을 시켜서 옥책 국보를 전하고 양위하였다. 전제는 지금 비록 호號를 이어 존숭되고 있으나 그 해내산천海內山川은 이미 이름을 바꾸었다. 장막을 치고 제천하는 예禮는 마땅히 국전國典에 있으니 남용할 수가 없다. 반드시 옛 사실을 징거徵據하여 정성껏 공경하는 데에 이르러야 한다. 지금 제사를 지내고 맞이함에 있어 먼지 재계齊戒를 행하고 신역神域을 샅샅이 청소하고 희생犧牲을 깨끗하게 준비하여 폐백으로 써서 삼신에게 보답하여야 한다."라고 하였다.

丙申元年正月遂即位于鹿山是爲白岳山阿斯達也三月下詔曰邇者阿斯達使人傳玉冊國實以讓前帝今雖襲號以尊而其海內山川旣歸名帳祭天之禮當在國典不可濫也必須徵古實以達誠敬者今當祭迎前往擇齋審掃神域潔備牲幣用答三神

이때 제帝가 7일 재계를 행하고 여원흥에게 향축香祝[5]을 제수除授하였다. 16일에 이르러 이른 아침에 삼한三韓 대백두산大白頭山 천단天壇[6]에서 사사祀事를 경행敬行하였다. 제는 친히 백악산 아사달에서 제사를 지냈다.

於是帝擇齋七日授香祝于黎元興至十六日早朝敬行祀事于三韓大白頭山天壇帝親祭于白岳山阿斯達

그 백두산 서고문誓告文에 이르기를, '짐 소자 단군 색불루는 배수拜手[7]하고 계수稽首[8] 합니다. 내 스스로 천제의 아들로서의 수양이 백성에게 미치게 하며 반드시 스스로 하늘에 제사를 지내고 공경하겠사옵니다. 황상皇上[9]은 삼신의 명명明命을 받았으므로 보은대덕普恩大德[10]은 이미 삼한 5만 리의 토경과 더불어 홍익인간을 함께 누리게 하였습니다.

其白頭山誓告之文曰朕小子檀君索弗婁拜手稽首自天帝子之修我以及民必自祭天以敬皇上受三神明命普恩大德旣與三韓五萬里之土境共享弘益人間

그러므로 마한 여원흥을 보내어 삼신일체 상제의 제단에 제사를 올리오니 그 밝고 밝음이 체물體物을 남기지 않게 하옵소서. 재계하고 정성으로 공양하오니 강림하시어 흠향하시고 묵묵히 도와주시옵소서. 반드시 능히 신제新帝의 건극建極[11]을 비식賁飾[12]하여 삼한 천만 년 무강의 조업祚業을 세세로 보전하게 하시고 해마다 풍년이 들어 나라는 부강하고 백성은 은성殷盛하게 하옵소서. 우리 성제聖帝 공아존물空我存物[13]의 지극한 생각을 흠뻑 비춰주소서.'라고 하였다.

故遣馬韓黎元興致祭于三神一體上帝之壇神其昭昭體物無遺潔齋誠供降歆默佑必能賁飾新帝之建極世保三韓千萬年無彊之祚業年穀豐熟國富民殷庶昭我聖帝空我存物之至念

5월에 제도를 개혁하여 삼한三韓 삼조선三朝鮮이라고 하고 관경管境을 조선朝鮮이라고 하였다. 진조선眞朝鮮 천왕이 자위自爲하는 땅은 구제舊制에 따른 진한辰韓이었다. 정치政治는 천왕을 경유經由하여 다 하나로 통일되어 명령을 내보냈다. 여원흥을 명하여 마한으로 하고 막조선莫朝鮮을 다스리게 하였다. 서우여徐于餘로 하여금 번한을 삼아 번조선을 다스리게 하였다. 그것을 총합하여 이름하기를 단군관경檀君管境이라 하였다. 이것이 곧 진국사辰國史가 말하는 단군조선檀君朝鮮[14]이다.

五月改制三韓爲三朝鮮朝鮮謂管境也眞朝鮮天王自爲而地則仍舊辰韓也政由天王三韓皆一統就令也命黎元興爲馬韓治莫朝鮮徐于餘爲番韓治番朝鮮總之名曰檀君管境是則辰國史稱檀君朝鮮是也

원흥元興이 이미 대명大命을 받고 대동강을 지키니 또한 왕검성王儉城이라 칭하였다. 천왕이 또한 매년 중춘仲春에 마한에 순주하여 정사政事로써 백성을 부지런하게 하였다. 이 때에 적공후렴藉供厚歛[15]의 폐단이 마침내 없어졌다. 이보다 먼저 주詔하여 이르기를, "오지 집 힌 사람의 공양이 백성을 번거롭게 하며 거두어들이니 이는 곧 무정無政이다. 정치가 없고서야 임금이 어찌 쓸모가 있는가." 하고 엄명하여 그것을 없앴다.

元興既受大命鎭守大同江亦稱王儉城天王亦以每年仲春必巡駐馬韓
勤民以政於是藉供厚斂之弊遂絶先是有詔曰惟朕一人之養煩民以斂
是乃無政也無政而君何用哉嚴命罷之

무자(.B.C.1233년)에 마한이 승명承命하여 경사京師[16]에 들어와 영고탑寧古塔으로 천도遷都할 것을 간諫하였으나 따르지 아니하였다. 원흥이 죽고 기축(B.C.1232년)에 아들 아실阿實이 입했다. 아실이 죽었다. 동생 아도阿闍가 입했다. 기묘(B.C.1122년)에 은殷이 멸망했다. 3년 후 신사(B.C.1120년)에 아들 서여胥餘가 태행산太行山 서북의 땅에 피하여 살므로 막조선莫朝鮮이 그를 듣고 제주군諸州郡을 순심巡審[17]하여 열병閱兵하고 돌아왔다.

戊子馬韓承命入京師諫以寧古塔遷都爲不可從之元興薨己丑子阿實
立阿實薨弟阿闍立己卯殷滅後三年辛巳子胥餘避居太行山西北地莫
朝鮮聞之巡審諸州郡閱兵而還

아도가 죽었다. 경술(B.C.1091년)에 아들 아화지阿火只가 입했다. 아화지가 죽었다. 병술(B.C.1055년)에 동생 아사지阿斯智가 입했다. 아사지가 죽었다. 단군 마휴摩休 정해(B.C.934년)에 형의 아들 아리손阿里遜이 입했다. 아리손이 죽었다. 아들 소이所伊가 입했다. 소이가 죽었다. 정해(B.C.754년)에 아들 사우斯虞가 입했다. 무자(B.C.753년)에 주주周主 의구宜臼[18]가 사신을 보내어 하정賀正했다.

阿闍薨庚戌子阿火只立阿火只薨丙戌弟阿斯智立阿斯智薨檀君摩休
丁亥兄之子阿里遜立阿里遜薨子所伊立所伊薨丁亥子斯虞立戊子周

主宜臼遣使賀正

사우가 죽었다. 갑진(B.C.677년)에 아들 궁홀弓忽이 입했다. 갑인(B.C.667년)에 섬승후(陝野侯)에 명하여 전선戰船 5백 척을 이끌고 가서 해도海島를 토벌하여 왜인倭人의 반란을 평정하게 하였다. 궁홀이 죽었다. 아들 동기東杞가 입했다. 동기가 죽었다. 단군 다물多勿 계유(B.C.588년)에 아들 다도多都가 입했다. 다도가 죽었다. 임진(B.C.509년)에 아들 사라斯羅가 입했다. 사라가 죽었다. 아들 가섭라迦葉羅가 입했다. 가섭라가 죽었다. 아들 가리加利가 입했다.

斯虞薨甲辰子弓忽立甲寅命陝野侯率戰船五百艘往討海島定倭人之叛弓忽薨子東杞立東杞薨檀君多勿癸酉子多都立多都薨壬辰子斯羅立斯羅薨子迦葉羅立迦葉羅薨甲寅子加利立

을묘(B.C.426년)에 융안隆安[19] 엽호獵戶 수만 명이 반叛하였다. 관병官兵이 싸울 때마다 불리하여 적이 마침내 도성都城을 압박하므로 심히 급하여 가리加利 역시 출전하여 유시에 맞아 죽었다. 병자(B.C.425년)에 상장上將 구물丘勿이 마침내 엽호獵戶 두목 우화충宇和冲을 참하고 장당경藏唐京으로 이도利都하였다. 앞서 가리의 손자 전내典奈가 막조선莫朝鮮을 이어받았다. 이로부터 국정國政이 더욱 쇠하였다.

乙卯隆安獵戶數萬叛官兵每戰不利賊遂迫都城甚急加利亦出戰中流矢而薨丙辰上將丘勿遂斬獵戶頭目宇和冲移都藏唐京先以加利之孫典奈入承莫朝鮮自是國政益衰

전내가 죽었다. 아들 진을례進乙禮가 입했다. 진을례가 죽었다. 을묘

(B.C.366년)에 맹남孟男이 입했다. 무술(B.C.323년)에 수유인須臾人 기후箕詡의 병兵이 번한番韓에 들어와서 점거하고 자칭 번조선番朝鮮의 왕이라 하였다. 연燕이 사신을 보내 우리와 공벌共伐하자고 하였으나 막조선莫朝鮮이 따르지 않았다. 계해(B.C.238년)에 단군 고열가高烈加가 마침내 제위를 버리고 아사달阿斯達에 들어가니 진조선眞朝鮮이 오가五加와 더불어 따르므로 정사政事가 마침내 회복되지 못하고 끝이 왔다.

典奈薨子進乙禮立進乙禮薨乙卯子孟男立戊戌須臾人箕詡兵入番韓
以據自稱番朝鮮王燕遣使與我共伐之莫朝鮮不從癸亥檀君高烈加遂
棄位入阿斯達眞朝鮮與五加從政終未復而終焉

1. **아버지** – 고등高登을 가리킨다.

2. **전제** – 21세 단군 소태蘇台.

3. **신제** – 22세 단군 색불루索弗婁.

4. **백악산** – 백악산은 22세 단군 색불루가 즉위한 산으로, 아사달에 있으며 녹산鹿山이라고도 했던 것 같다. 단군 색불루는 단군왕검이 입도했던 아사달에서 녹산 즉, 백악산 아사달로 천도했다. 그러나 새로 천도한 백악산 아사달도 단군왕검의 아사달 지역 안에 있었던 것 같다. 《단군세기》 단군 소태 을미 52년에 『이 때에 우현왕은 좌우인과 엽호獵戶 수천을 거느리고 마침내 부여 신궁新宮에서 즉위하였다.』고 했으며, '마한세가' 하에 『제가 상의하여 백악산에 도읍하니』 하고 나서 『단군 색불루 … 병신 원년 정월

에 마침내 녹산鹿山에서 즉위하니 이가 백악산白岳山 아사달阿斯達이다.』라고 했는가 하면, 다시 《단군세기》 단군 색불루 신축 6년에 『신지 육우가 주하기를, "아사달은 천 년 기업의 땅으로 이미 대운이 다하고 영고탑寧古塔은 왕기가 농후하여 백악산보다 낫습니다." 하고 축성하여 천도할 것을 청하였으나 제가 불허하여 말하기를, "신도가 이미 정해졌는데 다시 어찌 다른 곳으로 가랴!" 하였다.』고 했기 때문이다.

5. **향축** - 제사 지낼 때에 쓰는 향과 축문. 축관.

6. **천단** - 산정山頂에 구덩이를 파서 성단城壇이 된 것을 천단이라고 한다.

7. **배수** - 머리를 손이 있는 곳까지 숙여서 절하다.

8. **계수** - 머리가 땅에 닿도록 절하다. 준수屯首보다 더 굽힌다.

9. **황상** - 지금의 임금.

10. **보은대덕** - 넓은 은혜와 큰 덕.

11. **건극** - 천자가 나라의 근본 법칙을 세워 천하를 다스리다.

12. **비식** - 꾸미다.

13. **공아존물** - 자기를 희생하여 물건을 살리다.

14. **단군조선** - 국명이 한국桓國, 배달倍達, 청구靑邱, 조선朝鮮, 단군조선檀君朝鮮으로 바뀌었다.

15. **적공후렴** - 적전藉田의 산물에 대한 공과세.

16. **경사** - 경京은 대大, 사師는 중衆, 곧 대중이 사는 곳이라는 뜻이다. 임금의 궁성이 있는 곳.

17. **순심** - 두루 조사하다.

18. **의구** - 주周의 13대 평왕(B.C.771~720년).

19. **융안** - 안남의 북경北境.

치우 천왕이 서쪽으로 탁예涿芮를 정벌하고 남으로는 회대淮岱를 평정하여 산을 헤치고 길을 내니 지광地廣이 5만 리에 이르렀다. 단군왕검은 당요唐堯와 병세並世하였다. 요堯의 덕망이 갈수록 쇠하여지자 너도나도 몰려들어 땅을 다투기를 쉬지 아니하였다. 천왕이 곧 우순虞舜에게 명하여 땅을 나눠 다스리게 하고 군사를 보내서 주둔하게 하였다. 약속하고 당요唐堯를 공벌共伐하니, 요堯가 곧 힘이 다하여 우순虞舜에게 의지하여 목숨을 보전하고 나라를 넘겼다. 이 때 순의 부자·형제가 집으로 돌아왔다. 대개 나라를 위하는 도는 효제孝悌를 우선으로 한다.

蚩尤天王西征涿芮南平淮岱披山通道地廣萬里至檀君王儉與唐堯並世堯德益衰來與爭地不休天王乃命虞舜分土而治遣兵而屯約以共伐唐堯堯乃力屈依舜而保命以國讓於是舜之父子兄弟復歸同家盖爲國之道孝悌爲先

9년 동안이나 홍수의 해가 만민에 미치므로 단군왕검이 태자 부루扶婁를 보내기로 우순과 약속하니 초청하여 도산塗山에서 만났다. 순이 사공司空 우禹를 보내어 우리의 오행치수의 법(五行治水之法)을 받아 곧 공功을 이루었다. 이 때에 우虞를 낭야성琅耶城2에 치감置監하고 구려 분정의 의

(九黎分政之議)를 결정하였으니 《서서書》에 이르기를, 『동순東巡하여 망질望秩[3]하고 동후東后[4]를 사근肆覲[5]한다.』라고 한 것이 이것이다.

及九年洪水害及萬民故檀君王儉遣太子扶婁約與虞舜招會于塗山舜遣司空禹受我五行治水之法而功乃成也於是置監虞於琅耶城以決九黎分政之議卽書所云東巡望秩肆覲東后者此也

진국辰國은 천제天帝의 아들이 다스리는 곳이므로 오세순五歲巡[6]하여 낭야에 이르는 것이 하나다. 순舜은 제후諸侯이므로 진한에 조근朝覲하는 것이 넷이다. 이 때에 단군왕검이 치우蚩尤의 후손 가운데서 지모와 용력이 있는 자를 택하여 번한番韓을 삼고 험독險瀆[7]에 입부立府하니 지금도 역시 왕검성王儉城이라 칭한다.

辰國天帝子所治故五歲巡到琅耶者一也舜諸侯故朝覲辰韓者四也於是檀君王儉擇蚩尤後孫中有智謀勇力者爲番韓立府險瀆今亦稱王儉城也

치두남蚩頭男은 치우천왕의 후손이다. 용기와 지혜로 세상에 소문이 났으므로 단군檀君이 곧 불러 보고 그를 기특하게 생각하여 바로 번한番韓을 배수拜授하고 겸대하여 우虞의 정사政事를 감독하게 하였다. 경자(B.C.2301년)에 요중遼中에 12성城을 쌓았다. 험독險瀆, 영지令支[8], 탕지湯池[9], 통도桶道[10], 거용渠鄘, 한성汗城, 개평蓋平[11], 대방帶方[12], 백제百濟[13], 장령長嶺, 갈산碣山[14], 여성黎城[15]이 이것이다. 두남頭男이 죽었다. 아들 낭야琅邪가 입했다. 이해 경인(B.C.2251년) 3월에 가한성可汗城을 개축改築하여 뜻하지 않은 일에 대비하였다. 가한성은 일명이 낭야성琅邪城이다. 번한番韓이 쌓았기 때문에 얻은 이름이다.

蚩頭男蚩尤天王之後也以勇智著聞於世檀君乃召見而奇之即拜爲番
韓兼帶監虞之政庚子築遼中十二城險瀆令支湯池桶道渠廊汗城蓋平
帶方百濟長嶺碣山黎城是也頭男薨子琅邪立是歲庚寅三月改築可汗
城以備不虞可汗城一名琅邪城以番韓琅邪所築故得名也

갑술(B.C.2267년)에 태자 부루扶婁가 명을 받들어 도산塗山에 사신으로 가
다가 가는 길에 낭야성에서 보름을 살며 민정民情을 청문聽問하였다. 우
순虞舜 또한 사악四岳[16]을 이끌고 치수治水에 대한 여러 가지 일을 보고하
였다. 번한이 태자의 명령을 받들어 경내境內에 경당扃堂을 크게 일으키
고 아울러 태산泰山[17]에서 삼신에게 제사를 지냈다. 이로부터 삼신고속三
神古俗이 회사淮泗[18]의 사이에서 크게 행하여졌다.

甲戌太子扶婁以命往使塗山路次琅邪留居半月聽聞民情虞舜亦率四岳
報治水諸事番韓以太子命令境內大興扃堂并祭三神于泰山自是三神
古俗大行于淮泗之間也

태자가 도산에 이르러 정무(理)를 주관하고 곧 회의를 열어 번한으로 인
하여 우虞의 사공司空에게 고하여 말하기를, "나는 북극수정자北極水精子
다. 너의 후后가 나를 청하여 치수治水와 치토治土를 배워 백성을 구제하
기를 바라기에 삼신상제三神上帝가 기뻐하고 나를 보내 돕도록 하였으므
로 온 것이다."라고 하고 마침내 왕토王土[19]의 전문篆文으로 된 천부왕인
天符王印을 보이며 이렇게 말하였다.

太子至塗山主理乃會因番韓告虞司空曰予北極水精子也汝后請予以
浴導治水土拯救百姓三神上帝悅予往助故來也遂以王土篆文天符王
印示之曰

"이것을 패용佩用하면 능히 험한 곳을 지나도 위태롭지 아니하고 흉한 일을 만나도 해를 입지 아니한다. 또 신침神針 일매一枚가 있으니 능히 물의 깊고 낮음을 잴 수가 있고 쓰면 변화가 무궁하다. 또 황거종보皇鉅倧寶가 있으니 모든 험요險要의 물(水)을 진압하여 영원히 편안할 것이다. 이 3보三寶를 너에게 주니 천제의 대훈大訓을 어기지 아니하면 가히 크게 성공할 것이다."

佩之則能歷險不危逢凶無害又有神針一枚能測水深淺用變無窮友有皇矩倧寶凡險要之水鎭之永寧以此三寶授汝無違天帝子之大訓可成大功也

이 때에 우의 사공이 삼육구배三六九拜를 하고 진언進言하기를, "천제자天帝子의 명령을 부지런히 행하고 우리 우순의 개태開泰[20]의 정치를 보좌하여 삼신께 보답함으로써 윤허允許의 즐거움이 지극하게 하겠습니다."라고 하고, 태자 부루로부터 금간옥첩金簡玉牒을 받았으니 대개 오행치수의 요결要訣이었다. '태자가 구려九黎를 도산塗山에서 만나서 우순虞舜에게 명하였다.'라고 한 것 즉 보우공사례報虞貢事例는 지금의 소위 우공禹貢[21]인 것이다.

於是虞司空三六九拜而進曰勤行天帝子之命佐我虞舜開泰之政以報三神允悦之至焉自太子扶婁受金簡玉牒盖五行治水之要訣也太子會九黎於塗山命虞舜卽報虞貢事例今所謂禹貢是也

낭야琅邪가 죽었다. 계묘(B.C.2238년)에 아들 물길勿吉이 입했다. 물길이 죽었다. 갑오(B.C.2187년)에 아들 애친愛親이 입했다. 애친이 죽었다. 아들 도무道茂가 입했다. 도무가 죽었다. 계해(B.C.2098년)에 이들 호갑虎甲이 입하고 정축(B.C.2084년)에 천왕天王이 송양松壤에 순도巡到하여 병病을 얻어 붕했다. 번한番韓이 사람을 보내 치상治喪하고 분병分兵하여 경계를 엄하게 하였다. 호갑이 죽었다. 단군 달문達門 기축(B.C.2972년)에 아들 오라烏羅가 입했다. 갑신(B.C.2017년)에 하주夏主 소강少康이 사신을 보내어 하정賀正하였다.

琅邪薨癸卯子勿吉立勿吉薨甲午子愛親立愛親薨子道茂立道茂薨癸亥子虎甲立丁丑天王巡到松壤得疾而崩番韓遣人治喪分兵戒嚴虎甲薨檀君達門己丑子烏羅立甲午夏主少康遣使賀正

오라가 죽었다. 병술(B.C.2015년)에 아들 이조伊朝가 입했다. 이조가 죽었다. 단군 아술阿述 병인(B.C.1975년)에 동생 거세居世가 입했다. 거세가 죽었다. 신사(B.C.1960년)에 아들 자오사慈烏斯가 입했다. 자오사가 죽었다. 을미(B.C.1946년)에 아들 산신散新이 입했다. 산신이 죽었다. 무자(B.C.1893년)에 아들 계전季佺이 입했다. 경인(B.C.1891년)에 명을 받들어 탕지산湯池山에 삼신단三神壇을 만들고 관가官家를 옮겼다. 탕지湯池는 옛날의 안덕향安德鄕이다.

烏羅薨丙戌子伊朝立伊朝薨檀君阿述丙寅弟居世立居世薨辛巳子慈烏斯立慈烏斯薨乙未子散新立散新薨戊子子季佺立庚寅以命说三神壇于湯池山徙官家湯池古安德鄕也

계전이 죽었다. 정축(B.C.1844년)에 아들 백전伯佺이 입했다. 백전이 죽었다. 을미(B.C.1826년)에 중제仲弟 중전仲佺이 입했다. 중전이 죽었다. 신묘(B.C.1770년)에 아들 소전少佺이 입했다. 갑오(B.C.1767년)에 장수 치운蚩雲을 보내 걸桀[22]을 벌伐하는 탕湯[23]을 돕게 했다. 을미(B.C.1766년)에 묵태墨胎를 보내 탕의 즉위를 축하하였다. 소전이 죽었다. 갑술(B.C.1727년)에 아들 사엄沙奄이 입했다. 사엄이 죽었다. 동생 서한棲韓이 입했다. 서한이 죽었다. 정축(B.C.1664년)에 아들 물가勿駕가 입했다. 물가가 죽었다. 신사(B.C.1600년)에 아들 막진莫眞이 입했다. 막진이 죽었다. 정묘(B.C.1554년)에 아들 진단震丹이 입했다.

薨丁巳子伯佺立伯佺薨乙未仲弟仲佺立薨辛卯子少佺立甲午遣將蚩尤出助湯伐桀乙未遣墨胎賀湯卽位少佺薨甲戌子沙奄立薨弟棲韓立薨丁丑子勿駕立薨辛巳子莫眞立薨丁卯子震丹立

이 해에 은주殷主 태무太戊²⁴가 와서 방물方物을 바쳤다. 진단이 죽었다. 계유(B.C.1518년)에 아들 감정甘丁이 입했다. 감정이 죽었다. 아들 소밀蘇密이 입했다. 계사(B.C.1468년) 3년에 은殷이 조공을 바치지 않으므로 북박北毫²⁵을 토벌하니 그 주主 하단갑河亶甲²⁶이 곧 사죄하였다. 소밀이 죽었다. 아들 사두막沙豆莫이 입했다.

是歲殷主太戊來獻方物薨癸酉子甘丁立薨子蘇密立癸巳三年以殷不貢往討北毫其主河亶甲乃謝蘇密薨子沙豆莫立

사두막이 죽었다. 계부季父 갑비甲飛가 입했다. 갑비가 죽었다. 경신(B.C.1441년)에 아들 오립루烏立婁가 입했다. 오립루가 죽었다. 아들 서시徐市가 입했다. 서시가 죽었다. 무신(B.C.1393년)에 아들 안시安市가 입했다. 안시가 죽었다. 기축(B.C.1352년)에 아들 해모라奚牟羅가 입했다. 해모라가 죽었다.

薨季父甲飛立薨庚申子烏立婁立薨子徐市立薨戊申子安市立薨己丑子奚牟羅立薨

단군 소태蘇台 5년(B.C.1333년)에 우사雨師 소정小丁을 번한番韓에 출보出補시켰다. 대개 고등高登은 그 지모가 출중하여 매사를 바로잡았다. 제제帝에게 권하여 출보할 때에 은주 무정武丁[27]이 바야흐로 흥병興兵하고자 한다는 소식을 듣고 마침내 고등高登이 상장上將 서여西余와 함께 그를 공파共破하고 색도索度에까지 추격하였다. 병사를 놓아 불사르고 약탈하여 돌아왔다. 서여는 북박北亳을 습파하고 탕지산湯池山에 둔병하여 자객을 보내 소정小丁을 죽이고 아울러 병갑兵甲을 싣고 돌아왔다.

檀君蘇台五年以雨師小丁出補番韓蓋高登每彈其智謀出眾而勸帝出補時殷主武丁方欲興兵高登聞之遂與上將西余共破之追至索度縱兵焚掠而還西余襲破北亳仍屯兵于湯池山遣刺客殺小丁并載兵甲而去

1. **번한** - 치우천왕蚩尤天王의 후손 치두남蚩頭男을 시조로 하는 단군왕검檀君王儉이 세운 조선朝鮮 삼한관경三韓管境 중의 하나. 74대代 2천1백여 년간 존속했으며 마지막 임금인 기준箕準이 위만衛滿에게 패하여 바다로 들어가 돌아오지 못했다고 한다.

번한의 도읍지는 시조 치두남蚩頭男이 험독險瀆에 입부立府했다고 했으며, 12대代 계전季佺 때에는 탕지산湯池山에 삼신단三神壇을 만들고 관가官家를 옮겼다고 하고, 69대代 기후箕詡는 번한성番汗城에 살면서 뜻하지 않은 일에 대비했다고도 했으며, 또 74대代 기준箕準이 오래 살던 수유須臾에는 은혜로운 백성이 많았다고도 한 것으로 보아 도읍지를 험독險瀆, 탕지湯池, 번한성番汗城, 수유須臾로 볼 수 있다. 그러나 확실한 것은 알 수 없다.

B.C.194년 번조선番朝鮮이 망하고 나서 기준箕準이 해해로 망인亡人하여 돌아오지 않으므로 제가諸加의 중衆이 상장上將 탁대卓大를 받들어 탁대의 생향生鄕인 월지月支에 중마한中馬韓을 세웠다고 《북부여기》상上은 기록하고 있다. 이 때에 변진弁辰 이한二韓 역시 입도자호立都自號했다고 했다. 이 기록에 따르면 이 때부터 부여夫餘와 삼한三韓의 구별이 생긴 것 같다. 변진弁辰 이한二韓은 마한馬韓의 정령政令을 세세世世로 반반反叛하지 않았다고도 했다.

2. **낭야성** - 琅耶城, 琅邪, 瑯琊로 쓴다. 산동성山東城 제성현諸城縣이다. 일명 가한성可汗城.

3. **망질** - 섶을 태우며 멀리 산천의 신에게 제사를 지내는 일.

4. **동후** - 동국東國의 임금.

5. **사근** - 제후가 천자를 알현하다. 봄에 하는 것을 조朝, 가을에 하는 것을 근觀이라 한다. 《서경書經》 순전舜典에 『세이월歲二月에 동순수東巡守하사 지우대종至于岱宗하사 시柴하시며 망질우산천望秩于山川하시고 사근동후肆覲東后하시니』라 하였다.

6. **오세순** - 5년에 한 번 순행하다. 천제자는 5년 만에 제후국을 순방하고, 제후는 천제자의 나라에 봄과 가을로 알현한다.

7. **험독** - 번한의 치두남蚩頭男이 입부立府한 곳. 탕지湯池 부근으로 추정된다. 요녕성 반산현盤山縣 경내 빈해浜海의 땅이 아닐까?

8. **영지** - 난하의 하류. 요서의 옆.

9. **탕지** - 요녕성 개평부開平府 동북東北 7십 리에 소재한 탕지보湯池堡.

10. **통도** - 고려진高麗鎭. 북경北京 안정문安定門 밖 6십 리쯤에 있다.

11. **개평** - 蓋平, 開平으로 쓴다.

12. **대방** - 황해도 대방이 아니다.

13. **백제** - 온조溫祚가 세운 백제 이전에 요중遼中에 있던 성의 이름. 그러나 온조의 백제는 이 성명城名을 따서 나라 이름을 백제라 했다고 〈고구려국 본기〉는 쓰고 있다.

14. **갈산** - 갈석산? 갈석산은 난하의 하류 근처에 있다. 열하성 능원현能源縣.

15. **여성** - 혹시 창려성昌黎城이 아닐까?

16. **사악** - 순舜 때 사방四方의 제후를 통솔하던 장관.

17. **태산** - 중국 오악五岳 중의 하나. 산동성山東省 태안현太安縣의 북北에 있다.

18. **회사** - 회수淮水와 사수泗水.

19. **왕토** - 천자의 나라. 천자의 토지.

20. **개태** - 대업영개태大業永開泰 신도일광휘臣道日光輝에서 온 말.

21. **우공** - 《서경書經》의 편명.

22. **걸** - 하夏의 17대 임금. 이계履癸.

23. **탕** - 은殷의 시조 천을天乙.

24. **태무** - 은殷의 9대 중종中宗.

25. **북박** - 은殷의 서울. 은은 서울을 여러 번 옮겼다.

26. **하단갑** - 은殷의 12대 임금.

27. **무정** - 은殷의 22대 임금.

단군 색불루索弗婁[1] 초에 삼한이 아울러 국제國制를 대개혁하고, 은주殷主 무정武丁은 사신을 보내와 조공을 기약하였다. 먼저, 서우여徐于餘[2]를 폐하여 서인庶人으로 하자 서우여가 좌원坐原으로 잠귀潛歸하여 엽호獵戶 수천千과 모의하여 기병起兵했다. 개천령蓋天齡이 듣고 곧 벌伐하고자 하였으나 진중陣中에서 패몰敗沒하였다. 제帝가 친히 삼군三軍을 이끌고 가 그를 토벌하였다. 먼저 사람을 보내 항복할 것을 권하고 비왕裨王에 봉할 것을 다시 깨우치니 들었다. 이에 이르러 서우여徐于餘를 명하여 번한番韓으로 삼았다.

檀君索弗婁初并三韓大改國制殷主武丁遣使來約貢先是廢徐于餘爲庶人徐于餘潛歸坐原與獵戶數千謀起兵蓋天齡聞卽往伐敗沒于陣帝親率三軍往討之乃先遣勸降約封爲裨王再諭以聽至是命徐于餘爲番韓

4년 기해(B.C.1282년)에 진조선眞朝鮮이 천왕天王의 칙문勅問을 전하여 말하기를, "너희 삼한은 위로 천신天神을 받들어 접화군생接化群生하라."라고 하였다. 이로부터 예의禮義, 전잠田蠶, 직작織作, 궁시弓矢, 자서字書로 백성을 교화하고 백성을 위하여 금팔조禁八條[3]를 선히었다.

四年己亥眞朝鮮以天王敕文傳曰爾三韓上奉天神接化羣生自是敎民
以禮義田蠶織作弓矢字書爲民設禁八條

서로 죽이면 당시에 죽여서 갚고, 서로 상하면 곡식으로 갚고, 서로 도
둑질하면 재물을 빼앗고 남자는 그 집의 노예가 되며 여자는 여비女婢
가 되고, 소도蘇塗를 헐게 한 자는 금고禁錮하고, 예의를 잃은 자는 군軍
에서 복역하고, 일하지 않는 자는 부역에 징발하고, 사음邪淫을 지은 자
는 태형笞刑하고, 사기詐欺를 한 자는 훈방訓放하나 스스로 속죄贖罪하고
자 하면 비록 면해도 공표公表하므로, 민속民俗이 오히려 그것을 부끄럽
게 여겨 가취嫁娶가 이루어지지 않았다. 이로써 그 백성은 마침내 도둑
질하지 아니하니 문을 잠그는 일이 없고, 부인은 정신貞信하여 음란하지
아니하고, 그 전야田野와 도읍都邑이 개벽開闢하여 변두籩豆[4]로 마시고 먹
으니 인양仁讓[5]의 감화感化가 있었다.

相殺以當時償殺相傷以穀償相盜者男沒爲其家奴女爲婢毁蘇塗者禁
錮失禮義者服軍不勤勞者徵公作邪淫者笞刑行詐欺者訓放欲自贖者
雖免爲公民俗猶羞之嫁娶無所售是以其民終不相盜無門戶之閉婦人
貞信不淫闢其田野都邑飮食以籩豆有仁讓之化

신축(B.C.1280년)에 은주 무정武丁이 번한에 부탁하여 천왕을 상견上見하
고 방물을 바쳤다. 병신(B.C.1225년)에 서우여徐于餘가 죽었다. 정유(B.C.1224
년)에 아락阿洛이 입했다. 아락이 죽었다. 정축(B.C.1184년)에 솔귀率歸가 입
했다. 솔귀가 죽었다. 갑자(B.C.1137년)에 임나任那가 입했다. 신미(B.C.1130
년)에 천왕의 조詔를 받들어 동쪽 교외에 천단天壇을 쌓고 삼신에 제사하
였다. 무리가 환무環舞하며 북을 치고 노래 부르기를, '정성으로 천단을

쌓고 / 삼신주三神主를 축수祝壽하세 / 황운皇運을 축수함이여 / 만만세로다 / 만민을 돌아봄이여 / 풍년을 즐거워하도다'라고 하였다.

辛丑殷主武丁因番韓上書天王獻方物丙申徐于餘薨丁酉阿洛立薨丁
丑率歸立薨甲子任那立辛未以天王詔築天壇于東郊祭三神衆環舞擊
鼓以唱曰精誠乙奴天壇築爲古三神主其祝壽爲世皇運乙祝壽爲未於
萬萬歲魯多萬民乙睹羅保美御豊年乙叱居越爲度多

임나가 죽었다. 병신(B.C.2105년)에 동생 노단魯丹이 입했다. 북막北漠이 입구하므로 노월소路月邵를 보내 토평討平하였다. 노단이 죽었다. 기유(B.C.1092년)에 아들 마밀馬密이 입했다. 마밀이 죽었다. 정묘(B.C.1074년)에 아들 모불牟弗이 입했다. 을해(B.C.1066년)에 감성監星을 설치하였다. 모불이 죽었다. 정해(B.C.1054년)에 아들 을나乙那가 입했다. 갑오(B.C.1047년)에 주주周主 하가瑕가 사신을 보내 조공하였다.

任那薨丙申弟魯丹立北漠入寇遣路日邵討平之薨己酉子馬密立薨丁卯
子牟弗立乙亥置監星牟弗薨丁亥子乙那立甲午周主瑕遣使朝貢

을나가 죽었다. 정묘(B.C.1014년)에 아들 마휴摩麻가 입했다. 마휴가 죽었다. 기사(B.C.1012년)에 동생 등나登那가 입했다. 이극회李克會가 소련少連과 대련大連의 묘廟를 세울 것을 계청啓請하고 3년상三年喪을 정하여 실시하니 그것을 따랐다. 등나가 죽었다. 무술(B.C.983년)에 아들 해수奚壽가 입했다. 임인(B.C.979년)에 아들 물한勿韓을 구월산九月山에 보내 삼성묘三聖廟의 제사를 돕게 하였다. 묘는 상춘常春 주가성자朱家城子에 있다.

乙那薨丁卯子麻麻立薨己巳弟登那立李克會啓請建少連大連之廟定
行三年喪從之薨戊戌子奚壽立壬寅遣子勿韓往九月山助祭二聖廟廟

在常春朱家城子也

해수가 죽었다. 기미년에 아들 물한勿韓이 입했다. 물한이 죽었다. 기묘
(B.C.966년)에 아들 오문루娛門婁가 입했다. 오문루가 죽었다. 정묘(B.C.954
년)에 아들 누사婁沙가 입했다. 무인(B.C.943년)에 천조天朝에 들어가 천왕
을 뵙고 태자 등올登屼, 소자 등리登里를 조현했다. 별궁別宮에서 한가하
게 지내므로 태자 형제에게 노래를 지어 바쳤다.
奚壽薨己未子勿韓立薨己卯子奧門婁立薨丁卯子婁沙立戊寅入覲天
朝與太子登屼少子登里閑居別宮乃獻歌太子兄弟曰

형은 반드시 동생을 사랑하고	兄隱伴多是弟乙愛爲古
동생은 마땅히 형을 공경할지니라.	弟隱味當希兄乙恭敬爲乙支尼羅
항상 작은 일로써	恒常毫毛之事
골육骨肉의 정을 상하지 마소서.	魯西骨肉之情乙傷厄勿爲午
말(馬)도 오히려 같은 구유에서 먹고	馬度五希閤同槽奚西食爲古
기러기도 또한 한 줄을 짓나니	鴈度亦一行乙作爲那尼
내실內室에서 비록 환락歡樂하나	內室穢西非綠歡樂爲那
세언細言일랑 신청을 마소서.	細言乙良愼聽勿爲午笑

누사婁沙가 죽었다. 을미(B.C.925년)에 한수인漢水人 왕문王文이 이두법吏讀
法[6]을 지어 천왕에게 바치니 그를 가상히 여기어 삼한三韓이 같이 시행
하도록 명하였다. 기미(B.C.902년)에 상장上將 고력高力을 보내어 회군淮軍과
합하여 주周를 패하게 하였다. 이벌이 죽었다. 신유(B.C.900년)에 아들 아
륵阿勒이 입했다. 병인(B.C.895년)에 주周의 이공二公이 사신을 보내 방물을

바쳤다. 아륵이 죽었다. 을축(B.C.836년)에 아들 마휴麻休 혹은 마목麻沐이 입했다. 마휴가 죽었다.

妻沙薨乙未子伊伐立丙申漢水人王文作吏讀法以獻天王嘉之命三韓
如敕施行己未遣上將高力合與淮軍敗周伊伐薨辛酉子阿勒立丙寅周
二公遣使獻方物阿勒薨己丑子麻休一云麻沐立薨

병진(B.C.785년)에 아들 다두多斗가 입했다. 다두가 죽었다. 기축(B.C.752년)에 아들 내이奈伊가 입했다. 내이가 죽었다. 기미(B.C.746년)에 아들 차음次音이 입했다. 차음이 죽었다. 을사(B.C.736년)에 아들 불리不理가 입했다. 불리가 죽었다. 을사(B.C.736년)에 아들 여을餘乙이 입했다. 여을이 죽었다. 갑술(B.C.707년)에 엄루奄婁가 입했다.

丙辰子多斗立薨己丑子奈伊立薨己未子次音立薨己巳子不理立薨乙巳
子餘乙立薨甲戌奄婁立

무인(B.C.703년)에 흉노가 번한에 사신을 보내 천왕을 조현朝見할 것을 구求하고 칭신稱臣하며 공물貢物을 바치고 돌아갔다. 엄루가 죽었다. 아들 감위甘尉가 입했다. 감위가 죽었다. 무신(B.C.673년)에 아들 술리述理가 입했다. 술리가 죽었다. 무오(B.C.663년)에 아들 아갑阿甲이 입했다. 경오(B.C.651년)에 천왕이 사신 고유高維를 보내 먼저 한웅桓雄, 치우蚩尤, 단군왕검檀君王儉의 상像을 반시頒示하고 관가官家에 봉봉奉하도록 하였다.

戊寅匈奴遣使番韓求見天王稱臣貢物而去奄婁薨子甘尉立薨戊申子
述理立薨戊午子阿甲立庚午天王遣使高維先頌桓雄蚩尤檀君王儉三
祖之像以奉官家

아갑이 죽었다. 계유(B.C.648년)에 고태固台가 입했다. 고태가 죽었다. 정해(B.C.634년)에 아들 소태이蘇台爾가 입했다. 소태이가 죽었다. 을사(B.C.616년)에 아들 마건馬乾이 입했다. 마건이 죽었다. 병진(B.C.605년)에 천한天韓이 입했다. 천한이 죽었다. 병인(B.C.595년)에 아들 노물老勿이 입했다. 노물이 죽었다. 신사(B.C.520년)에 아들 도을道乙이 입했다. 계미(B.C.518년)에 노나라 사람 공구孔丘가 주周에 가서 노자老子 이이李耳에게 예禮를 물었다. 이耳의 아버지의 성은 한韓이요 이름은 건乾이며 그 선조는 풍인風人인데, 서쪽으로 관문關門을 나가 내몽고內蒙古를 경유하여 아유타阿踰佗에 이르러 그 백성을 교화하였다.

阿甲薨癸酉固台立薨丁亥子蘇台爾立薨乙巳子馬乾立薨丙辰天韓立薨
丙寅子老勿立薨辛巳子道乙立癸未魯人孔丘適周問禮於老子李耳耳
父姓韓名乾其先風人後西出關由內蒙古而轉至阿踰佗以化其民

도을이 죽었다. 병신(B.C.505년)에 아들 술휴述休가 입했다. 술휴가 죽었다. 경오(B.C.471년)에 아들 사량沙良이 입했다. 사량이 죽었다. 무자(B.C.453년)에 아들 지한地韓이 입했다. 지한이 죽었다. 신사(B.C.400년)에 아들 서울西蔚이 입했다. 서울이 죽었다. 경진(B.C.341년)에 아들 해인解仁이 입했다. 해인이 죽었다. 일명 산한山韓이다. 이 해에 자객刺客의 해를 입었다.

道乙薨丙申子述休立薨庚午子沙良立薨戊子子地韓立薨癸卯子人韓
立薨辛巳子西蔚立薨丙午子哥索立薨庚辰解仁立一名山韓是歲爲刺
客所害

신사(B.C.340년)에 아들 수한水韓이 입했다. 임오(B.C.339년)에 연燕이 배도倍道하여 들어와 안촌홀安寸忽을 공격하고 또 험독險瀆에 들어오므로 수유

사람 기후箕詡[7]가 자제子弟 5천 명을 이끌고 와서 싸움을 도왔다. 이 때 군세軍勢가 점점 떨쳤다. 진眞, 번番 두 한韓의 병兵과 더불어 협격하여 연 병燕兵을 대파하였다. 또 일부의 군대를 분견하여 계성薊城의 남에서 장 차 싸우려고 하니 연이 두려워서 사신을 보내고 곧 공자公子를 인질人質 로 하여 사죄하였다.

辛巳子水韓立壬午燕倍道入寇攻安寸忽又入險瀆須史人箕詡以子弟 五千人來助戰事於是軍勢稍振乃與眞番二韓之兵夾擊大破之又分遣 偏師將戰於薊城之南燕懼遣使乃謝以公子爲質

무술(B.C.323년)에 수한이 죽고 사자嗣子가 없으므로, 이 때에 기후箕詡가 명을 받들어 군령軍令을 대행하였다. 연燕이 사신을 보내 그를 축하하였 다. 이 해에 연이 칭왕稱王하고 장차 침입하려 하므로 기후 또한 승명承命 하여 정호正號를 조선왕이라 하고 처음으로 번한성番汗城에 살면서 뜻하 지 않은 일에 대비하였다.

戊戌水韓薨無嗣於是箕詡以命代行軍令燕遣使賀之是歲燕稱王將來 侵未果箕詡亦承命正號爲番朝鮮王始居番汗城以備不虞

기후가 죽었다. 병오(B.C.315년)에 기욱箕煜이 입했다. 기욱이 죽었다. 신미 (B.C.290년)에 기석箕釋이 입했다. 이 해에 주군州郡에 명하여 현량賢良을 천 거하게 하였다. 일시一時에 피선된 자가 2백7십 인이었다. 기묘(B.C.282년) 에 번한이 교외에서 친히 밭갈이를 하였다. 을유(B.C.276년)에 연이 사신 을 보내 공물을 바쳤다. 기석이 죽었다. 경술(B.C.251년)에 아들 기윤箕潤이 입했다. 기윤이 죽었다. 기사(B.C.232년)에 아들 기비箕丕가 입했다.

箕詡薨丙午子箕煜立薨辛未子箕釋立是歲令州郡擧賢良　時被選者

二百七十人己卯番韓親耕于郊乙酉燕遣使納貢箕釋蔿庚戌子箕潤立
蔿己巳子箕丕立

처음에 기비는 종실宗室 해모수解慕漱와 더불어 천왕의 옥새를 바꾸기로
몰래 약속하고 명을 받들어 부지런히 찬좌贊佐하여 해모수로 하여금 능
히 대권大權을 쥐게 하였다. 오직 기비箕丕가 그 사람이다. 기비가 죽었다.
경진(B.C.221년)에 아들 기준箕準이 입했다. 정미(B.C.194년)에 유적流賊 위만
衛滿에 유혹당하여 패배하고 마침내 바다로 들어가서 돌아오지 않았다.
初箕丕與宗室解慕漱密有易璽之約勤贊佐命使解慕漱能握大權者
惟箕丕其人也箕丕薨庚辰子箕準立丁未爲流賊衛滿所誘敗遂入海
而不還

1. **색불루** - 22대 단군.

2. **서우여** - 소위 기자조선의 기자箕子 서여胥餘로 잘못 알려진 번한의 30대代
   비왕裨王.

3. **금팔조** - 번조선의 법률. 고대 수메르나 바빌로니아의 함무라비 법률처럼
   동태복수법同態復讐法 정신을 기초로 하고 있다.

4. **변두** - '변'은 사과나 말린 고기를 담는 대그릇, '두'는 김치나 젓을 담는 나
   무그릇을 말한다.

5. **인양** - 어질고 검손하다.

6. **이두법** - 한문을 읽기 위한 우리나라 고유의 한자 사용법. 일명 이도吏道, 이두吏頭, 이토吏吐, 이투吏套, 이찰吏札.《삼국사기》는『설총은 성질이 명예明銳하고 나면서부터 도리를 깨달아 알았으며 방언方言으로써 구경九經을 풀어 읽게 하여 후생들을 훈도하였으므로 지금에 이르기까지 학자의 조종으로 삼는다.』라고 하였다.(《삼국사기》〈열전〉 제6 '설총' 참조)

7. **기후** - 번조선番朝鮮 69대 비왕神王. 정호正號를 조선왕朝鮮王이라 하였다.

제5 소도경전본훈 蘇塗經典本訓

신시神市의 세상에 선인仙人 발귀리發貴理가 있었다. 대호大皥와 동문同門
에서 수학하고 이미 도道가 통하였다. 바야흐로 저渚¹와 풍산風山 사이에
서 유람하고 있었다. 문득 성화聲華²를 듣고 아사달阿斯達을 보니 제천의
예를 마치었다. 인하여 노래를 지었는데 그 글은 이러하다.

神市之世有仙人發貴理與大皥同門受學而道旣通遊觀乎方渚風山之
間頗得聲華及觀阿斯達祭天禮畢而仍作頌其文曰

'대일大一 즉 극극極은 양기良氣가 이름이다. 없는 듯 있는 듯 혼混하고, 빈
듯 거친 듯 묘妙하다. 삼일三一은 그 체體요 일삼一三은 그 용用이다. 혼묘
混妙³는 하나의 고리(環)로 체와 용은 갈라지지 않는다. 커다란 허공虛空
에 빛이 있으니 이것이 신神의 모양이요, 커다란 기운이 오래오래 있으니
이것이 신의 조화造化이다. 진명眞命의 근원이요 만법萬法이 여기서 나온

다. 일월日月의 아들(子)은 천신天神의 충衷이다. 비추어 선선이 되고 원각圓
覺하여 능히 세상에 크게 내리어 만 가지 그 무리가 있게 된다. 고로 원
圓은 일一이요 무극無極이며, 방方은 이二요 반극反極이며, 각角은 삼三이요
태극太極이다. 무릇 홍익인간은 천제天帝가 한웅에게 내린 까닭이다. 일
신강충一神降衷과 성통광명性通光明과 재세이화在世理化와 홍익인간弘益人間
은 신시神市가 단군조선檀君朝鮮에 전한 이유이다.'

大一其極是名良氣無有而混虛粗而妙三一其體一三其用混妙一環體
用無歧大虛有光是神之像大氣長存是神之化眞命所源萬法是生日月
之子天神之衷以照以線圓覺而能大降于世有萬其眾故圓者一也無極
方者二也反極角者三也太極夫弘益人間者天帝之所以授桓雄也一神
降衷性通光明在世理化弘益人間者神市之所以傳檀君朝鮮也

한역桓易은 우사雨師의 관官에서 나왔다. 때에 복희伏羲가 우사가 되어 육
축六畜[4]을 길렀다. 이 때에 신룡神龍이 해(日)를 뒤쫓아 해가 12번 변색하
는 것을 보고 곧 한역을 만들었다. 한桓은 곧 희羲와 같은 뜻이다. 역易은
곧 옛날 용龍의 본자本字이다.

桓易出於雨師之官也時伏羲爲雨師以養六畜也於是見神龍之逐日日
十二變色乃作桓易桓卽與羲同義也易卽古龍本字也

자부선생紫府先生은 발귀리發貴理의 후後다. 나면서부터 신명神明하여 도
를 얻고 비승飛昇했다. 일찍이 해와 달이 얽히는 것을 측정하고 이어서
오행의 수리(五行之數理)를 추고推考하여 《칠정운천도七政運天圖》를 지었다.
이것이 칠성력七星曆의 시작이다.

紫府先生發貴理之後也生而神明得道飛昇嘗測定日月之纏火推考五

行之數理著爲七政運天圖是爲七星曆之始也

뒤에 창기소蒼其蘇가 또 그 법을 다시 연연演하여 오행치수법을 밝혔는데
이것 또한 신시 황부黃部[5]의 중경中經에서 온 것이다. 우인虞人[6] 사우似禹[7]
가 회계산會稽山[8]에 찾아와 조선朝鮮에서 가르침을 받고 자허선인紫虛仙人
에게 부탁하여 창수사자蒼水使者 부루扶婁[9]를 만나보고《황제중경黃帝中
經》을 받았다. 곧 신시神市 황부黃部의 중경中經이다. 우禹가 그것을 써서
치수治水에 공이 있었다.

後蒼其蘇又復演其法以明五行治水之法是亦神市黃部之中經來也虞
人似禹到會稽山受教于朝鮮因紫虛仙人求見蒼水使者扶婁受黃帝中
經乃神市黃部之中經也禹取而用之有功於治水

한역桓易은 체體는 원圓이고 용用은 방方이다. 무상無象에 연유하여 실實
을 안다. 이것이 천天의 이理다. 희역羲易[10]은 체는 방이고 용은 원이다. 유
상에 연유하여 변화를 안다. 이것이 천天의 체體다. 금역今易은 호체互體
호용互用이다. 스스로 원圓이 되어 원, 스스로 방方이 되어 방, 스스로 각
角이 되어 각이다. 이것이 천天의 명命이다.

桓易體圓而用方由無象以知實是天之理也羲易體方而用圓由有箱以
知變是天之體也今易互體而互用自圓而圓自方而方自角而角是天之
命也

그리하여 천天의 근원은 일대허무一大虛無의 공空일 따름이다. 어찌 체體
가 있다고 할 것인가. 천天은 스스로 본래 무체無體이며 28수(宿)는 곧 거
짓으로 체體가 된 것이다. 대개 천하天下의 물물物物은 호명號名이 있으므로

다 수數가 있는 것이다. 수가 있으므로 다 역力이 있다. 이미 수가 있다고 말하였으니 유한有限 무한無限의 다름이 있고, 또 역력이 있다고 말하였으니 유형有形 무형無形의 구별이 있는 것이다. 그러므로 천하의 물物이 그것으로써 말(言)이 있는 것은 다 그것이 있는 것이요, 그것으로써 말이 없는 것은 다 그것이 없는 것이다.

然天之源自是一大虛無空而已豈有軆乎天自是本無軆而二十八宿乃假爲軆也盖天下之物有號名則皆有數焉有數則皆有力焉旣言有數者則有有限無限之殊又言有力者則有有形無形之別故天下之物以其有言之則皆有之以其無言之則皆無之

《천부경天符經》은 천제天帝 한국桓國 구전口傳의 서書다. 한웅대성존桓雄大聖尊께서 천강天降한 후 신지神誌 혁덕赫德에게 명하여 녹도문鹿圖文으로써 그것을 썼다. 최고운崔孤雲 치원致遠이 또한 일찍이 전고비篆古碑[11]를 보고 갱부작첩更復作帖[12]하여 세상에 전한 것이다. 그러나 본조本朝[13]에 이르러 유서儒書에만 전의傳意[14]하고 조의皂衣와 더불어는 상문相聞[15]하지 아니하여 살아남고자 하였으니 그 또한 한恨인 것이다. 그런고로 특히 그것을 표출表出하여 후래後來에게 보인다.

天符經天帝桓國口傳之書也桓雄大聖尊天降後命神誌赫德以鹿圖文記之崔孤雲致遠亦嘗見神誌篆古碑更復作帖而傳於世者也然至本朝專意儒書更不與皂衣相聞而欲存者其亦恨哉以故特表而出之以示後來

천부경 81자

1은 시작이나 1에서 시작하지 아니하고 　　　一始無始一

3극을 쪼개어도 근본은 없어지지 아니한다. 　析三極無盡本

천은 한 번 움직여서 수數 1을 얻고, 　　　天一一地一二人一三

지는 천 다음으로 한 번 움직여서 수 2를 얻고,

인은 지 다음으로 한 번 움직여서 수 3을 얻는다.

1이 나뉘어 10까지 커져도 　　　　　　　一積十鉅無匱化三

없어지지 아니하고 3으로 변화한다.

천이 두 번 움직여서 3과 합하고, 　　　　天 二 三 地 二 三 人

二三

지가 두 번 움직여서 3과 합하고,

인이 두 번 움직여서 3과 합한다.

큰 3(天一, 地二, 人三)을 합하면 6이 된다. 　大三合六生七八九

6이 7, 8, 9를 낳는다.

3을 움직여서 4를 이루고 5, 7로 돌아온다. 運三四成環五七

1이 묘하게 퍼져서 만왕만래 하니 　　　　一妙衍萬往萬來

써서 변하여도 근본은 움직이지 아니한다. 用變不動本

본심은 본래 태양이니 　　　　　　　　本心本太陽

사람 속의 천지일은 밝고도 밝다. 　　　　昂明人中天地一

1은 끝이나 1에서 끝나지 아니한다. 　　　一終無終一

《삼황내문경三皇內文經》은 자부선생紫府先生이 헌원軒轅에게 주어서 그것

을 사용하여 마음을 씻고 의義로 돌아가게 한 것이다. 선생은 일찍이 삼

청궁三淸宮에서 살았다. 궁宮은 청구국靑邱國 대풍산大風山[16]의 양지陽地에 있었다. 헌후軒侯가 친히 치우蚩尤를 조현朝見하려고 가는 길에 명화名華가 있어 승문承聞[17]한 것이다.

三皇內文經紫府先生授軒轅使之洗心歸義者也先生嘗居三淸之宮宮
在靑邱國大風山之陽軒侯親朝蚩禹路經名華有是承聞也

경문經文은 신시의 녹도鹿圖로써 그것을 기록하였다. 나눠서 3편篇이 되었다. 후인後人이 추연推演하고 가주加註하여 별도로 신선음부의 설(神仙陰符之說)이 되었다. 주진周秦 이래 도가자류道家者流의 의탁한 바가 되어 간혹 연단鍊丹[18] 복식服食[19]하는 일이 있었는데 허다한 방술方術[20]의 설說이 분운紛紜[21]하게 잡출雜出하여 혹닉惑溺[22]하는 일이 많았다.

經文以神市鹿書記之分爲三篇後人推演加註別爲神仙陰符之設周
秦以來爲道家者流之所托間有鍊丹服食許多方術之說紛紜雜出而
多惑溺

서복徐福[23]이 한韓에 이르러 마침내 역시 회사淮泗의 산산産으로서 본디 반진叛秦의 뜻이 있으므로 이에 이르러 입해入海하여 구선求仙한다고 말하고 인하여 도망하여 돌아오지 아니하였다. 일본日本의 기이紀伊[24]에 서시徐市 제명題名의 각刻이 있다. 이국伊國의 신궁新宮에 서시의 묘사廟祠가 있다. 서복徐福을 일칭 서시徐市라고 한다고 하였다. 시市는 복福의 음이 혼동된 것이다.

至於徐福韓終亦以淮泗之産素有叛秦之志至是入海求仙爲言仍逃不
歸日本紀伊有徐市題名之刻伊國新宮有徐市墓祠云徐福一稱徐市市
福音混也

《삼일신고三一神誥》는 본래 신시개천開天의 세世에 나와 서書가 된 것이다. 대개 집일함삼執一含三과 회삼귀일會三歸一의 뜻으로서 본령本領을 삼고 있으며, 5장章으로 나누어 천신조화의 원(天神調和之源)과 세계인물의 화(世界人物之化)를 상론詳論하였다.

三一神誥本出於神市開天之世而其爲書也盖以執一含三會三歸一之義爲本領而分五章詳論天神造化之源世界人物之化

그 1장 허공虛空은 1은 시작이나 시작을 같이하지 아니하고 1은 끝이나 끝을 같이하지 아니한다는 것과 더불어 외허내공外虛內空 중에 상常이 있다는 것이요, 그 2장 일신一神은 공왕색래空往色來가 주재主宰가 있는 것과 유사한 것은 삼신三神이 대제大帝가 되어 실로 공功이 있다는 것이요, 그 3장 천궁天宮은 진아眞我가 사는 곳으로 만선萬善이 자족하는 영원한 쾌락이 있다는 것이요, 그 4장 세계는 모든 별은 해에 속하며 많은 백성이 있고 대덕大德이 여기에서 나온다는 것이요, 그 5장 인물人物은 삼신귀일의 진(三神歸一之眞)에서 같이 나왔는데 이것이 대아大我라는 것이다.

其一曰虛空與一始無同始一終無同終也外虛內空中有常也其二曰一神空往色來似有主宰三神爲大帝實有功也其三曰天宮眞我所居萬善自足永有快樂也其四曰世界衆星屬日有萬羣黎大德是生也其五曰人物同出三神歸一之眞是爲大我也

세상에서는 혹《삼일신고三一神誥》를 도가道家의 초청지사醮靑之詞[25]라고 하는 일이 있으나 그것은 대단한 잘못인 것이다. 우리 한국桓國은 한웅桓雄 개천으로부터 천신天神을 주제主祭하고 신고神誥를 조술祖述하고 산하山河를 회척恢拓하고 인민을 교화敎化하였다.

世或以三一神誥爲道家醮靑之詞則甚誤矣吾桓國自桓雄開天主祭天
神祖述神誥恢拓山河敎化人民

오호라 신시천황神市天皇의 건호建號[26]는 지금 이미 삼신상제三神上帝의 가
르침을 받아 무량의 홍조洪祚[27]가 웅호熊虎를 초무招撫하고 사해四海를 안
정하여 위로는 천신天神이 홍익인간의 뜻을 높이 들고 아래로는 인세人世
가 무고[28]의 원(無告之怨)을 풀었다. 이 때에 사람은 스스로 순천順天하여
세상에는 거짓과 망령됨이 없고 무위자치無爲自治하고 무언자화無言自化하
였다. 풍속은 산천山川을 중히 하여 서로 침섭侵涉하지 아니하였으며 서
로 굴복하는 것을 귀히 하여 죽음에 뛰어들어가 위급함을 구제하였다.
嗚呼神市天皇之建號今旣蒙三神上帝啓無量洪祚招撫熊虎以安四海
上爲天神揭弘益之義下爲人世解無告之怨於是人自順天世無僞妄無
爲自治無言自化俗重山川不相侵涉貴相屈服投死救急

이미 의식衣食이 고르고 또 권리가 평등하여 함께 삼신에 돌이가 서원誓
願하는 기쁨을 나눴다. 화백和白하여 공정히 하고, 책화責禍하여 믿음을
지키고, 통력通力하여 일을 바꾸고, 분업分業하여 서로 돕고, 남녀가 다
직분이 있었으며, 노소가 복리를 함께 누렸다. 사람과 사람이 서로 쟁송
爭訟하지 아니하고 국가와 국가는 서로 침탈侵奪하지 아니하였다. 이를
말하여 신시 태평의 세상이라 하였다.
旣均衣食又平權利同歸三神交歡誓願和白爲公責禍保信通力易事分
業相資男女皆有職分老少同享福利人與人無相爭訟國與國無相侵奪
是謂神市太平之世也

삼일신고 366자

제1장 허공虛空 36자

제帝께서 이렇게 이르셨다. 너희들 오가五加의 무리들아. 창창蒼蒼[29]한 것이 하늘이 아니다. 현현玄玄[30]한 것도 하늘이 아니다. 하늘은 형질形質이 없고, 단예端倪[31]가 없고, 상하사방上下四方이 없고, 허허공공虛虛空空하여 없는 것이 없으며 받아들이지 않는 것이 없다.

帝曰爾五加众蒼蒼非天玄玄非天天뚔形質뚔端倪뚔上下四方虛虛空空뚔不在뚔不容

제2장 일신一神 51자

신神은 무상無上의 제일위第一位에 계시며 대덕大德하시고 대혜大慧하시고 대력大力하시어 하늘을 낳고 무수세계無數無世界를 주재主宰하시며 만물을 창조하시되 티끌 하나 빠뜨림이 없이 밝고도 신령하게 하시니 감히 이름 지어 헤아릴 길이 없다. 음성(聲)과 기운(氣)으로 원하여 빌면 친히 보이는 일을 끊으시니 자성自性으로 구자求子하여라. 너희의 뇌에 내려와 계신다.

神在無上一位有大德大慧大力生天主無數無世界造牷牷物纖塵無漏昭昭䈞䈞不敢名量聲氣願禱絕親見自性求子降在爾눼

제3장 천궁天宮 40자

천신天神의 나라에 천궁天宮이 있나니 계단(階)은 만선萬善이요 문門은 만덕萬德이다. 일신一神이 유거攸居하니 군령群靈과 제철諸哲이 호시護侍[32]하며 대길상大吉祥 대광명大光明의 곳이다. 성통性通하고 공완功完[33]한 자

라야 뵙고 쾌락을 영득永得한다.

天禮國有天宮階萬善門萬德一禮攸居羣靈諸嘉護侍大吉祥大光
明處惟性通功完者朝永得快樂

제4장 세계世界 72자

너희는 삼렬森列[34] 해 있는 별들을 보았느냐. 그 수數는 다함이 없고 대소
大小 명암明暗 고락苦樂이 같지 않다. 일신이 많은 세계를 만드시어 해세
계(日世)의 사자使者가 700세계를 거느리게 하셨다. 너희의 땅이 스스
로 큰듯하나 한 알(丸)의 작은 세계인 것이다. 중심의 불이 흔들려서 바
다가 변하여 육지가 되고 곧 형상을 보게 이루었다. 신께서 기氣를 불어
밑을 싸고 햇빛과 열로 따뜻하게 하시어 걷고(行) 날고(翥) 화化하고 헤
엄치고(游) 심는(栽) 것들을 번식하게 하셨다.

爾觀森列星辰數兂盡大小明暗苦樂不同一禮造羣世界禮勅日世
使者牽七百世界爾地自大一丸世界中火震盪海幻陸遷乃成見像
禮呵氣包底煦日色熱行翥化遊栽物繁殖

제5장 인물人物 167자

인물이 한 가지로 삼진三眞을 받았으나 오직 무리(중)만이 땅을 헤매어
삼망三妄이 뿌리를 내렸다. 진眞과 망妄이 서로 마주하여 삼도三途를 지었
다. 성性과 명命과 정精이다. 인人은 그것을 전유全有 하고 물物들은 그것
을 편유偏有 했다. 진성眞性은 선하여 악이 없으니 상철上哲이 통하고 진명
眞命은 청淸하여 탁濁이 없으니 중철中哲이 알고 진정眞精은 후厚하여 박
薄이 없으니 하철下哲이 보보한다. 돌이키면 진일신眞一神이다.

人物同受二眞惟众迷地二妄着根眞妄對作二途口性命精人全之

物偏之眞性善兄惡上嘉通眞命淸兄濁中矗知眞精厚兄薄下嘉保
返眞一禮

심心과 기氣와 신身이다. 심이 성性에 의지하여 선악善惡을 이루나니 선
은 복이 되고 악은 화가 된다. 기가 명命에 의지하여 청탁淸濁을 이루나
니 청은 수壽하고 탁은 요夭한다. 신이 정精에 의지하여 후박厚薄을 이루
나니 후는 귀하고 박은 천하다.

日心氣身心依性有善惡善福惡禍氣依命有淸濁淸壽濁夭身依精
有厚薄厚貴薄賤

감感과 식息과 촉觸이다. 전성轉成하여 18경十八境이 된다. 감은 희喜·구
懼·애哀·노怒·탐貪·염厭이다. 식은 분芬·난彌·한寒·열熱·진震·습濕이다.
촉은 성聲·색色·취臭·미味·음淫·저抵다. 무리들은 선악, 청탁, 후박을 서
로 섞어 경도境途[35]를 따라 마음대로 달리다가 생生·장長·소肖·병病·몰
歿하는 괴로움에 빠진다. 철인은 지감止感하고 조식調息하고 금촉禁觸하
며 일의화행一意化行하여 망妄을 고치므로 진眞이 대신기大神機를 발하여
성통性通하고 공완功完한다.

日感息觸轉成十八境感喜懼哀怒貪厭息芬彌寒熱震濕觸聲色
臭味淫抵众善惡淸濁厚薄相雜從境途任走墮生長肖病歿苦矗止
感調息禁觸一意化行改妄卽眞發大神機性通功完是

《신지비사神誌秘詞》[36]는 단군 달문達門 때의 사람 신지 발리發理가 지은 것
이다. 본래 삼신고제三神古祭의 서원문誓願文이다. 무릇 상고上古 제천祭天
의 중요한 뜻은 백성을 위하여 복을 빌고 신을 축복하여 나라를 흥왕하

게 하는 데 있다. 지금 호사자好事者는《신지비사》를 가지고 도참圖讖[37]의 성점星占과 서로 출입한다고 하고 추수推數[38] 부연敷演하여 말하기를 그것이《진단구변도震檀九變圖》라고 한다. 또 감결鑑訣[39] 예언豫言의 선하先河[40]라고 한다. 역시 잘못인 것이다.

神誌秘詞檀君達門時人神誌發理所作也本三神古祭誓願之文也夫
上古祭天之義要在爲民祈福祝神興邦也今好事之人將神誌秘詞與圖
讖星占相出入推數敷演言其震檀九變之圖又作鑑訣豫言之先河亦謬
矣哉

그 '저울대(秤幹)는 부소량扶蘇樑이다.'라고 한 이것은 진한辰韓의 고도古都를 말하며, 곧 단군조선이 도읍한 아사달阿斯達이 이것이요 또한 곧 지금의 송화강松花江 합이빈哈爾濱이다. 그 '저울추는 오덕지五德地다.'라고 한 이것은 번한番韓의 고도를 말하며, 지금의 개평부開平府 동북 7십 리에 소재한 탕지보湯池堡가 이것이다. '그 저울판은 백아강白牙岡이다.'라고 한 이것은 마한馬韓의 고도를 말하며, 지금의 대동강大同江이요 곧 마한 웅백다熊伯多가 제천한 마한산馬韓山이 바로 이것이다.

其日秤幹扶蘇樑者是謂辰韓古都亦卽檀君朝鮮所都阿斯達是也亦
卽今松花江哈爾濱也其日錘者五德地者是謂番韓古都今開平府東北
七十里所在湯池堡是也其日極器白牙岡者是謂馬韓古都今大同江也
乃馬韓熊伯多祭天馬韓山卽此

조용히 삼한三韓의 지세地勢를 가지고 여러 형석衡石[41]에 비유하면 부소량扶蘇樑은 나라의 저울대와 같고, 오덕지五德地는 나라의 저울추와 같고, 백아강白牙岡은 나라의 저울판과 같아서 삼지 중에 하나가 빠지면 지울이 물건을 달 수가 없듯 나라는 백성을 보호할 수가 없다.

竊以三韓地勢譬諸衡石則扶蘇樑如國之秤幹五德地如國之錘者白牙岡如國之極器三者缺一衡不稱物國不保民也

삼신고제의 서원은 오직 삼한 관경管境에 사는 민중을 진실로 기쁘게 하려는 데 뜻이 있을 뿐이다.《신지비사》가 전하는 바도 역시 이것에서 벗어나는 것이 아니므로, 위국일념爲國一念과 아울러 충의를 장려하고 제사를 지내서 신을 기쁘게 하여 서원하여 복을 받게 되면 신은 반드시 충衷에 내리고 복은 반드시 나라를 흥왕하게 할 것이다. 직접 실행하고 구하면 일을 이루지 못하고, 실행하되 구하지 아니하면 일을 이루게 되나니 구하는 자가 어찌 공을 이룰 수 있을 것인가.

三神古祭之誓願惟在三韓管境允悦民眾之義也神誌秘詞所傳亦不外乎是焉則爲國一念并獎忠義祭以悦神願以受福神必降衷福必興邦直實以行事不徵實行不求是則所徵所求者從何得功乎

우리나라의 문자文字는 옛날부터 있었다. 지금 남해현南海縣 낭하리郎河里의 암벽岩壁에 신시神市의 고각古刻이 있다. 부여인夫餘人 왕문王文이 쓴 법류부의전法類符擬篆, 자부선생紫府先生의 내문內文, 태자太子 부루扶婁의 오행五行은 다 한단桓檀의 세상에서 나온 것이다. 은학殷學과 한문漢文은 대개 왕문王文의 유범遺範이다.

我國文字自古有之今南海縣郎河里岩壁有神市古刻夫餘人王文所書之法類符擬篆紫府先生之内文太子扶婁之五行皆出於桓檀之世而殷學漢文盖王文遺範也

《유기留記》에 이르기를,『신획神劃이 일찍이 태백산太白山 푸른 바위 벽에 있었다. 그 모양은 'ㄱ'과 같았으며 세칭 신지선인神誌仙人이 전한 것이다. 어떤 사람은 이것을 문자를 만든 시초(造字之始)라고 하였다. 그 획은 직直은 'ㅡ'이고 곡曲은 'ㄴ'의 형이며, 그 뜻은 관제管制의 상象이 있고 그 모양과 그 소리는 또 계計에서 나온 것 같으니 생각해보면 그럴 듯한 것이다.』라고 하였다.

留記云神劃曾在太白山靑岩之壁其形如ㄱ世稱神誌仙人所傳也或者
以是爲造字之始則其劃直一曲二之形其義有管制之象其形其聲又似
出於計意然者也

그러므로 신인神人의 덕으로써 인세人世를 애구愛求하여 그것에 준하여 진교眞敎를 행하면 반드시 인사人事가 다 바르게 된다. 현능賢能한 사람은 직위에 있고 노유老幼를 공양하고 장자壯者는 의義를 따르고 다자多者는 권화勸化[42]하고 간사한 자는 쟁송爭訟을 멈추고 간과干戈는 모사(謀)를 그칠 것이니, 이 또한 이회理化의 한 도道인 것이다.

故以神人之德愛求人世以準焉則眞敎之行也必人事皆正也賢能在位
老幼公養壯者服義多者勸化姦詐息訟干戈閉謀是亦理化之一道也

《대변설大辯說》 주註에 이르기를,『남해현 낭하리의 계곡 암상岩上에 신시 고각이 있다. 그 문文은 한웅桓雄이 출렵出獵하여 삼신三神에게 치제致祭하였다.』고 했다. 또 그 글에 이르기를,『대시大始에는 옛일을 전할 때 다만 구설口舌에만 의지하였으나 후에 곧 형상을 그림으로 그리고 또 다시 그림이 변하여 문자가 되었다.』고 하였다. 대개 문자의 근원은 국속國俗을 존신尊信하는 데서 나온 것이다.

大辯説註曰南海縣郎河里之溪谷岩上有神市古刻其文曰桓雄出獵致
祭三神又曰大始傳古只憑口舌久而後乃形以爲畵又復畵變而爲之字蓋
文字之源莫非出於國俗之所尊信也

일기一氣로부터 삼기三氣로 갈라진 것이 즉 극極이다. 극은 즉 무無다. 무릇 하늘의 근원은 곧 삼극三極을 꿰뚫어 허虛가 되고 공空이 된 것이다. 아울러 내외內外도 그렇게 된 것이다. 천궁天宮은 바로 광명이 모여서 만물을 만들어내는 곳이며, 하늘의 일신一神은 능히 그 허虛를 체體로 하며 그 주재主宰이다. 그러므로 일기一氣가 곧 천天이요 곧 공空이다. 그리하여 스스로 중일中一의 신神이 있어 능히 삼三이 된다.

삼신三神은 곧 천일天一, 지일地一, 태일太一의 신이다. 일기一氣가 능히 스스로 동작하여 조造, 교敎, 치治 삼화三化의 신이 된다. 신神은 즉 기氣다. 기는 즉 허虛다. 허는 즉 일一이다. 그러므로 땅에는 삼한三韓이 있어 진辰, 변弁, 마馬가 되었다. 삼경三京의 한韓, 한韓은 곧 황皇이다. 황은 곧 대大다. 대는 곧 일一이다.

自一氣而析三氣卽極也極卽無也夫天之源乃貫三極爲虛而空并內外
而然也天之宮卽爲光明之會萬化所出天之一神能體其虛而乃其主宰也
故曰一氣卽天也卽空也然自有中一之神而能爲三也三神乃天一地一太
一之神也一氣之自能動作而爲造敎治三化之神神卽氣也氣卽虛也虛
卽一也故地有三韓爲辰弁馬三京之韓韓卽皇也皇卽大也大卽一也

그러므로 사람에는 삼진三眞이 있어 성性, 명命, 정精이 되었다. 삼수三受의 진眞, 진은 곧 충衷이다. 충은 곧 업業이다. 업은 곧 속續이다. 속은 곧 일一이다. 그러므로 일一에서 시작하여 일에서 끝나 그 진眞을 회복한다.

곧 일一 즉 삼三은 선善에 대합對合한다. 미립微粒이 적립積粒하여 일一
로 돌아가는 것이 미美다. 곧 성性의 선善한 바요, 곧 명命의 청淸한 바요,
곧 정精의 후厚한 바다. 다시 어찌 유有가 어떻고 무無가 어떻고를 할 수
가 있을 것인가.

진眞은 물들지 않는다. 그 물드는 것은 망妄이다. 선善은 쉬지 않는다.
그 쉬는 것은 악惡이다. 청淸은 흩어지지 않는다. 그 흩어지는 것은 탁濁
이다. 후厚는 줄어들지 않는다. 줄어드는 것은 박薄이다.

故人有三眞爲性命精三受之眞眞卽衷也衷卽業也業則續也續卽一
也然一始一終回復其眞也卽一卽三對合於善也微粒積粒一歸之美
也乃性之所善也乃命之所淸也乃精之所厚也更復何有曰有曰無也
哉眞之爲不染也其染者爲妄也善之爲不息也其息者爲惡也淸之爲不
散也其散者爲濁也厚之爲不縮也其縮者爲薄也

집일함삼執一含三 하는 까닭은 곧 그 기氣가 일一이고 그 신神이 삼三이기
때문이다. 회삼귀일會三歸一 하는 까닭은 곧 이것 역시 신神은 삼三이 되
고 기氣는 일一이 되기 때문이다. 무릇 살아 있는 자의 몸은 이것이 일기
一氣다. 일기一氣의 안에 삼신三神이 있다. 지智의 근원도 역시 삼신三神에
있다. 삼신을 밖에서 일기가 싸고 있다. 그 외재外在가 일이다. 그 내용內
容도 일이다. 그 통제統制도 일이다. 역시 다 함회含會하여 갈라지지 않는
다. 그것이 글자의 근원이 되었다. 함회집귀含會執歸[43]의 뜻은 존재하고 있
는 것이다.

所以執一含三者乃一其氣而三其神也所以會三歸一者是亦神爲三而
氣爲一也夫爲生也者之體是一氣也一氣者內有三神也智之源亦在三
神也二神者外包一氣也其外在也一其內容也一其統制也一亦皆含會

而不歧焉其爲字之源含會執歸之義存焉也

신시神市에는 산목算木이 있었다. 치우蚩尤에는 투전목鬪佃目이 있었다. 부여
夫餘에는 서산書算이 있었다. 그 산목算木은 '一二三≣Ⅰ丁〒〒⊗×'이다.
그 전목佃目은 '   '이다. 《단군세기檀君世紀》 단군 가
륵嘉勒 2년에 『삼랑三郎 을보륵乙普勒이 정음正音 38자를 찬하니 이를 말
하여 가림다加臨多라고 한다. 그 문자는 아래와 같다.』라고 하였다.

神市有算木蚩尤有鬪佃目夫餘有書算其日算木一二三≣Ⅰ丁〒〒⊗×
也其日佃目   也檀君世紀檀君嘉勒二年三郎乙
普勒譔正音三十八字是謂加臨多其文曰

《이태백전서李太白全書》〈옥진총담玉塵叢談〉에 이르기를, 『발해국渤海國은
글이 있었다. 당唐나라의 온 조정에 그것을 푸는 자가 없었다. 이태백이
능히 풀어서 그것에 답하였다.』라고 하였다. 《삼국사기》에 이르기를, 『헌
강왕憲康王 12년(A.D.886년) 봄에 북진北鎭에서 알리기를, '적국인狄國人이
진鎭에 들어와 편목片木을 나무에 걸어놓고 돌아갔다.'라고 하며 곧 가져
다 바쳤다. 그 나무에는 15자가 씌어 있었는데 '보로국寶露國[44]이 흑수국
인黑水國人과 더불어 함께 신라국新羅國에 대하여 화통和通하려 한다.' 하
였다.』라고 하였다.

李太白全書玉塵叢談云渤海國有書於唐擧朝無解之者李太白能解而
答之三國史記云憲康王十二年春北鎭奏狄國人入鎭以片木掛樹而去

遂取以獻其木書十五字云寶露國與黑水國人共向新羅國和通

또 고려 광종光宗[45] 때 장유張儒가 접반사接伴使로서 소문이 났는데 처음에 피란하여 오월吳越에 이르렀다. 월씨越氏에 호사자好事者가 있어 거문고 밑바닥에 '동국한송정곡東國寒松亭曲'을 새겨가지고 물결을 거슬러 떠다녔다. 월越이 그 사辭를 풀지 못하였다. 마침 장유張儒를 만나 절을 하고 그 사를 물으니, 장유가 즉석에서 한시漢詩로써 그것을 풀어 이와 같이 말하였다.

且高麗光宗時張儒接伴使著聞初避亂到吳越越氏有好事者刻東國寒松亭曲於琴底漂逆波越不得解其適遇張儒拜問其張儒卽席以漢詩解之曰

달 밝은 한송정의 밤	月白寒松夜
물 맑은 경포의 가을	波晏鏡浦秋
슬피 울며 오가는	哀鳴來又去
한 마리 사구[46]	有信一沙鴟

대개 거문고의 바닥에 조각한 문자는 옛 가림다加臨多류가 아니었던가 의심한다.

盖琴底所刻文疑古加臨多之類也

원동중元董仲의 《삼성기》 주注에 이르기를, 『왜倭, 진辰, 여국餘國은 혹 횡서橫書하고 혹 결승結繩하고 혹 계목[47]하였다.』라고 하였다. 오직 고려高麗 반니 엉냅耕法[49]을 보사模寫하였다. 생각하면 한난桓檀의 상세上世에 반드시 문자의 모각模刻[49]이 있었다. 최치원崔致遠은 일찍이 신지가 고비古碑에 새긴 '천부경天符經'을 얻어 다시 회복하여 첩帖을 만들어 세상에 전하였다고 한다. 바로 낭하리郞河里의 암각巖刻은 이것이 다 실적實跡에 적중的中하는 것이다.

元董仲三聖記注云辰餘倭國或橫書或結繩或鋉木惟高麗摸寫穎法想
必桓檀上世必有文字摸刻也崔致遠嘗得神誌古碑所刻之天符經更復
作帖以傳於世卽與郞河里巖刻的是皆實跡也

세상에 전하기를, 『신시神市에는 녹서鹿書가 있었다. 자부紫府에는 우서雨書가 있었다. 치우蚩尤에는 화서花書가 있었다. 투전문속鬪佃文束은 바로 그 잔흔殘痕이다. 복희伏義에 용서龍書가 있었다. 단군檀君에 신전神篆이 있었다. 이러한 자서字書들은 백산白山, 흑수黑水, 청구靑邱 등 구려九黎의 지역에서 널리 쓰였다.』라고 하였다. 부여인夫餘人 왕문王文은 처음에 전篆을 번거롭게 만들었으나 점점 그 획을 생략하여 새로이 부예符隷[50]를 만들어 그것을 썼다.

世傳神市有鹿書紫府有雨書蚩尤有花書鬪佃文束卽其殘痕也伏義有
龍書檀君有神篆此等字書遍用於白山黑水靑邱九黎之域夫餘人王文
始以篆爲煩而稍省其劃新作符隷而書之

진秦 때에 정막程邈이 숙신肅愼에 봉사奉使하여 한수漢水에서 왕문王文의 예법隷法을 얻었다. 또 그 획을 가지고 약간 바꾼 것이 지금의 팔분체八分体이다. 진晉 때에 왕차중王次仲이 또 해서楷書를 만들었는데 차중은 왕문의 원예遠裔이다. 지금 문자의 기원을 궁구하여 보면 다 신시神市의 유법遺法이며, 지금의 한자 역시 그 지류支流를 이은 것이 분명한 것이다.

秦時程邈奉使於肅愼得王文隸法於漢水又因其劃而小變之形是今之
八分也晋時王次仲又作楷書次仲王文之遠裔也今究其字之所源則皆
神市之遺法而今漢字亦承其支流也明矣

〈삼일신고〉구본舊本은 분장分章되어 있지 않았다. 행촌杏村 선생이 처음
으로 (1)허공虛空, (2)일신一神, (3)천궁天宮, (4)세계世界, (5)인물人物로 분장하
였다. 무릇 허공은 하늘의 본질이다. 일신은 하늘의 주재主宰다. 천궁天宮
은 하늘이 조화를 준비하는 곳이다. 세계世界는 만세 인물人物의 시市다.
인물은 우주 삼계三界의 원훈元勳[51]이다.

三一神誥舊本無分章杏村先生始分章一曰虛空二曰一神三曰天宮四曰
世界五曰人物夫虛空爲天之質量一神爲天之主宰天宮爲天造化之所備
也世界爲萬世人物之市也人物宇宙三界之元勳也

대개 태백진교太白眞敎는 천부天符에서 기원하였으며, 지전地轉[52]에서 합
하여 또 인사人事에서 절절하는 것이다. 이로써 정사政事를 폄에서는 화백
和白보다 먼저 할 것이 없고, 덕을 다스림에서는 책화責禍보다 선善한 것
이 없다. 재세이화在世理化의 도는 다 천부에 준하여 불위不僞는 지전地轉
에서 취하고 불태不怠는 인정人情에서 합하여 어긋남이 없게 하는 것이
니, 천하의 공론公論이 어찌 한 사람이라도 다름이 있을 것인가.

蓋太白眞敎源於天符而合於地轉又切於人事者也是以發政莫先於和
白治德莫善於責禍在世理化之道悉準於天符而不僞取於地轉而不
怠合於人情而不違也則天下之公論有何一人異哉

〈신고〉의 5대五大 지결旨訣 역시 천부天符가 본이니, 〈신고〉의 구성究竟[60] 역

시 천부 중일中一의 이상理想에서 벗어나지 않는다. 비로소 문자의 근원
이 오래인 것을 알았다. 문자의 뜻은 큰 것이다. 세전世傳에 목은牧隱 이
색李穡과 복애伏崖 범세동范世東은 다 〈천부경〉 주해註解가 있었다고 하나
지금은 볼 수가 없다. 지금의 시속時俗은 비록 한 자의 글씨라도 정주程
朱[54]에 부합되지 아니하면 뭇 화살이 고슴도치의 털처럼 날아와 유생儒
生의 필봉筆鋒이 바야흐로 사나우니, 〈천경〉과 〈신고〉의 가르침을 전하고
자 하나 어찌 쉽게 득론得論하겠는가.

神誥五大之旨訣亦本於天符神誥之究竟亦不外乎天符中一之理想也
始知字之源久矣字之義大矣世傳牧隱李穡伏崖范世東皆有天符經註
解云而今不見今時俗雖一字之書不合於程朱則眾矢蝟集儒鋒方属其
欲傳天經神誥之訓豈容易得論哉

신시神市의 악樂은 공수貢壽라고 하였다. 혹은 공수供授라고도 하였다. 또
두열頭列이라고도 하였다. 무리가 돌아가며 열列을 지어 노랫소리로써 삼
신을 크게 기쁘게 하여 국조國祚[55]의 길창吉昌[56]과 민심民心의 윤열允悅[57]
을 대언代言하였다. 〈백호통소의白虎通疏義〉는 조리朝離라고 하였다. 〈통전
通典〉 악지樂志는 주리侏離라고 하였다. 《삼국사기》는 도솔兜率이라고 하였
다. 대개 기신환강祈神歡康[58]하고 지족순리知足循理[59]하는 뜻이 있다. 단군
부루扶婁의 때에 어아의 악(於阿之樂)이 있었다. 대개 신시의 고속古俗에서
삼신三神을 제사하며 맞이하는 노래로, 그것은 대조신大祖神[60]을 삼신이
라 하고 하늘의 주재자主宰者라고 하였다.

神市之樂曰貢壽或云供授又曰頭列眾回列以唱聲使三神大悅代言國祚
吉昌民心允悅也白虎通疏義曰朝離通典樂志曰侏離三國史記曰兜率
蓋有祈神歡康知足循理之義也檀君扶婁時有於阿之樂蓋神市古俗祭

迎三神之歌則其曰大祖神謂三神爲天之主宰者也

그러므로 태양太陽의 모양을 본뜨고(儀象), 빛(光)과 열熱로써 능히 공공功을 이루고, 생화발전生化發展[61]으로써 정지情志[62]를 삼고, 화복보응禍福報應[63]으로써 정의롭게 하였다. 이로부터 속에서는 〈참전參佺〉을 숭상하여 조의皂衣에는 계戒가 있고 의관衣冠에는 율律이 있었는데 반드시 궁시弓矢를 찼다. 활을 잘 쏘는 사람은 반드시 높은 자리를 얻었다. 착한 마음은 수행修行의 근본이 되었으며, 과녁을 악의 우두머리로 가정했다.

故以太陽爲儀象以光熱爲功能以生化發展爲情志以禍福報應爲正義
自是俗尚參佺有戒皂衣有律衣冠者必帶弓矢能射者必得高位善心爲
修行之本貫革爲假想之惡魁

제사는 반드시 삼가 보본報本을 알게 하였으며, 일심으로 단결하여 스스로 마땅히 접화군생接化群生하여 안으로는 수양하고 밖으로는 겸손하게 하였다. 모든 것이 시의時宜를 얻었으므로 배달국倍達國의 광영이 백백천천년百百千千年 쌓인 바가 되어 그것이 높아졌다. 대은덕이 어찌 가히 일각에 잊혀지겠는가.

祭祀必謹使知報本一心團結自當接化羣生內修外攘皆得時宜則倍達
國光榮百百千千年所積高之大恩德豈可一刻忘諸

고자古者에 제천에는 무천舞天의 악樂이 있었다고 하였으니《요사遼史》〈예지禮志〉에 이른바 '요천繞天'이라고 한 것이 이것이다. 무릇 제사라는 것은 반드시 선조가 살아 있을 때를 본떠서 선조가 항상 살아 있는 것처럼 시성致誠을 느리고사 하는 것이다. 신수神主를 세우고, 제사상을 진설하여 제물을 드리는 것은 곧 친히 뵙는 예의를 표현하고자 하는 것이다. 지나간 먼 일을 사모하여 조상에 보답하는 것은 지금의 삶이 이어져 거듭하기를 바라는 후손에 대한 가르침이 있는 것이다.

古者祭天有舞天之樂如遼史禮志所云繞天是也夫祭者必先象生欲致
如常生之誠也立主設床以薦供者乃欲表親見之儀也追遠報本者其欲
重今生而續有後之訓也

《대변경大辯經》에 이르기를, 『단군 구물丘勿이 국호를 고쳐 대부여大夫餘라 하고 장당경藏唐京으로 개도改都하였다.』고 하였다. 지금의 개원開原이다. 역시 평양平壤이라고 칭한다. 삼조선三朝鮮의 칭稱은 단군 색불루索弗婁에서 시작하여 미비未備하였으나 이에 이르러 완비하였다. 삼한三韓에는 분조관경分朝管境의 뜻이 있었다. 삼조선三朝鮮에는 분권관경分權管境의 제制가 있었다. 이보다 먼저 대교大敎[64] 다단多端[65]의 인人과 무능한 행자行者[66] 때문에 연침燕侵[67] 이래 전화戰禍는 거듭하여 밀려오고 해마다 흉년이 든 데에다가 또 치화治化를 잃어 국력國力은 갈수록 쇠하여졌다.

大辯經云檀君丘勿改國號爲大夫餘改都藏唐京今爲開原亦稱平壤三
朝鮮之稱始於檀君索弗婁而未備至是而備三韓有分朝管境之意三朝
鮮有分權管境之制也先是大敎多端人無能行者自燕侵以來戰禍荐至
歲連不熟又失治化國力益衰

어느 날 제帝가 천제天帝의 몽교夢敎[68]를 얻어 대정大政을 개신改新하고자 천제의 묘정廟庭에 대목大木을 세울 것을 명하여 북(鼓) 삼칠三七을 달고 기약을 하여 연치年齒를 따라 서로 마시며 성책成冊[69] 할 것을 권화勸化하였다. 이것이 구서九誓의 회會가 되었다. 회 때마다 구서의 문文이 있었다.

日帝得天帝之夢教因欲改新大政命天帝廟庭立大木懸鼓三七爲期序
齒相飮勸化成冊是爲九誓之會每以九誓之文

초배初拜를 하고 무리에게 맹세하기를, "힘써라. 너희는 가정에 효도하여
라. 가정에는 부모와 처자가 있다. 성심 성경하고 나아가 우애하여라. 정
성으로 제사를 받들어 일본一本에 보답하여라. 공경스럽게 손님을 접대
하여 이웃과 잘 지내라. 자제子弟를 권교勸敎하여 영재英才를 양성하여라.
모두가 인륜人倫 교화敎化의 대자大者다. 이것이 효자순례孝慈順禮다. 감히
수행하지 않을 것인가."라고 하였다. 무리들이 일제히 소리 내어 "그렇게
하겠습니다. 하지 않는 자는 쫓아버립시다."라고 하였다.
初拜而誓於衆曰勉爾孝于家家有父母妻子則誠心誠敬推以友愛誠奉
祭祀以報一本敬接賓客以善鄕隣勸敎子弟以養英才皆人倫敎化之大
者也是孝慈順禮之敢不修行乎衆一齊應聲曰諾否者逐之

재배再拜 하고 맹세하기를, "힘써라. 너희는 형제에게 우애하여라. 형제
는 부모의 나누인 바다. 형이 좋아하는 바는 동생이 좋아하는 바요, 동
생이 좋아하지 않는 바는 형이 좋아하지 않는 바다. 물질을 좋아하고 좋
아하지 않는 것은 너와 내가 같은 것이다. 몸이 물질에 미치면 친함이 멀
어지게 되나니, 이와 같은 도道를 향국鄕國[70]에 옮기면 향국은 일어날 것
이요 천하에 옮기면 천하는 가히 감화될 것이다. 이것이 우목인서友睦仁
恕다. 감히 수행하지 않을 것인가."라고 하였다. 무리가 소리 내어 "그렇
게 하겠습니다. 하지 않는 자는 쫓아버립시다."라고 하였다.
再拜而誓曰勉爾友于兄弟兄弟者父母之所分也兄之所好則弟之所好
也弟之所不好則兄之所不好也物來之好不好人我相同也自身而及物

自親而及疎以如是之道推之鄉國則鄉國可興也推之天下則天下可化
也是友睦仁恕之敢不修行乎衆應聲曰諾否者逐之

삼배三拜 하고 맹세하기를, "힘써라. 너희는 사우師友[71]를 믿어라. 사우는
도법道法이 서 있는 곳이다. 덕과 의를 서로 닦고 잘못을 서로 깨우쳐 학
문을 수립하여 사업을 성취하는 것은 모두 사우의 힘이다. 이것이 신실
성근信實誠勤이다. 감히 수행하지 않을 것인가."라고 하였다. 무리가 소리
를 내어 "그렇게 하겠습니다. 하지 않는 자는 쫓아버립시다."라고 하였다.
三拜而誓曰勉爾信于師友師友者道法之所立也德義相磨過失相警學
問樹立事業成就者皆師友之力也是信實誠勤之敢不修行乎衆應聲曰
諾否者逐之

사배四拜 하고 맹세하기를, "힘써라. 너희는 나라에 충성하여라. 나라는
선왕先王이 세운 것이다. 지금 백성이 먹는 곳이다. 국정을 개신하고 국부
國富를 증진하고 국토를 수호하고 국권을 회장恢張함으로써 국세를 공고
히 하여 역사를 빛내는 것은 모두가 국가의 장래다. 이것이 충의절기忠義
節氣다. 감히 수행하지 않을 것인가."라고 하였다. 무리들이 소리를 내어
"그렇게 하겠습니다. 하지 않는 자는 쫓아버립시다."라고 하였다.
四拜而誓曰勉爾忠于國國者先王之所設也今民之所食也改新國政增
進國富護守國土恢張國權以固國勢以光歷史者皆國之來也是忠義氣
節之敢不修行乎衆應聲曰諾否者逐之

오배五拜 하고 맹세하기를, "힘써라. 너희는 무리(또는 卑下-원주)에게 공손
히 하여라. 무리는 모두 천제의 백성이며 우리와 더불어 삼진三眞을 같이

받은 사람이다. 주성主性의 근본이 되는 바다. 국력이 메이어 있는 곳이다. 위에서 불손하게 하면 아래로 오른쪽이 떨어져 나가고, 아래가 불손하면 왼쪽에서 벗어져 나가고, 앞에서 불손하면 뒤가 물러난다. 아래가 불손하면 위에서 싫어하고, 왼쪽이 불손하면 오른쪽이 떨어지고, 뒤가 불손하면 앞이 소원疏遠하게 된다. 지금 손양遜讓하고 상존相尊하고 합군合群[72]하고 통력通力[73]하면 외모外侮가 가히 그칠 것이며 내치內治가 가히 닦일 것이다. 이것이 손양공근遜讓恭謹이다. 감히 수행하지 않을 것인가."라고 하였다. 무리가 소리 내어 "그렇게 하겠습니다. 하지 않는 자는 쫓아버립시다."라고 하였다.

五拜而誓曰勉爾遜于羣一云卑下羣者皆天帝之民與我同受三眞者也主性之所本也國力之所係也上不遜則下離右不遜則左脫前不遜則後退下不遜則上厭左不遜則右落後不遜則前疎今遜讓相尊合羣通力則外侮可止也內治可修也是遜讓恭謹之敢不修行乎眾應聲曰諾否者逐之

육배六拜 하고 맹세하기를, "힘써라. 너희는 정사政事를 명지明知하라. 정사는 치란治亂이 관계된 바다. 풍백風伯의 입약立約과 우사雨師의 시정施政과 운사雲師의 행형行刑은 각각 직권이 따로 있으니 서로 침월侵越하지 못한다. 지금 지식과 견문은 고매高邁하고 언로言路를 널리 수렴하고 기예技藝를 연마하고 경험을 치적致積[74]하면 국무國務는 가히 균등하게 될 것이며 민사民事는 펴질 것이다. 이것이 명지달견明知達見이다. 감히 수행하지 않을 것인가."라고 하였다. 무리가 소리 내어 "그렇게 하겠습니다. 하지 않으면 쫓아버립시다."라고 하였다.

六拜而誓曰勉爾明知于政事政事者治亂之所關也風伯之立約雨師之

施政雲師之行刑各有職權不相侵越也今知見高邁言路廣採技藝鍊磨
經驗致積則國務可均也民事可舒也是明知達見之敢不修行乎衆應聲
曰諾否者逐之

칠배七拜 하고 맹세하기를, "힘써라. 너희는 전진戰陣에서 용감하여라. 전
진은 존망이 결정되는 곳이다. 나라가 망하면 군부君父는 떨어져 목우木
偶[75]가 되고, 주인이 서지 못하면 처자는 몰락하여 인노人奴가 된다. 응사
접물應事接物[76]은 우리의 도가 아닌 것이 없다. 수세전교售世傳敎[77]도 또한
우리의 도가 아닌 것이 없다. 나라 없이 태어나서 주인 없이 사는 것이
어찌 나라 있으면서 죽고 주인 있으면서 마치는 것과 같을 것인가. 지금
분명히 나를 버리는 희생의 풍이 있으니 규제規制가 정숙整肅하고 선군善
群[78]이 자치自治하여 상과 벌이 필수정평必須正平[79]하고, 남과 내가 또한 신
의信義로 서로 구제하고 많은 사람을 양육하면 능히 천만인의 복이 될
것이다. 감히 수행하지 않을 것인가."라고 하였다. 무리가 소리 내어 "그
렇게 하겠습니다. 하지 않으면 쫓아버립시다."라고 하였다.

七拜而誓曰勉爾勇于戰陣戰陣者存亡之所決也國不存則君父賍爲木
偶主不立則妻子沒爲人奴也應事接物皆莫非吾道也售世傳敎亦莫非
吾事也與其無國而生無主而存寧若有國而死有主而終乎今劃然有空
我犧牲之風規制整肅善群自治而賞與罰必須正平人與我亦信義相濟
則亭毒群倫能福千萬人也是勇膽武俠之敢不修行乎衆應聲曰諾否者
逐之

팔배八拜 하고 맹세하기를, "힘써라. 너희는 몸을 청렴하게 가져라. 불렴
不廉을 행하면 양심은 스스로 몽매하여지고, 능렴能廉하면 신명神明이 자

통自通한다. 사리私利를 편기偏嗜[80]하면 반드시 중풍을 앓고, 독선자긍獨善自矜하면 반드시 부패하고, 준준자족蠢蠢自足[81]하면 자해自害하며 해인害人하고, 인순因循[82]이 상적相積[83]하면 침닉沈溺[84]하여 구할 수가 없다. 이것이 염직결청廉直潔淸이다. 감히 수행하지 않을 것인가."라고 하였다. 무리가 소리 내어 "그렇게 하겠습니다. 하지 않으면 쫓아버립시다."라고 하였다.

八拜而誓曰勉爾廉于身行不廉則良心自昧能廉則神明自通偏嗜私利則必痿病獨善自矜則必腐敗蠢蠢自足自害害人因循相積沈溺莫救者也是廉直潔淸之敢不修行乎衆應聲曰諾否者逐之

구배九拜 하고 맹세하기를, "힘써라. 직업에 임해서는 의로워야 한다. 사람이 직업을 만들어 취업하는 데는 반드시 책임이 있다. 불의 하나가 있으면 실각자진失却自盡하는 것은 틀림이 없다. 모학侮謔[85]하고 훼괴毁壞[86]한다. 만약 정의가 있어 식력食力[87]을 공신公信하면 누가 가히 능모하여 침탈할 것인가. 의義라는 것은 군력群力이 일어나는 곳이다. 정기正氣가 피어나는 곳이다. 말아(捲)서 구규九竅[88]에 감춰놓은 것을 넓혀서 천지天地에 차게 하는 것이다. 이것이 정의공리正義公理다. 감히 수행하지 않으려는가."라고 하였다. 무리가 소리 내어 "그렇게 하겠습니다. 하지 않으면 쫓아버립시다."라고 하였다.

九拜而誓曰勉爾義于職業人之作職就業必有責任一有不義而却失自盡則必有侮謔而毁壞若有正義而公信食力則誰可凌侮而侵奪也哉義者羣力之所起也正氣之所發也捲之以藏于九竅擴之以盈于天地者也是正義公理之敢不修行乎衆應聲曰諾否者逐之

이로부터 세속에 순후淳厚함을 숭상하여 공전公戰에는 용감하고 공리公

利에는 근면하고 공사公事에는 민첩하고 공덕公德에는 명철하여 선업善業
을 권하고 과실過失을 규제하니 스스로 예의를 이루어 자애의 풍속이
삼신에 동귀同歸하여 귀명歸命[89]의 화化가 이루어졌다.

自是俗尙淳厚勇於公戰勤於公利敏於公事明於公德善業勸而過失規
自成禮義慈愛之俗同歸于三神歸命之化也

《단군세기》에 이르기를,『엄지손가락을 교차시켜 오른손을 보태어 삼육
대례三六大禮를 행하였다.』라고 하였다. 엄지손가락을 교차시킨다는 것
은 오른쪽 엄지손가락을 시작점으로 하고 왼쪽 엄지손가락을 끝점으로
하여 오른손을 보태서 태극太極의 모양을 만든다는 것이다. 고자古者에
궤跪를 할 때는 반드시 먼저 읍揖을 하였다. 배拜를 할 때는 반드시 먼저
읍을 하고 궤를 하였다. 곧 예의 상도常道다. 읍을 말할 것 같으면 취聚다.
마음을 모아 손을 잡고 하늘을 생각하였다. 궤는 순順이다. 순기順氣가
무릎에서 합하여 땅에 감사하였다. 배拜는 헌獻이다. 몸을 바쳐 머리를
조아려서 선조에게 보답하였다. 헌은 일작一作에 현現이다. 머리가 손에
닿는 것을 배수拜手라 하고, 머리가 땅에 닿는 것을 고두叩頭라고 한다.
고두는 계상稽顙[90]이다.

檀君世紀曰交拇加右手行三六大禮交拇者右拇點子左拇點亥而加右
手作太極形也古者跪必先揖也拜必先揖而跪也乃禮之常也揖之爲言
聚也聚心拱手而念天也跪者順也順氣合膝而謝地也拜者獻也獻身叩
頭而報先也獻一作現也頭至手曰拜手頭至地曰叩頭叩頭卽稽顙也

〈참전계경參佺戒經〉은 세전世傳에 을파소乙巴素 선생이 전하였다고 한다.
선생은 일찍이 백운산白雲山에 들어가 하늘에 기도하고 천서天書를 얻었

는데 이것을 〈참전계경〉이라 한다. 대시大始에 철인이 상천上天에 있어 인간의 3백6십여 일을 주재하였다. 그 강령에 8조가 있는데 성誠·신信·애愛·제濟·화禍·복福·보報·응應이다.

叅佺戒經世傳乙巴素先生所傳也先生嘗入白雲山禱天得天書是爲叅
佺戒經大始哲人在上主人間三百六十餘事其綱領有八條曰誠曰信曰
愛曰濟曰禍曰福曰報曰應

성誠은 충심衷心이 생겨나는 곳이요, 혈성血誠[91]이 지켜지는 곳이다. 6체體 47용用이 있다. 신信은 천리天理가 반드시 합해지고 인사가 반드시 이루어진다. 5단團 35부部가 있다. 애愛는 자심慈心의 자연自然이요 인성仁性의 본질이다. 4범範 43단團이 있다. 제濟는 덕의 겸선兼善[92]이요 도道의 뇌급賴及[93]이다. 4규規 32모模가 있다. 화禍는 악이 부르는 곳이다. 6조條 42목目이 있다. 복福은 선善의 여경餘慶[94]이다. 6문門 45호戶가 있다. 보報는 천신이 악인은 화로써 갚고 선인은 복으로써 갚는 것이다. 6계階 30급及이 있나. 응應은 악은 악보惡報를 받고 선은 선보善報를 받는 것이다. 6과果 39형形이 있다.

誠者衷心之所發血誠之所守有六體四十七用信者天理之必合人事之
必成有五圍三十五部愛者慈心之自然仁性之本質有六範四十三圍濟者
德之兼善道之賴及有四規三十二模禍者惡之所召有六條四十二目福
者善之餘慶有六門四十五戶報者天神報惡人以禍報善人以福有六階
三十及應者惡受惡報善受善報有六果三十九形

고로 하늘이 비록 말이 없으나 척강陟降[95]하여 주호周護[96]한다. 나를 아는 자는 열심히 이것을 구하므로 일一을 성실하게 하여 참선으로써 보는 사람에게 깨우침을 준다.

故天雖不言陟降周護知我者昌求是則實一以叅佺全人受戒

을파소乙巴素가 그것을 첨籤[97]하여 말하기를, "신시神市 이화理化의 세상에 8훈訓을 날줄로 하고 5사事를 씨줄로 하여 교화가 크게 행하여져 홍익제물弘益濟物 하였으니 참전의 이룬 바가 아닌 것이 없다. 지금 사람들도 이 전계佺戒로 인하여 더욱 몸을 열심히 닦으면 백성을 편안히 모으는 공에 어찌 어려움이 있겠는가."라고 하였다.

乙巴素籤之曰神市理化之世以八訓爲經五事爲緯敎化大行弘益濟物
莫非叅佺之所成也今人因此佺戒益加勉修己則其安集百姓之功何難
之有哉

1. 저 – 저수渚水를 가리킨다. 하북성河北省에 있는 강 이름.

2. 성화 – 세상에 알려진 명성.

3. 혼묘 – 현묘와 비슷한 말.

4. 육축 – 소, 말, 개, 돼지, 양, 닭.

5. 황부 – 중앙부. 중앙은 색으로는 황색이며 짐승으로는 곰이다.(《삼신오제본기三神伍帝本紀》 참조)

6. 우인 – 순의 나라 사람이란 뜻.

7. 사우 – 우임금.

8. **회계산** – 양자강 남쪽에 있는 산.

9. **부루** – 2세 단군의 이름.

10. **희역** – 복희의 역법.

11. **전고비** – 전서로 된 고비古碑.

12. **갱부작첩** – 다시 살려내 첩으로 만들다.

13. **본조** – 조선을 가리킨다.

14. **전의** – 오로지 한 곳에만 마음을 쓰다.

15. **상문** – 서로 소식을 통하다.

16. **대풍산** – 백두산이라고 한다.

17. **승문** – 웃어른이나 존경하는 이에 대한 일을 듣다.

18. **연단** – 도가道家에서 단약丹藥 곧 장생불사약長生不死藥을 만드는 일 또는 그 약. 연단煉丹.

19. **복식** – 도가에서 장생불사의 약을 먹는 일.

20. **방술** – 도가에서 도를 닦는 사람 즉 방사方士의 술법.

21. **분운** – 많고 어지러운 모양.

22. **혹닉** – 미혹하여 나쁜 길에 빠지다.

23. **서복** – 중국 진秦나라 때의 방사方士. 시황始皇의 명을 받아 동남동녀童男童女 3천 명을 데리고 불사약을 구하러 떠난 뒤에 돌아오지 않았다.(徐芾)

24. **기이** – 이국伊國. 곧 이세국伊勢國.

25. **초청지사** – 도사道士가 제단祭壇을 설設하고 제사를 지내다. 청사靑詞는 도교道教 제사祭祀에서 쓰는 문장文章의 하나다.

26. **건호** – 나라를 세우다.

27. **홍조** – 제위帝位의 미칭.

28. **부고** – 하소연하여 도움을 받을 데가 없는 상태 또는 그런 사람. 곧 환과

고독鰥寡孤獨.

29. **창창** – 빛깔이 새파랗다. 앞길이 멀고 멀어서 아득하다.

30. **현현** – 지극히 심원한 모양.

31. **단예** – 시작과 끝. 천부경의 시종과 같다.

32. **호시** – 호위하여 모시다.

33. **공완** – 공을 이루다.

34. **삼렬** – 빽빽이 늘어서다.

35. **경도** – 감, 식, 촉의 길. 즉 18경境의 세계.

36. **《신지비사》** – 참고로 《국사대사전國史大事典》에서 옮겨 적는다. 『신지神誌, 단군조선 때 기록을 맡아보았다는 사람. 당시 사람들이 신지 선인仙人이라 불렀다 하며 그의 저술을 《신지비사神誌秘詞》라고 한다. 평양 법수교法首橋 밑에서 발굴된 세 조각 난 비석碑石에서 그 소속을 알 수 없어 읽을 수 없는 글이 나타났는데 이를 단군 때 쓰던 신지문神誌文으로 보는 이도 있으나 그 사실의 여부는 아직 미상이다.』 고려 숙종 때 사람 김위탄金謂磾이 천도를 주장하는 상소문에 신지의 비사를 인용했다는 기록이 《고려사》에 보이며, 단군의 가르침을 적은 〈삼일신고三一神誥〉도 신지가 썼다고 한다. (이홍식編 일중당刊 《국사대사전》 참조)

37. **도참** – 세운世運, 인사人事를 미리 예언하다. 원래 참이라는 것은 은어, 예언 따위로 나라나 사람의 길흉, 화복, 성패 등을 예언하는 것을 말한다.

38. **추수** – 장래의 운수를 미리 헤아려 알다.

39. **감결** – 비결.

40. **선하** – 효시, 사물의 맨 처음.

41. **형석** – 형衡은 저울, 석石은 용량의 단위로는 열 말이고 무게의 단위로는 120근이다. 두 글자를 합해 저울이란 뜻으로 쓴다.

42. **권화** - 타이르고 달래서 감화시키다.

43. **함회집귀** - 모여서 갈라지지 않다.

44. **보로국** - 여진.

45. **광종** - 고려 제4대 왕(A.D.925~975년).

46. **사구** - 어떤 새인지 확실하게 알 수가 없다.

47. **계목** - 나무에 새기다.

48. **영법** - 필법.

49. **모각** - 본떠 그대로 새기다.

50. **부예** - 예서의 서체.

51. **원훈** - 나라에 큰 공로가 있는 사람.

52. **지전** - 지구가 돈다는 뜻이다.

53. **구경** - 극진하다, 끝나다, 마침내, 궁극.

54. **정주** - 중국의 정자와 주자, 즉 정주학 또는 성리학.

55. **국조** - 국영, 나라의 번영.

56. **길창** - 길상.

57. **윤열** - 진실로 즐거워하다.

58. **기신환강** - 기쁨을 신에게 빌다.

59. **지족순리** - 도리에 따라 제 분수를 알고 무엇이 족한지를 알다.

60. **대조신** - 조상신.

61. **생화발전** - 생성, 변화, 발전.

62. **정지** - 마음.

63. **화복보응** - 화와 복으로 갚다.

64. **대교** - 유교와 불교를 가리킨다.

65. **디단** 일이 많다.

66. **행자** – 불도를 닦는 사람.

67. **연침** – 연나라의 침입을 말한다. 진개의 침입이 가장 컸다.

68. **몽교** – 꿈에서의 가르침.

69. **성책** – 책册은 책策과 통한다. 계책을 이루다.

70. **향국** – 조국.

71. **사우** – 벗.

72. **합군** – 군중이 화합하다.

73. **통력** – 힘을 통하다.

74. **치적** – 쌓아두다.

75. **목우** – 나무로 만든 사람의 형상.

76. **응사접물** – 사물에 응접하다.

77. **수세전교** – 세를 이어 전교하다.

78. **선군** – 착한 무리.

79. **필수정평** – 반드시 바르고 공평하다.

80. **편기** – 한쪽으로 치우쳐 즐기다.

81. **준준자족** – 시끄럽게 떠드는 모양.

82. **인순** – 무기력하게 고식적이다.

83. **상적** – 서로 쌓이다.

84. **침닉** – 나쁜 일에 빠지다.

85. **모학** – 업신여겨 농지꺼리하다.

86. **훼괴** – 무너뜨리다.

87. **식력** – 일하여 먹고 살다. 백성을 가리키는 말로 쓰인다.

88. **구규** – 몸에 있는 아홉 개의 구멍.

89. **귀명** – 귀순.

90. **계상** – 이마가 땅에 닿도록 몸을 굽혀 절하다.

91. **혈성** – 진실에서 나오는 정성.

92. **겸선** – 자신뿐 아니라 다른 사람도 감화시켜 착하게 만들다.

93. **뇌급** – 의뢰하다.

94. **여경** – 적선의 갚음으로 앞으로 받을 경사.

95. **척강** – 하늘에 올랐다 땅에 내렸다 하다.

96. **주호** – 두루 보호하다.

97. **첨** – 책 따위에 쪽지를 붙여 무엇을 적다.

제6 고구려국본기高句麗國本紀

고구려의 선조는 해모수解慕漱에게서 나왔다. 해모수 어머니의 고향도 역시 그 땅이다. 《조대기朝代記》에 이르기를, 『해모수는 하늘을 따라 내려와서 일찍이 웅심산熊心山에서 살다가 부여夫餘의 고도古都에서 기병起兵하여 무리의 추대를 받아 마침내 나라를 세우고 왕이라 하였다. 이를 부여의 시조라 한다.

高句麗之先出自解慕漱解慕漱之母鄉亦其地也朝代記曰解慕漱從天而降嘗居于熊心山起兵於夫餘古都爲眾所推遂立國稱王是謂夫餘始祖也

오우관烏羽冠을 쓰고 용광검龍光劍을 차고 오룡거五龍車를 타고, 종자從者는 1백여 인이며, 아침에는 청사聽事[1]하고 저녁에는 하늘로 올라갔다. 명령하지 않아도 관경管境이 자화自化하여 산에는 도적이 없고 들에는 화곡禾穀이 가득하였으며, 나라에 일이 없으므로 백성 또한 일이 없었다. 단군 해모수가 처음으로 내려온 때는 임술(B.C.239년) 4월 초 8일이었으며, 곧 진왕秦王 정政[2]의 8년이었다.

着烏羽冠佩龍光劍乘五龍車從者百餘人朝則聽事暮則登天無所令而
管境自化山無盜賊禾穀滿野國無事而民亦無事檀君解慕漱之初降在
於壬戌四月初八日乃秦王政八年也

고리군왕稾離郡王 고진高辰은 해모수의 둘째 아들이었다. 옥저후沃沮侯 불리지弗離支는 고진의 손자였다. 모두 적을 토벌한 공이 가득하여 봉함을 얻었다. 불리지는 일찍이 서압록西鴨綠을 지나다가 하백河伯의 딸 유화柳花[3]를 만나 그녀에게 장가들어 고주몽高朱蒙을 낳았는데, 그때가 임인(B.C.79년) 5월 5일이었으며 곧 한주漢主 불릉弗陵[4] 원봉元鳳 2년이었다. 불리지弗離支가 죽고 유화柳花가 아들 주몽을 이끌고 웅심산熊心山으로 돌아왔는데 지금의 서란舒蘭[5]이다.

稾離郡王高辰解慕漱之二子也沃沮侯弗離支高辰之孫也皆以討賊滿
功得封也弗離支嘗過西鴨綠遇河伯女柳花悅而娶之生高朱蒙時則壬
寅五月五日也乃漢主弗陵元鳳二年也弗離支薨柳花率子朱蒙歸于熊
心山今舒蘭也

일찍이 오래도록 사방을 주유周遊하고 가섭원迦葉原을 택하여 거기서 살다가 관가官家에 선택되어 목마牧馬가 되었다. 얼마 지나지 않아 관가가 싫어하는 바가 되어 오이烏伊, 마리摩離, 협보陝父[6]와 더불어 도망하여 졸본卒本[7]에 이르렀는데, 마침 부여夫餘 왕이 사자嗣子가 없으므로 주몽朱蒙이 마침내 왕의 사위로서 대통大統을 이었다. 이를 말하여 고구려의 시조라고 한다.

旣長周遊四方擇迦葉原而居之選於官家爲牧馬未幾爲官家所忌與烏
伊摩離陝父逃至卒本適夫餘王無嗣朱蒙遂以王婿入承大統是謂高句
麗始祖也

32년 갑오(B.C.27년) 10월에 북옥저北沃沮를 쳐서 그를 멸했다. 명년 을미
에 졸본卒本에서 눌견訥見으로 도읍을 옮겼다. 눌견은 지금의 상춘常春
주몽가성자朱蒙家城子다. 유리명제琉璃明帝 19년에 또 눌견에서 국내성國內
城[8]으로 도읍을 옮겼는데 또한 이르기를 황성皇城이라고 하였으며, 성내
城內에 환도산丸都山이 있었으니 산상山上에 축성築城하여 일이 있으면 거
기에서 살았다.

三十二年甲午十月伐北沃沮滅之明年乙未自卒本移都訥見訥見今常
春朱家城子也琉璃明帝二十一年又自訥見移都于國內城亦曰皇城内
有丸都山山上築城有事則居之

대무신열제大武神烈帝 20년에 제제가 낙랑국樂浪國을 습격하여 그를 멸망
시키고 동압록東鴨綠 이남이 우리에게 속하게 하였다. 유독 해성海城 이남
제성諸城만은 하속下屬시키지 못하였다. 산상제山上帝 원년에 동생 계수罽
須[9]를 보내 공손탁公孫度[10]을 공파攻破하였으며, 현도玄菟와 낙랑樂浪[11]을 정
벌하여 그를 멸하고 요동遼東을 다 평정하였다.』라고 하였다.

大武神烈帝二十年帝襲樂浪國滅之東鴨綠以南屬我獨海城以南近海
諸城未下山上帝元年遣弟罽須攻破公孫度伐玄菟樂浪滅之遼東悉平

《대변경大辯經》에 이르기를, 『고주몽高朱蒙 성제聖帝가 조詔하기를, "천신天

神이 만인萬人을 만들어 하나의 상상像으로 하여 삼진三眞[12]을 균부均賦하였다. 이때에 사람이 하늘을 대代하여 능히 세상에 섰다. 하물며 우리나라의 조선祖先[13]은 북부여北夫餘에서 낳아서 천제자天帝子가 되지 않았는가. 철인哲人의 허정虛靜[14]의 계율이 영원히 사기邪氣[15]를 끊어 그 마음이 편안하고 태평하니 스스로 중인衆人과 더불어 일마다 마땅함을 얻었다. 병兵을 쓰는 까닭은 침벌侵伐을 늦추기 위한 것이요, 형형刑을 행하는 까닭은 죄악을 없앨 것을 기약하는 것이다.

大辯經曰高朱蒙聖帝詔曰天神造萬人一像均賦三眞於是人其代天而能立於世也況我國之先出自北夫餘爲天帝之子乎哲人虛靜戒律永絕邪氣其心安泰自與眾人事事得宜用兵所以緩侵伐行刑所以期無罪惡

고로 허극虛極에서 정생靜生하고, 정극靜極에서 지만知滿하며, 지극知極에서 덕융德隆하는 것이다. 고로 허虛로써 청교聽教하고, 정靜으로써 혈구絜矩[16]하고, 지지知로써 이물理物하고, 덕德으로써 제인濟人한다. 이것이 곧 신시神市의 개물開物 교화이니 천신天神을 위하여 성性을 통하고, 중생衆生을 위하여 법法을 만들고, 선왕先王을 위하여 공功을 이루고, 천하만세天下萬世를 위하여 지생쌍수智生雙修의 화化를 이룬다."라고 하였다.

故虛極靜生靜極知滿知極德隆也故虛以聽教靜以絜矩知以理物德以濟人此乃神市之開物教化爲天神通性爲眾生立法爲先王完功爲天下萬世成智生雙修之化也

을파소乙巴素[17]가 국상國相이 되어 연소年少한 영준英俊을 선발하여 선인도랑仙人徒郎이라 하고 교화教化를 관장하는 자를 참전參佺이라 하였다. 무리가 신출하고 세율을 지키니 신神을 위하니 뒷일을 부탁했다. 무예武藝

를 관장하는 자를 조의皂衣라 하였으며, 성률成律을 겸조兼操[18]하고 위공
정신爲公挺身[19]하였다.

乙巴素爲國相選年少英俊爲仙人徒郞掌敎化者曰叅佺衆選守戒爲神
顧托掌武藝者曰皂衣兼操成律爲公挺身也

일찍이 무리에게 말하기를, "신시 이화理化의 세상에 백성의 지혜가 열림
에 따라 지치至治[20]에 다다른 것은 만세에 뻗어가는 바꿀 수 없는 표준이
있기 때문이었다. 고로 참전에 계戒가 있으니 신神에게서 들어서(聽) 무리
를 교화하는 것이다. 한맹寒盟[21]에 율律이 있으니 천天을 대代하여 공공功
을 행하는 것이다."라고 하였다. 다 스스로 마음을 세우고 힘을 써서 후공後
功을 준비하는 것이었다.

嘗言於衆曰神市理化之世由民開智曰赴至治則有所以亘萬世不可易之
標準也故叅佺有戒聽神以化衆寒盟有律代天行功也皆自立心作力以
備後功也

을지문덕乙支文德이 말하기를, "도道로써 천신天神을 섬기고 덕德으로써
민방民邦[22]을 덮으니 우리는 천하에 그 말씀이 있음을 안다. 삼신일체三神
一體의 기氣를 받아 성性, 명命, 정精을 분득分得하여 스스로 광명光明에 있
으니 앙연부동昻然不動[23]하나 때가 있으면 감感이 발하여 도道가 곧 통하
니, 이것이 곧 체體가 3물物 덕德, 혜慧, 역力을 행하는 까닭이요 화化하여
3가家 심心, 기氣, 신身을 이루어 기쁨이 3도道 감感, 식息, 촉觸에 가득한
까닭이다. 요는 날로 염표念標를 구하여 재세이화在世理化 하고 정수경도
靜修境途 하며 홍익인간弘益人間 하는 데 있다.

乙支文德曰道以事天神德以庇民邦吾知其有辭天下也受三神一體氣

分得性命精自在光明昂然不動有時而感發而道乃通是乃所以体行三
物德慧力化成三家心氣身悅滿三途感息觸要在日求念標在世理化靜
修境途弘益人間也

한국桓國에는 5훈訓이, 신시神市에는 5사事가, 조선朝鮮에는 5행行 6정政이,
부여夫餘에는 9서誓가, 삼한통속三韓通俗에는 역시 5계戒[24] 효孝, 충忠, 신信,
용勇, 인仁이 있었다."라고 하였다. 다 백성을 교화하여 바르고 공평하게
군중을 조직하려는 데에 뜻이 있었다.

桓國曰五訓神市曰五事朝鮮曰五行六政夫餘曰九誓三韓通俗亦有五
戒曰孝忠信勇仁皆教民以正平而織群之意存焉

책성柵城에 태조太祖 무열제武烈帝의 기공비紀功碑가 있다. 동압록東鴨綠의
황성皇城[25]에 광개토경廣開土境 대훈적비大勳蹟碑가 있다. 안주安州[26]의 청천
강안清川江岸 위에 을지문덕의 석상石像이 있다. 오소리강烏蘇里江 밖에 연
개소문의 송덕비頌德碑가 있다. 평양 모란봉(牧芍峰) 중록中麓에 동천제東
川帝의 조천석朝天石[27]이 있다. 삭주朔州[28] 거문산巨門山[29] 서록西麓에 을파소
의 묘가 있다. 운산雲山[30]의 구봉산九峰山에 연개소문의 묘가 있다.』라고
하였다.

柵城有太祖武烈帝紀功碑東鴨綠之皇城有廣開土境大勳蹟碑安州
清川江岸上有乙支文德石像烏蘇里江外有淵蓋蘇文頌德碑平壤牧芍
峰中麓有東川帝朝天石朔州巨門山西麓有乙巴素墓雲山之九峰山有
淵蓋蘇文墓

《조내기朝代記》에 이르기를, 『동천제東川帝 또한 난군檀君이라 하였다. 한

맹제寒盟祭[31] 때마다 평양平壤에서 삼신三神을 맞이하였다. 지금의 기림굴箕林窟은 곧 그 제사를 지내는 곳이다. 대영大迎의 제전祭典은 수혈隧穴에서 시행한다. 구제궁九梯宮에 조천석朝天石이 있다. 길 가는 사람이 다 볼 수 있다. 또 삼륜구덕가三倫九德歌가 있는데 그것을 장려하였다. 조의선인皂衣仙人은 다 그의 선발된 자로 국인國人이 본보기로 하였다. 그렇지 않고서야 어찌 왕의 사자使者와 동등한 영광을 줄 것인가.

朝代記曰東川帝亦稱檀君每當寒盟祭迎三神于平壤今箕林窟卽其祭所也大迎祭典始行隧穴有九梯宮朝天石行路之人皆可指點也又有三倫九德之歌以獎之皂衣仙人皆其選也國人所矜式者也不然何以加榮與之爲等於王使者乎

광개토호태황廣開土好太皇의 융공성덕隆功聖德은 백왕百王에서 빼어났다. 사해四海의 안이 모두 열제烈帝라고 불렀다. 18세에 광명전光明殿에서 등극하여 천악天樂[32]을 예진禮陳하였다. 언제나 진중陣中에 임하여서는 사졸士卒들에게 이 어아가於阿歌를 부르게 하여 사기士氣를 도왔다. 말을 타고 순수하여 마리산摩利山에 이르러 참성단塹城壇에 올라 삼신三神을 친제親祭하고 또 천악天樂을 사용하였다.

廣開土境好太皇隆功聖德卓越百王四海之内咸稱烈帝年十八登極于光明殿禮陳天樂每於臨陣使士卒歌此於阿之歌以助士氣巡騎至摩利山登塹城壇親祭三神亦用天樂

한 번은 스스로 바다를 건너 이르는 곳마다 왜인倭人을 격파하였다. 왜인은 백제百濟의 개좌介佐[33]였다. 백제는 먼저 왜와 밀통密通하여 그를 시켜 신라新羅의 경境을 연침聯侵하므로 제帝가 수군水軍을 궁솔躬率하여 웅진

熊津, 임천林川³⁴, 와산蛙山³⁵, 괴구槐口³⁶, 복사매伏斯買³⁷, 우술산雨述山³⁸, 진을 례進乙禮³⁹, 노사지奴斯只⁴⁰ 등의 성성城을 공취攻取하고 가는 길(路次)에 속리 산俗離山에서 이른 아침에 제천祭天하고 돌아올 때에 백제百濟, 신라新羅, 가락駕洛의 제국諸國이 다 입공入貢하여 끊어지지 아니하였다. 글안(契丹) 평량平凉⁴¹이 다 평복平服하고 임나任那⁴²와 이왜伊倭⁴³의 속屬이 칭신稱臣하 지 않음이 없었으니 해동海東의 강성함이 으뜸이 되었다.

一自渡海所至擊破倭人倭人百濟之介也百濟先與倭密通使之聯侵新
羅之境帝躬率水軍攻取熊津林川蛙山槐口伏斯買雨述山進乙禮奴斯
只等城路次俗離山期早朝祭天而還時則百濟新羅駕洛諸國皆入貢不
絕契丹平凉皆平服任那伊倭之屬莫不稱臣海東之盛於斯爲最矣

이보다 먼저 협보陜父가 남한南韓으로 도망하여 마한馬韓⁴⁴의 산중山中에 서 살았는데, 따라 나온 자의 수가 1백여 가家였다. 얼마 아니하여 세월 은 연속하여 흉년이 들므로 이곳저곳을 떠돌아다니다가 협보가 장혁將 革을 알게 되어 무리를 유혹하여 식량을 싸가지고 배로 패수浿水를 따라 아래로 내려가 해포海浦를 지나 잠항潛航하여 곧바로 구야한국狗邪韓國⁴⁵ 에 도착하였는데, 바로 가라해加羅海⁴⁶의 북안北岸이었다. 몇 달을 살다가 아소산阿蘇山으로 옮겨가서 살았다. 이가 다파라국多婆羅國의 시조다. 후 에 임나에 병합하여 연정聯政으로 다스렸는데 3국國은 바다에 있고 7국 은 육지에 있었다.

先是陜父奔南韓居馬韓山中從而出居者數百餘家未幾歲連大歉流離
遍路陜父乃知將革誘眾裹糧舟從浿水而下由海浦而潛航直到狗邪韓
國乃加羅海北岸也居數月轉徙于阿蘇山而居之是爲多婆羅國之始祖
也後幷于任那聯政以冶二國在海七國在陸

처음에는 변진구야국인弁辰狗邪國人⁴⁷이 먼저 들어와 모여서 살고 있었는데 이것이 구야한국狗邪韓國이다. 다파라多婆羅는 다라한국多羅韓國이라고도 하였다. 홀본忽本에서 왔으므로 고구려와 더불어 일찍부터 친교를 맺었다. 그러므로 항상 열제烈帝의 제재制裁를 받았다. 다라국多羅國과 안라국安羅國⁴⁸은 이웃이며 성姓도 같았다. 본래는 웅습성熊襲城에 있었다. 지금의 구주九州 웅본성熊本城이 이것이다.

初弁辰狗邪國人先在團聚是爲狗邪韓國多婆羅一稱多羅韓國自忽本而來與高句麗早已定親故常爲烈帝所制多羅國與安羅國同隣而同姓舊有熊襲城今九州熊本城是也

왜倭는 회계군會稽郡⁴⁹의 동쪽, 동야현東冶縣의 동쪽에 있었다. 배로 9천 리를 건너서 나패那覇⁵⁰에 이른다. 다시 1천 리를 건너면 근도根島에 이른다. 근도는 또한 저도柢島라고도 하였다. 때에 구노인狗奴人은 여왕女王⁵¹과 상쟁相爭하여 길을 엄하게 막았다. 구야한狗邪韓에 가고자 하는 자는 대개 진도津島⁵² 가라산加羅山 지가도志加島⁵³를 경유하여 비로소 말로호자末盧戶資⁵⁴의 경내에 도착하였다. 그의 동쪽 경계가 바로 구야한국狗邪韓國의 땅이었다.

倭在會稽郡東東冶縣之東舟渡九千里至那覇而又渡一千里至根島根島亦曰柢島時狗奴人與女王相爭索路甚嚴其欲往狗邪韓者盖由津島加羅山志加島始得到末盧戶資之境其東界則乃狗邪韓國地也

회계산會稽山은 본래 신시神市《중경中經》을 감춰 둔 곳이며 사공司空 우禹가 3일 동안 재계齋戒를 하고 《중경》을 얻어서 곧 치수治水에 공이 있었으므로, 우禹가 돌을 다듬어서 산의 높은 곳에 부루扶婁의 공을 새겼다고 하는 곳이다. 오吳[55]와 월越[56]은 본래 구려九黎의 구읍舊邑이었으며 산월山越[57]과 좌월左越은 다 그 후예가 분천分遷한 땅이었다. 항상 왜倭와 왕래하며 장사하여 이득을 보는 자가 점점 많아졌다.

會稽山本神市中經所藏處而司空禹齋戒三月而得乃有功於治水故禹伐石刻扶婁功於山之高處云則吳越本九黎舊邑山越左越皆其遺裔分遷之地也常與倭往來貿販得利者漸多

진秦 시절에 서시徐市가 동야東冶 해상海上에서 곧바로 나패那覇에 이르러 종도種島[58]를 지나 뇌호내해瀨戶內海를 따라 비로소 기이紀伊에 도착하였다. 이세伊勢에 옛 서복徐福의 묘사廟祠가 있었다. 혹은 단주亶州는 서복徐福이 산 곳이라고도 하였다.

秦時徐市自東冶海上直至那覇經種島而沿瀨戶內海始到紀伊伊勢舊有徐福墓祠或曰亶洲徐福所居云

장수홍제호태열제長壽弘濟好太烈帝는 건홍建興이라 개원改元하였다. 인의仁義로 나라를 다스리고 강토를 회척恢拓하여 웅진강熊津江 이북이 우리에게 속하였다. 북연北燕과 실위室韋[59] 제국諸國이 다 서족叙族에 들어왔으며 또 신라新羅 매금寐錦[60], 백제百濟 어하라於瑕羅[61]가 남평양南平壤에서 모여 납공納貢과 수병戍兵[62]의 수數를 약정約定하였다. 문자호태열제文咨好太烈帝는 명치明治라 개원改元하였다. 11년에 제齊, 노魯, 오吳, 월越의 땅이 우리에게 속하였다. 이에 이르러 국토가 점점 커졌다.

長壽弘濟好太烈帝改元建興仁義治國恢拓疆宇熊津江以北屬我北燕室韋諸國皆入叙族焉又與新羅寐錦百濟於瑕羅會于南平壤約定納貢戍兵之數文咨好太烈帝改元明治十一年齊魯吳越之地屬我王是國疆

漸大

평강상호태열제平岡上好太烈帝[63]는 담력이 있고 말타기와 활쏘기를 잘하였다. 곧 주몽朱蒙의 풍風이 있었으며 대덕大德이라 개원하고 치교治敎가 밝았다. 18년 병신(A.D.576년)에 제帝가 대장 온달溫達[64]을 보내어 갈석산碣石山[65]과 배찰산拜察山[66]을 토벌하고 추격하여 유림관榆林關[67]에 이르러 북주北周[68]를 대파大破하고 유림진榆林鎭 이동을 다 평정하였다. 유림은 지금의 산서山西 경계이다.

平岡上好太烈帝有膽力善騎射乃有朱蒙之風改元大德治敎休明大德十八年丙申帝率大將溫達往討碣石山拜察山追至榆林關大破北周榆林鎭以東悉平榆林今山西境

영양무원호태열제嬰陽武元好太烈帝 때는 천하가 크게 다스려져 나라는 부강하고 백성은 은성殷盛하였다. 수주隋主 양광楊廣은 본래 선비鮮卑의 유종遺種으로 남북의 지역을 통합하고 그 여세로 우리 고구려를 업신여겼다. 고구려는 작은 오랑캐로서 상국上國을 모만侮慢한다 하고 급히 대병大兵을 가加하였으나 우리는 이미 준비가 되어 있어 일패一敗도 맛보지 아니하였다.

嬰陽武元好太烈帝時天下大理國富民殷隋主楊廣本鮮卑遺種統合南北之域以其餘勢侮我高句麗以爲小虜侮慢上國頻加大兵我旣有備而未嘗一敗也

홍무弘武[69] 25년 광廣이 다시 동침東侵하여 먼저 장병을 보내어 비사성卑奢城[70]을 여러 겹으로 포위하였다. 관병官兵이 싸움에 불리하여 장차 평양을 습격하려 한다는 소식을 제가 듣고 적의 진격을 늦추고자 하여 곡사정斛斯政[71]을 붙잡아 보냈다. 마침 조의皂衣에 일인一仁이라 하는 사람이 있어 자원하여 따라가기를 청하고 함께 당도하여 양광楊廣에게 표表를 바쳤다.

弘武二十五年廣又復東侵先遣將兵重圍卑奢城官兵戰不利將襲平壤帝聞之欲圖緩兵執遣斛斯政適有皂衣一仁者自願請從而偕到獻表於楊廣

광이 선중船中에서 표를 쥐고 읽다가 반이 못 되었을 때 갑자기 소매 속에서 소노小弩를 발사하여 그 뇌腦를 명중하니, 광이 놀라서 넘어지며 실신하였다. 우상右相 양명羊皿이 그를 지게 하여 급히 소선小船에 옮기어 퇴각하고 회원진懷遠鎭[72]에서 철병撤兵할 것을 명령하였다. 광廣이 좌우에 이르기를, "나는 천하의 주主가 되어 소국小國을 벌伐하였으나 불리하였으니 그 시비是非는 만세의 비웃음거리가 되겠구나."라고 하였다. 양명이 얼굴이 까맣게 되어 대답을 하지 못하였다. 후인이 그 일을 이와 같이 노래하였다.

廣於舡中手表而讀未半遽發袖中小弩中其胸廣驚倒失神右相羊皿使負之急移於小船而退命懷遠鎭撤兵廣謂左右曰予爲天下主親伐小國而不利是非萬世之所嗤乎羊皿等面黑無答後人歌之曰

애달프구나 법석대는 한가漢家의 아이들아.	嗟汝蠢蠢漢家兒
요동으로는 나가지를 말아라.	莫向遼東浪死歌
개죽음이 울부짖는다.	
분무文武 높은 우리 선소 호는 한웅桓雄	文武我光號桓雄

자손이 뻗고 뻗어 영걸도 많단다.	綿亘血胤英傑多
주몽 태조 광개토는	朱蒙太祖廣開土
위엄이 사해를 진동하고	威振四海功莫加
그 공을 덮을 수가 없단다.	
유유 일인 양만춘은	紐由一仁楊萬春
남을 위하여 변색하고 스스로는 쓰러졌다.	爲他變色自靡蹉
세계 문명 중에 우리가 제일 오래	世界文明吾最古
외구를 물리치고 평화를 보전했다.	攘斥外寇保平和
유철 양광 이세민은	劉徹楊廣李世民
멀리 바라다만 보고도 무너져	望風潰走作駒過
망아지 떼처럼 도망을 쳤다.	
영락기공비는 천척이나 되고	永樂紀功碑千尺
만기萬旗가 한 색으로 태백산은 높단다.	萬旗一色太白峨

을지문덕은 고구려국의 석다산石多山 사람이다. 일찍이 입산수도하여 꿈에 천신天神을 얻어 대오大悟하고, 언제나 3월 16일이면 마리산摩利山에 달려가 제물을 바쳐 경배하고 돌아왔다. 10월 3일에는 백두산에 올라가 제천했다. 제천은 곧 신시神市의 고속古俗이다.

乙支文德高句麗國石多山人也嘗入山修道得夢天神而大悟每當三月十六日則馳往摩利山供物敬拜而歸十月三日則登白頭山祭天祭天乃神市古俗也

홍무弘武 23년에 수군隋軍 130여만 명이 수륙 양면으로 공격해 오므로 문덕文德이 능히 기계奇計로써 출병出兵하여 그를 초격鈔擊하고 쫓아가 살

수薩水에 이르러 곧 대파하였다. 수군은 수륙군이 함께 무너져 요동성(지
금의 창려-원주)까지 살아서 돌아간 자가 겨우 2천7백 명이었다.

弘武二十三年隋軍一百三十餘萬並水陸而來攻文德能以奇計出兵
鈔擊之追至薩水遂大破之隋軍水陸俱潰生歸遼東城今昌黎者僅
二千七百人

광이 사신을 보내 화평을 구걸하였으나 문덕이 듣지 않고 제帝 또한 수
군을 추격하도록 엄명하므로 문덕이 제장諸將과 함께 승승직구乘勝直驅
하여 일부는 현도도玄菟道로부터 태원太原[73]에 이르고, 일부는 낙랑도樂
浪道로부터 유주幽州[74]에 이르러 주현州縣에 들어가 다스리고 그 유민을
불러 안심시켰다.

廣遣使乞和文德不聽帝亦嚴命追之文德與諸將乘勝直驅一自玄菟道
至太原一自樂浪道至幽州入其州縣而治之招其流民而安之

이 때에 건안建安[75], 건창建昌, 백암白岩[76], 창려昌黎[77]의 모든 진鎭은 안시安
市에 속하고, 창평昌平[78], 탁성涿城[79], 신창新昌[80], 통도桶道의 모든 진鎭은 여
기如祈에 속하고, 고노孤奴, 평곡平谷[81], 조양造陽[82], 누성樓城, 사구을沙溝乙
은 상곡上谷[83]에 속하고, 화룡和龍[84], 분주汾州, 환주桓州[85], 풍성豊城, 압록鴨
綠은 임황臨潢에 속하였다. 다 구제도에 따라 관리를 두었다. 이에 이르러
강병强兵 1백 만에 경토境土는 더욱 커졌다.

於是建安建昌白岩昌黎諸鎭屬於安市昌平涿城新昌桶道諸鎭屬於如
祈孤奴平谷造陽樓城沙溝乙屬於上谷和龍汾州桓州豊城鴨綠屬於臨
潢皆仍舊而置吏至是强兵百萬境土益大

양광은 임신년(612년)의 외구다. 출사出師의 성대함은 옛날에는 없었다. 우리가 조의皂衣 2십 만으로 그 군軍을 기미도 없이 멸해버렸다. 이는 을지문덕 장군 한 사람의 힘만이 아니었다. 을지공과 같은 사람은 만고에 시세時勢를 만드는 성걸聖傑이었다.』라고 하였다. 문충공文忠公 조준趙浚은 명사明使와 더불어 백상루百祥樓에 올라 축배를 들며 이런 시詩를 지었다.

楊廣壬申之寇也出師之盛前古未之有也以我皂衣二十萬滅其軍幾盡
此非乙支文德將軍一人之力乎若乙支公者乃萬古造時勢之一聖傑也哉
文忠公趙浚與明使祝孟共登百祥樓賦詩曰

살수의 물결 세차게 흘러	薩水湯湯漾碧虛
푸른 하늘에 출렁거리네.	
수나라 병사 1백 만이	隋兵百萬化爲魚
물고기가 되었구나.	
이제 와서 여기 머물러	至今留得漁樵語
어부와 초부의 말을 들으니	
정부征夫를 불만不滿하여	不滿征夫一哂餘
한 가닥 비웃음을 남겼다.	

《구사舊史》에 이르기를,『영양무원호태열제嬰陽武元好太烈帝 홍무弘武 9년에 제帝가 서부西部 대인大人 연태조淵太祚[86]를 보내니, 가서 등주登州[87]를 쳐서 총관摠管 위충韋冲[88]을 붙잡아 죽였다. 이보다 먼저 백제百濟는 병兵으로써 제濟, 노魯, 오吳, 월越의 땅을 평정하여 관서官署를 설치하고, 민호民戶[89]를 색적索籍[90]하며 왕작王爵을 분봉分封[91]하고, 험새險塞를 둔수屯戍하며 군정軍征하여 부조부조賦調[92]하는 것이 다 내지內地[93]에 준準했다.

舊史曰嬰陽武元好太烈帝弘武九年帝遣西部大人淵太祚往討登州擒
殺摠管韋冲先是百濟以兵平定齊魯吳越之地設官署索籍民戶分封王
爵屯戍險塞軍征賦調悉準内地

명치明治[94] 연간에 백제의 군정軍政이 쇠퇴부진衰頹不振하여 권익의 집행
이 다 성조聖朝에 돌아오므로 성읍城邑을 획정하고 문무의 관리를 배치
하였다. 수隋가 병兵을 작作하여 남북에 일이 벌어지고 소요騷擾가 사방
에서 일어나 해害가 생민生民에 미치므로 제위帝威가 혁노赫怒[95]하여 천토
天討[96]를 공행恭行하니 사해가 명령을 듣지 않는 바가 없었다.

明治年間百濟軍政衰頹不振權益執行盡歸聖朝劃定城邑文武置吏及
隋作兵有事南北騷擾四起害及生民帝威赫怒恭行天討四海之内莫不
聽命也

그런데 수주隋主 양견陽堅[97]이 화심禍心[98]을 감추고 감히 복수의 병을 내
어 위충韋冲 총관摠管을 몰래 보내니, 위충이 명예를 위하여 관가官家를
부수고 읍락邑落을 태우며 약탈하였다. 이에 장병을 보내어 적의 괴수를
잡아 죽이니, 산동山東이 평복平服하고 해역海域이 평온해졌다.

然隋主楊堅陰藏禍心敢出警兵密遣韋冲摠管爲名潰破官家焚掠邑落
乃遣將兵擒殺賊魁山東平服海城謐然

이 해에 견堅이 다시 양량楊諒[99] 왕세적王世績 등 3십 만을 보내와 싸웠다.
겨우 정주定州[100]를 출발하여 요택遼澤에 이르기도 전에 물난리를 만나
군량軍量의 보급이 끊어지고 아울러 전염병이 성하였다. 주라구周羅緱는
병兵으로써 등주亝州에 의거하니 진감 수백을 징집하니 동래東萊[101]에서

배를 띄워 평양平壤을 향하여 가다가 우리에게 발각되어 뒤로 돌려 방어하다가 진격할 때 갑자기 큰 바람을 만나 전군全軍이 표몰漂沒하였다. 이때에 백제百濟는 우리의 밀유密諭를 받아 수隋에 군도軍導가 될 것을 청하였으나 이루지 못하였다.

是歲堅又遣楊諒王世績等三十萬來與戰纔發定州未至遼澤值水亂而饋轉杜絕癘疫并熾周羅緱以兵據登州徵集戰艦數百自東萊泛船趣平壤爲我所覺殿而拒之以進忽遭大風而全軍漂沒時百濟請隋爲軍導受我密諭而未果

좌장左將 고성高成[102]은 남모르게 친수親隋의 마음을 가지고 막리지의 북벌北伐 계획을 음괴陰壞하였다. 이에 이르러 군사를 보내줄 것을 여러 차례 청하여 백제百濟를 공파攻破하여 공이 있었다. 막리지 혼자서 노력하여 중의를 배격하고 남수북벌南守北伐[103]의 책策을 강집强執하여 여러 차례 이해를 개진開陳하고 따르도록 하였다.

左將高成密有親隋之心陰壞莫離支北伐之計至是屢請遣師攻破百濟有功獨莫離支力排眾議强執以南守北伐之策屢陳利害以從

고성高成이 즉위함에 이르러 전제前帝의 유법遺法을 다 버리고 당唐에 사람을 보내 노자老子의 상像을 구하여 국인國人을 시켜 《도덕경道德經》을 청강聽講하게 하고, 또 수십 만 명을 동원하여 부여현夫餘縣에서 남해부南海府에 이르는 1천여 리의 장성長城을 쌓게 하였다. 때에 서부대인西部大人 연개소문淵蓋蘇文이 도교道教를 파강破講할 것을 청하고 또 장성의 역役을 정지할 것을 이해를 들어 극진極陳하므로, 제帝가 심히 불열不悅하여 소문蘇文의 병兵을 빼앗고 장성을 쌓는 일을 감독하도록 명하고 나서 여러 대인大人과 더불어 소문을 주멸誅滅할 것을 논의하였다.

及高成卽位盡棄前帝之遺法遣唐求老子像使國人聽講道德經又動
眾數十萬築長城自扶餘縣至南海府千有餘里時西部大人淵蓋蘇文請
罷講道敎又以停長城之役極陳利害帝甚不悅奪蘇文之兵命監築長
城之役密與諸大人議誅滅之

소문이 이 소식을 듣고 탄식하기를, "어찌 몸을 죽여서 나라가 온전히
되는 이치가 있을 것인가. 일이 급하니 때를 놓칠 수가 없다." 하고 부병
部兵을 전부 모아 장차 열병閱兵을 하려는 것처럼 하고 성대하게 주찬酒饌
을 베풀어 모든 대신을 불러 함께 와서 그것을 보게 하니 모두 참석하
였다.

蘇文先得聞知乃嘆曰豈有身死而國全之理乎事急矣時不可失也悉集部
兵若將閱武者盛陳酒饌召諸大臣共臨視之皆至

모두 당도하자 소문이 소리 내어 말하기를, "문 가까이에 범과 이리가
와 있는데 구원은 하지 않고 도리어 나를 죽이려고 한다. 어서 없애버려
라." 하였다. 제帝가 변을 듣고 미복微服으로 숨어서 도망하여 송양松壤에
이르러 조서詔書를 내려 국인을 초모招募하니 한 사람도 오는 자가 없었
다. 스스로 부끄러운 마음을 이기지 못하고 운쇄殞碎하여 붕崩하였다.』라
고 하였다.

蘇文勵聲曰門近虎狼而不救反欲殺我乎遂除之帝聞變而微服潛逃至
松壤而下詔招募國人無一人至者自不勝愧汗遂自殞碎而崩

《조대기朝代記》에 이르기를, 『연개소문은 개금蓋金이라고도 한다. 성은 연

씨淵氏이며 그 선조는 봉성인鳳城人이다. 아버지는 태조太祚, 할아버지는
자유子遊, 증조할아버지는 광廣이라고 한다. 모두가 막리지莫離支였다.

朝代記曰淵蓋蘇文一云蓋金姓淵氏其先鳳城人也父曰太祚祖曰子遊
曾祖曰廣並爲莫離支

홍무弘武 14년 5월 10일생으로 나이 9세에 조의선인皂衣仙人에 선발되었
으며, 의표儀表가 웅위雄偉하고 의기意氣가 호일豪逸하며, 언제나 군오軍伍
와 함께 땔나무를 깔고 눕고 손으로 물을 떠서 마셨다. 무리 속에서는
자기自己를 다 바치고, 혼란 속에서 작은 것을 가려내고, 상을 줄 때는 반
드시 나눠주며 성신誠信으로 주호周護하고, 마음을 미루어 배(腹)에 두는
아량이 있으며, 위지경천緯地經天의 재능을 갖기에 이르렀다. 사람들이
모두 감복感服하여 한 사람도 딴 뜻을 품는 자가 없었다.

弘武十四年五月十日生年九歲選爲皂衣仙人儀表雄偉意氣豪逸每與
軍伍列薪而臥手拯而飮群焉而盡己混焉而辨微賞賜必分給誠信周護
有推心置腹之雅量至有緯地經天之才人皆感服無一人異懷者也

그리고 법을 엄하고 분명하게 운용하여 귀천貴賤이 한결같았다. 만약 범
법자가 있으면 하나도 가차假借가 없었다. 비록 큰 어려움에 당하여서도
조금치도 마음에 놀라는 일이 없었다. 당나라 사자使者와 말을 할 때에
도 역시 뜻을 굽히는 일이 없었으며, 항상 자족自族을 음해陰害하는 자는
소인小人이 되고 능히 당인唐人과 대적對敵하는 자는 영웅이 된다고 하였
다. 기쁠 때는 낮고 천한 사람도 가까이 할 수가 있고, 노할 때는 권세 있
고 귀한 자도 다 떨었다. 진실로 일세一世의 쾌걸快傑이었다.

然用法嚴明貴賤一律若有犯者一無假借雖當大難少不驚心與唐使酬

言亦不屈志常以自族陰害爲小人能敵唐人爲英雄喜焉而下賤可近怒
焉而權貴俱懷眞一世之快傑也

스스로 말하기를, "물 속에 들어가서 잠영潛泳하여 하루를 보내도 더욱
건강하고 피로하지 않다."라고 하였다. 무리가 함께 놀라 땅에 엎드려 나
배羅拜하고 말하기를, "창해滄海의 용신龍神이 다시 화化하여 사람이 되었
다."라고 하였다. 소문이 이미 고성제高成帝를 몰아내고 무리와 함께 고장
高臧을 맞으니, 이가 보장제寶臧帝이다. 소문이 이미 뜻을 얻어 모든 법을
행하니, 공公을 위한 도道는 성기成己, 자유自由, 개물開物, 평등平等이었다.
삼흘三忽을 전佺으로 한 조의皂衣에는 율律이 있었다.

自言生於水中能潛泳竟日尤健不疲衆咸驚伏地羅拜曰滄海龍神復爲
化身矣蘇文旣放高成帝與衆共迎高臧是爲寶臧帝蘇文旣得志行萬法
爲公之道成己自由開物平等三忽爲佺皂衣有律

국방에 주력하고 당唐을 방비하는 일이 대단히 성하였다. 먼저 백제百濟
상좌평上佐平[104]과 더불어 구존俱存할 뜻을 세우고 또 신라新羅의 사자使
者 김춘추金春秋를 청하여 사저私邸의 객사(館)에서 말하기를 "당인唐人이
패역悖逆을 많이 하여 금수禽獸에 가깝다. 우리가 모름지기 사구私仇[105]를
잊고 이제부터 삼국三國의 서족叙族이 힘을 합하여 장안長安[106]을 직접 무
찌르면 추악한 당을 사로잡을 수가 있을 것이다. 이긴 후에는 구지舊地에
따라 연정聯政을 하고 인의仁義로써 함께 다스려 서로 침략하지 않기로
약속하고 영구히 준수하면 어떻겠는가?" 하고 재삼 권하였으나 춘추春
秋가 끝내 듣지 않았다. 이 얼마나 아까운 일인가.

注力國防備唐甚盛并與百濟上佐平俱存立義又請新羅使金春秋舘於

私邸曰唐人多悖逆近於禽獸請吾子須忘私仇自今三國叙族合力直屠
長安唐醜其可擒也戰勝之後仍舊地而聯政仁義共治而約相勿侵爲永
久遵守之計何如勸再三春秋終不聽惜哉

개화開化[107] 4년(645년)에 당주唐主 이세민李世民이 여러 신하에게 말하기를,
"요동은 본래 제하諸夏[108]의 땅인데 수씨隋氏가 네 차례나 출사出師하였어
도 능히 얻지를 못하였다. 내가 지금 출병出兵하는 것은 제하 자제子弟의
원수를 갚고자 한 것이다." 하고 세민世民이 친히 활과 화살을 차고 이세
적李世勣, 정명진程名振 등 수십 만을 이끌고 요택遼澤[109]에 당도하였다.
開化四年唐主李世民謂群臣曰遼東本諸夏之地隋氏四出師而不能得
予今出兵欲爲報諸夏子弟之讐世民親佩弓矢率李世勣程名振等數十
萬到遼澤

진창 2백여 리에 인마人馬가 통할 수 없으므로 도위都尉 마문거馬文擧가
말을 채찍질하여 달려서 공격하였다. 이미 합전合戰하였던 행군行軍 총관
摠管 장군예張君乂는 대패하였다. 이도종李道宗은 흩어진 군사를 수습하고
세민은 스스로 수백 기騎를 거느리고 세적과 만나 백암성白岩城의 서남
을 공격하였다. 성주城主 손대음孫代音은 거짓으로 사람을 보내어 항복을
청하였다. 실은 틈을 타서 반격하고자 한 것이었다.
泥淖二百餘里人馬不可通都尉馬文擧策馬奔擊旣合戰行軍摠管張君
乂大敗李道宗收散軍世民自將數百騎與世勣會攻白岩城西南城主孫
代音詐遣請降而實欲乘隙反擊

세민이 안시성安市城에 이르러 먼저 당산唐山에서 진병進兵하여 성을 공격

하였다. 북부 욕살褥薩 고연수高延壽와 남부 욕살 고혜진高惠眞은 관병官兵과 말갈병靺鞨兵 십오 만을 이끌고 직전直前에 이르렀다. 안시성安市城에 연하여 높은 산의 험한 곳에 의거하여 보루保壘를 만들고 성중城中의 조(粟)를 먹으며 병사를 놓아 그 군마軍馬를 약탈하니, 당노唐奴는 감히 범하지 못하였다. 돌아가려고 하면 진창이 막고, 앉아 있으면 곤궁하여 반드시 패하였다.

世民至安市城先自唐山進兵攻之北部褥薩高延壽南部褥薩高惠眞率官兵及靺鞨兵十五萬引至直前連安市爲壘據高山之險食城中之粟縱兵掠其軍馬唐奴不敢犯欲歸則泥淖爲阻坐困必敗

연수延壽가 군을 이끌고 곧바로 안시성에서 4십 리 되는 곳까지 나아가 대로對盧 고정의高正義에게 사람을 보내어 물었다. 나이가 들어 사리에 익숙하였기 때문이었다. 고정의가 말하기를, "세민은 안으로는 군웅群雄을 베고 집을 바꾸어 나라를 만들었으니 역시 범상하지 않다. 이제 전 당唐을 의거하여 왔으니 그 예리함은 가볍게 볼 바가 아니다.

延壽引軍直前以進料去安市四十里遣人問於對盧高正義以其年老習事也正義曰世民內芟群雄化家爲國亦不凡常今據全唐之兵而來其銳不可輕也

우리를 위한 계략은 둔병頓兵하고 싸우지 않는 것보다 나은 것이 없다. 오래오래 세월을 끌며 기병奇兵을 분견分遣하여 그 양도糧道를 끊어 양도糧道가 이미 다하여 싸움을 구하나 얻을 수가 없고, 돌아가고자 하나 길이 없게 하면 곧 이길 수가 있다."라고 하므로, 연수가 그 계략을 따라 적이 오면 싸우고 가면 그치고 또 기병을 보내어 양로糧路를 분딜焚蕘하였다. 세민이 백 가지 계책을 써서 뇌물로써 유혹하면 겉으로는 따르고 속으로는 어기며 여러 번 음습陰襲하여 함렬陷裂시키니, 적의 사상자가 혹 다酷多하였다.

爲吾計者莫若頓兵不戰曠日持久分遣奇兵斷其糧道糧道旣盡求戰不得欲歸無路乃可勝也延壽從其計賊來則拒賊去則止又遣奇兵焚奪糧路世民百計誘之以賄面從而內違數遣陰襲陷裂賊之死傷酷多

연수延壽 등이 말갈과 더불어 합병合兵하여 진을 치고 지구작전持久作戰을 쓰다가 하루 밤에 표변豹變하여 급습전격急襲電擊하니, 세민이 거의 포위를 당할 뻔하고 비로소 두려운 기색이 있었다. 세민이 다시 사신을 보내어 재보財寶를 품고 와서 연수에게 말하기를, "나는 귀국의 강신强臣이 군상君上을 시弑하였으므로 죄를 물으러 왔다가 교전하기에 이르러 귀경貴境에 들어왔는데, 마초馬草와 군량軍糧을 공급하지 않으므로 간혹 몇 곳을 분략焚掠한 바가 있다. 귀국의 수례修禮를 기다려서 교린交隣을 받아들여 반드시 복구할 것이다."라고 하였다.

延壽等與靺鞨合兵爲陣持久作戰一夜豹變急襲電擊世民幾被圍迫始有懼色世民又復遣使懷財寶謂延壽曰我以貴國强臣弑其君上故來問罪至於交戰入貴境蒭粟不給故間有焚掠幾處而已俟貴國修禮納交則必復矣

이에 연수가 말하기를, "좋다. 귀병을 3십 리를 물리면 나는 제帝를 볼 것이다. 그러나 막리지莫離支는 위국爲國의 주석柱石이다. 군법은 자재自在하니 여러 말이 필요 없다. 너의 군君 세민世民은 아비를 폐하고 형을 시弑하고 제비弟妃를 음납淫納했다. 이는 죄를 물을 만하다. 이렇게 전해라."라고 하였다. 이 때에 사방으로 독찰을 보내 더욱 수비를 더하고 산에 의지하여 스스로 공고히 하고 허虛를 타서 기습을 하니, 세민이 백계百計가 쓸모가 없어 요동 출병의 불리不利를 통한痛恨하였으나 후회가 막급하였다.』라고 하였다.

延壽曰諾退貴兵三十里則吾將見帝矣然莫離支爲國柱石軍法自在不須多言汝君世民廢父弑兄淫納弟妃此可問罪也以此傳之於是四遣督察益加守備依山自固乘虛奇襲世民百計無術痛恨遼東出兵之不利而已悔無及焉

류공권柳公權[110]의 소설에 이르기를,『6군軍을 고구려가 승乘한 바가 되었다. 장수는 위태로워서 움직이지도 못하였다. "영공英公의 기(麾)가 흑기黑旗에 포위되었습니다."라고 척후가 보고하자 세민은 크게 놀랐다. 끝내는 스스로 탈출하였으나 두려움은 그와 같았다.』라고 하였다.《신구당서新舊唐書》및 사마공司馬公의《통감通鑑》이 말을 하지 않은 것은 어찌 위국휘치爲國諱恥[111]가 아닐 것인가.

柳公權小說曰六軍爲高句麗所乘殆將不振候者告英公之麾黑旗被圍世民大恐雖終自脫而危懼如彼新舊唐書及司馬公通鑑不言者豈非爲國諱恥乎

이세적李世勣이 세민에게 "건안建安은 남쪽에 있으며 안시安市는 북쪽에 있습니다. 우리의 군량은 벌써 떨어졌습니다. 요동(지금의 창려-원주)에서 수송해 올 수도 없습니다. 지금 안시를 넘어서 건안을 공격하다가 만약 고구려가 그 수송을 끊는다면 세勢는 반드시 궁하게 됩니다. 먼저 안시를 치는 것만 못합니다. 안시가 함락되면 북을 울리고 나아가 선안을 취하여야 합니다."라고 하였다.

李世勣言於世民曰建安在南安市在北吾軍糧早已失輸遼東今昌黎今踰安市而攻建安若高句麗斷其輸送勢必窮矣不若先攻安市安市下則鼓行而取建安耳

안시성 사람들은 세민의 깃발이 덮는 것을 보고 문득 성城에 올라 북을 치며 떠들면서 침을 뱉어서 세민을 꾸짖고 그 죄목을 무리(衆)에게 알렸다. 세민이 노기가 극심하여 성이 함락되는 날에 남녀 모두를 구덩이에 묻어버리겠다고 하였다. 안시성 사람들이 그 말을 듣고 더욱 튼튼히 지키므로 쳐들어와도 함락되지 않았다.

安市城人望見世民旗蓋輒乘城鼓譟唾罵世民數其罪目以告于衆世民怒氣極甚以爲陷城之日男女盡坑之安市城人聞之益堅守攻之不下

때에 장량張亮의 병兵은 사비성沙卑城[112]에 있었으므로 그를 부르고자 하였으나 이루지 못하였다. 먼 길을 돌아오기 때문에 실기失機하고 말았다. 장량은 장차 병을 이동하여 오골성烏骨城[113]을 습격하려고 하다가 도리어 관병官兵에게 패하였다. 이도종李道宗 역시 험조險阻에 있었으므로 움직일 수가 없었다. 이 때에 당노唐奴 제장諸將들은 스스로 서로 갈리었는데 세적世勣만이 홀로 "고구려가 나라를 기울여 안시를 구하므로 안시를 버리는 것만 같지 못하니 직접 평양을 치자."라고 하였다.

時張亮兵在沙卑城而欲召之未果低回失機張亮將移兵襲烏骨城反爲官兵所敗李道宗亦在遭險不振於是唐奴諸將議自相歧世勣獨以爲高句麗傾國救安市不若捨安市而直擣平壤

장손무기長孫無忌는 "천자가 친정親征하는 것은 제장諸將과는 다르니 요행을 바라고 위험을 타는 것은 불가하다. 지금 건안建安과 신성新城[114]의 적중敵衆은 수십 만이며 고연수高延壽가 이끄는 말갈鞨鞨 역시 수십 만이다. 국내성國內城 병兵이 만약 또 오골성烏骨城을 돌아서 낙랑樂浪 모든 길의 험험險을 차단遮斷해버리면 저들의 기세는 날로 성하여 위급함이 포위에 임박하게 되어 우리가 적을 탐하여도 후회가 미치지 못한다. 안시를 먼저 치고 다음으로 건안을 취한 후에 장구長久하게 나아가는 것만 같지 못하니 이것이 만전萬全의 계책이다."라고 하므로 결정을 짓지 못하였다. 안시성주安市城主 양만춘楊萬春이 그것을 듣고 야심夜深을 타서 수백의 정예가 성에서 줄을 타고 내려가니, 적진賊陣이 스스로 서로 짓밟아 살상이 대단하였다.

長孫無忌以爲天子親征異於諸將不可乘危徼幸今建安新城之敵衆數十萬高延壽所率鞨鞨亦數十萬國內城兵若又回烏骨城而遮樂浪諸路之險如是則彼勢日盛急於迫圍而我覘敵悔無及焉不如先攻安市次取建安然後長驅而進此萬全之計也未之決安市城主楊萬春聞之乘夜深以數百精銳縋城而下賊陣自相踐踏殺傷甚多

세민이 이도종李道宗을 시켜 성의 동남 모퉁이에 토산土山을 쌓았다. 관병이 성의 헐린 곳을 따라 출격하여 마침내 토산을 빼앗고 참호를 파서 지키니 군세軍勢가 더욱 떨쳤다. 당노唐奴들의 제진諸陣은 거의 전의戰意를 잃고, 부복애傅伏愛는 전패戰敗하여 참수斬首를 당하고, 도종道宗 이하 모든 무리가 맨발로 청죄請罪하였다.

世民使李道宗築土山於城東南隅官兵從城缺出擊遂奪土山塹而守之軍勢益振唐奴諸陣殆失戰意傅伏愛以戰敗斬道宗以下皆徒跣請罪

막리지莫離支는 수백 기를 이끌고 난파灤坡[115]에 순주巡駐하여 정형情形을 상세하게 묻고 총공사격總攻四擊 할 것을 명령하였다. 연수 등이 말갈과 더불어 협공하고 양만춘은 성城에 올라 독전督戰하니 사기가 더욱 떨쳐 일당백 아닌 것이 없었다.

莫離支率數百騎巡駐灤坡詳問情形遣命摠攻四擊延壽等與靺鞨夾攻
楊萬春登城督戰士氣益奮無不一當百矣

세민이 이기지 못한 것을 분하게 여겨 감히 결전에 나아가니, 양만춘이 곧 화살을 당겨 반공에 띄웠다. 세민이 출진하여 마침내 왼쪽 눈에 맞고 떨어졌다. 세민이 궁하여 조치措置하지 못하고 사이에 끼어 달아나는데 세적世勣과 도종道宗에게 명하여 보기步騎 수만을 이끌고 후군이 되게 하였다.

世民憤不自勝敢出決戰楊萬春乃呼聲張弓世民出陣矢浮半空遂爲所
中左目沒焉世民窮無所措從間逃遁命世勣道宗將步騎數萬爲殿

요택遼澤의 진창에 군마軍馬가 갈 수 없으므로 장손무기長孫無忌에게 명하여 만 명을 이끌고 풀을 베어 길을 메우게 하고 물이 깊은 곳에는 차車로써 다리를 놓는데, 세민이 스스로 말채찍으로 나무를 묶어 역사役事를 도왔다. 겨울 10월에 포오거蒲吾渠[116]에 이르러 말(馬)을 세우고 길을 메우는 일을 감독하였다. 제군諸軍이 발착수渤錯水를 건너는데 폭풍과 폭설이 사졸士卒들을 적시어 죽는 자가 많으므로 길에 불을 피우게 하여 기다렸다.

遼澤泥淖軍馬難行命無忌將萬人剪草塡道水深處以車爲梁世民自繫
薪於馬鞘以助役冬十月至蒲吾渠駐馬督塡道諸軍渡渤錯水暴風雪占

濕士卒多死者使燃火於道以待之

때에 막리지莫離支 연개소문淵蓋蘇文이 승승장구乘勝長驅하여 심히 급하게 그를 추격하였다. 추정국鄒定國은 적봉산赤峰山[117]에서 하간현河間縣[118]에 이르고 양만춘楊萬春은 신성新城에 직향直向하니, 군세軍勢가 크게 떨쳤다. 당노唐奴가 갑병甲兵을 많이 버리고 도망하여 바로 역수易水[119]를 건넜다.

時莫離支淵蓋蘇文乘勝長驅追之甚急鄒定國自赤峰至河間縣楊萬春
直向新城軍勢大振唐奴多棄甲兵而走方渡易水

때에 막리지가 연수에게 명하여 통도성桶道城을 개축하게 하였다. 지금의 고려진高麗鎭이다. 또 제군諸軍을 분견分遣하였는데 일군一軍은 요동성 지금의 창려昌黎를 지키게 하고, 일군一軍은 세민世民을 뒤따르게 하고, 일군은 상곡上谷을 지키게 하였다. 지금의 대동부大同府다.

時莫離支命延壽改築桶道城今高麗鎭也又分遣諸軍一軍守遼東城今
昌黎也一軍跟隨世民一軍守上谷今大同府也

이때에 세민은 궁하여 조치할 바가 없으므로 곧 사람을 보내 항복을 구걸하였다. 막리지가 정국定國과 만춘萬春 등 수만 기騎를 이끌고 의장고취儀仗鼓吹를 성진盛陳하여 앞세우고 장안長安에 입성入城하여 세민과 더불어 약정約定하니 산서山西, 하북河北, 산동山東, 강좌江左가 다 우리에게 귀속되었다.

於是世民窮無所措乃遣人乞降莫離支率定國萬春等數萬騎盛陳儀仗
鼓吹前導入城長安與世民約山西河北山東江左悉屬於我

이 때에 고구려가 백제와 더불어 외경外競하였는데 모두 요서遼西에 땅이 있었다. 백제의 영토는 요서 진평晉平[120]과 강남江南 월주越州[121]의 속현屬縣으로 1은 산음山陰, 2는 산월山越, 3은 좌월左越이었다. 문자제文咨帝에 이르러 명치明治 11년 11월에 월주를 공취하여 군현郡縣을 개서改署하고 송강松江, 회계會稽, 오성吳城, 좌월左越, 산월山越, 천주泉州[122]라 하였다. 12월에 신라新羅의 백성을 천주泉州에 옮겨서 채웠다. 이 해에 백제가 조공朝貢을 바치지 않으므로 병사를 보내서 요서遼西, 진평晉平 등의 군군郡을 공취하여 백제의 군을 폐하였다.

先是高句麗與百濟外競俱存遼西地有百濟所領曰遼西晉平江南有越州其屬縣一曰山陰二曰山越三曰左越至文咨帝明治十一年十一月攻取越州改署郡縣曰松江會稽吳城左越山越泉州十二年에 移新羅民於泉州以實之是歲以百濟不貢遣兵攻取遼西晉平等郡百濟郡廢

왕개보王介甫가 말하기를, "연개소문은 비상한 사람이다. 과연 막리지가 살아 있은 즉 고구려와 백제가 구존俱存하더니, 막리지가 죽고 나니 백제와 고구려가 함께 망하였다. 막리지는 역시 인걸이로다."라고 하였다. 막리지가 임종할 때 남생男生과 남건男建을 돌아보고 이르기를, "너희 형제는 사랑하기를 물같이 하여라. 화살은 묶으면 강하지만 나뉘면 꺾인다. 모름지기 이를 잊지 말아라." 하였다. 이 말은 천하 인국隣國의 사람들에게 웃음을 남겼으니 때는 개화開化 16년 10월 7일이었다. 묘墓는 운산雲山의 구봉산九峰山에 있다.

王介甫曰淵蓋蘇文非常人也果然莫離支在則高句麗與百濟俱在莫離支去則百濟與高句麗俱亾莫離支亦人傑也哉莫離支臨終顧謂男生男建曰爾兄弟愛之如水束箭則强分箭則折須無忘此將死之言貽笑於天

下隣國之人時則開化十六年十月七日也墓在雲山之九峰山也

고려진高麗鎭은 북경北京 안정문安定門 밖 6십 리쯤에 있다. 안시성安市城은 개평부開平府 동북 7십 리쯤에 있다. 지금의 탕지보湯池堡다. 고려성高麗城은 하간현河間縣 서북 12리에 있다. 모두 태조무열제太祖武烈帝가 쌓았다. 당唐 번한樊漢의 고려성高麗城 회고시懷古詩 한 수가 세상에 전하니 이러하였다.

高麗鎭在北京安定門外六十里許安市城在開平府東北七十里今湯池堡高麗城在河間縣西北十二里皆太祖武烈帝所築也唐樊漢有高麗城懷古詩一首傳於世其詩曰

벽지의 성문은 열려 있고	僻地城門闢
운림雲林[123]의 성가퀴[124]는 길기도 하구나.	雲林雉堞長
물은 맑아 만조晚照가 머물고	水明留晚照
모래는 어두워서 촉성燭星은 밝다.	沙暗燭星光
첩고疊鼓[125] 소리에 연운連雲[126]이 일어나고	疊鼓連雲起
새 꽃은 땅을 박차고 단장을 한다.	新花拂地粧
거연居然[127]한 아침에 저자는 변하는데	居然朝市變
관현管絃의 소리는 다시 일지 않는다.	無復管絃鏘
형극荊棘은 황진黃塵 속에	荊棘黃塵裡
호봉蒿蓬[128]은 옛 길섶에	蒿蓬古道傍
가벼운 먼지는 비취를 묻고	輕塵埋翡翠
거친 언덕 위엔 소와 양이 있다.	荒隴上牛羊
당년當年의 일을 어찌하지 못하는데	無奈當年事

가을 소리에 조용히 기러기가 날아간다.　　　　秋聲蕭鴈行

내 비록 글을 할 줄 모르나 그 운을 뒤따라서 잇는다.

予雖不文追其韻而次之曰

요서에는 지금도 성터가 남았네.	遼西尚存古城墟
생각하면 명방名邦[129]의 운조運祚가 길었지.	想必名邦運祚長
연나라 산봉우리 전색戰色은 많고	燕峀嶒巇多戰色
요하의 흐르는 물 하늘빛을 같이 하네.	遼河蕩漾共天光
풍림風林은 골짜기에서 춤을 추는데	風林空谷演舞態
산새는 나무에서 울려고 하네.	仙禽高樹欲啼桩
간모干旄[130]의 관방關防은 하룻밤에 변하고	干旄關防一夕變
호매呼賣의 진령振鈴은 처량하게 들리네.	呼賣振鈴聞凄鏘
연燕과 양凉은 원래는 우리의 것	燕凉元來盡我有
관병이 말에 물먹이던 곳이네.	官兵久鎮飮馬傍
영웅은 오지 않고 시사時事는 가고	英雄不作時事去
양羊을 몰아내듯 적을 쫓지 못하네.	無復驅敵如驅羊
지금 나는 무한한 옛 뜻을 조상弔喪하며	今我吊古無限意
핵랑核郎의 만리행을 전별한다네.	爲贐核郎萬里行

《조대기朝代記》에 이르기를, 『태조太祖 융무隆武[131] 3년에 요서遼西에 10성을 쌓아서 한漢을 방비하였다. 10성은 1은 안시安市로 개평부開平府의 동북쪽 7십 리에 있다. 2는 석성石城[132]으로 건안建安의 서쪽 5십 리에 있다. 3은 건안으로 안시의 남쪽 7십 리에 있다. 4는 건흥建興[133]으로 난하灤河

의 서쪽에 있다. 5는 요동遼東으로 창려昌黎의 남쪽에 있다. 6은 풍성豊城[134]으로 안시의 서북쪽 1백 리에 있다. 7은 한성韓城[135]으로 풍성의 남쪽 2백 리에 있다. 8은 옥전보玉田堡[136]로 옛 요동국遼東國이며 한성韓城의 서남쪽 6십 리에 있다. 9는 택성澤城으로 요택遼澤 서남쪽 5십 리에 있다. 10은 요택으로 황하黃河의 북류北流 좌안左岸에 있다. 5년 봄 정월에 또 백암성白岩城과 용도성桶道城을 쌓았다.』라고 하였다.

朝代記曰太祖隆武三年築遼西十城以備漢十城一曰安市在開平府東北七十里二曰石城在建安西五十里三曰建安在安市南七十里四曰建興在灤河西五曰遼東在昌黎西南境六曰豐城在安市西北一百里七曰韓城在豐城南二百里八曰玉田堡舊遼東國在韓城西南六十里九曰澤城在遼澤西南五十里十曰遼澤在黃河北流左岸五年春正月又築白岩城桶道城

《삼한비기三韓秘記》에 이르기를, 『《구지舊志》에 이르되 요서에 창요현昌遼縣이 있다. 당唐 때에 요주遼州로 고쳤는데, 남에는 갈석산碣石山이 있고 그 아래가 백암성白岩城이다. 역시 당 때에 이른바 암주岩州가 곧 여기다. 건안성은 당산唐山의 경내境內에 있다. 그 서남은 개평開平이라 하며 한편 개평蓋平이라고도 한다. 당 때에 역시 개주蓋州라고 한 것이 이것이다.』라고 하였다. 《자치통감資治通鑑》에 이르기를, 『현도군玄菟郡은 유성柳城[137]과 노룡盧龍의 사이에 있다. 《한서漢書》의 마수산馬首山은 유성의 서남에 있다. 당 때에 토성土城을 쌓았다.』라고 하였다.

三韓秘記曰舊志云遼西有昌遼縣唐時改遼州南有碣石山而其下則白岩城亦唐時所謂岩州卽此也建安城在唐山境內其西南爲開平一云蓋平唐時亦稱蓋州是也資治通鑑曰玄菟郡在柳城盧龍之間漢書馬首山

在柳城西南唐時築土城

연타발延佗渤은 졸본인卒本人으로 남북갈사南北曷思를 왕래하면서 이재치
부理財致富하여 거만巨萬을 쌓기에 이르고, 주몽朱蒙을 음조陰助하여 창기
입도創基立都[138]하는 데 공이 많았다. 후에 무리를 이끌고 구려하九黎河로
옮겨가 살면서 어업漁業과 염업鹽業을 하여 얻은 이득으로 고주몽성제高
朱蒙聖帝가 북옥저北沃沮를 치자 5천 석의 곡식을 바치고, 눌견訥見으로 이
도移都해서는 자원납自願納하여 유망流亡[139]을 초무招撫[140]하고 왕사王事에
부지런한 공으로 좌원坐原에 봉함을 얻어 나이 80에 죽으니, 때는 다물多
勿 34년 병신년(B.C.25년) 봄 3월이었다.

延佗渤卒本人來往於南北曷思而理財致富至累巨萬陰助朱蒙其創基
立都之功居多後率眾轉徙九黎河而賈漁鹽之利及高朱蒙聖帝伐北沃
沮納穀五千石移都訥見而先自願納招撫流亡以勤王事以功得封於坐
原而年八十歿時平樂十三年丙申春三月也

고주몽高朱蒙이 재위시在位時에 일찍이 말하기를, "만약 적자嫡子 유리琉
璃가 오면 당연히 태자로 봉하겠다."라고 하였다. 소서노召西弩가 장차 두
아들에게 불리할 것을 염려하여 기묘년(B.C.42년) 3월에 사람들로부터 패
대浿帶의 땅이 비옥하고 물자가 많다는 말을 듣고 남쪽으로 도망하여
진辰, 번番 사이의 바다가 가까운 벽지僻地에 이르렀다.

高朱蒙在位時嘗言曰若嫡子琉璃來當封爲太子召西弩慮將不利於二
子歲庚寅三月因人得聞浿帶之地肥物眾南奔至辰番之間近海僻地

거기서 10년을 살면서 밭을 사서 장원莊園을 설치하고 치부하여 큰 부자

가 되니, 원근遠近에서 소문을 듣고 찾아오는 자가 많았다. 북으로는 대수帶水에 이르고 서西로는 대해大海의 끝까지 5백 리의 땅이 다 그의 것이었다. 주몽에게 사람을 보내 글을 전하여 내부內附할 것을 원하므로 제帝가 심히 기뻐하여 그 일을 장려하고 소서노召西弩를 책호冊號하여 어하라於瑕羅라 하였다. 13년 임인(B.C.19년)에 이르러 죽고 태자 비류沸流가 입하니 사경四境이 내부來附하지 않았다.

而居之十年買田置庄致富累萬遠近聞風來附者眾南至帶水東濱大海半千里之土境皆其有也遣人致書于朱蒙帝願以内附帝甚悦而獎之冊號召西弩爲於瑕羅及至十三年壬寅而薨太子沸流立四境不附

이 때에 마려馬黎 등이 온조溫祚에게 말하기를, "신이 들으니 마한馬韓의 쇠패衰敗가 끝이 왔으니 곧 가서 입도立都할 시기입니다." 하니 온조가 대답하고 곧 배를 편성하여 바다를 건너 비로소 마한 미추홀彌鄒忽[141]에 이르니, 가는 곳마다 사야四野가 텅텅 비어 있고 사람이 살지 않은 지가 오래였다.

於是馬黎等謂溫祚曰臣聞馬韓衰敗立至乃可往立都之時也溫祚曰喏乃編舟渡海而始抵馬韓彌鄒忽行至四野空無居人

한산漢山에 도착하여 부아악負兒岳[142]에 올라가 살 만한 곳을 바라보고 마려馬黎, 오간烏干 등 열 명의 신하가 말하기를, "오직 이 하남河南의 땅은 북으로 한수漢水를 대帶하고 동으로 고악高岳을 거據하고 남으로 옥택沃澤을 열며 서로는 대해大海로 막으니, 이 천험지리天險地利는 얻기 어려운 형세이므로 마땅히 이 곳에 도읍함이 가하며 다시 다른 곳을 구하는 일은 불가합니다."라고 하였다.

久而得到漢山登負兒岳而望可居之地馬黎烏干等十臣曰惟此河南之
地北帶漢水東據高岳南開沃澤西阻大海此天險地利難得之勢宜可都
於此更不可他求也

온조溫祚가 열 명의 신하의 논의를 따라 마침내 하남위지성河南慰支城[143]
에 도읍을 정하고 잉용仍用하여 백제百濟라 칭하였는데, 백제百濟에서 왔
기 때문에 호號를 얻었다. 뒤에 비류沸流가 죽고 그 신민臣民이 그 땅을
가지고 귀부歸附하였다.

溫祚從十臣議遂定都于河南慰支城仍稱百濟以百濟來故得號也後沸
流薨其臣民以其地歸附

사로斯盧[144]의 시왕始王은 선도산仙桃山 성모聖母의 아들이다. 옛날 부여제
실夫餘帝室의 딸 파소婆蘇가 남편이 없이 잉태하므로 사람들에게 의심을
당하여 눈수嫩水[145]로부터 도망하여 동옥저東沃沮에 이르러 또 배를 띄워
서 남하南下하여 진한辰韓의 내을촌奈乙村에 닿았다. 때에 소벌도리蘇伐都
利라 하는 자가 있어서 그 말을 듣고 가서 거두어 집에서 기르니 나이
열셋이 되어 기억歧嶷[146] 숙성夙成하고 성덕聖德이 있었다. 이때에 진한辰韓
육부六部가 공존共尊하여 거세간居世干[147]이 되고 서라벌徐羅伐에 도읍을
세워 진한辰韓이라 칭국稱國하니 또한 사로斯盧라고도 하였다.

斯盧始王仙桃山聖母之子也昔有夫餘帝室之女婆蘇不夫而孕爲人所
疑自嫩水逃至東沃沮又泛舟而南下抵至辰韓奈乙村時有蘇伐都利
者聞之往收養於家而及年十三歧嶷夙成有聖德於是辰韓六部共尊
爲居世干立都徐羅伐稱國辰韓亦曰斯盧

임나任那는 본래 대마도對馬島 서북계西北界에 있었다. 북北은 바다로 막히고 다스림(治)이 있었는데 국미성國尾城이라 하였다. 동서東西에 각각 허락墟落이 있었는데 혹은 공貢하고 혹은 반叛하였다. 후에 대마 두 섬이 마침내 임나에게 제어制御를 받게 되었다. 그러므로 이로부터 임나는 곧 대마의 전칭全稱이 되었다. 자고로 구주仇州와 대도對島는 곧 삼한三韓이 분치分治하던 땅이었다. 본래는 왜인倭人이 세거世居하던 땅이 아니었다.

任那者本在對馬島西北界北阻海有治曰國尾城東西各有墟落或貢或叛後對馬二島遂爲任那所制故自是任那乃對馬全稱也自古仇州對馬乃三韓分治之地也本非倭人世居地

임나는 또 나뉘어서 삼가라三加羅가 되었다. 소위 가라加羅라는 것은 수읍首邑의 칭稱이었다. 이로부터 삼한三汗이 상쟁相爭하여 세월이 오래도록 해결하지 못하였다. 좌호가라佐護加羅는 신라新羅에 속하고, 인위가라仁位加羅는 고구려高句麗에 속하고, 계지가라雞知加羅는 백제百濟에 속한 것이 이것이다.

任那又分爲三加羅所謂加羅者首邑之稱也自是三汗相爭歲久不解佐護加羅屬新羅仁位加羅屬高句麗雞知加羅屬百濟是也

영락[148] 10년에 삼가라三加羅가 모두 우리에게 귀속歸屬되었다. 이로부터 해륙海陸의 제왜諸倭를 다 임나任那가 통치하였다. 10국國으로 분치分治하고 호號를 연정聯政이라 하였다. 그리하여 고구려가 직할直轄하고 열제烈帝가 명命한 바가 아니면 자전自專하지 못하였다.

永樂十年三加羅盡歸我自是海陸諸倭悉統於任那分治十國號爲聯政然直轄於高句麗非烈帝所命不得自專也.

아유타阿踰佗는《삼국유사三國遺事》가 서역西域이라고 말했는데 지금 제
고기諸古記를 고고한 즉, 아유타는 지금의 섬라暹羅[149]라고 말하므로 아유
타인은 대식大寔[150]의 침략을 받아 이곳에 도착하여 살았을 것이다. 이명
李茗의《유기留記》에 이르기를, 『옛날에 백제 상인商人이 있었는데 바다로
아유타에 가서 재보財寶를 많이 얻어 돌아왔다. 그 사람이 우리를 따라
내왕來往했는데 날로 더욱 교밀交密했다. 그런데 그 풍속이 나약하고 병兵
에 익숙하지 못하여 다른 사람에게 많이 제어당하였다.』라고 하였다.

阿踰佗三國遺事以爲西域云而今考諸古記則阿踰佗今暹羅云然則阿
踰佗人或爲大寔所侵逐到此而居歟李茗留記云古有百濟商海往阿踰
佗多得財寶而歸其人從我而來往日尤交密也然其俗懦不慣兵多爲人
所制

또 말하기를, "평양平壤에 을밀대乙密臺[151]가 있는데 세전世傳에 을밀선인乙
密仙人이 세웠다."라고 하였다. 을밀은 안장제安臧帝[152] 때 조의皂衣가 되어
나라에 공이 있었다. 본래 을소乙素의 후손이었다. 집에서 살면서 독서를
하고 습사習射를 하고 삼신三神을 노래하고 무리를 받아 수련을 하고 의
용義勇으로 봉공奉公하니 일세의 조의皂衣였다. 그 무리 3천이 운집雲集하
여 다물흥방지가多勿興邦之歌를 제창齊唱하고 이로 인하여 가히 그 몸을
버려서 뜻을 온전히 하는 기풍(捨身全義之風)을 일으킨 자였다. 그 노래는
이러하였다.

又曰平壤有乙密臺世傳乙密仙人所建也乙密安臧帝時選爲皂衣有功
於國本乙素之後也居家讀書習射歌詠三神納徒修鍊義勇奉公一世皂
衣其徒三千所到雲集齊唱多勿興邦之歌因此可鼓其捨身全義之風者
耳其歌曰

먼저 간 사람이 법法이 됨이여 先去者爲法兮

뒤의 사람이 위(上)가 된다네. 後來爲上

법이 되는 것은 고로 불생불멸不生不滅하고 爲法故不生不滅

위가 되는 것은 고로 무귀무천無貴無賤한다네. 爲上故無貴無賤

사람의 몸속에서 천지天地가 하나 됨이여 人中天地爲一兮

마음과 몸은 본래부터 하나라네. 心與身卽本爲一

고로 허虛와 조粗가 같나니 故其虛其粗是同

근본은 유신惟神[153]과 유물惟物이 卽本故惟神惟物不二

둘이 아니기 때문이라네.

진眞이 만선萬善의 극치가 됨이여 眞爲萬善之極致兮

신은 일중一中에서 극치를 주재主宰한다네. 神主於一中極致

고로 삼진三眞은 일중一中으로 귀일歸一하고 故三眞歸一一中

고로 일신一神이 곧 삼三이라네. 故一神卽三

천상천하유아자존天上天下惟我自存함이여 天上天下惟我自存兮

다물은 나라를 일으킨다네. 多勿其興邦

자존은 고로 무위지사無爲之事에 있고 自存故處無爲之事

흥방은 고로 불언지교不言之敎를 행한다네. 興邦故行不言之敎

진명眞命이 커져서 성性을 낳아 광명에 통함이여 眞命之大生性通光明兮

집에 들면 효도하고 밖에 나면 충성하나니 入則孝出則忠

광명은 고로 중선무불봉행衆善無不奉行하고 光明故衆善無不奉行

충효는 고로 제악일체막작諸惡一切莫作한다네. 孝忠故諸惡一切莫作

오직 백성의 의義로운 바는 惟民之所義乃國爲重兮

곧 나라를 중히 함이여

나라가 없으면 어찌 태어나리. 無國我何生

나라가 중한 고로	國重故民有物而爲福
백성이 물物이 있어 복이 되고	
내가 나온 고로 나라에는	我生故國有魂而爲德
혼이 있어 덕이 된다네.	
혼이 생生이 있고 각覺이 있고 영靈이 있음이여	魂之有生有覺有靈兮
일신一神이 유거攸居하니 천궁天宮이 되고	一神攸居之爲天宮
삼혼三魂은 고로	三魂故智生可以雙修
지智와 생생을 쌍수雙修한다네.	
일신一神은 고로 형形과 혼魂이	一神故形魂亦得俱衍
또한 구연俱衍함을 얻는다네.	
우리 자손들이 나라를 위하도록 함이여	俾我子孫善爲邦兮
태백교훈太白敎訓은 우리의 스승이라네.	太白敎訓吾所師
우리 자손들은 통합統合되고	我子孫故統無不均
불균不均함이 없다네.	
우리의 스승은 고로	吾所師故敎無不新
가르침에 새롭지 않음이 없다네.	

을밀선인乙密仙人은 일찍이 대臺에 살면서 제천수련祭天修鍊을 업業으로 하여 전념하였다. 대개 선인 수련의 법은 참전參佺으로 계戒를 하고, 이름을 건전히 하여 서로 영화롭고, 나를 희생하여 사물을 존립시키며, 몸을 버려 의義를 온전히 함으로써 국인國人을 위하는 식풍式風인 것이다. 천추千秋를 우러러 넉넉히 감흥을 일으키니 역시 사람을 존중하는 상징인 것이다. 후인이 그 대臺를 가리켜 을밀이라 하니 곧 금수강산 제일의 명승이다.

乙密仙人嘗居臺專以祭天修鍊爲務盖仙人修鍊之法叅佺爲戒健名相
榮空我存物捨身全義爲國人式風仰千秋足以起感亦爲人尊之象徵也
後人稱其臺曰乙密乃錦繡江山之一勝也

1. **청사** - 정무政務를 보다.

2. **정** - 진시황의 본명. 진나라 장양왕莊襄王의 아들로 태어났다. 여불위呂不韋
   의 아들이라고 한다.

3. **유화** - 하백河伯의 딸. 첫째가 유화柳花, 둘째는 훤화萱花, 막내는 위화葦花
   라고 한다.

4. **불릉** - 한소제漢昭帝.

5. **서란** - 만주 길림성吉林省 영길현永吉縣의 서북西北 납목하拉木河의 지류支
   流. 잡차하卡岔河의 동안東岸.

6. **협보** - 후에 다자라국多姿羅國의 시조가 되었다.

7. **졸본** - 고주몽이 도읍을 정한 곳. 광개토왕비문에 나타난 홀본忽本과 같은
   말. 고구려 5부족 중 계루부桂婁部가 위치한 곳이며, 지금 혼강渾江 유역의
   한인桓仁지방을 이곳으로 추측한다.

8. **국내성** - 제2대 유리왕이 천도한 곳. 만포진滿浦鎭 대안의 집안현소輯安縣所
   와 그 배후의 산성을 포함하는 지역. 여기의 산성이 바로 환도성丸都城임을
   알 수 있게 되었다.

9. **새우** - 고구려 10대 산상왕山上王의 아우. 형 발기發岐의 난을 평정하였다.

10. **공손탁** - 후한 말기의 장군. 요동遼東 양평襄平 사람으로 자字는 외제外濟. 본래 현도의 하급 관리였다가 요동태수遼東太守가 되었다. 고구려와 오환 烏丸을 쳐서 세력을 뻗쳤으며 190년에 요동군遼東郡을 요서遼西와 중요中遼 로 만들고 자립하여 요동후평주목遼東侯平州牧이라 하였다.(이홍직編 일중당 刊《국사대사전》참조)

11. **낙랑** - 대무신열제 20년에 멸망시킨 낙랑국은 평양에 있던 최숭崔崇이 세 운 최리崔理의 낙랑국樂浪國이며 여기의 낙랑樂浪은 한漢의 낙랑樂浪이다.

12. **삼진** - 진성眞性, 진명眞命, 진정眞精.

13. **조선** - 고주몽은 해모수의 고손이다.

14. **허정** - 마음에 잡념이나 망상이 없이 조용하다.

15. **사기** - 사특한 기운.

16. **혈구** - 법에 의하여 재는 일. 곡척을 가지고 재다.

17. **을파소(?~A.D.203년)** - 고구려 산상왕 때의 재상. 압록곡 사람. 유리왕 때 의 대신 을소乙素의 손자.

18. **겸조** - 일을 겸하다.

19. **위공정신** - 솔선하다, 앞으로 나아가다.

20. **지치** - 이상적으로 잘 다스려진 정치.

21. **한맹** - 한맹제寒盟祭의 준말. 동맹東盟, 동명東明이라고도 한다.《위지魏志》 의 〈고구려전〉에는 『왕도王都의 동쪽에 수혈隧穴이 있어 10월에 국중대회 國中大會를 열고 수신隧神을 제사지내며 목수木隧를 신좌神座에 모신다.』라 고 기록되어 있다.(이홍직編 일중당刊《국사대사전》참조)

22. **민방** - 백성의 나라 곧 국가.

23. **앙연부동** - 자부하는 모양.

24. **5계** - 화랑 세속5계와 그 계목戒目이 같다. 삼한통속三韓通俗이란 것이 원

광법사가 말한 세속世俗이 아닐까?

25. **황성** – 국내성.

26. **안주** – 평안남도 안주.

27. **조천석** – 현재 알려진 조천석朝天石은 동명왕東明王이 기린마를 타고 승천했다는 곳으로 평양의 부벽루 아래에 있다고 한다.

28. **삭주** – 평안북도 서북에 위치한다. 고구려 멸망 후 발해의 서경 압록부에 속했다.

29. **거문산** – 삭주의 천마산 북쪽에 있는 산 이름.

30. **운산** – 평안북도 중앙에 위치한다. 고려 때 운중현雲中縣 또는 원화진遠化鎭이라 불렸으며 광종 때 위화진威化鎭으로 개칭했다.

31. **한맹제** – 주21 참조.

32. **천악** – 천신국의 음악.

33. **개좌** – 보좌하는 일 또는 그 사람. 개보介輔와 뜻이 같다.

34. **임천** – 충청남도 부여군扶餘郡에 있는 지명. 본래는 백제의 가림군加林郡. 임천의 부여군扶餘郡 임천면林川面 비정은《삼국사기》 '지리地理'와 김성호 著 지문사刊《비류백제와 일본의 국가기원》에 따른 것이다. 이 책 83쪽에는 광개토왕이 공략攻略한 58개 성성城의 위치비정표位置比定表가 있는데 이 책의 9개 지역에 해당되는 지명은 웅진熊津 즉 공주公州 거발성居拔城과 임천林川 즉 임성林城의 2개 지명이 들어 있다.

35. **와산** – 와산성蛙山城 즉 지금의 보은報恩.(《삼국사기》〈잡지〉 '지리4' 삼국유명미상지방三國有名未詳地方 참조)

36. **괴구** – 충북 괴산槐山일까?

37. **복사매** – 지금의 영동. 심천현일운복사매深川縣一云伏斯買.(《삼국사기》〈잡지〉 '지리4' 고구려 참조)

38. **우술산** – 지금의 대덕군大德郡, 공주군公州郡.(《삼국사기》 '지리3' 참조)

39. **진을례** – 진례군進禮郡 즉 백제의 진잉을군進仍乙郡? 지금의 금산군錦山郡, 무주군茂州郡, 진안군鎭安郡.(《삼국사기》 '지리3' 참조)

40. **노사지** – 지금의 대전 유성儒城.(《삼국사기》 '지리3' 참조)

41. **평량** – 감숙성甘肅省 평량현平凉縣의 서북西北.

42. **임나** – 이 책에서는 다음과 같이 쓰고 있다. 『임나는 본래 대마도 서북계에 있었다. 북은 바다로 막히고 다스림이 있었는데 국미성國尾城이라 하였다. 후에 대마 두 섬이 마침내 임나에게 제어를 받게 되었다. 그러므로 이로부터 곧 임나는 전칭全稱이 되었다. 임나는 또 나뉘어서 삼가라三加羅가 되었다. 가라라는 것은 수읍首邑의 칭稱이었다. 영락 10년에 삼가라三加羅가 모두 고구려에 귀속되었다. 이로부터 해류의 제왜諸倭를 다 임나가 통치하였다. 10국으로 분치分治하고 호를 연정聯政이라 하였으며 고구려가 직할直轄하고 열제烈帝가 명命한 바가 아니면 자전自專하지 못하였다.』(《고구려국본기》 말미末尾 참조)

43. **이왜** – 이국伊國과 왜국倭國? 『일본에 옛날에 이국伊國이 있었다. 이세伊勢라고도 한다. 왜倭와 동린同隣이다.』(《대진국본기》 참조)

44. **마한** – 옛 마한馬韓의 땅. 즉 지금의 평양이 그 수도였다.

45. **구야한국** – 변진구야국인弁辰狗邪國人이 먼저 들어와 살던 곳으로 구야본국인狗邪本國人이 다스렸으며 당시 일본에 있던 1백여 국 중에서 가장 큰 나라였다.(《대진국본기》 참조) 구야국狗邪國은 변진弁辰 중의 1국, 가야伽耶, 가락駕洛, 가락伽落, 가라伽羅, 가량加良 등으로 불리우며 지금의 김해金海에 위치했던 국가이다.

46. **가라해** – 일본日本 구주九州 남쪽의 바다.

47. **변진구야국인** – 가락국인. 주45 참조.

48. 안라국 – 『이도국伊都國은 축자筑紫에 있다. 바로 일향국日向國이다. 이로부터 이동以東은 왜倭에 속하고 그 남동南東은 안라安羅에 속하였다. 안라安羅는 본래 홀본인忽本人이었다.』〈대진국본기〉 참조)

49. 회계군 – 중국 절강성浙江省에 있는 지명. 춘추시대 월越나라의 본거지.

50. 나패 – 일본 구주九州 남쪽 난세이제도에 딸린 충승도沖縄島(오키나와섬) 남단에 있다.

51. 여왕 – 구야한국狗邪韓國의 여왕인 것 같다. 참고삼아《삼국지三國志》'왜인전'의 기록을 아래에 옮긴다.『그 나라도 본시 남자로 왕을 삼았는데 칠팔십 년 살고난 다음 왜국이 흐트러져 서로 치기를 수년 동안 하게 되자 비미호卑彌呼라는 이름의 한 여자를 왕으로 세웠는데 귀신의 도를 섬겨 무리를 능히 현혹케 하였고, 나이가 차서도 남편을 맞이하지 아니하고 남동생이 있어서 국정을 보필케 하였다.』(이종기著 일지사刊《가락국탐사駕洛國探査》127~128쪽 참조)

이종기 씨는 비미호卑彌呼를 가락국駕洛國 수로왕首露王의 왕녀王女라고 이 책에서 주장하고 있다.『그곳은 현지명으로 구마모토현(熊本縣) 야쓰시로시(八代市)였으며 필자가 예측한 대로 바다에 면한 큐우슈우 최대의 강 구마가와(球磨川) 좌안左岸에 자리하는 곳이다. 현지에 도착하자 필자는 야마이국의 왕성을 찾는 일부터 착수하였다. 구마가와의 좌안은 표고 376m의 핫초오산(八丁山)의 서록에 구릉들이 연이어 있는데 육안으로도 정상이 눈에 띄게 편편한 산이 마루야마(丸山)이며 이곳에 이 부근의 진수鎭守에 해당하는 오랜 사당이 있었다.

우선 마루야마를 왕성으로 추정해 둔 다음 이곳에서 동북 방위에 원경圓境을 찾기로 하였다. 마침내 왕성에서 동북 15도 직선거리 약 2km지점에서 와형을 유지해 온 자우수야마(茶臼山) 고분 을 찾이있다. 그 다음 야유타 왕국과의 유대를 증좌할 신어상神魚像도 이 여왕 비미호의 사당 높은 추녀 밑에서 발견할 수 있게 되었다. 당지에서는 묘오껜상(묘견妙見님)으로 불리는 일본 왕조의 초대왕 비미호가 거북을 타고 뱀을 앞세워 상륙해서 칠팔십 년 간의 정착을 거쳐 신으로 받들린다. 묘오껜상이 받드는 신이 있었는데 영부靈符님이라는 이 신을 모신 사당은 일본국 최초의 사당이다. 오늘날에도 한반도에서 흔히 볼 수 있는 부적의 집대성 같은 이 영부의 중심도가 우리 태극기의 최초의 패턴과 거의 동일하다는 사실에도 착목하지 않을 수 없다. 북두칠성과 북극성에 의한 원의 분할이 있었던 것이다.』(위의 책 130~149쪽 참조)

52. **진도** - 대마도의 북쪽 섬.

53. **지가도** – 志駕島? 복강福岡의 역사적인 명소 '한왜노국왕漢倭奴國王'의 황금 옥쇄가 발견된 곳이다.

54. **말로호자** – 말로국. 본래 읍루인邑婁人이 살던 곳이다.(〈대진국본기〉 참조)

55. **오** – 『오나라는 옛날 주왕조의 왕족의 한 사람이 동남으로 이주하여 세운 나라라고 하지만 단발에다 문신文身을 한 민족의 풍속인 것을 보면 그것은 하나의 전설에 지나지 않은 것 같다.』(삼성출판사刊《대세계大世界의 역사歷史 2》86쪽 참조)

56. **월** – 『월나라는 백월百越이라고 부르듯이 동남이東南夷의 여러 부족이 통합되어 세워진 나라이다. 그 본거지인 회계산에는 우禹나라의 유적이 있는 까닭으로 하왕조夏王朝의 자손이라 불렀으나 본래는 역시 오나라와 마찬가지로 단발하고 문신을 넣는 연해족沿海族이다.』(삼성출판사刊《대세계大世界의 역사歷史 2》86쪽 참조)

57. **산월** - 산월山越과 좌월左越은 백제의 영토였으나 고구려高句麗 문자제文咨帝(21代) 명치明治 11년 11월에 고구려의 영토가 되었다.(〈고구려국본기〉 참조)

58. 종도 - 일본 구주九州 남쪽 오오스미제도(大隅諸島)에 있는 섬.

59. 실위 - 글안(거란)의 한 부족.

60. 매금 - 『昔新羅□錦』(광개토왕비문 참조)

61. 어하라 - 소서노召西弩의 나라. 바로 비류沸流의 나라다. 장수왕長壽王 때까지 비류沸流의 나라 이름이 존재하고 있음이 주목된다.《삼국사기》에는 비류가 자살한 것으로 되어 있으며 이 책〈고구려국본기高句麗國本紀〉는 B.C.19년에 소서노召西弩가 죽고 비류沸流가 서자 사경四境이 내부來附하지 않았다고 하였다.

『고주몽 재위시在位時에 일찍이 말하기를, 만약 적자 유리가 오면 당연히 태자로 봉하겠다고 하므로 소서노가 장차 두 아들에게 불리할 것을 염려하여 기묘년(B.C.42년) 3월에 사람들로부터 패대浿帶의 땅이 비옥하고 물자가 많다는 말을 듣고 남쪽으로 도망하여 진·번 사이의 바다가 가까운 벽지에 이르러 거기서 10년을 살면서 밭을 사서 장원을 설치하고 치부하여 큰 부자가 되니 원근에서 소문을 듣고 찾아오는 자가 많았다. 북으로는 대수帶水에 이르고 서로는 대해大海의 끝까지 반 1천 리의 땅이 그의 것이었다. 주몽에게 사람을 보내 글을 전하여 내부內附할 것을 원하므로 제帝가 심히 기뻐하여 그 일을 장려하고 소서노를 책호册號하여 어하라於瑕羅라 하였다.』(〈고구려국본기〉 참조)

김성호 씨는 비류백제沸流百濟가 웅진熊津으로 남하南下하여 A.D.396년에 광개토대왕에게 멸망될 때까지 그곳에 있었으며, 396년에 고구려에게 멸망당한 후에는 왕족집단王族集團이 일본으로 망명하여 일본의 천황가天皇家를 이루었다고 주장하고 있다.(김성호著 지문사刊《비류백제와 일본의 국가기원》194~216쪽 참조)

62. 수병 - 광개토왕이 묘를 지키는 군사를 가리킨다.(광개토왕비문 및 이신희著

일조각刊《광개토왕비의 탐구》참조. 광개토왕비 전문은 최남선編 민중서관刊《삼국유사》에 수록되어 있다.) '而倭以 辛卯年來渡海破百殘'의 문장에서 '渡海破'의 주인공은 광개토대왕이 틀림없다.

63. **평강상호태열제** - 고구려 제25대 평원왕(재위 559~590년).

64. **온달(?~590년)** - 고구려 평원왕 때의 장군.

65. **갈석산** - 열하성熱河省 능원현能源縣에 있다.

66. **배찰산** - 열하성熱河省 경붕현經棚縣의 경계에 있다.

67. **유림관** - 하북성河北省 경현景縣의 동북東北.

68. **북주** - 우문宇文씨가 북위의 서쪽에 세운 나라. 후에 북주北周가 북제北齊를 정벌하고 북제를 정벌하는 데 공을 세운 북주의 장군 양견楊堅이 황제가 되어 국호를 수隋라고 고쳤다. 양제煬帝가 즉위하여 중국 강북에 남아 있는 고구려의 세력을 없애기 위하여 배후국인 고구려에 침구하였다.(박시인著 주류刊《샘이 깊은 물은》56~59쪽 참조)

69. **홍무** - 고구려 26대 영양왕의 연호.

70. **비사성** - 만주 대련大連 부근. 卑沙城.

71. **곡사정** - 고구려에 피해 온 수隋의 시랑侍郞.

72. **회원진** - 류성柳城(朝陽)과 가까운 곳인 듯하다.(《삼국사기》보장왕 4년조 참조)

73. **태원** - 산서성山西省 태원太原.

74. **유주** - 난하와 하수河水 하류 부근의 요서 지방 일대. 북경北京.

75. **건안** - 요령성遼寧省 개평현蓋平縣.『건안성建安城은 당산唐山의 경내境內에 있다. 그 서남西南을 개평開平이라 하며 한편 蓋平이라고도 한다. 당唐 때에 개주蓋州라고 한 것이 이것이다.』(《고구려국본기》참조)

76. **백암** - 만주 요녕성 요양현遼陽縣의 동북東北. 갈석산 남쪽.

77. **창려** - 요동성, 열하성熱河省 능원현凌源縣.

78. **창평** - 하북성河北省 북경北京의 북쪽.

79. **탁성** - 涿郡?

80. **신창** - 하북성 신성현新城縣의 동쪽.

81. **평곡** - 하북성 북경의 동북.

82. **조양** - 찰합이성察哈爾城 회래현懷來縣.

83. **상곡** - 지금의 북경 북쪽의 대동부大同府.

84. **화룡** - 길림성 연길현의 남쪽.

85. **환주** - 난하 상류 조양造陽의 북쪽.

86. **연태조** - 연개소문의 아버지.

87. **등주** - 산동성山東城 모평현牟平縣.

88. **위충** - 수隋의 영주營州 총관總官.

89. **민호** - 민가民家.

90. **색적** - 민적民籍을 찾다.

91. **분봉** - 백제의 관제가 군현제郡縣制가 아니라 분봉제分封制였다는 것을 알
    수 있다.

92. **부조** - 세금을 부과하다.

93. **내지** - 본국.

94. **명치** - 명치는 고구려 문자왕의 연호이며, 명치 연간은 백제에서는 동성
    왕東成王과 무녕왕武寧王 때에 해당한다.

95. **혁노** - 버럭 화를 내다.

96. **천토** - 하늘의 토벌.

97. **양견** - 수隋 문제文帝의 이름.

98. **화심** - 모반하려고 하는 마음.

99. **양량** - 한왕漢王 양량楊諒, 수隋 문제文帝의 넷째 아들.

100. 정주 - 하북성河北省 정현定縣.

101. 동래 - 산동반도山東半島에 있는 내주來州.

102. 고성 - 영류왕榮留王의 이름.

103. 남수북벌 - 고구려는 강력한 북벌정책을 시행할 목적으로 장수왕 이래 배후 세력의 안정을 도모하기 위해 잠정적으로 남진정책을 써왔던 것 같다. 연개소문은 남수북벌주의자南守北伐主義者였다.

104. 상좌평 - 백제의 성충成忠을 말한다.

105. 사구 - 사사로운 원수.

106. 장안 - 당나라의 서울.

107. 개화 - 보장왕의 연호.

108. 제하 - 중국을 가리킨다.

109. 요택 - 요하遼河 중하류中下流로 비정되어 왔으나 황하의 북류 좌안이다.

110. 류공권 - 778~865년. 당唐나라 말기의 대표적인 서예가. 김부식이 언급한 류공권의 소설은 사실 류공권의 소설이 아니라 후대에 류공권의 이름을 빌려 관련 자료를 출간한 것으로 중국 학계는 보고 있다. (자세한 내용은 김정배 교수의 논문 《삼국사기三國史記》〈보장왕기寶藏王紀〉 사론史論에 보이는 류공권柳公權 소설小說 문제問題' 참고)

111. 위국휘치 - 중국인의 춘추사관春秋史觀, 즉 영광스러운 일은 과장하여 쓰고 수치스러운 일은 감춰버리는 자국중심自國中心의 역사관이다. 일제의 식민사관植民史觀과 함께 우리 역사를 왜곡歪曲 기술記述했다.

112. 사비성 - 비사성卑沙城을 잘못 쓴 것인 듯하다.

113. 오골성 - 요녕성遼寧省의 봉성현성鳳城縣城. 지금의 연산관連山關.

114. 신성 - 요하遼河 상류上流의 봉천奉天 무순撫順 부근으로 보아왔으나 확실하지 않다.(주80 참조)

115. **난파** – 난하灤河.

116. **포오거** –《삼국사기》보장왕 4년 조에는 '포구蒲溝'라고 했다.

117. **적봉산** – 요북성遼北省에 있는 산 이름.

118. **하간현** – 하북성河北省 임구현任丘縣의 남쪽.

119. **역수** – 하북성河北省 역현易縣의 서西. 정흥현定興縣의 서남西南에서 발원發源한다. 중역수中易水라 하며 옛날의 무수武水다. 외에 북역수北易水와 남역수南易水가 있으나 모두 거마하拒馬河로 들어간다.

120. **진평** – ?

121. **월주** – 절강성浙江省 지방.(주56 참조)

122. **천주** – 복건성福建省 진강현晋江縣, 복건성福建省 민후현閩侯縣.

123. **운림** – 구름이 걸친 숲. 전하여 숨어 사는 땅.

124. **성가퀴** – 성 위에 나지막하게 쌓은 담.

125. **첩고** – 입도入道하는 군사를 모으기 위하여 대궐 안에서 북을 치는 일.

126. **연운** – 연결된 구름.

127. **거연** – 사물에 동하지 아니하는 모양.

128. **호봉** – 쑥 따위 잡초가 우거진 곳.

129. **명방** – 이름난 나라.

130. **간모** – 방패와 기.

131. **융무** – 고구려 6대 태조왕의 연호.

132. **석성** – ?

133. **건흥** – 산서성山西省 진성현晋城縣의 서북西北, 강소성江蘇省 영현寧縣의 남동南東 등이 있으나 지금 난하의 중하류 만리장성에 인접한 건창建昌 부근이 아닐까.

134. **풍성** – ?

135. **한성** - 번한성番韓城?

136. **옥전보** - 하북성河北省 풍윤현豊潤縣의 서西.

137. **유성** - 조양朝陽.

138. **창기입도** - 나라를 세우다.

139. **유망** - 일정한 주거가 없이 방랑하는 사람.

140. **초무** - 불러서 위로하다.

141. **미추홀** - 인천과 아산으로 보는 두 가지 견해가 있다.

142. **부아악** - 용인 부아악負兒岳(김성호著 지문사刊《비류백제와 일본의 국가 기원》 63쪽 참조)

143. **하남위지성** - 하남위례성河南慰禮城이라 한다. 김성호 씨는《삼국유사》와 《동국여지승람》에 따라 직산설稷山說을 지지하고 있다. (위의 책 60쪽 참조)

144. **사로** - 신라의 옛 이름.

145. **눈수** - 만주 흑룡강성에 있다.

146. **기억** - 뛰어나게 영리하다.

147. **거세간** - 소국의 군장 칭호이다.

148. **영락** - 광개토왕의 연호.

149. **섬라** - 지금의 태국.

150. **대식** - 페르시아.

151. **을밀대** - 평양 금수산錦繡山 마루에 있는 대臺. 약 6백 년 전에 건립된 것으로 추정되는 사허정四虛亭이 있다.

152. **안장제** - 고구려 22대.

153. **유신** - 유신유물불이惟神惟物不二 사상은 비시원적非始源的인 한국사상의 핵심이다. 삼신사상三神思想에서 연유했다. 대립 모순적이고 시원적인 정반합적 변증법은 고유의 한국 사상에서는 찾아볼 수 없다.

《조대기朝代記》에 이르기를, 『개화開化 27년 9월 21일 평양성平壤城이 함락될 때 진국振國의 장군將軍 대중상大仲象[2]은 서압록하西鴨綠河를 지키고 있다가 변을 듣고 마침내 무리를 이끌고 험로를 달려 개원開原을 지났다. 이 소식을 듣고 따르기를 원하는 자가 8천이었다. 곧 같이 돌아가서 동東으로 동모산東牟山[3]에 이르러 튼튼한 벽에 의거하여 자보自保하고 후고구려後高句麗라 하였다. 연호를 중광重光이라 하고 격檄을 전하니, 이르는 곳마다 원근遠近의 제성諸城이 귀부歸附하는 자가 많았다. 오직 옛 땅을 회복하는 것을 자기의 임무로 하였다. 중광 32년 5월에 붕하였다. 묘호廟號를 세조世祖라 하고 시호를 진국열황제振國烈皇帝라 하였다.

朝代記曰開化二十七年九月二十一日平壤城陷落時振國將軍大仲象守西鴨綠河聞變遂率眾走險路經開原聞風願從者八千人乃同歸而東至東牟山而據堅壁白保稱國後高句麗建元重光傳檄所到遠近諸城歸附

者眾惟以復舊土爲己任重光三十二年五月崩廟號曰世祖諡號曰振國
烈皇帝

태자太子 조영祚榮[4]이 부사訃使를 따라 영주營州의 계성薊城[5]으로부터 무
리를 이끌고 와서 황제皇帝에 즉위하고 홀한성忽汗城[6]을 쌓아 천도遷都하
여 군사 10만을 모집하니 위성威聲이 크게 떨쳤다. 곧 정책政策과 제도制
度를 수립하여 당唐에 항거하여 적에게 복수할 것을 스스로 맹세하고 말
갈靺鞨[7]의 장수 걸사비우乞四比羽와 글안(契丹, 거란-편집자주)의 장수 이진영
李盡榮과 더불어 손을 잡고 병兵을 연합하여 천문령天門嶺[8]에서 당장唐將
이해고李楷固를 대파하고 제장諸將을 나눠서 군현郡縣을 설치하여 지키게
하였다. 유망流亡을 어루만지고 두루 보호하여 정착하게 하므로 백성의
신망을 크게 얻어 모든 기강을 새롭게 하여 국호國號를 대진大震이라 정
하고 연호를 천통天統이라 하였다. 고구려의 옛 땅을 점거하고 있으면서
6천 리의 땅을 개척하였다.

太子祚榮從訃使自營州薊城率眾至卽帝位築忽汗城遷都募軍十萬威
聲大振乃定策立制抗唐爲敵復讐自誓與靺鞨將乞四比羽契丹將李盡
榮握手聯兵大破唐將李楷固於天門嶺分諸將置守郡縣招撫流亾周護
定着大得民望萬綱維新國號定爲大震年號曰天統據有高句麗舊彊拓
地六千里

천통 21년 봄에 대안전大安殿에서 붕하였다. 묘호를 태조太祖라 하고 시
호諡號를 성무고황제聖武高皇帝라 하였다. 태자 무예武藝가 입하여 개원改
元하기를 인안仁安이라 하였다. 서西로 글안과 더불어 오주목烏珠牧 동쪽
10리 임황수臨潢水[9]로 경계를 정했다. 이 해에 개마蓋馬, 구다句茶,[10] 흑수黑

水 제국이 다 칭신稱臣하고 조공을 바쳤다. 또 대장 장문휴張文休를 보내 자사刺史 위준韋俊을 죽이고 등래登萊[11]를 취하여 성읍城邑을 만들었다. 당 주唐主 융기隆基[12]가 노하여 병兵을 보내 쳐들어왔으나 불리하였다.

天統二十一年春崩于大安殿廟號曰太祖諡號曰聖武高皇帝太子武藝
立改元曰仁安西與契丹定界烏珠牧東十里臨潢水是歲蓋馬勾茶黑水
諸國皆稱臣納貢又遣大將張文休殺刺史韋俊取登萊爲城邑唐主隆基
怒遣兵來討不利

명년에 수장守將 연충린淵忠麟이 말갈과 더불어 요서遼西 대산帶山의 양陽에서 당노唐奴를 대파하였다. 당이 신라新羅와 더불어 밀약密約하고 동남 제군諸郡을 급습하여 천정군泉井郡에 이르렀다. 제가 조칙하여 보기步騎 2만을 보내 격파하였다. 대설大雪을 만나 나당군羅唐軍의 동사자凍死者가 심히 많았다. 이 때에 하서河西의 이하泥河까지 추격하여 경계를 삼았다. 지금의 강릉江陵 북쪽 이천泥川이다. 해주海州, 암연현岩淵縣, 동東으로 신라와 경계하였다. 암연은 지금의 옹진瓮津이다. 이로부터 신라가 세시歲時에 입공入貢하였다. 임진강臨津江 이북의 제성諸城이 다 우리에게 돌아왔다. 또 명년에 당이 신라와 연병聯兵하여 침입하였으나 마침내 공을 이루지 못하고 물러갔다.

明年守將淵忠麟與靺鞨大破唐奴於遼西帶山之陽唐密與新羅約急襲
東南諸郡至泉井郡帝詔遣步騎二萬擊破之會大雪羅唐軍凍死者甚多
於是追至河西泥河爲界今江陵北泥川是也海州岩淵縣東界新羅岩淵
今瓮津是也自此新羅歲時入貢臨津江以北諸城盡歸我又明年唐與新
羅聯兵來侵竟無功而退

인안仁安 16년에 구다句茶, 개마蓋馬, 흑수黑水 제국諸國이 그 나라로써 항복해 오므로 취하여 성읍城邑을 만들었다. 명년에 송막松漠 12성城을 쌓았다. 또 요서遼西 6성을 쌓았다. 마침내 5경京 6주州 1군郡 28현縣이 되었다. 원폭圓幅이 9천여 리였다. 강성하였다. 이 해에 당唐, 왜倭 및 신라新羅가 사신을 보내 입공하였다. 천하가 해동의 성국(海東盛國)이라 칭하였다. 발해渤海 사람 셋이면 범 한 마리를 당한다는 말이 있게 되었다. 때에 임금과 백성이 화락하여 사史와 악樂과 의義를 논하였다. 오곡이 풍등豊登하고 사해가 편안하므로 대진육덕의 노래(大辰六德之歌)가 있었다. 아름다운 일이었다.

仁安十六年句茶蓋馬黑水諸國以其國來降取爲城邑明年築松漠十二城又築遼西六城遂有五京六十州一郡三十八縣圓幅九千餘里可云盛矣是歲唐倭及新羅並遣使入貢天下稱爲海東盛國至有渤海三人當一虎之語時君民和樂論史樂義五穀豊登四海晏然有大震六德之歌以美之

익년 3월에 안민현安民縣에 감로甘露[13]가 내렸다. 예관禮官이 하의賀儀를 계청啓請하므로 그를 따랐다. 이 달 16일에 서압록의 위에서 삼신일체三神一體 상제上帝에게 제사를 지냈다. 서압록은 고리고국槀離古國의 땅이다.

翌年三月安民縣甘露降禮官啓請賀儀從之是月十六日祭三神一體上帝于西鴨綠河之上西鴨綠槀離古國地也

19년에 제가 붕하였다. 묘호를 광종光宗이라 하고 시호를 무황제武皇帝라 하였다. 태자 흠무欽茂가 대흥大興[14]이라 개원改元하고 동경東京 용원부龍原府[15]로부터 상경上京 용천부龍泉府[16]로 이도移都하였다. 명년에 태학太學

을 세워 천경天經과 신고神誥를 가르치고 한단桓檀의 고사古史를 강講하였다. 또 문사文士에게 명하여 국사國史 1백2십5권을 수찬修撰하였다. 문치文治로 예악禮樂을 일으키고 무위武威로 제이諸夷를 복속시켰다. 태백현묘太白玄妙의 도道는 백성을 적시고 홍익인간弘益人間의 화化는 믿고 의지함을 만방萬方에 미치게 하였다.

十九年帝崩廟號曰光宗諡號曰武皇帝太子欽武立改元曰大興自東京龍原府移都于上京龍泉府明年立太學教以天經神誥講以桓檀古史又命文士修國史一百二十五卷文治興禮樂武威服諸夷太白玄妙之道洽於百姓弘益人間之化賴及萬方

대흥大興 45년에 치청淄青 절도사節度使 이정기李正己가 거병擧兵하여 당군에 항거하였다. 제가 장군을 보내 싸움을 도왔다. 이정기는 고구려 사람이다. 평로平盧에서 낳았다. 22년에 사중師衆[17]이 군수軍帥 이희일李希逸을 쫓아내고 정기를 세웠다. 죽었다. 아들 납納이 부중父衆[18]을 통솔하였다. 56년에 납이 죽고 아들 사고師古가 그 자리를 대신 이었다. 납이 죽자 그 집 사람들이 발상發喪하지 않고 몰래 사도를 맞아서 그를 받들었다.

大興四十五年淄青節度使李正己擧兵拒唐軍帝遣將助戰李正己高句麗人也生於平盧二十二年師眾逐軍帥李希逸立正己卒子納統父眾五十六年納卒子師古代其位及卒其家人不發喪潛使迎師道於密而奉之

대흥 57년에 제帝가 붕했다. 묘호를 세종世宗이라 하고 시호를 광성문황제光聖文皇帝라 하였다. 국인國人이 그 족제族弟 원의元義를 세웠는데 성질이 포악하고 나라를 다스릴 만한 능력이 없으므로 집술(794년)에 국인이 그를 폐하였다. 선제先帝의 손손孫孫 화홍華興을 영입하였다. 중홍中興이라 개원하였다. 명년에 붕하였다. 묘호를 인종仁宗이라 하고 시호를 성황제成皇帝라 하였다. 황숙皇叔 숭린崇璘이 입했다. 이를 목종穆宗 강황제康皇帝라 한다.

大興五十七年帝崩廟號曰世宗諡號曰光聖文皇帝國人立其族弟元義
性暴惡不能理國甲戌國人廢之迎立先帝之孫華興改元曰中興明年崩
廟號曰仁宗諡號曰成皇帝皇叔崇璘立是爲穆宗康皇帝

의종毅宗 정황제定皇帝 원유元瑜, 강종康宗 희황제僖皇帝 언의言義, 철종哲宗 간황제簡皇帝 명충明忠을 지내 성종聖宗 선황제宣皇帝 인수仁秀에 이르렀다. 천자天資가 영명英明하고 유덕有德한 기상이 신과 같아 재주가 있고 문무文武를 겸하였다. 곧 태조의 풍風이 있었다.

歷毅宗定皇帝元瑜康宗僖皇帝言義哲宗簡皇帝明忠至聖宗宣皇帝仁秀
天資英明德氣如神才兼文武乃有太祖之風

남으로 신라를 평정하여 이물泥勿, 철원鐵圓, 사불沙弗, 암연岩淵 등 7주州를 설치하고 북으로 염해鹽海, 나산羅珊, 갈사曷思, 조나藻那, 석혁錫赫 및 남북 우루虞婁를 경략하여 제부諸部를 설치하였다. 장백長白의 동東을 안변安邊이라 하고, 압강鴨江의 남을 안원安遠이라 하고, 목단牧丹의 동을 철리鐵利라 하고, 흑수黑水의 상上을 회원懷遠이라 하고, 난하灤河의 동을 장령長嶺이라 하고, 장령長嶺의 동을 동평東平이라 하였다.

南定新羅置泥勿鐵圓沙弗岩淵等七州北畧鹽海羅珊曷思藻那錫赫及
南北虞婁置諸部長白之東曰安邊鴨江之南曰安遠牧丹之東曰鐵利黑
水之上曰懷遠灤河之東曰長嶺長嶺之東曰東平

우루虞婁는 북에 있다. 대개마大蓋馬의 남북에 지광地廣이 9천 리로 경계가 넓게 펼쳐 있었다. 문치文治가 희흡熙洽[19]하여 위로 국도國都로부터 아래로 주현州縣에 이르기까지 모두가 태학太學 등의 교육기관이 있어 구서오계九誓五戒를 조석朝夕으로 송습誦習하고 춘추春秋로 고적考績하여 중의에 따라 사람을 천공薦貢하므로 힘을 기르며 임용될 때까지 집에서 기다렸다.

虞婁在北大蓋馬之南北地廣九千里境宇大開文治熙洽上自國都下至州縣皆有學九誓五戒朝夕誦習春秋考績衆議薦貢人旣畜力家盡待用

이로부터 국세國勢가 부강해졌으며 내외가 편안하고 즐거워 스스로 도둑질하거나 간사한 모의를 하는 폐단이 없으므로 당唐, 왜倭, 신라新羅 및 글안契丹이 두려워서 복종하지 않는 바가 없었다. 천하 만방이 다 성인 흥치興治의 해동성국海東盛國이라고 흠송欽頌하였다. 5대代를 바꿔 야율耶律이 비록 여러 번 병兵을 가加하였으나 끝내 정복하지 못하였다. 후에 장종莊宗 화황제和皇帝 이진彝震, 순종順宗 안황제安皇帝 건황虔晃, 명종明宗 경황제景皇帝 현석鉉錫을 지나 애제哀帝 인선諲譔에 이르러 글안에게 멸망당하였다. 세조世祖로부터 15세를 전하여 2백5십9년을 베풀었다.

自是國勢富强內外安悦自無盜窃姦謀之端唐倭新羅及契丹莫不畏服天下萬邦皆以聖人興治之海東盛國欽頌之更五代耶律雖頻數加兵終不能服也後經莊宗和皇帝彝震順宗安皇帝虔晃明宗景皇帝玄錫至哀帝諲譔爲契丹所滅自世祖傳十五世共二百五十九年

목종穆宗은 개원改元하여 정력正曆이라 하였다. 의종毅宗은 개원하여 영덕永德이라 하였다. 강종康宗은 개원하여 주작朱雀이라 하였다. 철종哲宗은 개원하여 태시太始라 하였다. 성종聖宗은 개원하여 건흥建興이라 하였다. 장종莊宗은 개원하여 함화咸和라 하였다. 순종順宗은 개원하여 대정大定이라 하였다. 명종明宗은 개원하여 천복天福이라 하였다. 애제哀帝는 개원하여 청태淸泰라 하였다.

穆宗改元曰正曆毅宗改元曰永德康宗改元曰朱雀哲宗改元曰太始聖宗改元曰建興莊宗改元曰咸和順宗改元曰大定明宗改元曰天福哀帝改元曰淸泰

대진국大震國의 남경은 남해부南海府다. 본래 남옥저南沃沮의 고국古國이며 지금의 해성현海城縣이 이것이다. 서경은 압록부鴨綠府다. 본래 고리고국槀離古國이며 지금의 임황臨潢이다. 지금의 서요하西遼河는 즉 옛날의 서압록하西鴨綠河다. 그러므로 구지舊志의 안민현安民縣은 동東에 있으며 그 서西는 임황현이다. 임황은 후에 요遼의 상경上京 임황부臨潢府가 되었다. 곧 옛날의 서안평西安平이 이것이다.

大震國南京南海府本南沃沮古國今海城縣是也西京鴨綠府本槀離古國今臨潢今西遼河卽古之西鴨綠河也故舊志安民縣在東而其西臨潢縣臨潢後爲遼上京臨潢府也乃古之西安平是也

정주正州는 의려국依慮國[20]이 도읍한 곳이다. 선비 모용외慕容廆[21]에게 패하고 핍박을 걱정하여 자재自裁하고자 하다가 문득 생각하기를, '우리의 혼이 아직 망하지 않았으니 어디로 간들 이루지 못하랴!' 하고 가만히 아들 부라扶羅에게 부탁하여 백랑산白狼山을 넘어 밤으로 해구海口를 건너니, 따르는 사람이 수천이었다. 마침내 건너서 왜인倭人을 평정하여 왕이 되었다. 스스로 삼신三神의 부명符命[22]에 응하였다고 하여 여러 신하로 하여금 하의賀儀를 드리게 하였다.

正州依慮國所都爲鮮卑慕容廆所敗憂迫欲自裁忽念我魂尙未泯則何
往不成乎密囑于子扶羅瑜白狼山夜渡海口從者數千遂渡定倭人爲王
自以爲應三神符命使群臣獻賀儀

혹은 말하기를, "의려왕依慮王이 선비鮮卑에게 패하고 도망하여 바다로
돌아가서 돌아오지 않았다. 자제子弟는 달아나서 북옥저北沃沮를 보보하
였다. 명년에 아들 의라依羅가 입하였다. 그 후로 모용외가 또다시 국인
國人을 침략하였다. 의라依羅가 무리 수 천을 이끌고 바다를 넘어 마침내
왜인을 평정하여 왕이 되었다."라고 하였다.

或云依慮王爲鮮卑所敗逃入海而不還子弟走保北沃沮明年子依羅立
自後慕容廆又復侵掠國人依羅率眾數千越海遂定倭人爲王

일본에 옛날에 이국伊國[23]이 있었다. 또한 이세伊勢라고도 하였다. 왜와
동린同隣이었다. 이도국伊都國은 축자筑紫에 있었다. 또한 바로 일향국日向
國이다. 이로부터 이동以東은 왜倭에 속하고, 그 남동南東은 안라安羅에 속
하였다. 안라는 본래 홀본인忽本人이었다. 북에 아소산阿蘇山이 있었다. 안
라安羅가 후에 임나任那에 들어왔다. 고구려와는 일찍부터 친했다. 말로
국末盧國의 남南을 대우국大隅國이라 하는데 시라군始羅郡이 있었다. 본래
남옥저인南沃沮人이 살던 곳이다.

日本舊有伊國亦日伊勢與倭同隣伊都國在筑紫亦卽日向國也自是以東
屬於倭其南東屬於安羅安羅本忽本人也北有阿蘇山安羅後入任那與
高句麗早已定親末盧國之南曰大隅國有始羅郡本南沃沮人所聚

남만南蠻 도침미屠忱彌 완하皖夏 비자발比自炑의 속들은 다 공물을 바쳤다. 남만은 구려九黎의 유종遺種으로 산월山越로부터 온 자者이다. 비자발은 변진弁辰 비사벌인比斯伐人의 취락聚落이다. 완하皖夏는 고구려의 속노屬奴 다. 때에 왜인은 산과 섬에 각각 분거分居하여 백여 나라가 있었는데, 그 중에서 구야한국狗邪韓國이 가장 컸으며 본래는 구야본국인狗邪本國人이 다스렸다. 해상海商의 선박들은 다 종도種島에 모여서 교역交易하였다. 오吳, 위魏, 만월蠻越의 속들이 다 통상했다.

南蠻屠忱彌皖夏比自炑之屬皆貢焉南蠻九黎遺種自山越来者也比自炑弁辰比斯伐人之聚落也皖夏高句麗屬奴也時倭人分據山島各有百有餘國其中狗邪韓國最大本狗邪本國人所治也海商船舶皆會於種島而交易吳魏蠻越之屬皆通焉

처음 일해一海 1천여 리를 건너면 방方이 4백여 리쯤 되는 대마도對馬島에 이르고, 다시 일해 1천여 리를 건너면 방이 3백 리 정도 되는 일기국一歧國에 이르는데 본래는 사이기국斯爾歧國이다. 작은 여러 섬들이 다 공물貢物을 바쳤다. 또 일해 1천여 리를 건너면 말로국末盧國에 이르는데 본래는 읍루인邑婁人이 모여 살던 곳이었다. 동남으로 5백여 리를 육행陸行하면 이도국伊都國에 이르는데 곧 반여언盤余彦[24] 고읍古邑이다.

始渡一海千餘里至對馬國方可四百餘里又渡一海千餘里至一歧國方可三百里本斯爾歧國也子多諸島皆貢焉又渡一海千餘里至末盧國本挹婁人所聚也東南陸行五百里至伊都國乃盤余彦古邑也

《신당서新唐書》에 이르기를, 『발해渤海는 본래 속말말갈粟末靺鞨로서 고려高麗에 부부附한 자며 성은 대大씨다. 걸걸중상乞乞仲象이 말갈 추장 걸사비우걸4比羽 및 고려 여중餘衆과 더불어 동으로 달아나 요수遼水를 건너고 태백산太白山 동북의 험한 곳을 보保하여 오루하奧婁河[25]에 의거하였다. 중상仲象이 죽자 아들 조영祚榮이 잔이殘庚를 이끌고 달아나 곧 비우比羽의 무리를 아울러 거칠고 먼 것을 믿고 곧 건국하여 스스로 진국震國의 왕이라 호하고 부여夫餘, 옥저沃沮, 변한弁韓, 해북海北의 제국諸國을 다 얻었다.』라고 하였다.

新唐書渤海本粟末靺鞨附高麗者姓大氏乞乞仲象者與靺鞨酋長乞四比羽及高麗餘眾東走渡遼水保太白山東北阻奧婁河仲象死子祚榮引殘庚遁去卽幷比羽之眾恃荒遠乃建國自號震國王盡得夫餘沃沮弁韓海北諸國

사씨史氏가 이르기를, "걸걸중상이 패망한 여중을 이끌고 험한 곳으로 도망하여 자보自保한 것은 태왕太王[26]이 빈邠[27]으로 간 것과 같다."라고 하였다. 고왕高王 조영祚榮이 창업創業의 자질로써 가시(棘)를 베어내고 터를 닦은 것은 구천句踐이 월越을 일으킨 것과 같은 것이다. 대개 강역[28]을 이미 확보하고 곧 문文과 덕德으로써 그것을 닦아 제도를 개혁하고, 관작官爵을 세우고, 군현郡縣을 벌여 대국大國을 만들어 방역方域이 5천 리에 이르고, 국조國祚가 3백 년에 다다르니 당시에 사방에서 넘보는 자가 거의 없었다. 역시 강성强盛하였다고 할 것이다.

史氏曰乞乞仲象以敗亾之餘走險自保同太王之去邠高王祚榮以創業之資剪棘開基類句踐之興越蓋幅幀旣建乃以文德修之改制度建官爵列郡縣抗手大國方域至五千里國祚至三百年當時四方殆無逾之者亦云盛矣

고려 현종顯宗 원문대왕元文大王 20년에 글안의 동경東京 장군 대연림大延琳은 태조 고황제高皇帝의 7세[29]손이었는데 유수留守의 부마駙馬 소효원蕭孝元과 남양공주南陽公主를 가두고 호부사戶部使 한소훈韓紹勳 등을 죽이고 즉위하여 흥요興遼라 하고 천경天慶이라 개원改元하였다. 고길덕高吉德을 보내와 건국을 알리고 겸하여 구원을 요청하였다.

高麗顯宗元文大王二十年契丹東京將軍大延琳太祖高皇帝七世孫也因留守駙馬蕭孝元南陽公主殺戶部使韓紹勳等卽位日興遼改元天慶遣高吉德來告建國兼求援

요동 유수留守 소보선蕭保先이 위정爲政을 혹학酷虐하게 하므로 고려 예종睿宗 문효대왕文孝大王 11년 정월 초하루에 동경 비장裨將 발해인 고영창高永昌이 수십 명과 더불어 술을 마시고, 용기를 믿고 칼을 들고 담을 넘어 부위府衛에 들어가 등청登廳하여 유수의 소재를 물어 외병外兵의 변變이라고 말하고 방비를 청하여 보선이 나오자 무리가 그를 죽여버렸다. 가유수假留守 대공정大公鼎과 부유수副留守 고청신高淸臣은 싸움이 이길 수 없음을 알고 서문西門을 빼앗아 나가 요遼로 도망하였다. 영창永昌이 자칭 대발해국大渤海國 황제라 하고 융기隆基라 개원하여 요동 50여 주州에 할거割據하였다.

遼東留守蕭保先爲政酷虐高麗睿宗文孝大王十一年正月朔東京裨將渤海人高永昌與수十人乘酒恃勇持刀踰墻垣入府衛登廳問留守所在紿云外兵變請爲備保先出衆殺之假留守大公鼎副留守高淸臣戰不能勝奪西門出奔遼永昌自稱大渤海國皇帝改元隆基據遼東五十餘州

《송사宋史》에 이르기를,『정안국定安國은 본래 마한馬韓의 종種으로 요遼

에 패하였다. 그 추수酋帥가 여중餘衆을 규합하여 그 서비西鄙를 보保하여 건국하고 개원하여 자칭 정안국이라 하였다.

宋史曰定安國本馬韓之種爲遼所敗其酋帥糾合餘衆保其西鄙建國改元自號定安國

개보開寶 3년에 그 왕 열만화烈萬華가 입공하는 여진女眞에게 부탁하여 표表를 보내고 공물을 바쳤다. 태종太宗 때에 그 왕 오현명烏玄明이 다시 여진에게 부탁하여 표를 올렸다. 그 대략을 말하면, '신은 본래 고려 옛 땅 발해 유려遺黎로서 이 방우方隅를 보保하였다.'라고 하였다. 태종의 답칙答勅은 대략 '경은 마한의 땅을 모두 점유하여 경파鯨波30의 표表에 끼어 운운'하였다. 단공端拱31 순화淳化32 간間에 다시 여진에게 부탁하여 표를 올리고 그 후에는 오지 않았다.'라고 하였다.

開寶三年其王烈萬華因入貢女眞附表貢獻太宗時其王烏玄明復因女眞上表其畧曰臣本以高麗舊壤渤海遺黎保此方隅太宗答勅畧曰卿奄有馬韓之地介于鯨波之表云云端拱淳化間復因女眞奉表其後不至

대진국大震國 애제哀帝 청태淸泰 26년(926년) 봄 정월에 야율배耶律倍33가 동생 요골堯骨과 더불어 전봉前鋒이 되어 밤에 홀한성忽汗城을 포위하니 애제가 출항出降하여 나라가 망하였다. 2월 병오에 요遼 태조가 동단국東丹國을 세워 장자長子 배倍로써 인황왕人皇王이라 하였다. 왕이 감로甘露라 건원建元하였다.

大震國哀帝淸泰二十六年春正月耶律倍與弟堯骨爲前鋒夜圍忽汗城哀帝出降國亡二月丙午遼太祖建東丹國以長子倍爲人皇王王之建元甘露

홀한성을 고쳐 천복天福이라 하였다. 천자天子의 관복冠服을 준용하여 12줄 면류관을 썼다. 모두 용상龍象을 그렸다. 대진국의 구제舊制를 잉용仍用하고 숙질자叔迭剌를 좌대상左大相으로 대진의 노상老相(矢名-원주)을 우대상右大相으로, 대진의 사도司徒 대소현大素賢을 좌차상左次相으로, 야율우지耶律羽之[34]를 우차상右次相으로 하였다. 국내의 사형수 이하를 사赦하고 베(布) 10만 단端과 말 1천 필을 세공歲貢하기로 약정하였다. 감로 27년 겨울 12월 경진에 요가 동경東京 중대성中臺省을 파하여 동단국이 없어졌다.

改忽汗城爲天福準用天子冠服被十二旒冕皆畵龍象仍用大震國舊制
以叔迭剌爲左大相大震老相失名爲右大相大震司徒大素賢爲左次
相耶律羽之爲右次相赦國內殊死以下約歲貢布十萬端馬千匹甘露
二十七年冬十二月庚辰遼罷東京中臺省東丹國除

1. **개화** – 고구려 보장왕의 연호.

2. **대중상** – 대조영의 아버지. 진국의 장군으로 동으로 도망하여 동모산에 나라를 세우고 후고구려後高句麗라 하였다. 묘호廟號는 세조世祖, 시호諡號는 진국振國 열황제烈皇帝.

3. **동모산** – 발해 때 만주에 있던 산 이름. 대조영大祚榮이 건국하자 동모산東牟山 옆에 홀한성忽汗城을 쌓고 도읍했다. 지금의 길림성吉林省 돈화敦化 부근이다.

4. 조영 - 발해의 시조이자 고황제高皇帝인 대조영. 재위 699~719년. 묘호를 태조라 하고 시호를 성무聖武 고황제高皇帝라 했다. 668년 고구려 멸망 이후 당나라의 고구려 유민 분산정책에 따라 영주營州 방면으로 이주移住했으나 아버지 세조世祖가 죽자 부사訃使를 따라 동모산으로 돌아와 즉위하고 홀한성忽汗城을 쌓고 천도했다.

5. 계성 - 지금의 북경 부근의 계蓟.

6. 홀한성 - 발해의 수도. 상경上京 용천부龍泉府, 지금의 흑룡강성黑龍江省 영안현寧安縣 동경성東京城. 이 성의 남쪽에는 경박호鏡泊湖가, 북쪽에는 푸른 물이 흐르는 목단강牧丹江이 둘러싸고 있으며, 규모가 광대하고 기세가 웅장하다. 발해는 글안에 의하여 926년에 망할 때까지 약 1백6십여 년간 이곳에 수도를 두고 있었다.(최무장譯 집문당刊《고구려·발해문화》163~174쪽 참조)

7. 말갈 - 『말갈靺鞨은 동한東漢과 위진시대魏晋時代에는 읍루挹婁라 칭하였고 남북조시대南北朝時代에는 물길勿吉, 수隋와 당시대唐時代에는 말갈靺鞨로 칭한 중국中國 고로민족古老民族인 숙진肅眞의 후예後裔, 여진인女眞人과 만주인滿州人의 선조이다. 말갈에는 7부部가 있었는데 그 중에 속말수粟末水(송화강 상류)에 오래 거주한 속말말갈이 상당히 강대하였다.』(위의 책 163쪽)

퉁구스족의 일족. 중국에서 주周 때에는 숙신肅愼, 한위漢魏 때에는 읍루挹婁, 남북조시대南北朝時代에는 물길勿吉로 불렸는데 삼한三韓과 수隋, 당唐에서 말갈靺鞨이라고 불렀다. 시베리아, 만주, 함경도에 걸쳐 살면서 속말粟末, 백돌白咄, 안차골安車骨, 불열拂涅, 호실號室, 흑수黑水, 백산白山 등 7부족部族으로 나뉘어 있었다. 그 무인武人들은 돌화살(石鏃)과 독화살을 사용했고, 고구려가 망하자 대조영이 건국한 발해에 예속되었으며 일부는 신라에 들어왔다. 발해가 글안에게 망하자 말갈족의 중심 세력인 흑수말갈은 글안에 부속하여 여진女眞이라고 했다. 여진은 생여진生女眞과 숙여신熟女眞으

로 나뉘었는데 뒤에 금나라를 세운 것은 생여진의 아골타阿骨打였다.(이홍직
編 일중당刊《국사대사전》참조)

김정배 씨는 숙신肅愼의 고古 아시아적 요소와 한국족韓國族과의 관계에
대해 다음과 같이 쓰고 있다. 『위에서 숙신의 고古 아시아적 성격을 간단히
살펴보았거니와 그 가능성이 자못 크다는 일면을 고려한다면 이는 약간의
고古 아시아적 요소를 갖고 있는 알타이계의 한국족과는 상이한 성격을
갖는 존재이다. 즉 한국의 신석기문화를 남긴 유문토기有文土器의 주민住民
은 고古 아시아족의 일파이며 한국 상고사에서 단군조선檀君朝鮮을 건립한
주민이다. 한국사에서 고古 아시아족은 무문토기無文土器를 사용하기 시작
한 예맥족濊貊族에게 흡수됨으로써 점차로 자취를 감춘 것이다. 그러므로
숙신의 고古 아시아적 성격이 만약에 우리와 관련된다면 그것은 신석기시
대일 개연성이 많은 것이다.』(김정배著 고려대출판부刊《한국 민족문화의 기원》75쪽
참조)

8. **천문령** - 흥경지방興京地方 영액성英額城 부근으로 추정한다.

9. **임황수** - 요락수饒樂水.

10. **구다** - 구다천국句荼川國과 같다. 캄차카를 말한다. 화태樺太와 천도열도千
島烈島를 지배했다. 인안仁安 16년에 대진국大震國이 성읍城邑으로 삼았다
고 한 것은 중요한 일이다. 당시 캄차카에는 만주 문화와 유사한 오호츠
크 문화가 있었는데 일본의 동북지방에 영향을 주었다.(녹도승譯 신국민사刊
《단군고기》 431~432쪽 참조)

11. **등래** - 산동성 등주登州.

12. **융기** - 당의 현종玄宗.

13. **감로** - 단 이슬. 임금이 어진 정치를 하면 하늘에서 상서祥瑞로 내리는 것
이라 한다.

14. 대흥 – 대진국大震國 3대 세종世宗 광성문황제光聖文皇帝의 연호. 1949년 길림성吉林省 돈화현敦化縣 현성縣城 근교의 우정산牛頂山 고분에서 문황제文皇帝의 이녀二女 정혜공주貞惠公主 묘비墓碑가 출토된 바 있다. 이 묘비는 발해渤海 석각문자石刻文字의 최초 발견물이며, 발해 역사 연구에 대한 새로이 믿을 만한 자료로 보충되었다.

이 묘비는 결락缺落된 글자까지 합해 모두 25행이며 본문은 19행으로 되어 있다. 그 비문 제2행에는 '대흥보력효감□□□법대왕지이녀야大興寶歷孝感□□□法大王之二女也'라는 문장이 있는데 여기서 '대흥大興'이 무엇인지를 연구한 결과 '대흥'은 발해의 제3대 문황제文皇帝 흠무欽茂의 연호로 보는 설이 중국에서 인정을 받은 것 같다. 중국에서 어떤 결론을 내리든 이 책에 따르면 '대흥'은 세종世宗 광성문황제光聖文皇帝의 연호임이 분명하다. 정혜공주의 묘비는 이 책의 사실史實을 고고학적으로 증명해준 것으로, 1975년 만주 즙안현輯安縣 통구通溝에서 발견된 광개토대왕의 비碑와 함께 귀중한 사적史的 자료가 된다고 하겠다.

또 정혜공주비는 중국 측의 주장처럼 발해가 당나라의 지방정권이 아니라는 사실을 증명하고 있다고도 할 것이다. 중국의 진현창陳顯昌은 발해가 그 군주君主를 제帝로 칭하지 않았다는 점 등을 들어 발해를 당唐의 지방정권으로 보고 있다. 그러나 그것은 어디까지나 중국인의 화이사상華夷思想에서 나온 하나의 발상일 뿐 사실史實과는 전혀 다른 것이다. 우리나라에서는 신시시대神市時代로부터 왕王은 바로 황皇이라 하여 황皇보다는 왕王을 전통적으로 써왔으며 왕의 밑에 비왕裨王의 제도를 두었다.

그리고 일부 학자들은 발해 국도國都의 설계가 당의 장안長安을 모방했다고 주장하고 있으나 당의 장안이 고구려의 것을 모방했는지에 대해서는 아직 고구려의 도성지都城址가 발굴되지 않았으므로 이렇다 할 결론을 내리기 어렵다고 하겠다. 그러나 당나라의 문화는 사실 고구려가 멸망한 후 그것을 약탈해 급성장했음을 생각할 때 장안이 고구려 평양성을 모방했을 가능성을 전혀 배제할 수는 없는 것이다.(최무장譯 집문당刊《고구려·발해 문화》105~118쪽 및 강무학著 야실사刊《아리랑의 역사적 고찰》119~134쪽 참조)

15. **동경 용원부** – 지금의 혼춘琿春 지방.

16. **상경 용천부** – 홀한성.

17. **사중** – 뭇 사람들 또는 군사들로 생각된다.

18. **부중** – 아버지가 이끌던 무리.

19. **희흡** – 중희경흡重熙景洽의 준말. 광명과 화합을 겹친다는 뜻으로 천자天子가 전후 2대代에 걸쳐 인덕仁德을 베풀어 천하가 태평함을 이른다.

20. **의려국** – 모용慕容씨에게 망하고 일본으로 건너가 왕이 되었다. 모용씨는 연燕의 왕으로 3세기경 만주 지방에서 강한 세력을 가지고 285년(고구려 서천왕 16년)경에 농안農安 부근에 살던 부여족夫餘族을 멸망시키고 남쪽으로 몰아냈다. 이 때의 모용씨는 모용외慕容廆(269~333년)로 보는 것이 타당할 것이며, 쫓겨난 의로왕依盧王은 부여왕이었을 것이다.

21. **모용외** – 269~333년. 5호胡 16국國 중 전연前燕의 제1대 왕. 남연왕南燕王 모용덕慕容德의 조부. 몽고족과 퉁구스족의 혼혈이라 불리는 선비족 출신이다. 한족의 인재를 쓰고 한문화漢文化를 채용했다.

22. **부명** – 하늘이 제왕帝王이 될 사람에게 주는 표.

23. **이국** – 신라의 문무왕文武王이 이국伊國을 접수하여 일본日本이라는 국호를 지었다고 한다.(녹도승譯《단군고기檀君古記》433쪽 참조)

24. **반여언** – 반盤은 경磬의 오기誤記. 신무神武?

25. **오루하** – 『청말淸末 조정걸曹廷杰이 말하기를, 구국舊國의 본명은 오루奧婁인데 음音이 악다리鄂多理가 되며 또 오동敖東이라고 칭하는데 이것은 바

로 목단강牡丹江(당대唐代에 홀한하忽汗河로 칭함) 상류 서안의 오동성敖東城으로 금일의 돈화현치敦化縣治이다.』(최무장著, 위의 책 116쪽 참조)

26. **태왕** - 주周의 고공단보古公亶父.

27. **빈** - 주의 서울. 지금 섬서성陝西省의 빈현邠縣.

28. **강역** - 본문에 幅幀으로 되어 있다. 폭원幅隕의 오기인 듯하여 幅隕으로 고쳐 번역했다. 幅隕은 幅員과 같다. 토지의 넓이 또는 강역을 말한다.

29. **7세** - 17세가 아닐까?

30. **경파** - 큰 물결.

31. **단공** - 송태종宋太宗의 연호.

32. **순화** - 송태종의 연호.

33. **야율배** - 야율아보기의 장자.

34. **야율우지** - 동단국東丹國의 좌차상左次相. 일로전쟁日露戰爭 당시 일본인 빈명관석浜名寬祐이 봉천奉天 교외의 라마 절에서 헌 책 한 권을 발견했는데 그 책은 지금 동양사東洋史 연구의 중요한 자료가 되었다. 야율우지는 바로 그 책의 찬록자撰錄者다. 현재 그 책은 녹도승 씨가 번역해 일본신국민 사에서 《왜인흥망사倭人興亡史》라는 제목으로 출판했다.

제8 고려국본기高麗國本紀

태조太祖[1] 신성대왕神聖大王 천수天授[2] 2년(919년) 송악松岳[3]의 양陽[4]으로 도읍을 정하였다. 25년에 임금이 훈요訓要[5]를 지었는데 그 대략은, '오직 우리 동방東方은 옛날에 당풍唐風을 숭모하여 문물文物과 예악禮樂이 다 그 제도를 따랐지만, 지방과 풍토가 다르고 인성人性이 각각 다르므로 구차하게 동화同化할 필요가 없다.'라고 하였다.

太祖神聖太王天授二年定都于松岳之陽二十六年御製訓要其畧曰惟
我東方舊慕唐風文物禮樂悉遵其制殊方異土人性各異苟必不同

태봉국泰封國[6]의 왕 궁예弓裔는 그 선조가 평양사람이다. 본래 보덕왕報德王 안승安勝[7]의 원예遠裔이며 그의 아버지는 강직剛直하게 술가術家의 말을 따랐다. 어머니의 성姓을 따라 궁씨弓氏라 하였다. 이보다 먼저 고구려의 수림성水臨城 사람 모잠牟岑 대형大兄이 잔민殘民을 수합하여 안승安勝

을 받들어 후고구려後高句麗 왕을 삼고 신라新羅에 도움을 청하였다. 신라
왕은 그를 나라 서쪽의 금마저金馬渚[8]에 살게 하였다가 뒤에 고쳐서 보덕
왕報德王이라 하였다.

泰封國王弓裔其先平壤人本報德王安勝之遠裔也其父剛從術家言從
母姓爲弓氏先是高句麗水臨城人牟岑大兄收合殘民奉安勝爲後高句
麗王請援於新羅新羅王處之國西金馬渚後改爲報德王

신문왕神文王이 입하여 보덕왕을 불러 소판蘇判을 삼았다. 그 족자族子[9]
대문大文이 금마저金馬渚에 남아서 모반謀叛하여 왕을 칭하였으나 주살
당하였다. 남은 무리들은 관리를 죽이고 보덕성報德城에 의거하였다. 또
반하여 신라에 평정당하고 그 사람들은 나라 남쪽의 주군州郡으로 옮겨
졌다.

神文王立徵報德王爲蘇判其族子大文留金馬渚謀叛稱王被誅餘眾殺
官吏據報德城又叛爲新羅所平徙其人於國南州郡

대진국大震國 명종明宗 경황제景皇帝 천복天福 9년(878년) 5월 5일에 궁예弓裔
는 외가外家에서 태어났다. 그 옥상屋上에 깨끗한 빛이 무지개와도 같이
하늘에 닿았다. 신라의 일관日官이 이것을 보고 장차 나라에 불리하다고
하므로 왕이 듣고 그를 미워하여 사람을 시켜 그 집에 이르러 그를 죽이
게 하니, 그 어머니가 진보珍寶를 주고 품고 도망하기를 청하여 숨어서
갖은 고생을 하며 길렀다. 나이가 10여 세가 되어 머리를 깎고 중이 되
어 호를 선종善宗이라 하였다. 자라서도 전과 같이 방일放逸하고 승률僧律
의 크고 작은 금제禁制에 구애받지 않았으며 담기가 있었다.

大震國明宗景皇帝天福九年五月五日弓裔生於外家其屋上有素光若

長虹上屬天新羅日官望之以爲將不利於國家以聞王嫌之使人抵其家
殺之其母賂珍寶請抱而逃竄劬勞養育年十餘歲祝髮爲僧號善宗及壯
放逸如故不拘檢僧律軒輊有膽氣

일찍이 발鉢[10]을 들고 재齋[11]에 가는데 까마귀가 첨사籤辭[12]를 물고 와서
발 가운데에 떨어뜨리므로 그것을 보니 '왕王'자가 있었다. 말하지 아니
하고 자못 자부하고 있었다. 먼저 안승安勝 때부터 왕사王事에 수고로움
이 있었으나 신라는 보답하지 아니하고 오히려 그 토지와 인민을 모두
빼앗고 다만 왕의 누이동생으로써 아내를 삼게 하였다. 이미 고구려의
유민이 이러한 이유로 여러 대代에 원한을 쌓아 앙앙怏怏하여 변을 일으
켰으나 누누이 패하였다.

嘗持鉢赴齋有鳥啣牙籤落鉢中視之有王字秘不言頗自負先自安勝有勞
王事而新羅不報反收其土地人民而盡奪只以王妹妻之而已高句麗遺
民以故累世積怨怏怏起變而屢敗

궁예에 이르러 국가가 쇠약하고 어지러운 것을 보고 무리를 모아 조종祖
宗의 옛 땅을 회복하여 쌓인 원수를 씻고자 하였다. 곧 죽주竹州의 적 기
훤箕萱에게 투신하였는데 훤이 모만무례侮慢無禮하므로 궁예가 근심하고
스스로 불안하여 몰래 훤萱의 휘하인 원회元會, 신훤申烜 등과 결탁하여
벗이 되어서 북원北原[13]의 적 양길梁吉에게 투신하였다. 양길이 그를 잘
대우하여 모든 일을 맡기었다. 군사 1백 기騎를 나누어 주고 동쪽의 주
군州郡을 공략하게 하니 다 항복하였다.

至弓裔見國家衰亂乘欲聚衆復祖宗之舊土洗積世之仇乃投竹州賊箕
萱萱侮慢不禮弓裔鬱悒不自安潛結萱麾下元會申烜等爲友投北原賊

梁吉吉善遇之委之以事分兵百騎使東畧州郡皆降之

또 아슬군阿瑟郡[14]을 공략하여 무리가 6백에 이르고 자칭하여 장군이라 하였다. 사졸士卒과 더불어 감고甘苦를 같이 하며 여탈予奪을 사사로이 하지 않으므로 무리의 마음이 다 그를 두려워하였다.

又攻阿瑟那眾至六百自稱將軍與士卒同甘苦予奪不以私眾心皆畏之

천복 27년(896년)에 태수太守 왕륭王隆[15]이 송악군松岳郡을 가지고 궁예弓裔에게 귀의하여 그를 설득하기를, "대왕이 만약 조선朝鮮, 숙신肅愼, 변한卞韓 땅의 왕이 되고자 한다면 송악을 점령하여 나의 장자長子 건建으로 그 주主를 삼는 것보다 우선한 것이 없을 것입니다." 하므로 그를 따랐다.

天福二十七年太守王隆以松岳郡歸弓裔說之曰大王若欲王朝鮮肅愼卞韓之地莫如先占松岳以吾長子建爲其主從之

때에 이훤李萱[16]이 무진주武珍州[17]에서 기병起兵하고 곧 무리에게 외쳐 말하기를, "내가 삼국三國의 시초를 더듬어보면 마한馬韓이 먼저 일어나고 혁거세赫居世가 후에 서서 변진卞辰이 그를 따랐다. 백제百濟가 개국하여 6백 년을 전하였는데 신라와 당이 합공合攻하여 그를 멸하였다. 금일 내가 비록 덕이 없으나 의자義慈[18]의 분을 설욕하고자 한다." 하고 마침내 완산完山[19]에 도읍하여 왕이라 하고 국호를 후백제後百濟라 하였다.

時李萱起兵武珍州乃聲言於眾曰吾原三國之始馬韓先起赫居世後興弁韓從之百濟開國傳世六百新羅與唐合攻滅之今予雖不德欲雪義慈之憤遂都完山稱王國號曰後百濟

궁예도 또한 명년에 칭왕稱王하고 말하기를, "신라가 당唐에 청병請兵하여 고구려를 멸하니 이는 가히 부끄러운 일이다. 내가 반드시 고구려를 위하여 원수를 갚겠다." 하고 나라를 세워 후고구려後高句麗라 하고 건원建元하여 무태武泰라 하였다. 일찍이 남행南行하여 흥주사興州寺에 이르러 벽에 신라新羅 전왕前王의 화상畵像이 걸려 있는 것을 보고 칼을 뽑아 그것을 쳐버렸다.

弓裔亦以明年稱王謂曰新羅請兵於唐滅高句麗是可耻也吾必爲高句麗報讐立國號曰後高句麗建元曰武泰嘗南行至興州寺見壁掛新羅前王畵像拔劒擊之

궁예가 신라를 병탄倂呑하고자 하여 멸도滅都라 부르짖고 신라로부터 귀부歸附해 오는 자를 아울러 다 죽여버렸다. 이로부터 궁예는 스스로 미륵불彌勒佛이라 칭하였으며 머리에는 금책金幘[20]을 썼다. 또 경經 20권을 자술自述하여 정좌正坐하고 강설講說하니 중 석총釋聰이 말하기를, "모두 사설괴담邪說怪談으로 가르칠 수가 없다."라고 하였다. 궁예가 노하여 철추鐵錐로 그를 때려 죽였다.

弓裔意欲倂呑新羅呼爲滅都自新羅歸附者并皆殺之自是弓裔自稱彌勒佛頭戴金幘又自述經二十卷或正坐講説僧釋聰謂曰皆邪説怪談不可以訓弓裔怒以鐵椎打殺之

천수天授 원년(918년) 무인 여름 6월에 왕건王建이 홍유洪儒[21], 배현경裴玄慶[22], 신숭겸申崇謙[23], 복지겸卜智謙[24] 등 여러 장군의 추대를 받아 새벽에 적곡積穀[25]의 위에 앉아서 군신君臣의 예를 행하였다. 사람을 시켜 달려가 외치게 하기를, "이미 왕공王公이 의기義旗를 들었다." 하니, 분주하게 달려온 자가 무리를 이루어 먼저 궁성宮城에 이르러서 북을 울리고 떠들면서 오기를 기다리는 사람이 또한 1만여 명이었다. 곧 포정전布政殿에서 즉위하고 천수天授라 건원하였다. 이때 태봉왕泰封王 궁예弓裔는 변을 듣고 미복微服으로 문을 나와 도망하였으나 부양斧壤[26]의 백성에게 발각되어 해를 입었다.

天授元年戊寅夏六月王建爲洪儒裵玄慶申崇謙卜智謙等諸將軍之所推戴黎明坐於積穀之上行君臣之禮令人馳且呼曰王公已擧義旗矣奔走來赴者衆先至宮門鼓譟以待者亦萬餘人遂卽位於布政殿建元天授於是泰封王弓裔聞變以微服出門亡去尋爲斧壤民所害

글안契丹 성종聖宗이 장군 소손녕蕭遜寧[27]을 보내 침략하게 하여 봉산逢山을 파하고 우리 선봉先鋒을 잡았다. 성종成宗 문의대왕文懿大王이 군신群臣을 모으니, 의론이 혹은 걸항乞降을 말하고 혹은 땅을 갈라주자고 말하였다. 중군中軍 서희徐熙가 혼자서 이렇게 말하였다.

契丹聖宗遣將蕭遜寧侵破蓬山獲我先鋒成宗文懿大王會群臣議或言乞降或言割地與之中軍徐熙獨曰

"지금 그 세勢를 보면 매우 강성합니다. 급히 서경西京 이북을 갈라서 그것을 주는 것은 계책이 아닙니다. 또 삼각산三角山[28] 이북은 역시 고구려의 옛터입니다. 저들의 계학지욕谿壑之慾이 그것을 구하면 막을 수가 없습니다. 다 주어버릴 수가 있겠습니까. 하물며 지금 땅을 잘라주는 것은 참으로 만고의 수치입니다. 원컨대 수레를 도성都城으로 돌리시고 신 등으로 하여금 한 번 싸우게 한 후에 그것을 논하여도 늦지는 않을 것입니다."

今見其勢大盛遽割西京以北與之非計也且三角山以北亦高句麗舊址
也彼以谿壑之慾責之無厭可盡與乎況今割地則誠萬古之恥也願駕還
都城使臣等一與之戰然後議之未晚也

서희가 국서國書를 받들고 글안의 영營에 이르러 상견相見의 예를 물으니
손녕이 말하기를, "나는 대조大朝의 귀인貴人이다. 마땅히 뜰에서 절을 해
야 한다."라고 하였다. 희熙가 말하기를, "양국의 대신大臣이 어찌 그렇게
할 수 있겠는가!" 하였다. 손녕이 희에게 말하기를, "당신네 나라는 신라
의 땅에서 일어났다. 고구려의 땅은 우리의 소유인데 당신네가 그것을
침식하고, 또 우리와 땅이 연접해 있는데도 바다를 건너 송宋을 섬기는
고로 오늘의 군사軍事가 있게 된 것이다. 만일 땅을 베어 바치고 조빙朝聘
을 닦으면 무사할 것이다."라고 하였다.
熙奉國書赴契丹營問相見之禮遜寧曰我大朝貴人宜拜於庭熙曰兩國
大臣何得如是遜寧謂熙曰汝國興新羅地高句麗之地我所有也而汝侵
蝕之又與我連壤而越海事宋故有今日之師若割地以獻而修朝聘可無
事矣

서희가 말하기를, "아니다. 우리나라는 바로 고구려의 옛 땅이다. 그러므
로 고려高麗라 호하고 평양平壤에 도읍하였다. 만약 지계地界를 논한다면
귀국貴國의 동경東京이 모두 우리의 땅에 있다. 어찌 침식이라고 말할 수
가 있는가. 만약 여진女眞을 몰아내고 우리의 옛 땅을 돌려주면 감히 조
빙을 닦지 않겠는가!"라고 하였다. 사기辭氣[29]가 강개하였다. 손녕이 강압
할 수 없음을 알고 마침내 병兵을 파罷하기로 결정하고 연회를 베풀어
위로하고 환송하였다.

熙曰非也我國卽高句麗之舊也故號高麗都平壤若地界則貴國之東京
皆在我境何得謂之侵蝕乎若逐女眞還我舊地則敢不修聘辭氣慷慨遜
寧知不可强遂決罷兵宴慰以送

도원수都元帥 윤관尹瓘[30]이 여진을 공파攻罷하고 선춘령先春嶺에 비를 세
워 경계를 삼았다. 아들 언이彦頤를 보내 표表를 올려 칭하稱賀하였다. 평
장사平章事 최홍사崔弘嗣[31], 김경용金景庸, 참지정사參知政事 임의任懿, 추밀원
사樞密院事 이위李偉 등이 선정전宣政殿에 입대入對하여 윤관尹瓘, 오연총吳
延寵, 임언林彦 등이 망녕되게 명분이 없는 군사를 일으켜서 패군敗軍하여
나라를 해친 죄는 용서할 수 없다고 극론極論하였다.

都元帥尹瓘攻破女眞立碑于先春嶺以爲界遣子彦頤奉表賀平章事崔
弘嗣金景庸叅知政事任懿樞密院事李瑋等入對宣政殿極論尹瓘吳延
寵林彦等妄興無名之兵敗軍害國罪不可赦

간관諫官 김연金緣, 이재李載 등도 역시 서로 이어 그를 탄핵하기를, "사람
이 토지를 취하는 주된 근본은 백성을 기르고자 함인데 금일 성城을 다
투어 사람을 죽이는 것은 그 땅을 돌려서 백성을 쉬게 하는 것만 같지
못합니다. 오늘 주지 아니하면 반드시 약점을 낳습니다."라고 하였다.

諫官金緣李載等亦相繼劾之曰人主之取土地는 本欲育民也今爭城而
殺人莫如還其地而息民今不與必與契丹生釁

상上이 "왜 그러는가?" 하였다. 연緣이 아뢰기를, "국가에서 처음 9성을
쌓을 때 사신이 글안契丹에게 고하기를, '여진의 궁한리弓漢里[32]는 곧 우리
의 구지舊地다. 그 백성 또한 우리의 편맹編氓[33]이 있는데 근래에 변빙을 침

입하기를 그치지 아니하므로 수복하여 그 성城을 쌓으려는 것이다.'라고 표칭表稱하였습니다. 표사表辭는 이와 같았습니다. 그런데 궁한리 추장은 글안의 관직을 많이 받은 자로 글안이 우리가 망언한 것으로써 우리를 꾸짖으려 할 것입니다. 만약 동東으로 여진을 방비하고 북北으로 글안을 방비하게 되면 신이 두려워하는 것은 9성이 삼한三韓의 복이 아니라는 것입니다."라고 하였다.

上曰何也緣曰國家初築九城使告契丹表稱女眞弓漢里乃我舊地其居民亦我編氓近來寇邊不已故收復而築其城表辭如是而弓漢里酋長多受契丹官職者契丹以我爲妄言以加責讓我若東備女眞北備契丹臣恐九城非三韓之福也

간의대부諫議大夫 김인존金仁存도 역시 구지舊地를 돌려주기를 청하였다. 상上이 선유宣諭[34]하여 이르기를, "양兩 원수元帥가 여진을 정벌한 것은 선제先帝의 유지遺志를 받고 짐이 몸소 말한 일을 행한 것으로써 몸에 창끝과 살촉을 무릅쓰고 적진에 깊이 들어가 목을 베고 포로로 한 자가 헤아릴 수 없었으며, 1백 리의 땅을 열어 구주九州의 성을 쌓아 국가의 수치를 설욕하였으니 그 공은 크다고 할 것이다.

諫議大夫金仁存亦請還舊地上宣諭曰兩元帥之伐女眞受先帝之遺志體朕躬之述事身冒鋒鏑深入賊壘斬馘俘虜不可勝計而闢千里之地築九州之城以雪國家之耻則其功可謂多矣

그러나 여진은 인면에 수심을 지녀 반복反復이 무상無常하였다. 그 남은 무리들은 의지할 곳이 없게 된 까닭에 추장이 항복을 하고 강화를 청하니 여러 신하들이 모두 편하게 여기고 짐 역시 참지 못하였다. 유사有司

가 법을 지키면서 논핵論劾이 심하여 그 직을 빼앗았으나 짐은 끝내 허
물하지 않았으니 속히 관직에 나오기를 바란다."라고 하였다.

然女眞人面獸心反復無常厥有餘醜無所依處故酋長納降請和群臣皆
以爲便朕亦不忍有司守法頗有論劾遼奪其職朕終不以此爲咎庶幾有
孟明之復濟也

예종睿宗 문효대왕文孝大王 4년(1109년) 추추秋 7월에 9성을 철폐하여 구지舊
地를 여진에게 돌려주었다. 이보다 먼저 여진 사자使者 요불褒弗과 사현史
顯 등이 입조入朝하여 아뢰기를, "옛날에 우리 태사太師 영가盈歌[35]가 일찍
이 말하기를, '우리 조종祖宗은 대방大邦으로부터 나왔으니 자손들에 이
르기까지 마땅히 귀부歸附하여야 옳다.'라고 말하였으며 지금의 태사 오
아속烏雅束[36] 역시 대방大邦을 부모의 나라로 삼았습니다.

睿宗文孝大王四年秋撤九城還女眞舊地先是女眞使褒弗史顯等入朝
奏曰昔我太師盈歌嘗言我祖宗出自大邦至于子孫義當歸附可也今太師
烏雅束亦以大邦爲父母之國

갑오[37] 연간에 이르러는 궁한촌弓漢村 사람들이 스스로 난을 일으킨
것이며 태사의 지휘가 아니었습니다. 국조國朝에서는 죄를 물어 토벌
하였으나 다시 수호를 허락한 까닭으로 우리는 그것을 믿고 조공을
끊이지 않았는데 21년에 대군을 일으켜 우리의 늙은이와 어린이를
죽이고 9성을 쌓아 자손으로 하여금 유민遺民이 되어 돌아갈 곳이 없
게 하였으므로 태사가 우리를 보내어 땅을 돌려줄 것을 청하게 하였
습니다."라고 하였다.

王甲午年間弓漢村人自作不靖本非太師之指揮國朝鳴罪討之復許修

好故我信之不絶朝貢去年大擧殺我耆倪築置九城使予遺之民靡所止
歸太師遣我來請還地云云

또 재상宰相, 추밀원樞密院, 대臺, 성省, 지제고知制誥, 시신侍臣, 병마판관兵馬
判官 및 문무文武 삼품三品 이상을 모아 다시 9성을 환부還付하는 데에 대
한 가부를 논의하니 모두가 옳다고 하였다. 구사舊史에 이르기를, "양 장
군이 선춘령先春嶺에 비를 세우고 '여기까지가 고려의 지경이다.'라고 하
였다. 선춘령은 두만강豆滿江 7백 리 밖의 송화강松花江 가까운 곳에 있
다."라고 하였다.

又會宰樞臺省知製誥侍臣都兵馬判官及文武三品以上更議還九城可
否皆曰可舊史云兩將軍立碑於先春嶺曰至此爲高麗之境先春嶺在豆
滿江七百里外松花江近地云

광주목廣州牧 윤언이尹彦頤[38]가 자해표自解表[39]에서 이르기를, 『중군中軍[40]이
주주한 바를 보니 이르기를, "언이는 정지상鄭知常[41]과 더불어 사당死黨[42]
을 만들어 실로 대소大小의 일을 함께 상의商議[43]하고 있습니다."라고 하
였습니다. 임자년(1132년)에 서행西行할 때에 입원칭호立元稱號[44]를 청하였
습니다. 또 넌지시 국학생國學生들을 달래어 전건前件의 일을 주주하였습
니다. 대개 "대금大金[45]을 격노하게 하여 일을 만들어 틈을 타서 자의恣
意로 처치하고 외인外人과 더불어 붕당을 만들어 불궤不軌를 도모하고자
하였습니다. 인신人臣의 뜻이 아닙니다."라고 하였습니다. 신은 재삼 읽어
보았습니다. 그러한 후에 곧 마음을 안정하였습니다.

廣州牧尹彦頤自解表云及睹中軍所奏曰彦頤與鄭知常結爲死黨大小之
事實同商議在壬子年西幸時請立元稱號又諷誘國學生奏前件事盖欲

激大金生事乘間恣意處置朋黨外人謀爲不軌非人臣意臣讀過再三然後心乃安繄

아아, 연호年號를 세우자는 청請은 그 근본이 임금을 높이는 충성에 있습니다. 우리의 본조本朝에 있어서도 태조太祖와 광종光宗의 고사故事가 있습니다. 옛 기록을 상고하건대 비록 신라新羅와 발해渤海가 건원建元을 하였지만 대국은 일찍이 가병加兵하지 못하였습니다. 소국이 감히 논의하지 못하였을 뿐입니다. 그 손실을 어찌할 것입니까. 성세聖世에 반하여 참람스럽게 행동하고 신은 일찍이 그것을 논의하였습니다. 죄는 바로 그것입니다.

是立元之請本乎尊主之誠在我本朝有太祖光宗之故事稽其往牒雖新羅渤海以得爲之大國未嘗加兵小國無敢議其失奈何聖世反爲僭行臣嘗議之罪則然矣

만약 저 '사당死黨을 만들었다', '대금大金을 격노하게 한다'는 말이 비록 심히 그 죄가 크다고 할지라도 본말本末이 서로 맞지를 않습니다. 어찌하여 거짓으로 강적으로 하여금 우리의 강토를 내침하게 할 수가 있겠습니까. 오직 그것을 막는 일에 한가함이 없을 뿐입니다. 어찌 틈을 얻어 사건을 이용할 수가 있겠습니까. 그 붕당자朋黨者는 누구를 가리킵니까. 그 처치하려고 한 자는 누구입니까.

若夫結爲死黨激怒大金語言雖甚大焉本末不相坐何則假使强敵來侵我疆夫惟禦之未遑安得乘間而用事其指朋黨者誰氏其欲處置者何人

무리가 만약 불화하여 싸우면 패합니다. 또 몸을 받아줄 땅도 없어집니다. 어찌 자의恣意로 도모하겠습니까. 지혜를 믿고 신중하게 생각하여 신臣은 지약至弱의 질質로써 서정西征의 역役에 나가 몸을 잊고 나라를 지켰습니다. 곧 의분義分은 당연한 것이었습니다. 성사成事는 다 사람으로 인한 것이니 어찌 근로勤勞의 만족이 도道가 되겠습니까!』라고 하였다.

衆若不和戰之則敗且容身之無地何恣意以爲謀有賴聖知重念臣以至
弱之質從西征之役忘身以衛其國乃義分之當然成事皆因於人何勤勞
之足道

《금사金史》에 이르기를,『세종世宗 대정大定 15년(1175년) 9월에 고려의 서경西京 유수留守 조위총趙位寵이 서언徐彦 등을 보내어 표표表를 올리고 자비령慈悲嶺[46] 이서와 압록강 이동으로써 내부內附하고자 하였으나 허락하지 아니하였다.』라고 하였다.

金史曰世宗大定十五年九月高麗西京留守趙位寵遣徐彦等進表欲以慈
悲嶺以西鴨綠江以東內附不許

《고려사高麗史》에 이르기를,『예종睿宗 11년(1116년) 3월 을미 삭朔에 왕이 요遼의 내원來遠과 포주抱州의 두 성성城이 여진에게 침공을 당하여 식량이 떨어졌다는 말을 듣고 도병마록사都兵馬錄事 소억邵億을 보내 쌀 1천 석을 보내주었으나 내원來遠의 통군統軍은 이를 사양하고 받지 않았다. 8월 경진에 금장金將 살갈撒喝이 요의 내원성과 포주 두 성을 공격하여 함락하게 되자 그 통군 야율녕耶律寧이 무리를 이끌고 도망하고자 하였다.

高麗史曰睿宗十一年三月乙未朔上聞遼來遠抱州二城爲女眞所攻城
中食盡遣都兵馬錄事邵億送米一千石來遠統軍辭不受八月庚辰金將

撒喝攻遼來遠抱州二城幾陷其統軍耶律寧欲帥眾而逃

왕이 추밀원지주사樞密院知奏事 한교여韓皦如를 보내 영녕을 초유招諭하게 하였으나 왕지王旨가 없으므로 거절하였다. 교여가 왕에게 아뢰기를, "추밀원에게 명령하여 차자箚子[47]를 갖추어 보내소서." 하였다. 재상宰臣, 간관諫官이 아뢰기를, "그가 왕지를 구하는 그 뜻을 알 수가 없으니 청컨대 그를 그만두소서." 하였다. 왕은 곧 사자使者 여如를 금金으로 보내 청하기를, "포주抱州는 본래 우리의 구지舊地이다. 원컨대 요에 물어보라." 하였다. 금의 임금이 사자에게 말하기를, "너희가 그것을 스스로 취하여라." 하였다.

上遣樞密院知奏事韓皦如招諭寧以無王旨辭皦如馳奏上欲令樞密院具箚子送之宰臣諫官奏曰彼求王旨其意難測請止之上乃遣使如金請曰抱州本吾舊地願以見遼金主謂使者曰爾其自取之

후암厚庵 이존비李尊庇[48]는 고려 경효왕景孝王 때의 사람이다. 일찍이 서연書筵에 있으면서 자주부강책自主富强策을 논하였다. 인하여 주奏하기를, "본국은 한단조선桓檀朝鮮으로부터 북부여北夫餘와 고구려高句麗 이래로 다 부강 자주自主하였습니다. 또 건원建元 칭제稱帝한 일은 우리 태조의 초初까지 이르렀습니다. 역시 일찍부터 그것을 행하였으나 지금은 사대事大의 논論이 국시國是가 되어 군신君臣 상하가 굴욕을 감수하고 자신自新할 것을 도모하지 않으니 하늘이 두렵습니다. 나라를 지키는 것은 진실로 아름다운 일입니다. 어찌 천하 후세의 웃음거리가 될 수 있겠습니까.

厚庵李尊庇高麗景孝王時人也嘗在書筵論自主富强之策仍奏曰本國自桓檀朝鮮北夫餘高句麗以來皆富强自主且建元稱帝之事至我太祖初

亦嘗行之而今則事大之論定爲國是君臣上下甘受屈辱不圖所以自新
其畏天保國則誠美矣奈天下後世之笑何

또 왜倭의 원한을 사서 만일 원실元室에 변이 일어나면 장차 믿을 곳이
어디가 되겠습니까. 위국爲國 칭제稱帝 하는 일은 시기를 놓치면 참으로
졸지에 다시 하기 어려우니 자강自强의 책策은 불가불 강구해야 합니다.
주奏는 비록 자다가 들을지라도 그것이 옳지 않다고 말하지는 못할 것
입니다." 하였다.

且與倭搆怨萬一元室有變將焉所恃而爲國稱帝之事爲時忌諱則固難
卒復而自强之策不可不講也奏雖寢聞者莫不韙之

또 후에 왜를 방비하는 5가지 일을 개진開陳하였다. 첫째, 호구戸口를 자
세하게 파악하여 모든 백성이 병사가 되게 한다. 둘째, 병사兵事와 농사
農事를 함께 하며 바다와 육지를 같이 지킨다. 셋째, 병량兵糧을 쌓아 두
고 병사들의 전함戰艦을 수조修造한다. 넷째, 수군水軍을 확장하여 육지에
서 조련을 겸습兼習한다. 다섯째, 모든 지리를 상세하게 파악하고 인화人
和를 확보해야 한다고 하였다. 일찍이 회당상인晦堂上人이 있어 시詩에 부
쳐 이르기를 이러하였다.

後又陳備倭五事一曰詳備戸口悉民爲兵二曰兵農一作水陸共守三曰積
置兵糧修造戰艦四曰擴張水軍兼習陸操五曰詳悉地理確保人和嘗有
寄晦堂上人詩曰

물物에는 미악美惡이 없으므로　　　　　　　物無美惡終歸用
마침내는 쓸모가 있나니

누가 쓴 오얏이 열매가 많다고 미워할 것인가.	苦李誰嫌着子多
큰아들은 오래도록 천자소天子所에 조현朝見하고	長息久朝天子所
작은 아들은 새로이 법왕가法王家에 보낸다네.	次兒新付法王家
충성을 옮기는 것은	移忠固是爲臣分
이것이 진실로 신하의 본분인데	
사랑을 나누는 것은 그것이 출세와 같은 것인가.	割愛其如出世何
웃으면서 돌아가는 늙은이는 오히려 체념하는데	還笑老翁猶滯念
때맞춰 혼이 있어 꿈은 하늘 끝에 아득하네.	有時魂夢杳天涯

상上이 연경燕京에 있을 때 연녀蓮女에게 혹惑하였다. 이별에 임하여 연꽃 한 가지를 손에 들고 바치며 말하기를, "상께서 돌아가시는 길에 이 꽃을 보시고 만약 시들면 이 목숨은 장차 다하게 될 것입니다." 하였다. 수일 후에 꽃을 보니 꽃이 초췌하려 하므로 상이 연녀의 죽음을 두려워하여 다시 연燕으로 돌아가고자 하였다. 존비尊庇가 가기를 청하고 찾아서 연녀에게 돌아가니, 연녀가 울면서 시를 바쳐 이르기를 이러하였다.

上在燕京惑於蓮女臨別手贈蓮花一朶曰上歸路視此花若凋此命將盡
數日後視花花欲憔悴上恐蓮女死復欲如燕尊庇請往探而回蓮女泣而
獻詩曰

서로 연꽃의 향기를 주고받으니	相贈蓮花香
처음에는 붉은 빛이 아름다웠습니다.	初來絳約紅
떨기를 옮겨 놓고 몇 일인가를 물으니	移叢問幾日
초췌하기가 임과 같았습니다.	憔悴與君同

존비가 임금께서 시를 보시고 회포가 더 할 것을 두려워하여 연녀를 대신하여 진언進言을 지어 말하기를 이러하였다.

尊庇恐上見詩增懷代蓮女而製進曰

어리석은 사람들아, 어리석은 사람들아!	這痴漢這痴漢
수레를 멈추지 말아라, 수레를 멈추지 말아라.	勿留輦勿留輦
이 몸은 편하기가 연잎의 구슬이요,	此身便如蓮葉珠
그쪽 가에서 자리를 바꿔 이쪽 가로 원을 그린다.	彼邊轉處此邊圓

상上이 시를 보고 크게 노하여 마침내 환국還國하였다. 뒤에도 상이 연녀에 대한 한을 버리지 못하므로 존비가 곧 아뢰기를, "신이 그 때에 봉환奉還이 시급하므로 어찌할 수 없이 권사權辭[49]를 썼습니다." 하고 기망欺罔[50]한 것에 대하여 복주伏誅[51]를 청하였다. 상이 노하여 벼슬을 빼앗고 유배시켰다. 문의태자文義太子와 조신朝臣들은 반복하여 그것을 풀 것을 계청啓請[52]하니, 임금도 역시 회오悔悟하고 다시 벼슬을 주어 불렀으나 사자使者가 이르기 전에 존비가 죽었다.

上見詩大怒遂還國後上恨蓮女不已尊庇乃奏曰臣於伊時急於奉還不得已權辭請伏欺罔之誅上怒削官謫文義太子及朝臣反復啓解之上亦悔悟復官召還使者未至尊庇卒

부음訃音을 듣고 상이 진도震悼[53]하여 철조輟朝[54]하였다. 태자가 상喪에 임하여 말하기를, "이존비는 정직한 나라의 직신直臣이다. 어찌하여 요절夭折함이 이와 같은가!" 하였다. 인하여 장례에 왕례王禮를 쓰도록 명하였다. 마침내 형강荊江의 상上에 있는 산에 4리를 둘러서 그를 봉封하여 지금에 이르렀다. 동洞 이름을 왕묘王墓라 하고 리里 이름을 산사山四라 하였다.

訃聞上震悼報朝太子臨喪曰李尊庇正直邦家司直何天如是乎仍命葬用王禮遂以荊江之上環其山四里封之至今洞曰王墓里曰山四

행촌杏村 이시중李侍中 암嵒은 권신배權臣輩들이 국호國號를 폐지하고자 하는 것을 막고 반성의 논의를 입행立行할 것을 소청疏請하였다. 그 소청의 대략을 말하면 이러하다. '천하의 사람들은 각각 그 나라로써 나라를 삼고 그 풍속으로써 풍속을 삼습니다. 국계國界는 피할 수가 없는 것입니다. 민속民俗 역시 섞을 수가 없는 것입니다. 하물며 우리나라는 한단桓檀으로부터 그 이래로 천제天帝의 아들이라 칭하였으며 제천祭天의 일을 행하였습니다. 스스로 분봉分封[55]한 제후諸侯와는 원래 서로 같지 아니하였습니다.

杏村李侍中嵒嘗疏沮權臣輩欲廢國號而請立行省之議其疏畧曰天下之人各以其國爲國各以其俗爲俗國界不可破也民俗亦不可混也況我國自桓檀以來皆稱天帝之子行祭天之事自與分封諸侯元不相同

지금 비록 한때 남의 밑에 있게 되었으나 이미 혼과 정신, 피와 살이 있었습니다. 근원이 같은 조상으로부터 얻은 것입니다. 이것은 곧 신시神市가 개천開天하여 삼한三韓의 관경管境이 천하 만세에 대명방大名邦이 되게 한 것입니다. 우리 천수天授 태조는 창업創業의 자질資質로써 고구려의 다물多勿 입국立國의 여풍餘風을 계승하여 천하를 평정하고 나라의 성가聲價를 크게 떨쳤습니다.

今雖　時爲人轄下旣有魂精血肉而個　源之祖是乃神市開天二韓管

境之爲大名邦於天下萬世者也我天授太祖以創業之資承高句麗多勿
立國之餘風平定宇内國聲大振也

간혹 강한 이웃이 있어서 포악한 짓을 하므로 유영幽營[56] 이동以東이 아
직 우리에 돌아오지 아니하였습니다. 이것이야말로 임금과 신하가 밤과
낮으로 분발하여 자주 부강책을 도모해야 할 까닭인 것입니다. 감히 잠
청배潛淸輩의 대 간특奸慝함이 있어 능히 왕성하게 음모를 하고 있습니다.
間有强隣乘以作暴幽營以東尚未歸我則此君臣日夜奮振謀所以自主
富强之策敢有潛淸輩之大奸慝迬能陰謀

우리나라가 비록 작다 할지라도 어찌 국호를 폐할 수가 있겠습니까. 주
세主勢가 비록 약하다 할지라도 어찌 위호位號를 버릴 수가 있겠습니까.
지금의 이 거론擧論은 모두가 간소奸小한 무리들의 포도逋逃[57]에서 나온
것이며 국인의 공언公言이 아닌 것입니다. 밝히어 도당都堂[58]에 청하오니
그 죄를 엄히 다스려 주시기 바랍니다.'
我國雖小國號何可廢也主勢雖弱位號何其降也今此之擧皆奸小之輩
之出於逋逃而非國人之公言也宜請都堂嚴治其罪

행촌杏村 시중侍中에게는 저서著書가 3종種이 있다. 그가 지은《단군세기
檀君世紀》는 원시 국가의 체통體統을 밝힌 것이다. 또《태백진훈太白眞訓》
을 지어서 한단 상전相傳의 도학심법道學心法을 소술紹述하였다.《농상집
요農桑輯要》는 곧 경세실무經世實務의 학學이다. 문정공文靖公 이목은李牧隱
색穡이 서문에서 이르기를,『무릇 의식衣食이 풍족한 까닭과 재물이 풍
부한 까닭과 종시얼식種蒔孼息이 유래한 바가 두루 갖춰진 것으로, 분문

유취分門類聚하고 누석촉조縷析燭照하지 않은 것이 없는, 실로 이치가 있는 양서良書다.』라고 하였다.

杏村侍中有著書三種其著檀君世紀以明原始國家之體統又著太白眞訓紹述桓檀相傳之道學心法農桑輯要乃經世實務之學也文靖公李牧隱稿序之曰凡衣食之所由足貨財之所由豊種蒔孳息之所由周備者莫不分門類聚縷析燭照實理生之良書也

행촌 선생이 일찍이 천보산天寶山을 유람하고 태소암太素庵에서 잠을 자는데 한 거사居士가 있어 말하기를, "소전素佺에 진기한 고서古書가 많다."고 하므로 이명李茗, 범장范樟과 더불어 신서神書를 함께 얻었다. 모두가 옛 한단 전수傳修의 진결眞訣이었다. 그 통탈박고通脫博古[59]의 학學은 가히 탁연卓然[60]한 바가 있다고 칭할 수가 있었다.

杏村先生嘗遊於天寶山夜宿太素庵有一居士曰素佺多藏奇古之書乃與李茗范樟同得神書皆古桓檀傳授之眞訣也其通脫博古之學卓然有所可稱

그 참전수계參佺修戒의 법은 대개 성性을 뭉쳐서 혜慧를 만들고, 명命을 뭉쳐서 덕德을 만들고, 정精을 뭉쳐서 역力을 짓는다는 것이었다. 그것이 우주에 있으므로 삼신三神이 장존長存하고, 그것이 인물에 있으므로 삼진三眞이 불멸不滅한다는 것으로 마땅히 천하 만물의 대정신大精神과 혼연동체混然同體가 되어 생성변화生成變化가 무궁하다는 것이다.

而其參佺修戒之法盖凝性作慧凝命作德凝精作力其在宇宙而三神長存其在人物而三眞不滅者當與天下萬世之大精神混然同其體而生化無窮也

선생이 말하기를, "도道는 하늘에 있다. 이것이 삼신三神이다. 도는 사람에 있다. 이것이 삼진三眞이다. 그 근본을 말하면 하나뿐이다. 유일惟一은 도道다. 불이不二는 법法이다. 크구나, 한웅桓雄이 처음에 서물庶物을 내놓고 천원天源을 득도得道하고, 태백太白을 입교立敎하여 신시神市 개천開天의 뜻이 비로소 세상에 크게 밝았구나.

先生曰道在天也是爲三神道在人也是爲三眞言其本則爲一而已惟一之爲道不二之爲法也大哉桓雄首出庶物得道天源立敎太白神市開天之義始大明於世矣

이제야 우리는 문자에 연유하여 도를 구하고, 참전수계參佺修戒하여 우리의 교敎를 존숭하나 아직 피어나지 못하였다. 또 백방으로 물어서 어렵게 만났으나 늙어버렸다. 가히 한스러운 일이다."라고 하였다. 선생은 시중侍中 벼슬을 버리고 강도江都의 홍행촌紅杏村으로 퇴거退去하여 스스로 호를 홍행촌수紅杏村叟라 하고 마침내 행촌삼서杏村三書를 지어 집에 장서藏書하여 두었다.

今吾輩因文求道參佺受戒尊吾敎而未發又聞百途而難會老將及矣可恨哉先生以侍中致仕退去江都之紅杏村自號爲紅杏村叟遂著杏村三書藏于家

헌효왕獻孝王 후後 5년 3월에 행촌 이암李嵒은 명을 받아 참성단塹城壇에 제천하고 백문보白文寶에게 말하기를, "덕德에 의리하여 신神을 수호守護하는 것은 한가지로 신념信念에 있다. 영재英才를 길러서 나라를 지키는 것은 발원發願에 있다. 곧 신神은 사람에 의존依存하고 사람 또한 신에 의존하여 백성과 국가가 영원히 편안함을 얻는다. 제천의 정성은 마침내는 보본報本으로 돌아간다. 그 인세人世를 구하는 것이 감히 없어지겠는가."라고 하였다.

獻孝王後五年三月杏村李嵒以命祭天于塹城壇謂白文寶曰賴德護神一存信念養英衛國功在發願乃神依人人亦依神而民而國永得安康祭天之誠竟歸報本其求人世敢可忽諸

정지상鄭之祥은 하동인河東人이다. 그 누이동생으로 인하여 원나라에 자주 왕래하다가 경효왕敬孝王을 만나 입시入侍 수종隨從하여 노고勞苦가 많았다. 왕이 즉위하자 취선驟選[61]되어 감찰지평監察持平에 이르고 사리事理에 불책不諳하였다. 일찍이 전라도全羅道 안렴사按廉使[62]가 되어 경내에 들어가 세가勢家를 만났다. 사사가 문득 제군諸郡을 방략순시榜掠徇示하니 일도一道가 한심스러웠다.

鄭之祥河東人也因其妹往來于元値敬孝王入侍隨從有勞及王卽位驟選至監察持平不諳事理嘗爲全羅道按廉使入境遇勢家所使輒榜掠徇示諸郡一道寒心

야사부카(埜思不花)는 본국 사람이다. 원元에 있으면서 순제順帝의 사랑을 받아 그 형 서신주徐臣柱는 육재六宰가 되고, 동생 응려應呂는 상호군上護軍이 되었다. 세력에 의하여 위복威福을 누리니 국인이 그를 두려워하였다. 부카(不花)가 어향사御香使로 내려와 본국에 이르러서 이르는 곳마다 방종 횡포하여 존무사存撫使나 안렴사按廉使 등이 모욕과 꾸지람을 많이 당하였으나 감히 거스르지 못하였다.

埜思不花本國人也在元有寵於順帝其兄徐臣桂爲六宰弟應呂爲上護軍依勢作威福國人畏之不花降香至本國所至縱暴存撫按廉多被辱罵

莫不遵忤

전주全州에 이르자 지상之祥이 맞이하기를 공근恭謹히 하였으나 부카(不花)는 심히 거만하게 대우하였다. 반접사伴接使 홍원철洪元哲은 지상之祥에게 요구하는 것이 있었다. 지상之祥은 들어주지 아니하였다. 원철元哲이 격노하여 부카(不花)에게 말하기를, "지상이 천사天使를 업신여긴다."라고 하였다. 부카(不花)가 그를 체포하였다.

至全州之祥迎候恭謹不花待遇甚倨伴接使洪元哲有求於之祥之祥不聽元哲激怒不花曰之祥慢天使不花繫縛之

지상이 분에念恚[63]하여 크게 부르짖고 주리州吏를 속여 말하기를, "국가國家가 이미 기씨奇氏 들을 주멸誅滅하고 다시는 원元을 섬기지 않기로 하였다. 재상宰相 김경직金敬直에게 명하여 원수元帥로 삼아 압록강을 지키게 하였다. 이 사자使者는 쉽게 제압할 수가 있다. 너희들은 무엇이 두려워서 나를 구하지 못하는가. 장차 너희의 주州가 강등降等당하여 작은 현縣이 되는 것을 보게 될 것이다."라고 하였다.

之祥念恚大叫給州吏曰國家已誅諸奇不復事元命宰相金敬直爲元帥守鴨綠江此使易制耳若等何畏而不我救將見爾州降爲小縣也

읍리邑吏들이 떠들며 들어와 결박을 풀어주고 지상을 부축하여 나왔다. 마침내 무리를 이끌고 부카와 원철 등을 잡아 가두고 부카가 차고 있던 금패金牌를 빼앗아 가지고 개성開城으로 달려왔다. 공주公州를 지나다가 응려應呂를 잡아 철추鐵錐로 그를 치니 수일 후에 죽었다. 지상이 와서 왕에게 아뢰었다. 왕은 경악하여 순군巡軍에 가두고 행성원외랑行省員外郞

정휘鄭暉에게 명하여 전주목사全州牧使 최영기崔英起와 읍리 등을 체포하고 차포온車蒲溫을 보내어 내온內醞[64]을 주어 부카를 위로하고 그 패牌를 돌려주었다.

邑吏呼譟而入解縛扶出之祥遂率衆執不花元哲等囚之奪不花所佩之
金牌馳還京過公州執應呂以鐵椎撾之數日而死之祥來白于王王驚愕
下巡軍命行省員外鄭暉捕全州牧使崔英起及邑吏等又遣車蒲溫賫內
醞慰不花還其牌

원에서 단사관斷事官 매주買住를 보내어 지상之祥을 국문하였다. 왕이 기씨들을 주멸하고 지상을 석방하여 순군제공巡軍提控으로 삼고, 다시 호부시랑戶部侍郎 어사중승御史中丞으로 전임轉任하여 판사判事에 이르러 죽었다. 성격이 엄하여 무릇 육사戮死의 죄에는 반드시 그를 보냈다. 지상之祥의 처는 담양潭陽에서 과거寡居하다가 왜倭에게 살해되었다. 아들이 박위朴葳를 따라 대마도對馬島를 쳤다.

元遣斷事官買住來鞫之祥王誅諸奇釋之祥爲巡軍提控再轉戶部侍郎
御史中丞官至判事卒性嚴凡戮死罪必遣之之祥妻寡居潭陽爲倭所害
子從隨朴葳擊對馬島

문대文大는 고종高宗 안효대왕安孝大王 18년(1231년)에 낭장郎將으로 서창현瑞昌縣에 있다가 몽고병蒙古兵에게 포로가 되었다. 몽고병이 철산성鐵山城 아래에 이르러 문대文大에게 명하여 고을 사람들을 타일러서 '진짜 몽고병이 왔으니 빨리 나와서 항복하라!' 하고 외치게 하였다. 문대가 곧 외치기를, "가짜 몽고병이다. 그러니 항복하지 말아라." 하였다.

文大高宗安孝大王十八年以郎將在瑞昌縣爲蒙古兵所虜蒙古兵至鐵

山城下令文大呼喩州人曰眞蒙古兵來矣可速出降文大乃呼曰假蒙古
兵也且勿降

몽고인이 그를 죽이려고 하다가 다시 외치게 하였으나 여전하였으므로 그를 죽였다. 몽고병이 심히 급하게 성城을 공격하므로 성중城中에는 양식이 떨어져 성을 지키지 못하고 장차 함락하려 하였다. 판관判官 이희적李希績이 성중의 부녀자와 어린 아이들을 모아 창고 속에 넣고 불을 지르고, 장정들을 이끌고 스스로 목을 베어 죽었다.

蒙古人欲斬之使更呼復如前遂斬之蒙古攻城甚急城中糧盡不克守將
陷判官李希績聚城中婦女小兒納倉中火之率丁壯自刎而死

경효왕敬孝王 12년 계묘(1363년)에 밀직사密直使 이강李岡이 명을 받들어 참성단塹城壇에 제사하고 인하여 시詩를 써서 판板에 각하였는데 그 시에 이르기를 이러하였다.

敬孝王十二年癸卯三月密直使李岡以命祭塹城壇仍刻板題詩其詩曰

춘풍에 경물景物은 나이가 차서 호사롭고	春風景物富年華
명령을 받들고 와서 노는 길은 멀구나.	承命來遊道里賒
역마를 채찍질하여 하직을 하니	鞭駬朝辭丹鳳闕
임금님 말씀은 빠뜨려버리고	
배를 노질하여 저녁은 백구의 물결을 쫓는구나.	棹舟暮趁白鴟波
반공은 푸르러 산은 빛깔을 떠올리고	半空蒼翠山浮色
구렁에는 왕성한 기운이 가득하여	滿壑氛氳草自花
풀이 스스로 꽃을 피운다.	

묻노니 봉래蓬萊는 그 어디인가. 　借問蓬萊何處是

사람들은 여기가 선가仙家라고 한다네. 　人言此地卽仙家

마음은 고요하고 몸은 한가하여 　心靜身閒骨欲仙

뼈가 신선이 되려 하니

멀리 인간의 일 생각하며 정히 망연하구나. 　遙思人事正茫然

제사 지내는 신비한 자리는 중흥한 뒤요 　薦蘋秘席中興後

돌로 쌓은 영단靈壇은 태고 전의 일일세. 　累石靈壇太古前

이미 눈으로 천 리 땅을 보게 되었고 　已得眼看千里地

황홀히 몸은 구중 하늘에 있는 듯 하여라. 　況疑身在九重天

이번 걸음엔 짝도 없이 서로 속이는 것 같으니 　此行無耦如相托

환도하는 첫해를 누가 만났느냐. 　須値還都第一年

강릉왕江陵王 우禑 5년 3월 신미에 사신을 보내 참성단에 치제致祭하도록
명하였다. 대제학大提學 권근權近이 서고문誓告文을 지어 바쳤는데 그 글
에 이르기를, '초헌합니다. 해상海上은 산이 높고 이 세상에 시끄러움과
는 멀리 떨어져 있습니다. 단壇은 중천中天이 가까워 가히 선학仙鶴의 강
림降臨을 맞이할 수가 있습니다. 박전薄奠을 올려 이렇게 진설하니 밝은
신께서 계시는 듯합니다. 이헌二獻합니다. 신의 들으심은 혹하지 아니하
여 이 사람을 가려주지 않습니다. 천복天覆은 사私가 없어 빛은 아래로
땅에 임합니다. 일은 예로써 느껴 마침내 통합니다.

江陵王禑五年三月辛未命遣使致祭于塹城壇大提學權近製誓告文以
進其文曰初獻海上山高迥隔人寰之煩擾壇中天近可邀仙馭之降臨薄
奠斯陳明神如在二獻神聽不惑庇貺斯人天覆無私照臨下土事之以禮
感而遂通

가만히 생각하니 마리산麻利山은 단군檀君을 제사지내는 곳입니다. 성조聖祖로부터 백성을 위해 입극立極하여 신시神市를 이어받아 안식을 드리웠습니다. 후왕後王은 오랑캐를 피하여 천도遷都하였습니다. 또한 여기에 의지하여 근본을 지켰습니다. 그러므로 우리의 나라는 그것을 지켜서 무너지지 않았습니다. 짐 소자는 그것을 이어 더욱 경건히 할 것입니다.

竊念摩利山檀君攸祀自聖祖爲民立極俾續舊而垂休曁後王避狄遷都亦賴玆而保本故我家守之不墜而朕小子承之益虔

하늘은 왜 외구구투外寇狗偸[65]로써 우리 백성의 어란魚爛[66]을 보내셨습니까. 비록 먼 나라의 업신여김을 받았으나 오히려 표문表聞을 허許하였는데 하물며 그 읍邑이 오랑캐에게 침략당하는 것을 참고만 보시었습니까. 어찌하여 밝은 위력의 살핌이 없습니까. 진실로 덕德이 좋은 것이 아님을 부정합니다.

天何外寇之狗偸而以致我民之魚爛雖遠疆之受侮尚許表聞況厥邑之被侵胡然忍視其明威之不驗寔否德之無良

실로 남에게서 구하기는 어렵습니다. 오직 자책自責에만 있습니다. 사람이 만약 그 업業에 불안할 것 같으면 신神은 장차 돌아갈 곳이 없습니다. 이에 구전舊典에 따라 감히 당시의 환患을 고합니다. 비침卑忱[67]은 관관款款[68]하고 보감寶鑑[69]은 명명明明합니다. 바다에 명하여 물결이 일지 않게 하소서. 하늘이여 그 명命을 펴서 사직社稷의 안반安磐이 빛을 받게 하소서.'라고 하였다.

實難求他惟在自責然人若不安其業則神將無所於歸玆因舊典之遵敢告當時之患卑忱款款寶鑑明明致令海不揚波丕亨梯航之幅湊天其申

命光腐社稷之安磐

천수天授 기원 439년 경효왕敬孝王 5년(1356년) 이 해 하夏 4월 정유에 기철奇轍[70], 권겸權謙, 노책盧頎 등이 모반하므로 복주伏誅하고 정지상鄭之祥을 석방하여 순군제공巡軍提控을 삼았다. 정동행성이문소征東行省理問所[71]를 파罷하였다. 때에 원실元室은 극히 쇠폐하여 오왕吳王 장사성張士誠이 강소江蘇에서 일어나 일이 많고 소란하였다.

天授紀元四百三十九年敬孝王五年是歲夏四月丁酉奇轍權謙盧頎等謀叛伏誅釋鄭之祥爲巡軍提控罷征東行省理問所時元室極爲衰弊吳王張士誠起於江蘇事多騷亂矣

최영崔瑩 등이 고우高郵에서 돌아왔다. 상上은 비로소 최영 등의 논의에 따라 마침내 서북西北 회수恢收의 계책을 정하고 먼저 정동행성을 파하였다. 이어서 인당印瑭, 최영崔瑩 등 제장諸將을 보내어 압록강 이서以西의 팔참八站을 공격하여 그것을 파하였으며 또 류인우柳仁雨, 공천보貢天甫, 김원봉金元鳳 등을 보내 쌍성雙城 등의 땅을 수복하였다.

崔瑩等及自高郵歸上始從瑩等議遂定西北恢收之計先罷征東行省繼遣印瑭崔瑩等諸將攻鴨綠江以西八站破之又遣柳仁雨貢天甫金元鳳等收復雙城等地

10년 동冬 10월에 홍두적紅頭賊[72] 반성潘誠, 사유沙劉, 주원장朱元璋 등 10만여 무리가 압록강을 건너 삭주朔州에 쳐들어왔다. 11월에 적이 안주安州를 습격하니 상장군上將軍 이음李蔭 조천주趙天柱가 죽었다. 12월에 상上이 복주福州[73]에 이르러 정세운鄭世雲을 총병관總兵官으로 삼았다.

十年冬十月紅頭賊潘誠沙劉朱元璋等十萬餘眾渡鴨綠江寇朔州
十一年賊襲安州上將軍李蔭趙天柱死之十二月上至福州以鄭世雲
爲總兵官

세운은 성질이 충성스럽고 청백하였다. 왕이 파천播遷한 이래 낮이나 밤이나 의분하여 홍두적을 소탕하여 경성京城을 회복하는 것을 자기의 임무로 삼았다. 임금 역시 세운世雲을 의지하고 믿었다. 여러 차례 "속히 애통哀痛의 조서詔書를 내리시어 백성의 마음을 위로하시고, 또 여러 도道에 사신을 보내시어 징병徵兵을 독려하시옵소서!"라고 하였다.

世雲性忠淸自播遷以來日夜憂憤以掃盪紅賊恢復京城爲己任上亦倚
信世雲屢請亟下哀痛之詔以慰民心遣使諸道以督徵兵

왕이 마침내 수문하시중守門下侍中 이암李嵒에게 조서를 내리어 전하기를, '천하가 편안하면 뜻을 상相에 쏟고, 천하가 어지러우면 뜻을 장將에 기울이는 것이다.'라고 하니, "저는 문신文臣으로 나약하여 군인이 될 수 없습니다. 그를 면권勉勸[74]하소서."라고 하였다. 세운世雲이 도당都堂에 나아가 소리를 높여 분언憤言하고 류숙柳淑에게 말하기를, "군사를 점검하시오. 기한에 늦으면 장차 행군에 책임이 있습니다."라고 하였다.

上遂下詔守門下侍中李嵒傳曰天下安注意相天下亂注意將余文臣懦不
能軍子其勉之世雲詣都堂憤言揚聲謂柳淑以簽軍後期爲責將行

암嵒이 세운에게 이르기를, "지금 강적이 갑자기 황성皇城에 이르러 지키지 못하고 파천하여 천하의 웃음거리가 된 것은 삼한三韓의 치욕이다. 공이 먼저 대의大義를 부르짖었으니 장월仗鉞을 가지고 군사를 거느려 떠나야 한다. 사직社稷의 재안再安과 왕업王業의 중흥이 이번의 일거一擧에 달려 있다. 우리 군신君臣이 낮과 밤으로 공의 개선을 기다릴 것이다."라고 하였다. 장유將諭[75]를 보내어 매일 장수들을 독려하고 창의倡義 출모出謀 수계授計하여 편안하도록 도왔다. 이암李嵒의 종질從姪 순균(改名希泌-원주), 한방신韓方信 등 여러 장수가 다 그를 따라 공이 있었다.

嵒謂世雲曰今強寇狴至皇城失守乘輿播遷爲天下之笑三韓之恥而公首唱大義仗鉞行師社稷之再安王業之中興在此一擧吾君臣日夜望公之凱旋也獎諭遣之每日督勵諸將倡義出謀授計安祐李珣改名希泌李嵒從侄韓方信等諸將皆從之有功

20년 신해(1371년) 2월 갑술에 여진女眞 천호千戶 이두란李豆蘭, 첩목아帖木兒가 백호百戶 개介를 보내어 1백 호戶로써 투항해 왔다. 윤 3월 기미에 북원北元의 요양성遼陽省[76] 평장사 유익劉益과 왕우승王右丞 등이 본래 고려 땅인 요양遼陽을 가지고 우리나라에 귀부歸附하고자 사람을 보내어 청하여 왔다. 때에 조정의 의론이 불일不一하고 국사國事가 다난하였다. 상上이 정몽주鄭夢周를 보내어 명明과 같이 촉蜀을 평정한 것을 축하하였다.

二十年辛亥二月甲戌女眞千戶李豆蘭帖木兒遣百戶甫介以一百戶來投閏三月己未北元遼陽省平章事劉益王右丞等以遼陽本高麗地欲歸附我國遣人來請時廷議不一國事多難然上遣鄭夢周如明賀平蜀

김의金義가 명사明使 채빈蔡斌을 죽였으므로 조야朝野가 시끄러워 그 일을 말하고자 하는 사람이 거의 없어 회보하지 못하였다. 유익劉益 등이 마침내 금주金州[77], 복주復州[78], 개평蓋平, 해성海城, 요양遼陽 등의 땅을 가지고 명明에 귀부하고 말았다. 오호. 당시의 청론도淸論徒들이 무기력하여

이 일로 스스로 호기好機를 잃고 필경은 구강舊疆을 회복하지 못하였으니, 지사志士의 한恨이 이에 깊어졌다.

金義殺明使蔡斌朝野騷然其欲言事者幾希以故未即回報劉益等遂以金州復州蓋平海城遼陽等地歸附于明鳴呼當時淸論徒因循是務自失好機竟不恢收舊疆志士之恨於斯爲深矣

강릉왕江陵王이 선제先帝의 명을 받아 즉위하였다. 때에 요동遼東의 도사都司가 승차承差 이사경李思敬 등을 보내어 압록강에 이르러 방방榜을 내걸고 이르기를, '철령鐵嶺의 이북迤北, 이동迤東, 이서迤西는 원래 개원開元에 속하였다. 소관所管의 군인 한인漢人, 여진女眞, 달달達達, 고려가 요동에 잉속仍屬했다.'라고 하였다. 조정의 의론이 분운紛紜하여 같지 않다가 필경은 독전督戰을 결정하여 중외中外의 병마를 대발大發하고, 최영崔瑩이 팔도八道의 도통사都統使가 되었다.

江陵王以先帝命即位時遼東都司遣承差李思敬等到鴨綠江張榜曰鐵嶺迤北迤東迤西元屬開元所管軍人漢人女眞達達高麗仍屬遼東云云朝議紛紛不一竟以督戰決定大發中外兵馬以崔瑩爲八道都統使

1. **태조** - 고려 태조 왕건.

2. **천수** - 왕건의 연호.

3. **송악** - 개성.

4. **양** – 양지쪽, 남쪽.

5. **훈요** – 훈요십조訓要十條. 고려 태조가 그의 자손들에게 귀감으로 삼게 하려고 준 10가지의 유훈. 일명 신서십조信書十條, 십훈十訓. 연등燃燈과 팔관八關의 주신主神을 함부로 가감하지 말라는 내용이 있다.

6. **태봉국** – 901~918년. 신라 말에 궁예가 세운 나라.

7. **안승** – 검모잠劍牟岑이 고구려 재건을 시도하여 세운 왕.

8. **금마저** – 지금의 전라북도 익산.

9. **족자** – 동종同宗의 아들, 형제의 아들. 삼종형제三從兄弟의 아들.

10. **발** – 중의 밥그릇.

11. **재** – 재계.

12. **첨사** – 점대에 적힌 길흉의 점사.

13. **북원** – 지금의 원주.

14. **아슬군** – 지금의 강릉.

15. **왕릉** – 고려 태조 왕건의 아버지.

16. **이훤** – 견훤. 본성이 이씨이다.

17. **무진주** – 지금의 광주光州.

18. **의자** – 백제의 마지막 왕인 의자왕.

19. **완산** – 지금의 전주.

20. **금책** – 책幘은 머리를 싸는 형겊.

21. **홍유** – 의성義城 홍씨洪氏의 시조로 고려의 일등개국공신一等開國功臣이다. 후백제後百濟를 멸망시키는 데 공을 세웠다.

22. **배현경** – 경주慶州 배씨裴氏의 시조. 초성명初姓名은 백옥삼白玉杉.

23. **신숭겸** – 평산平山 신씨申氏의 시조로 춘천春川 출신이다. 고려 예종이 지은 도이장가悼二將歌의 주인공.

24. **복지겸** – 면천沔川 복씨卜氏의 시조.

25. **적곡** – 곡식더미.

26. **부양** – 지금의 평강.

27. **소손녕** – 고려高麗 성종成宗 12년(993년)에 글안군 도통이 되어 8십 만 대군을 이끌고 서북西北 국경을 침범해 봉산蓬山(지금의 태천泰川과 귀성龜城의 중간)을 빼앗고 계속 남침을 시도했다. 그러나 서희徐熙에게 굴복해 강동江東 6주州 3백 리里 지역을 넘겨주고 철수했다. 이 때부터 영토가 압록강까지 올라가게 되었다.

28. **삼각산** – 지금의 서울 삼각산.

29. **사기** – 말과 표정.

30. **윤관** – 고려의 명신이자 장군. 여진 정벌의 원수가 되어 17만 대군을 이끌고 동북계東北界에 있는 여진을 정벌해 9성城을 쌓았다.

31. **최홍사** – 고려의 정치가.

32. **궁한리** – 여진족의 일파 또는 그들이 살던 곳의 지명.

33. **편맹** – 민간의 호적에 편입된 백성, 곧 평민.

34. **선유** – 임금의 훈유를 백성에게 포고하다.

35. **영가** – 여진女眞 완안부完顔部의 추장, 오고내烏古迺의 아들. 금金 건국建國 후에 목종穆宗으로 추증되었다. 완안부가 역사상 활약을 시작한 것은 오고내 때부터로 영가는 그의 뒤를 이어 국자가局子街 부근의 흘석열부紇石烈部의 추장 아소阿疎를 요로 쫓고 동남東南으로 진출해 1102년 고려에 사신을 보내 조공을 바쳤다. 그 후 세력이 강해지자 간도지방間島地方을 점령하고 다시 남하해 갈라전曷懶甸까지 세력을 뻗쳤다. 일설에는 영가의 조상이 고려 사람이라고 한다.(이홍직編《국사대사전》참조)

36. **오아속** – 고려 때 여진女眞 완안부完顔部의 추장. 여진 말로는 우야소. 영

가의 조카로 후에 강종康宗으로 추존되었다.

37. **갑오** – 갑신甲申을 잘못 쓴 것이 아닐까?

38. **윤언이** – 윤관의 아들.

39. **자해표** – 자기를 변명한 글.

40. **중군** – 김부식을 가리킨다.

41. **정지상** – 고려 인종仁宗 때의 문신文臣. 묘청의 난이 일자 김안金安, 백수한 白壽翰과 함께 김부식에게 참살되었다. 시詩에 뛰어나 고려 12시인詩人 중 의 한 사람이다.

42. **사당** – 죽기를 맹세하고 결합한 당.

43. **상의** – 서로 의논하다.

44. **입원칭호** – 연호를 쓰는 일.

45. **대금** – 금나라를 가리킨다. 1115년(고려 예종 10년) 생여진生女眞의 완안부完 顔部 추장 아골타阿骨打가 세운 나라로 만주 일대 중국의 북부를 영토로 했다. 구성九城 환부에 대한 은혜를 잊지 않았다.

46. **자비령** – 황해도 서흥군, 서부 60리 지점에 있는 재.

47. **차자** – 상관이 하관에게 보내는 공문서.

48. **이존비** – ?~1287년. 고려 충렬왕忠烈王 때의 문관.《단군세기》를 쓴 이암 李嵒,《태백일사太白逸史》를 쓴 이맥李陌 그리고《한단고기桓檀古記》의 교열 校閱을 본 독립투사 해학海鶴 이기李沂의 선조.

49. **권사** – 수단이나 방법은 바르지 않으나 목적은 바른 말에 맞다.

50. **기망** – 속이고 모함하다.

51. **복주** – 형벌에 복종하여 죽음을 받아들이다.

52. **계청** – 임금에게 아뢰어 청하다.

53. **진도** – 신하의 죽음을 임금이 몹시 슬피하다.

54. **철조** - 임금이 병환 또는 대신 등의 죽음을 슬퍼하여 조회를 폐하는 일.

55. **분봉** - 벌떼의 하나가 나뉘어 나와서 새로운 벌떼를 이루는 현상, 집을 가르는 것.

56. **유영** - 유주와 영주.

57. **포도** - 죄를 저지르고 도망하다.

58. **도당** - 당상관을 일컫는다.

59. **통탈박고** - 많이 알고 옛일에 밝다.

60. **탁연** - 높이 뛰어나서 의젓한 모양.

61. **취선** - 갑자기 선임되다.

62. **안렴사** - 고려 때의 지방 장관.

63. **분에** - 분노와 같다.

64. **내온** - 임금이 신하에게 내리는 술.

65. **외구구투** - 외구의 좀도둑.

66. **어란** - 국가가 내부에서부터 부패해 망해가다.

67. **비침** - 낮은 정성, 미침微沈과 같다. 즉 자기의 정성을 낮춰서 이르는 말.

68. **관관** - 정성스러운 모양, 느린 모양.

69. **보감** - 모범이 될 만한 사물.

70. **기철** - ? ~ 1356년. 고려 공민왕 때의 문관. 본관은 행주. 누이동생이 원나라 순제順帝의 후궁으로 들어가 제2 왕후로 책봉되어 태자를 낳았다. 누이동생의 세력을 믿고 세도를 부려 민폐가 많았다.

71. **정동행성이문소** - 원나라가 일본 정벌을 위해 고려에 설치했던 관청.

72. **홍두적** - 홍건적. 원나라 말기에 중국에서 일어난 도적. 고려에의 1차 침입은 1359년(공민왕 8년)에 있었다. 1361년 10월에 반성潘誠, 사유沙劉 관선생關先生 주원수朱元帥, 파두반破頭潘 등이 10여 만 명의 무리를 이끌고 다

시 압록강을 건너 남침하여 자비령의 방책을 무너뜨리고 개경開京에 육박해 왔다. 이에 공민왕 및 왕실과 정신廷臣은 남쪽으로 피난했는데 왕가王駕가 이천利川에 도착하던 날에 홍건적은 개경開京을 함락하고 온갖 만행을 다했다. 이 해 12월경에 북주福州(안동安東)에 닿은 왕은 정세운鄭世雲으로 총병관을 삼아 적을 토벌케 했다. 이듬해 정세운은 홍건적을 무찌르고 개경을 수복하는 동시에 잔적을 북쪽으로 쫓아내어 난을 평정했다.(이홍직編《한국대사전》참조)

73. **복주** – 지금의 안동.

74. **면권** – 힘써 권하다.

75. **장유** – 장려하여 훈유하다.

76. **요양성** – 만주 요녕성遼寧省 창도현昌圖縣 이남以南 및 열하성熱河省 동남부東南部.

77. **금주** – 요녕성遼寧省 금현金縣.

78. **복주** – 요녕성遼寧省 복현復縣.

● 태백일사 太白逸史 발 跋

세 갑자에 나는 괴산에서 귀양살이를 하게 되었다. 마땅히 근신해야 하므로 자못 무료하였다. 곧 집에 감춰둔 상자箱子를 가져다 펴보았더니 거기에 역사의 증거로 삼을 만한 책들이 있었다. 무릇 평일에 여러 고로古老로부터 들은 것과 함께 채록하였으나 책을 이루지 못하다가, 후 16년 경진에 찬수관이 되어 내각內閣의 비서秘書를 매우 많이 얻게 되어 그것을 읽고 곧 전고前稿를 다듬어 편차編次하고 이름을 《태백일사》라 하였다. 그러나 감히 세상에 물을 수가 없어 비장秘藏하고 집 밖의 사람에게 내놓지 않았다.

歲甲子余謫槐山處宜謹愼頗爲無聊乃取閱家藏陳篋其有可據於史傳者與夫平日聞諸古老者幷擧採錄而未成書後一十六年庚辰余以撰修官頗得內閣秘書而讀之乃按前稿而編次之名曰太白逸史然敢不問於世秘藏之爲不出戶外者

일십당 一十堂 주인 씀

一十堂主人書

◎ 한단고기桓檀古記 발跋

기축년(1949년) 봄에 나는 강도江都의 마리산에 들어가 대영절大迎節을 맞
이하여 대시전大始殿을 배알하였다. 이정산李靜山 유립裕岦 씨가《한단고
기》를 정서하는 일을 위촉하였다. 내 글씨는 거칠어 중임重任을 이길 수
가 없었으나 우리 국조國祖의 고사古史를 알고자 하여 그를 대답하였다.
그 가운데는《삼성기三聖記》상·하와《단군세기檀君世紀》,《북부여기北夫餘
紀》상·하,《태백일사太白逸史》가 있었다. 몇 달 걸려 쓰기를 마치고 보고
하였다.

己丑春余入江都之摩利山適値大迎節謁大始殿李靜山裕岦氏囑余以
桓檀古記正書之役余筆荒雖不能勝重任爲識我國 祖古史而之中有三
聖記上下檀君世紀北夫餘記上下太白逸史載在焉 月餘而告迄

한인桓因은 7세를 전하였다고 하나 그 연대를 알 수가 없다. 한웅桓雄으로
부터 개천하여 18세를 전하였으며 역년은 1,565년이고 단군檀君은 47세
를 전하였으며 역년은 2,096년이니 지금까지 무릇 5,846년에 이른다. 기
자箕子가 어찌 그 사이에 있을 수가 있겠는가. 아아 천부天符의 경經과 홍
익인간弘益人間의 훈訓과 신고神誥와 전계佺戒는 오히려 남아서 밝고 밝게
몸을 닦아 사람의 마음을 다스리는 법이 되고 당당하게 경세제민經世濟
民의 대전大典이 되었다.

桓因傳七世云而未詳其年代白桓雄開天傳十八世而歷一千五百六

十五年檀君傳四十七世而歷二千九十六年至于今凡五千八百四十六
年箕子何與於其間哉鳴呼天符之經弘益之訓神誥佺戒猶有存焉明明
爲修己治人之心法堂堂爲經世濟民之大典

그러므로 천하가 다 성신聖神을 복종하고 존숭하였으나 우리 동토東土의
유가儒家와 불씨佛氏는 고전古典에 어두워 조그마한 성취가 달콤하기에
거기에 안존하고 서토西土에 무릎을 꿇는 것을 치욕으로 알지 못하였다.
슬프다. 뒤에 이 책을 보는 자 반드시 두려워하여 공경심을 일으킬 것이
다. 청하여 써서 이를 권卷의 뒤에 붙인다.

故天下咸服尊之以聖神而我東土之儒家興佛氏昧於古典安於小成甘
爲屈膝於西土而莫之恥也噫後之覽此書者必愓然而起敬也請書此以
付之卷後

신시 개천 5846년 기축 5월 상한 동복同福 오형기鳴炯基 발跋

神市開天五千八百四十六年己丑五月上瀚同福吳炯基跋

우리 역사를 이렇게 본다

김은수

차 례

제1부

1. 잃어버린 역사와 한국사의 현실

인간의 모든 행위는 인간을 위하는 것이어야 한다. 역사도 이러한 원칙
에서 벗어날 수가 없다. 따라서 한국사는 한국인과 한국인의 장래를 위
하는 역사가 되어야 한다. 불행하게도 한국인은 한국인과 한국인의 장
래를 위하는 역사책을 지금 가지고 있지 않다고 말할 수 있을 것이다.
《삼국사기》는 사대사상에 젖어 있고,《삼국유사》는 역사 기술상의 균형
에서 벗어나 보편성을 잃어버렸다. 한국의 근대 사학은 일제의 식민지
사학에서 자라왔던 것이다.[1]

　해방이 되고나서 40년, 김부식이 한국桓國과 신시神市와 단군조선檀
君朝鮮의 역사를 제거해버리고 나서 840년, 고구려가 멸망당하고 나서
1317년이 지나도록 아직도 우리는 춘추사관春秋史觀과 식민지사관植民地
史觀 그리고 사대사관事大史觀이 뒤범벅이 된 역사를 배우며 그것이 옳다
고 믿고 있는 실정이다. 이와 같은 현실은, 한국에는 한국인을 노예로 만
드는 역사는 있어도 한국인을 지주며 국민으로 양성하는 역사가 없다

는 것을 의미한다고 할 수 있을 것이다.

일찍이 여진女眞의 청태조清太祖는 광해군光海君에게 보낸 국서에서 '요동遼東은 본시 조선의 국토다. 지금 명明나라 사람들이 그 땅을 빼앗았는데 너희는 명나라가 원수인 것도 모르고 도리어 신복臣服하고 있다. 나는 워낙 명나라를 두려워하지 않는다. 너희가 나와 수호하지 못하겠다면 뜻대로 하라.'[2]고 힐책한 적이 있었다. 원수를 은인으로 잘못 안 우리는 후에 그 죗값으로 청나라에게 치욕을 당했으며, 원수를 원수로서 똑똑하게 알아차린 청나라는 중원을 차지해 300년의 왕업을 누렸다.

우리의 핏줄에는 언제까지나 망국적 노예근성의 피만이 흐르고 있어야 하는 것인지, 역사다운 역사 한 줄 써볼 줄 모르는 우리가 앞으로 과연 무엇을 해내겠다는 것인지 나로서는 도저히 이해가 가지 않는다.

2. 한국 사대사상의 뿌리

B.C.238년 단군조선의 멸망은 우리 민족에게 가장 큰 대내외적인 변혁을 몰고 온 획기적인 최초의 대 사건이었다. 이보다 앞서 B.C.426년에 일어난 융안렵호隆安獵戶 우화충宇和沖의 병란은 이듬해에 43세世 단군檀君 물리勿理를 물러나게 하고, 국호를 대부여大夫餘로 바꾸게 했으며, 삼한三韓을 삼조선三朝鮮으로 부르게 했다.

그로부터 100여 년 후 B.C.323년에는 읍차邑借 기후箕詡가 다시 병란을 일으켜 스스로 번조선番朝鮮의 왕이 되었으며, B.C.296년에는 수유인須臾人 한개韓介가 대궐을 범하여 자립自立하므로 단군 물리의 현손인 고열가高列加가 한개를 몰아내고 단군檀君이 되었다. 그러나 이로부터 결정적인 타격을 입은 대부여는 점점 국세가 미약해져서 국가의 비용이 늘어나지 못했다. 거기에다 단군 고열가는 성격이 인유부단했으므로 마침내 해모수解慕漱가 수유-후須臾侯 기비箕丕와 내통內通해 북부여를 세우게 되었다.[3]

그러나 이 때는 동아시아 대륙 전체가 겪는 대 혼란기로 정국은 쉽사리 안정되지 못했다. B.C.221년에는 진개秦介가 침입했으며 B.C.202년에는 노관盧綰이 요동遼東의 고새故塞를 빼앗아갔고, B.C.195년에는 위만衛滿의 침입이 있었으며 B.C.108년에는 한漢의 유철劉徹이 쳐들어왔다.[4] 이러한 상황에서 북부여 후기 왕조는 B.C.58년에 구강의 회복을 목표로 해서 일어난 새로운 지도자 고주몽高朱蒙에게 정권을 넘겨주지 않을 수 없게 되었다.

고구려高句麗의 시조 고주몽의 연호는 다물多勿이었다. 다물은 회복이라는 의미를 가지고 있다. 신시神市와 단군조선檀君朝鮮의 영광을 되찾는 것을 고주몽은 국가 제일의 시정 목표로 내세웠던 것이다. 이로써 고구려는 다물흥방지가多勿興邦之歌를 지어 전선戰線의 군인이나 국민 모두에게 부르게 했으며, A.D.668년에 고구려가 망할 때까지 회복 사상을 고구려의 영원한 이상으로 삼았다. 이와 같은 고구려의 이상은 연개소문淵蓋蘇文의 서진정책西進政策에서 명백하게 드러났던 것이다.[5]

고구려의 서부대인西部大人 연개소문은 고성제高成帝에게 도교道敎를 파강破講할 것을 여러 차례 간청했으며, 또 천리장성 쌓기를 그만둘 것을 극진했다. 그리고 연개소문은 자족自族을 음해하는 자는 소인小人이 되고, 능히 당唐나라와 더불어 대적하는 자는 영웅이 된다고 역설했다. 연개소문이 보장제寶藏帝를 맞아 뜻을 얻어 만법萬法을 행하는 위공爲公의 두消는 성기成己, 자유自由, 개문開物, 평등平等이었으며, 국방에 주력하여 당을 방비하는 일에 전력을 기울였다.

연개소문은 민족주의자였다. 먼저 백제百濟의 상좌평上佐平 성충成忠과 더불어 구존俱存할 뜻을 세우고 신라新羅의 김춘추金春秋를 사구私邱의 관館으로 청해 당唐을 치자고 설득했다. "당인의 패역불순함은 금수에 가깝다. 우리가 모름지기 사사로운 원수를 잊고 이제부터 삼국三國의 서족敍族이 힘을 합하여 당의 서울 장안長安을 직접 무찌르면 추악한 당을 생금할 수 있을 것이다. 승전한 후에는 구지舊地에 따라 연정聯政을 하고 인의로써 공치共治하여 서로 침략하지 않기로 약속하자."라고 거듭 권했다. 그러나 김춘추는 연개소문의 이 제의를 끝내 받아들이지 않았다.[6]

648년 김춘추는 그의 아들 법민法敏 등과 함께 고구려와 백제의 원수인 당나라로 건너갔다. 김춘추는 당태종唐太宗으로부터 새로 찬수撰修한 《진서晉書》를 받고 백제의 피해를 없애줄 것을 강청했으며, 신라의 예복禮服을 당나라의 제도에 따라 고칠 것도 청했다. 다시 김춘추는 당 태종에게 "제게는 일곱 아들이 있으므로 전하의 곁에서 떨어지지 않고 숙위宿衛하도록 하여 주시오." 하고 간청해 아들 문주文注를 당나라에 인질로 남기고 만족한 얼굴로 돌아왔다.

649년 정월에 신라는 당나라의 의관衣冠을 쓰도록 명령을 내렸다. 650년에 신라 왕은 수놓은 비단에 오언五言의 태평송太平頌을 써서 김춘추의 아들 법민을 당나라에 보내 당 태종에게 바치게 했다. 또 이 해에 처음으로 신라는 법흥왕法興王 이래 써오던 연호를 버리고 당나라의 연호인 영휘永徽를 썼다.[7] 후에 김춘추는 당 태종처럼 왕호를 태종太宗이라고 했다. 백제에 복수하기 위한 신라의 국시는 이처럼 사대주의로 바뀌고 당에 의해 개찬改撰된 《진서晉書》 등의 기록은 이 때부터 신라 사회에 병균을 퍼뜨리기 시작해 민족의 가슴에 회복 불능의 깊은 상처를 남기게 되었다. 당시의 신라는 너무도 큰 죄악을 민족 앞에 저질렀던 것이다.

이상과 같은, 신라의 사대주의로의 선회를 김부식은 《삼국사기》에서 잘한 일이라고 논평했다. 『논컨대 삼대(夏殷周)의 정삭正朔을 고치고 후대의 연호를 칭한 것은 모두 통일을 크게 여기고 백성들의 이목을 새롭게 하려는 까닭이었다. 이런 때문으로 때를 타서 나란히 일어나 나라를 세워 천하를 다투든지 또는 간웅들이 틈을 타 일어나 임금 자리를 엿보지 아니하면 편방偏方의 소국으로서 천자의 나라에 신속臣屬한 나라는 본래 사사로이 연호를 지어 쓰지 못하는 법이다. 신라 같은 나라는 한 뜻으로 중국을 섬겨 사신의 입조入朝와 조공하는 길을 그치지 않았으면서도 법흥왕이 스스로 연호를 칭하였으니 이는 알지 못할 일이다.

그 뒤에도 그 허물을 이어 되풀이하여 여러 해를 지냈고 당 태종의 꾸지람을 듣고서도 오히려 이를 그치지 아니하고 머뭇거리다가 지금에 이르러서야 당의 연호를 받들어 행하게 되니, 이는 비록 부득이한 데서 나온 것이라 하더라도 또한 과실이 있는 것을 능히 고친 것이라고 말할 것이다.』[8]라고 했다. 이 얼마나 더럽고 치사스러운 매국 사대주의적 논평이요 사관인가. 이러한 김부식의 손에 《삼국사기》가 쓰였고, 그 《삼국사기》는 고구려와 발해의 정통을 신라와 고려 계통으로 바꿔버리고 말았던 것이다.

어떤 학자는, "이상하게도 우리나라가 반도 국가로 굳어진 것을 굉장히 거부하려는 것, 그래서 만주 쪽에 대한 관심도가 높아지면서 고구려를 한때 우리나라 역사의 전통처럼 얘기한 경향이 있잖아요? 또 대종교 같은 것만 봐도 재밌어요. 고구려·발해·고려 이런 식으로 전통이 내려오는 걸로 보고 있어요. 발해 왕인가 하는 분이 대종교에서 아주 중요한 위치를 차지해요. 발해를 우리 역사 범위에 집어넣고 만주를 현실적으로 우리 영토로 생각해요. 그래서 현재는 반도 국가로 되어 있지만 그런 것이 아니다. 우리 민족의 생활 영역이 만주까지 다 포괄됐고, 실제 단군 도 그쪽에서 자손만대의 삶의 터전을 마련해 놓았고, 이런 것이 상당히 중요한 관점이 된 것 같아요."[9]라고 말하고 있다.

이런 식으로 역사가 무엇인지, 국사가 무엇이고 국가의 정통이 무엇 인지를 모르는 망발을 부끄러움도 모른 채 서슴없이 입밖에 내뱉고 있 어도 되는 것인지, 국민 모두가 깊이 음미해봐야 할 일이라고 생각한다. 발해가 왜 우리나라가 아니란 말인가! 대조영大祚榮이 말갈 출신이기 때 문이라면 이성계李成桂는 여진에서 왔으니까 조선도 우리나라라고 할 수 없을 것이 아닌가! 여진인女眞人 삼선三善과 삼개三介는 이성계의 내종형 제였다.

북애北崖는 그의 《규원사화揆園史話》에서 『김유신이 태종과 함께 고구 려와 백제를 치는 한을 남긴 것은 국위를 살피지 못한 것을 분하게 여 겨 당병唐兵을 끌어들여 동족을 멸하고 봉책을 받들어 조종祖宗을 욕되 게 했으니, 실상 이는 만세에 씻지 못할 더러움의 시작이라 하겠다.』[10]라 고 했는가 하면, 『신라가 적국을 이끌어 동족을 치고 조종이 넘겨준 땅 을 버리고 능히 회복하지 못하니, 안으로는 그 어버이를 원수로 하고 밖 으로는 원수를 친함에 능히 외롭고 약하여 천하 사람이 또한 역행하게 되니 어리석지 아니한가? 다리를 베어 먹는다 해도 배가 찬다 하니 조 물주의 이 같은 비리가 어디 있으랴?』[11] 하고 장탄했다.

이런 김춘추나 김유신의 사대사상을 역사에 기록해 찬양한 사람이 바로 김부식이다. 김부식은 고려의 건원칭제建元稱帝를 반대한 중심인물 이었다.[12] 실로 한국의 사대사상은 김춘추가 터를 닦고, 김부식이 꽃 피 웠으며, 조선에 와서 열매를 맺었다고 해도 틀린 말은 아닐 것이다. 자학적인 사대사상의 뿌리는 참으로 깊은 것이다.

3. 민족주의 사학과 실증주의 사학

역사는 시공을 한데 묶어 과정적·계기적으로 발전해 가는 사상과 사건을 총체적으로 다루는 종합 학문이라고 정의할 수 있다. 역사는 누가, 언제, 어디서, 무엇을, 어떻게, 왜 했는가를 기술해야 하는 것은 물론, 그 결과는 어떻게 되었으며 그것은 당시의 입장과 현재의 처지에서 타당한가를 가려봐야 할 뿐만 아니라 그 공헌도와 영향력까지도 측정해봐야 하는 것이다. 역사는 그만큼 심중하게 다루지 않으면 안 된다.

죽어서도 말을 하는 것은 역사뿐이다. 그렇기 때문에 민족과 인류에 대해 그만큼 책임이 큰 것이다. 역사는 단순한 사건의 기록이 아니요, 선전문이나 광고물도 아니다. 기록하고 분석하고 평가한 다음 전망과 대책이 수립되어 있어야 한다. 역사는 인류 사업의 운영·관리자로서 사업을 기획·조정하는 것은 물론 명령·통솔함으로써 전체 인류의 운명을 장악하고 있기 때문이다. 어떤 의미에서 역사는 일선 사령관이라고 비유할 수도 있다.

역사를 단절된 사건의 기록으로만 생각하면 참다운 역사의 모습을 찾아볼 수 없게 된다. 역사는 과거의 일에 비추어 미래에 대한 전망을 제시할 수 있어야 한다. 참다운 역사가라면 과거에서 과거로 고구해 가면서 미래에서 미래로 추구해 갈 것이다. 그러면서 전망에 따른 대책도 강구할 것이다.

요즘 우리나라 역사학자들 중에는 지나치게 김부식과 《삼국사기》에 대해 변명하고 옹호하는 경향이 있다. "김부식의 시대는 중국 남송南宋의 초기이고 중국 자신이 금에 의해 밀려 내려갔던 때이고 고려가 중국과 대등한 관계에 있었으며 사대다 뭐다 할 시대는 아니었습니다."[13]처럼 단순한 평면적 시대사론時代史論을 전개하는가 하면, "《삼국사기》의 사료로서의 가치가 떨어진다는 것은 아니라고 봅니다."[14]라고 말하고 "김부식이 무엇 때문에 훼조할 필요가 있었겠습니까!"[15]라고 이구동성으로 강변하기도 한다.

《삼국사기》에 대한 비판을 본격적으로 시작한 분은 단재丹齋였다. 단재는 그의 《조선상고사朝鮮上古史》와 《한국사연구초韓國史研究草》의 곳곳에서 김부식을 혹독하게 몰아붙이고 있지만 《삼국사기》 기록 전체를 믿지 않는다는 말은 단 한마디도 한 적이 없다. 단재만이 김부식에 대해 비판한 것도 아니었다. 뜻있는 인사들은 벌써 오래 전부터 《삼국사기》의 사대사관의 해독을 염려하고 경계했다.

《삼국사기》가 관찬된 후 이규보李奎報는 《동명왕편東明王篇》을 저술해 은근히 김부식을 비꼬았으며, 이암李嵒은 《단군세기檀君世紀》를, 이명李茗은 《진역유기震域留記》를 찬술해 사대론을 비판했다. 조선시대에 와서도 이맥李陌, 북애北崖 등은 이암과 이명의 사론史論을 이어받아 《삼국사기》와 《삼국유사》적 사대 반도 사안史眼에 대해 콩도 같고 팥도 같다고 신랄하게 공격했다.[16]

김부식은 다음 몇 가지 점에서 민족 앞에 씻을 수 없는 죄악을 범했다는 사실을 우리는 후세를 위해 이의 없이 받아들여야 할 것이다.

첫째, 그의 사론은 천박했다. 한국인의 입장에서 사론을 짓지 않았다. 《삼국사기》의 28가지 사론은 모화사상 고취의 선전자적 입장을 고수하면서 왜소하고 비굴한 사대주의 사상을 확산시켰다.

둘째, 기록에 충실하지 못했다. 써야 할 것을 쓰지 않은 대신 쓰지 말았어야 할 것을 썼다. 한국桓國과 신시神市 및 단군조선檀君朝鮮의 역사를 제거했는가 하면, 고구려의 대당 전역시戰役時 고연수高延壽가 당唐에 항복했다고 무고했으며 연개소문의 장안長安 입성 사실도 기록하지 않았을 뿐만 아니라 압록강 이북의 지명을 이남으로 끌어들여 한민족을 소극적인 반도 민족으로 고정시켜버렸다.

셋째, 학자로서의 태도나 양심을 정립하지 못했다. 민족의 전통적인 사료는 믿을 수 없다 하여 취택하지 않았으며, 《삼국사기》를 저술하면서 민족적인 비판 없이 중국의 사서에만 의존했고, 사료를 말살 혹은 비장하여 공개하지 않았다. 혹자는 김부식의 《삼국사기》가 《구삼국사》를 따른 것이라고 주장하고 있으나 설사 그렇다 하더라도 일부 체제를 모방하는 데 그쳤을 뿐 그 내용은 따르지 않았음을 《동명왕편東明王篇》을 들어 증명할 수 있다.

김부식은 악명 높은 일제日帝의 관학자 금서룡今西龍 당시까지 서운관書雲觀에 비장되어 내려오던 사서史書 즉 《신비집神秘集》, 《고조선비사古朝鮮秘詞》, 《대변설大辯說》, 《조대기朝代記》, 《주남일사기周南逸士記》, 《지공기誌公記》, 《표훈삼성비기表訓三聖秘記》, 《안함로安舍老 삼성기三聖記》, 《원동중元董仲 삼성기三聖記》, 《도증기道證記》, 《지리성모하사량훈智異聖母河沙良訓》, 《수찬기소일백여권修撰企所一百餘券》, 《동천록動天錄》, 《마풍록磨風錄》, 《통부록通夫錄》, 《곤중록壼中錄》, 《지화록地華錄》, 《도선한도참기道銑漢都讖記》[17] 들을 참고했을 만한 흔적을 그의 《삼국사기》에서 찾아볼 수가 없다.

김부식은 《삼국사기》 편찬 당시 많은 사료를 중국에서 수입해 보았으나 편찬을 마친 후에는 그것들을 종래의 사료와 함께 결혈缺頁 혹은 비상해 버렸다는 시석을 받는다.[19]

진단학회가 창립된 해는 1934년이다. 이병도, 손진태, 이상백 등이 중심이 되어 역사적 사실의 실제를 정확하게 이해하는 방법으로써 문헌에 대한 고증을 철저히 함으로써 엄격한 학풍을 세우려고 했던 것이 그들이 내세운 창립 목적이었다. 그러나 개별적인 사실에 대한 고증에 주력한 나머지 한국사의 큰 줄기를 체계적으로 정리해보고자 하는 노력은 부족했다고 일반적으로 지적한다.[19]

역사 연구에서 거시적·대국적 안목이 부족했다는 것은 그냥 지나쳐버릴 단순한 문제로 볼 수 없다. E.H.카의 말처럼 역사가 현재와 과거의 대화라면, 현재와 과거가 실체적으로 대화의 대상으로 드러나야 할 것이며 그렇게 되도록 하기 위해서는 미시적 안목만으로는 부족하기 때문이다. 모든 학문이 그렇듯이 역사 연구도 분석적·미분적 방법과 함께 종합적·적분적 태도도 버려서는 안 되기 때문이다. 개별적 사실에 대한 고증이란 한갓 단편적인 지식의 파편에 불과하다고 혹평할 수도 있다.

실증주의 사학의 이러한 미시적 태도는 한국사를 이해하는 데에 다음과 같은 몇 가지 문제점을 필연적으로 유발시켰다고 유감스럽지만 지적하지 않을 수 없다.

첫째, 단대사관斷代史觀에서 벗어나지 못했다. 김부식이 저질렀던 것처럼 그들은 시간적으로 거리가 먼, 그들이 가진 지식으로 고증이 불가능한 역사적 사실은 처음부터 무시해버리고 아예 연구의 대상에서조차 제외시켜버리는 독단을 행사함으로써 역사에서 없애버리려는 역사 절단 행위를 결과적으로 저지르고 말았다. 그들은 단군사화를 고증해보려는 노력 없이 편리하게 신화神話로 처리함으로써 학문 연구자로서의 태도를 스스로 포기하고 말았다.

둘째, 지방사관에서 벗어나지 못했다. 거리상으로 먼 지역을 다루는

데에 소홀하여 신라의 대백對百, 대고對高 승전勝戰 이전까지 한국사의 일개 지방사에 불과했던 신라사를 중심으로 한 반도 사관에 얽매여 민족사 전체를 연원적으로 고구해 보려는 노력이 부족했기 때문에 그 결과 역사적 영토와 현실적 영토마저 구별하지 못하는 정체된 사관에 빠져버리는 어리석음을 범했다.

셋째, 사료의 비판과 선택에 어두웠다. 그들은 중국 사료를 거의 비판 없이 수용했으며, 그 중국 사서 중에서도 거의 언제나 우리에게 유리한 내용보다는 불리한 쪽을 받아들이는 입장을 취해왔다.

《삼국사기》권 제37, 〈잡지〉제6, 지리4 '백제百濟'에는 다음과 같은 내용이 있다. 『《구당서舊唐書》에는 이르기를, 백제는 부여의 별종으로서 동북쪽은 신라에 접하고, 서쪽은 바다를 건너 월주越州에 이르고, 남쪽은 바다를 건너 왜倭에 이르고, 북쪽은 고구려에 접하였는데, 그 왕은 동서 두 성에서 산다고 하였고, 《신당서新唐書》에는 이르기를, 백제의 서계西界는 월주越州이고 남쪽은 왜倭인데 모두 바다를 건너야 되고 북쪽은 고구려다.』라고 했다. 그러나 지금도 우리네 학자들은 실증자료가 부족하다는 이유로 이 기사의 내용을 인정하려 하지 않고 있다.

또 《삼국사기》지리4 '고구려高句麗'에는 다음과 같은 내용도 있다. 『《한서지리지漢書地理志》에는 이르기를, 요동군遼東郡은 낙양洛陽과 상거相距하기 3천6백 리이고…현토군玄菟郡은 낙양과 상거하기 동북東北으로 4천 리인데…』라 하고 《삼국사기》지리1에는 『《양한지兩漢志》를 살펴보면 낙랑군樂浪郡은 낙양의 동북쪽 5천 리에 상거한다.』고 했다.

그런데 《위지魏志》〈왜인전倭人傳〉및 《한단고기桓檀古記》〈대진국본기大震國本紀〉에는 한반도 남단에서 대마도對馬島까지를 1천 리, 대마도에서 일기도一岐島까지를 1천 리도 삼고 있으며, 〈고구려국본기高句麗國本紀〉는 중국의 회계군會稽郡에서 나패那覇까지의 거리를 9천 리로 산정하고 있다. 낙양에서 평양까지는 직선거리로 회계에서 나패까지의 1.5배 이상이 된다. 그런데도 우리 학자들은 낙랑군이 지금의 평양이라고 주장하고 있다. 만약 낙랑이 낙양에서 5천 리 떨어져 있다는 말이 사실이라면 낙랑군은 지금의 난하灤河 서쪽일 수밖에 없다. 참으로 실증사학이 어떤 것인지 그 정체와 능력을 의심하지 않을 수 없다.

춘추사관春秋史觀에 저항 없이 흡수돼버린 그들은 삼한三韓이 단군조선檀君朝鮮의 관경管境 내內에 있었고, 한사군漢四郡은 만주의 서쪽 험독險瀆 근처에 잠시 존재했을 뿐이며, 기자조선箕子朝鮮은 한나라 때에 꾸며졌고 삼한三韓에 각각 왕검성王儉城이 있었다는 사실을 모를 수밖에 없다.

단대사관斷代史觀, 지방사관地方史觀은 우리 한국인을 용기 없는 소인으로 만들었다. 현실에 도전하는 진취적 인간상이 아닌 현실과 타협하고 거기에 안주하는 의존적·종속적 사관에서 벗어나지 못하게 했다. 한국에는 사료가 부족하기 때문에 어쩔 수 없다고 한다. 한국에 사료가 부족한 것은 사실이다. 그러나 역사가 깊다는 한국에 사료가 부족하다는 사실은 아무래도 걸맞지 않은 논리다.

그럼에도 불구하고 한국에 사료가 부족한 것이 사실이라면 순리에 따라 '왜 그런가?' 하는 발문이 있어야 한다. 그리하여 처음부터 사료가 없었는지 아니면 뒤에 없어졌는지를 알아내야 한다. 만약 없어졌다면 그 이유도 밝혀내야 한다. 없어진 역사는 치욕보다는 영광을 담고 있었으리라고 쉽게 단정할 수 있기 때문이다. 역사에서 사료를 없앤 사람은 침략자이거나 폭군이었다. 치욕을 감추기 위해 역사를 없앤 폭군이나 침략자는 한국사의 정당한 주체나 옹호자가 될 수 없다. 그들은 한국사의 파괴자들이다.

중국과 일본은 한국사를 말살하고 탈취해간 장본인들이다. 우리가 중국사나 일본사를 통해 역사를 재구再構하려 한다면 그만큼 우리의 역사 속에는 중국사관이나 일본사관이 뿌리를 내리게 된다. 이 점을 명심하고 주의하지 않으면 안 된다. 영토와 문화를 빼앗아간 침략자가 피침국의 역사에 독소를 뿌리지 않았으리라고 생각한다면 그것은 너무나도 순진한 발상이다. 더구나 고대의 사서는 그 대부분이 집권자의 명령에 따라 편찬된 소위 관찬官撰의 사서史書가 아닌가.

일제는 악명 높은 사료 말살행위를 자행했다. 그리고 한국의 사학은 피해 당사국임에도 불구하고 아직도 그 사실에 대해 규명하려 하지 않고 있다. 일제는 한국과 만주 그리고 일본 열도에서 수집한 수만 점에 이르는 한국 관계 사료를 모조리 없애버렸다. 그것도 부족해《삼국유사》의 '한국桓國'을 '한인桓因'으로 개서하는 만행을 저질렀다.[20] 이와 같은 일제의 사료 말살 행위는 진시황의 분서갱유보다도, 15세기 유카탄의 가톨릭 사제 디에고·란다의《마야》의 사료 말살 사건보다도 그 질과 양적 면에서 전대미문의 유례없는 폭거였다.

그러므로 한국의 학자는 한국사를 쓰기 전에 마땅히 그 문화 말살 행위를 추적해 국제기구를 통해 그 진상을 전 세계에 밝혔어야 했다. 그러나 우리의 사학은 지금도 거의 그들의 주장을 받아들이고 있다. 지금 우리 역사에 대한 우리의 사관은 중국의 변방 주변의 약소국가로서 유사 이래 중국에 의존해 그들의 문화 혜택 속에서 살아왔다는 종속국의 노예적 역사관에서 크게 탈피하지 못하고 있다. 뿐만 아니라 중국의 선진 문화를 일본에 전달하는 역할을 충실하게 수행했다는 것을 영광스럽게 생각하고 그것에 만족하고 있는 것에 지나지 않는다.

다음은 국내외 학자가 밝힌 한국 고대사 관계 자료를 여러 책에서 뽑아 요약·정리한 것이다.

1. 중국의 대표적 사학자 동작빈董作賓은 단군의 건국 연대가 B.C.2333 년이 틀림없다는 것을 연구 논문까지 써서 밝히고 있다.[21]

2. 소련 과학원 유·엠·푸진이 펴낸《고조선》은 중국계 기자箕子가 한 국을 지배했다는 기자조선箕子朝鮮은 한시대漢時代에 꾸며진 것이다. 왕검성의 왕궁과 중앙 행정기관의 유적을 발굴했으며, 한사군은 한 국의 국경 밖에 존재했다.[22]

3. 북한 중앙통신은 4천 년 전의 집터, 청동기, 생활도구, 곡식 종자 등 을 발굴했다고 보도했다.[23]

4. 갑골학자甲骨學者 들의 연구 보고에 따르면, 갑골문은 은대殷代에 이 룩된 것이 아니며, 은나라 부족이 동부에서 기원해 점점 발전해서 중국으로 이동해 간 것이라는 보편적인 고증을 하고 있다.[24]

5. 평양 서남방西南方 35킬로미터 지점의 강서군江西郡 덕흥리德興里 고 분 진鎭의 무덤에서 고구려의 영토가 광개토대왕 때 중국의 만리장 성을 넘어 섬서성, 산서성 일대에까지 이르고 있음이 밝혀졌다.[25]

6. 일본의 국동반도國東半島에서는 B.C.1000년경의 은철殷鐵 유적이 발 견되었다.[26] 당시 구주九州는 삼한三韓의 분치지성分治地城이었다. 연해 주沿海州 방면方面의 철기鐵器는 B.C.10세기경에 시작되고 있다.[27]

7. 타이 메콩강 중류에 있는 도시 반치엔에서 B.C.3500년 전의 청동靑 銅 유적을 발견했는데 동銅의 성분이 우리의 것과 같은 동銅과 연鉛 의 합금合金이었다. 여기서는 흑도黑陶가 함께 발견되었으며 B.C.2000 년경의 채도彩陶도 함께 나왔다.[28]

실증주의 사학이 실증해내지 못한 위와 같은 사실들을 우리는 어떻게 받아들이고 평가해야 할 것인지 참으로 착잡한 심정을 감출 수 없다.

민족주의民族主義 사학史學은 국사찾기운동이라고 할 수 있다. 국사찾기운동은 어제 오늘에 일어난 운동이 아니다. 1145년 고려 인종 23년 김부식이 《삼국사기》를 펴낸 후 지금부터 무려 8백4십 년을 소급할 수 있는 줄기찬 민족운동의 하나였다. 국사찾기운동은 간접적으로 삼신사상三神思想에 접맥되어 있으며, 민족주의 사학은 반세기를 넘는 근대 독립운동사가 남긴 가장 소중한 한국 사상이다.

김춘추와 법민에 의해 영토와 국민을 잃고, 김부식에 의해 국혼을 잃은 우리는 거의 1,317년간을 실향민으로서 살아왔다고 할 수 있다. 일제로 인한 민족의 상처는 지금도 아물지 못하고 민족 분단의 휴전선으로 남아 있다. 이것은 역사의 인과다. 한때의 잘못은 두고두고 비극을 낳게 되어 있다. 역사에는 가정이 없다고 하지만 미래를 위해서는 역사도 가정해볼 수 있다. 만약 김춘추가 연개소문의 당나라에 대한 삼국三國의 합공 제의를 받아들였다고 가정해보자. 우리는 지금과는 다른 처지에서 살고 있을 것이다. 이것이 사관이요, 사평이요, 반성이다. 오늘의 현실은 과거가 결정한다는 사실을 잊어서는 안 된다.

제2부

1. 신화와 역사의 한계

한국의 역사적인 몸부림은 잘못된 과거의 역사를 바로잡고 잃어버린 역사를 찾아내서 역사다운 역사를 가져보려는 몸짓이라고 할 수 있다. 세계 약소국가 모든 나라가 그랬듯이, 우리는 철저하게 외세에 의해 짓밟혔다. 고구려가 멸망당한 후 우리는 군사적·정치적으로 뿐만 아니라 문화적·사상적으로도 같은 현상을 겪어왔다. 그러나 중국과 일본이 아무리 한국을 없애려 해도 그들에게는 더 이상 어떻게 할 수 없는 힘의 한계점이 있었다. 중국과 일본은 과거에 한국에서 분가한 나라들이었으며, 한국은 정치적·문화적으로 그들의 종주국이었다.

중국의 유교나 도교 그리고 삼황오제설 등은 모두가 한국에서 하사받은 것들이다. 주周나라 때(B.C.818년)에도 중국은 33세世 단군檀君 감물卋勿에게 범과 코끼리의 가죽을 바쳐 조공했다. 고구려가 멸망당하기까지 중국은 한국에 대해 신라를 제외하고는 절대로 영향력을 행사할 수 없었다. 중국은 역법易法, 문자文字는 물론 치수술治水術, 동기銅器와 철기

鐵器의 제작 등의 기술과 정전제井田制 등의 농지제도, 제후諸侯의 분봉分封 등 통치 조직과 구군九軍 등의 군사제도에 이르기까지 어느 것 하나 한국으로부터 전수받지 않은 것이 없음을《태백일사》는 밝히고 있다.

《일본서기》는 백제사를 변조한 것에 불과하다.[29] 금서룡 등 조선총독부의 사료 말살 사건은 일본이 한국의 분국分國이었으며 일본 천황가가 한국에서 왔다는 사실을 은폐하기 위한 음모에서 나온 것이라는 박창암朴蒼岩 씨의 주장을 일본의 사학자 녹도승 씨는 용감하게 인정하면서[30] 일본의 백산교와 무사도가 모두 한국에서 전해진 것이라고 주장하는가 하면, 단군이 아시아를 지배했다고 설파한다.[31] 한국의 역사가 그들 자신의 역사임을 중국과 일본은 우리보다 먼저 더 명확하게 알고 있었던 것이다.

이야기에 신神이 등장하면 신화라고 말하고, 신이 나오는 이야기는 신화神話이기 때문에 역사일 수 없다고 흔히들 주장한다. 그러나 어느 것이 신이고 어떤 내용의 이야기가 신에 관한 이야기인가 하는 것은 그렇게 단순한 문제가 아니다. 현대인이 생각하는 신과 고대인이 생각했던 신이 같은 신이라고는 볼 수 없는 것이다.

역사에 언어와 사물이 일치하는 자연주의 시대가 있었다. 이 시대의 세계관은 일원론적인 것으로, 현실을 단순한 상호 연결의 형태로 빈 틈이나 단절이 없는 연속체의 형태로 파악했다.

역사에는 다시 신석기 애니미즘의 시대가 있었는데, 이 시대의 사람들은 모든 사물은 신령이나 정령精靈이라고 생각했다. 그들의 생각에는 사람, 산, 들, 물, 강, 돌, 나무, 곰, 거북, 사슴 어느 것 하나 신이 아닌 것이 없었다. 이 시대의 세계관은 이원론적인 것이어서 애니미즘은 정신적·주상적인 것에 기울어 피안彼岸의 세계가 관심의 초점이었다.[32]

고대 한국의 신은 일원론적인 상호 연결의 세계관을 토대로 이원론적인 상상력에서 나오는 애니미즘 사상이 겹쳐서 이루어진 것으로 하늘과 땅과 사람이 하나의 신이라는 사상을 낳고, 그리하여 이러한 신은 영원히 죽지 않는다는 조화造化와 교화敎化와 치화治化의 삼신일체三神一體의 신관神觀을 갖게 되기에 이르렀다고 본다.[33]

고대의 한국인은 사람은 곧 신이라고 생각했다. 그들은 하늘과 땅과 사람을 모두 신으로 생각했다. 특히 사람은 가장 고귀한 신으로 하늘과 땅이 모두 사람 속에 있으며, 하늘과 땅이 합하여 사람이 되었다고 생각하고, 그렇기 때문에 사람을 가리켜 인삼人三 또는 태일太一이라고 했다. 인삼人三이라는 말은 천일天一과 지이地二의 일一과 이二가 합하여 삼三 즉 사람이 되었다는 뜻이다. 태일太一이라는 말은 천일天一과 지이地二가 합하여 보다 더 큰 하나 즉 사람이 되었다는 뜻이다. 사람 속에 하늘과 땅이 있으므로 사람이 가장 위대하다는 것이다. 사람은 곧 영원히 죽지 않는 신이라는 사상은 이렇게 해서 성립되었다. 신이 사람이었던 시대의 신화는 곧 인간의 역사였던 것이다.[34]

한국에는 지금도 신들이 많다. 봉마다, 들마다, 고개마다 심지어는 마당, 부엌, 토방, 변소뿐 아니라 빗자루, 부지깽이, 장대 등에도 신이 있다. 고대 한국사에 등장하는 신은 당시 사람들의 이러한 보편적인 사상의 산물이었다. 신화라고 해서 역사가 아니라고 배척하는 태도는 이와 같은 고대 사회에서의 보편적인 신관神觀을 이해하지 못한 데서 나온 어리석은 발상의 결과인 것이다.

그러면 여기서 고대인의 신관과는 관계없이 문장 기술상의 축약과 확대 과정에서 사람이 바뀌어 신이 되는 경우를 관찰하기로 하자.

애니미즘 시대에 인간은 자연과 사물을 상징하여 원시 문자를 제작하고 자신들의 조상과 과거의 생활을 문자로 기록해 남기려는 역사의 시대에 접어들려고 했다. 그러나 인간이 문자를 갖게 된 것은 지금부터 5~6천 년 전 안팎이다. 인류의 역사를 5백만 년으로 볼 때 4백9십9만 년 이상을 인류는 문자 없이 살아온 것이다. 이 기간은 문자 사용 기간의 무려 5백 배 또는 천 배에 해당되는 기간이다.

4백9십9만 년의 역사를 한꺼번에 쓴다는 것은 당시 인간의 기억력이 아무리 뛰어났다고 해도 거의 절대로 불가능한 일이라고 할 수 있다. 그들은 어쩔 수 없이 축적된 역사를 축적된 언어로 표현하지 않을 수 없었다. 신화의 탄생은 당시 상황으로 미루어 필연적인 것이었다. 오랜 기간에 걸쳐 일어났던 많은 일들은 숙명적으로 요약될 수밖에 없었다.

《삼성기》와 《단군세기》 및 《태백일사》에 기록된 한인桓仁, 한웅桓雄, 단군檀君은 실존한 인물들이었다. 한인은 7명으로 3,301년 혹은 63,182년을 전했다고 했으며, 한웅은 18명으로 1,565년간, 단군은 47명으로 2,096년간 代를 이었다고 했다. 그런데 《삼국유사》에 오면 7명의 한인과 18명의 한웅과 47명의 단군이 직접 할아버지와 아버지와 손자 3대로 연결되고, 단군 혼자서 나라를 다스리기 1,500년이요 또 한 사람의 단군이 1,908년을 산 것으로 되어버린다. 몇천 년이 넘는 72대의 역사가단 세 사람의 이야기로 축소되면서 역사는 신화가 되고 말았다.

극도로 요약된 짧은 문장은 이해하기가 곤란하므로 독자에게 불평을 안겨다 준다. 그러므로 독자는 이러한 문장에는 가필 혹은 수정 해석을 가하지 않고는 만족을 느끼지 못한다. 이러한 확대 과정에서 역사는 다시 한 번 신화가 되는 것이다.

위에서는 역사가 축약되면서 신화로 바뀌는 과정을 살펴보았다. 여기서는 그와는 반대로 문장이 확대되면서 역사가 신화로 변하는 과정을 관찰하기로 한다.

다음과 같은 문장이 있다고 하자.

1. 그는 올랐다.

이 문장은 주어 하나와 서술어 하나만이 있는 단문이다. 무엇에 올랐는지 알 수가 없다. 무엇에 올랐는지 또는 어디에 올랐는지를 알려고 하면 이 문장에 보어가 있어야 한다. 그러므로 보어를 보태서 변형 문장을 만들면 다음과 같은 문장이 된다.

1-1. 그는 하늘에 올랐다.

이때 새로 보탠 '하늘'이라는 보어는 서술어 '올랐다'는 말과 가장 호응이 잘 되는 말 가운데 하나다. 그렇지만 만족하기에는 아직 이르다. 사람은 하늘에 오를 수 없기 때문이다. 납득할 만한 정확한 논리를 갖는 문장을 만들어야 한다. 그러려면 부사어가 필요하다. 그래서 다시 다음과 같은 문장들로 고친다.

1-2. 그는 신이 되어 하늘에 올랐다.
1-3. 그는 죽어서 신이 되어 하늘에 올랐다.

이렇게 문장을 확대 수정하면 어느 정도 만족을 얻을 수 있게 된다. 1-3의 문장에 몇 가지의 요소만 더 보태면 그대로 신화가 될 것이다. 신화는 역사적인 사실이 고대인의 신관에 의해 만들어지기도 하며, 또 장구한 세월의 역사가 축약되면서 생겨나기도 하고 확대되면서 굳어지기도 한 것이다. 김상일 박사는 "역사는 축적되는 것이다. 축적된 역사가 축적된 언어로 나타날 때 신화가 된다."[35]고 한 바 있다. 7명의 한인과 18명의 한웅, 47명의 단군이 각각 한 사람씩이 되어 하늘로 올라가고, 웅족의 족장과 호족의 족장이 곰 한 마리와 호랑이 한 마리가 되는 등 역사가 변해서 소위 단군신화라는 것이 생겨난 사실을 우리는 비로소 알게 되었다.

신화의 본바탕은 어디까지나 사실이다. 다만 현대인이 그 사실을 인지하지 못하고 있을 뿐, 트로이의 발굴 결과가 그것을 증명한 지 이미 오래다.

홍수전설은 세계적으로 분포되어 있다. 지구의 결정적인 응고 시기를 16억 년에서 20억 년 전으로 보고 있다. 당시 지구는 지각 내부에서 솟아오르는 화산으로 매우 높은 온도를 유지하고 있었다. 섭씨 375도까지 내려와서야 줄기찬 비가 지구 표면에 쏟아지기 시작했다. 이렇게 해서 처음으로 홍수가 일어나기 시작했다.

지금부터 1만 년 전 지구가 간빙기에 접어들면서 북극에 쌓여 있던 얼음이 녹고 또 비가 내려 대홍수를 일으켰다. 그로 인해 바다의 수심이 높아지고 중국의 산동반도와 일본열도는 한반도에서 떨어져 나갔다. 이때의 사실들이 민중 사이에서 신화로 된 것이 홍수 전설이다. 물과 불이 서로 당기거나 끝없는 물 속에서 땅덩이를 건져내는 천지창조 신화나 홍수 전설은 대부분 이러한 역사적인 사실에 근거를 두고 발생했다.

단군신화가 한사코 역사이기를 거부한 사람들의 학문이나 사관이 얼마나 시대와 수준에 뒤떨어진 논리였는가를 우리는 알아야 한다.

2. 한국사의 여명

우리 민족은 인류학人類學적으로는 몽고인종에 속하고, 언어학言語學적으로는 알타이어족에 속하고, 역사학歷史學적으로는 한족桓族에 속한다. 알타이어족은 모두 몽고인종에 속한다. 알타이어족은 중앙아시아 북부, 농경 90도와 북위 50도가 교차하는 곳에 위치한 알타이산맥을 중심으로 한다. 동남쪽으로는 몽고, 만주, 한반도, 일본열도까지 분포하고, 동북쪽으로는 야쿠트족, 퉁구스족 등이 캄차카 반도의 뿌리까지 분포하고, 서남쪽으로는 터키까지 분포해 있다. 다른 한 갈래는 알타이 지방에서 서쪽으로 가서 우랄산맥을 넘고 헝가리 및 폴란드까지 분포했다. 이들은 우랄산맥을 넘어간 까닭에 우랄어족이라고 부르지만 원래 알타이산맥 주변지역에서 떠나간 것이므로 우랄어족도 한국인이나 터키인처럼 알타이어족의 한 갈래다.[36]

한족이 말하는 인류의 시조는 나반那般이다. 나반이 아만阿曼과 처음 만난 곳은 아이사타阿耳斯它 또는 사타려아斯它麗阿 또는 사백력지천斯白力之天이었다. 나반과 아만은 나반이 천해天海 즉 북해北海를 건너가서 서로 만났다. 나반과 아만은 천신天神의 가르침을 얻어 혼례를 이루고 인류의 시조가 되었다. 구한족九桓族은 모두 그 후예들이다. 구한족은 구황九皇, 구려九黎라고도 하며, 구황 64민民이 되어 구역九域에 퍼져서 살았다. 구한족은 피부색과 얼굴 모양에 따라 황부黃部, 백부白部, 적부赤部, 남부藍部, 종색부棕色部의 오부五部로 구별한다.

어느 날에 흑수黑水와 백산白山의 땅 또는 천산天山에 동남童男과 동녀童女 8백이 내려왔는데 이때에 한인桓因 또한 감군監群으로서 천계天界에 살면서 국인國人에게 받들리어 한화桓花의 아래, 적석積石의 위에서 나배

羅拜를 받고 즉위했다. 이가 인간 최초의 두조頭祖이며, 천계天界를 가리켜 한국桓國이라 하고 한인桓因을 가리켜 천제한인씨天帝桓因氏 또는 안파견 安巴堅 또는 거발한居發桓이라고 했다.

한국桓國은 파미르고원 아래에 있었다. 천해天海 이동以東 지역도 한국의 영토였다. 당시의 국토 넓이는 남북이 5만 리, 동서는 2만 리였으며, 천해天海, 금악金岳, 삼위三危, 태백太白이 모두 그 영토 안에 있었다.[37]

한족은 파미르고원의 남쪽과 히말라야산의 북쪽, 천산산맥의 남쪽 분지에서 처음으로 국가 활동을 시작했을 것으로 추정한다. 이전에 한족은 지금부터 3만5천 년 전에는 시베리아의 중부 바이칼호에서 멀지 않는 노보시비로스크Novosirosk산 및 아바칸Abakan 산맥의 계곡에 말라 이아뉘아 구석기 유물을 남겨 놓았으며, 2만8천 년 전에는 중국의 산서성山西省 삭현朔縣 치욕峙峪에 세석기 유적을 남기면서 아시아 지역으로부터 서북부의 아메리카 대륙에까지 진출했다. 다른 한 갈래는 유럽과 아프리카 북부에까지 진출해 그 지역에 세석기를 남겼다.

한족이 구황九皇 64민民으로 갈라진 것은 한인桓因의 아홉 형제가 분국分國해서 다스리던 때부터였다. 그러나 한웅 때에 이르러 구한족은 하나로 통합되고 단군 때에 와서는 진한, 번한, 마한의 제도를 두었다.

한국의 사람들은 광명을 숭상하여 태양을 신神이라고 하고 하늘을 조상祖上이라 하여 만방萬方의 백성이 그것을 믿고 조석으로 경배하여 항상 의식儀式을 지냈다. 한국의 백성은 부유했다. 한국에는 병란이 없었으므로 사람들이 부지런히 일해 굶거나 추위에 떠는 일이 없었다.

한국의 백성들은 들에 나가서는 충수의 해가 없었으며, 남을 원망하는 일이 없었고 친소親疎를 구별하는 일이 없었으며, 상하上下가 무등無等하고 남녀가 평권平權티며 노소老少가 분여分役했다. 그러므로 비록 법규나 호령이 없어도 스스로 화락을 이루고 순리를 따르며, 약한 자를 구하고 도리에 어그러지는 일을 하는 사람이 없었다. 백성이 모두 환무環舞하며 즐기는 지치至治의 세상을 이루었다.[38]

한족이 한국을 세워 국가 활동을 시작한 시기를 원동중元董仲은 《삼성기三聖紀》에서 지금부터 9,184년 내지 69,065년 전부터 한웅桓雄이 신시神市를 개천開天한 5,883년 전까지로 전하고 있다.

이 시기는 인류학적으로나 문화사적으로 또 지사학적으로도 매우 중요한 시기였다. 이 시기에 인류는 현대인과 동일한 단계에까지 진화되어 몽고인종을 형성했으며, 세석기 문화가 전 세계적으로 보급되었는가 하면, 지구는 홍수기를 거쳐 현재와 같은 지형을 형성하기에 이르렀다.

지구의 역사를 45억 년으로 보고 최초의 생물 형태가 지구상에 존재하기 시작한 것은 30억 년 전이었다. 1억8천만 년 전에는 최초의 포유류 동물이, 7천5백만 년 전에는 최초의 영장류가 형성되었다. 현생하는 원숭이의 조상은 약 2천5백만 년 전에, 사람은 약 5백만 년 전에 첫 모습을 지구상에 드러냈다.[39] 중국에서 발견된 라마 고원古猿은 지금부터 8백만 년 전이 되고, 최초로 불을 사용한 원모인元謀人의 출현은 지금으로부터 1백7십만 년 전이 된다.[40]

그런데 지금으로부터 약 5만 년 전에 이르면 체질이나 뇌의 크기가 현대인과 동일하게 발달된 신인新人 단계에 이른다. 사람의 진화는 신인 단계에서 완성을 보았다.[41] 몽고인종은 적어도 지금부터 1만8천 년 전 구석기 시대에 인종을 형성하지 않았을까 추정한다. 이 무렵 주구점周口店의 상정동上頂洞에서 출토된 비교적 완전한 머리뼈 하나는 원시 몽고인종의 노인으로 밝혀진 바 있다. 인종적 구별이 가능한 특징이 나타나 있었다. 주구점 상정동 유적의 연대는 방사성탄소측정에 의해 지금으로부터

약 1만8천 년 전임을 확인했다.[42]

신인 단계를 거쳐 몽고인종을 형성하는 동안, 문화적으로는 지금으로부터 1만 년 내지 2만8천 년을 전후한 시기에 큰 변화를 겪었다. 이 시기의 문화적인 변화는 세계적인 것이었는데 그 특징은 세석기의 보급이다. 이것은 당시의 기후 변화에 따른 사람들의 이동에 의한 것이었다.[43]

유럽과 북아프리카의 세석기를 제외한 세석기 문화는 서북쪽으로는 시베리아의 예니세이강에 이르고, 동북부는 흑룡강을 따라 분포되어 오호츠크해에 이르렀는가 하면, 일본의 북해도에도 지금으로부터 약 1만5천 년 내지 1만6천 년 전에는 도달했을 것으로 보기도 한다. 그리고 캄차카반도에 1만4천 년 전부터 1만1천 년 전 사이에 도달해 1만 년 전에는 베링해를 건너 알라스카에 이르고, 9천 년 전경에는 캐나다의 브리티시 콜롬비아의 북부에 도달했을 것이라고 한다.

아시아 지역으로부터 서북부의 아메리카 대륙에 이르기까지 광범위하게 퍼져 있는 이 세석기 문화는 지금으로부터 1만8천 년 내지 2만8천 년 전에 시베리아나 중국에서 기원했을 것으로 보고 있다. 중국에서 세석기 요소가 보이는 산서성山西省 치욕峙峪 유적에 대한 방사성탄소측정 결과는 약 2만8천 년 전이었다.[44]

홍적세의 마지막 비름wurm 빙하기는 약 7만 년 전에 시작되었다. 5만 년 전에는 북반구에 얼음이 얼어 바닷물이 줄어들고 해면은 1백 미터 이상이나 낮아졌다. 4만 년 전에 기온은 다시 올라가고 3만 년 전까지 계속되다가 2만 년을 전후해서는 심한 추위가 왔다. 그 후 1만 년 전에는 기후가 회복되어 후빙기에 들어갔다. 북반구를 덮고 있던 하얀 빙하는 극쪽으로 쫓겨가고, 얼음이 녹은 물은 바다로 흘러내려 바닷물을 불어나게 했다. 중국 대륙과 일본 열도가 이 때 반도에서 떨어져 나갔다.

시베리아와 알라스카 그리고 말레이와 보루네오 자바섬에서도 같은 현상이 일어났다. 지구는 이 때 지금과 같은 모습으로 되었다.

빙하가 물러간 자리에는 새로운 초원이 일어나고 이전까지의 초원에서는 남쪽의 나무들이 자라게 되었다. 매머드와 같은 동물들은 북쪽으로 이동하고 사냥꾼들도 북으로 이동했다. 남아 있는 사람들은 동굴에서 나와 야외나 물가에서 살면서 작은 동물을 잡아 생활했다. 그런데 이 사람들은 다른 어려움을 겪게 되었다. 이전까지의 초원은 숲이 들어차고 풀밭이 줄어들면서 조각이 났다. 동물은 자랄 수 없게 되고 사람들은 식량을 잃게 되었다. 이런 시기에 심한 비까지 내려 황토로 덮여 있던 강들이 살아나서 때로는 넘치고 모래벌판을 이루었다. 대홍수기라 할까, 이 시기의 인류사회는 부족사회가 보편화되는 신석기 시대의 과도기였다.

질그릇을 만들어 쓰고, 본격적인 농업과 목축 경제를 이룩하고, 움집을 짓고, 따뜻한 기후를 타고 수림이 퍼지는가 하면, 붉은 사슴과 큰 사슴이 돼지와 함께 뛰어놀고, 얼음이 녹은 호수에는 철새와 물고기, 연체동물이 살고 있었으며, 순록의 무리가 초원을 따라 북쪽으로 가자 어떤 사람들은 북으로 이동하고 남은 사람들은 넓은 지역에 퍼져 살았다.[45]

농업과 목축 경제는 인간의 집단 활동을 규모가 큰 활동으로 보강했다. 주구점 상정동 유물 가운데에는 사슴의 뿔을 이용해 만든 단봉短棒이 있는데, 겉은 연마되어 있고 그 위에 무늬가 새겨져 있었다.[46] 이것은 지휘봉으로, 지난 1972년에는 불가리아의 바르나에서 6천 년 전의 금으로 된 지휘봉이 출토되었다.[47] 지휘봉은 권위의 상징이라는 사실로 미루어보아 가족이나 종족장의 신물인 것이다.

알타이어족 즉 몽고인종은 그 발생 시기와 분포 지역이 세석기 문화와 서로 대동소이하게 겹쳐 있다. 우리 한족은 세석기 문화의 담당자로서 알타이어족의 종주족이었음이 확실하다고 할 것이다.

한국사의 여명이 파미르고원에서 시작하고 있음을 앞에서 살펴보았다. 원동중의 《삼성기》에 따르면, 한인은 지금으로부터 9184년 전 B.C.7199년에 파미르고원을 중심으로 한 지역에 한국을 세웠다. 그로부터 3301년 후인 B.C.3898년에는 한웅이 태백산에서 신시를 베풀고 배달국을 세웠으며, B.C.2333년에는 단군이 웅족熊族 중에서 가장 성한 단국檀國의 비왕神王으로서 불함산不咸山에 내려와 신시神市의 옛 법규를 부활하고 구한족의 삼한관경三韓管境을 통합해 조선국朝鮮國을 세웠다.

한국과 배달倍達 및 조선의 강역은 알타이어족 및 세석기 문화의 분포 지역과 대동소이하게 겹쳐 있다고 위에서 말한 바 있다. 한국의 건국 시기는 우주 고고학자들이 말하는 대홍수가 일어난 해 즉 B.C.8496년보다 약 1천6백여 년 후가 된다.

원동중의 《삼성기》는 일연一然이 《삼국유사三國遺事》에서 인용했던 것으로 보이는 《고기古記》를 인용해 다음과 같이 쓰고 있다. 『파내류산波奈留山 아래에 한인桓仁씨의 나라가 있었다. 천해天海 이동의 땅을 또한 파내류국이라 한다. 그 땅의 넓이는 남북이 5만 리요 동서는 2만여 리니 합해서 한국桓國이라 하고, 나눠서는 비리국卑離國, 양운국養雲國, 구막한국寇莫汗國, 구다천국句茶川國, 일군국一群國, 우루국虞婁國(또는 필나국畢那國), 객현한국客賢汗國, 구모액국句牟額國, 매구여국賣句餘國(또는 직구다국稷臼多國), 사납아국斯納阿國, 선패국鮮稗國(축위국豕韋國 또는 통고사국通古斯國), 수밀이국須密爾國이라 한다. 모두 12국國이다.

천해天海는 지금의 북해北海다. 7세世를 전하였는데 그 역년歷年은 3,301년이나 혹은 밀히기를 63,182년이라고 하였다. 어느 것이 옳은지 알 수가 없다.』라고 했다. 이어서 『한국桓國의 말에 안파견安巴堅이 삼위산三危山과 태백산太白山을 내려다보시고 모두가 홍익인간弘益人間 할 수 있으므로 누구를 가게 할까 하므로 오가첨五加僉이 말하기를, "서자庶子에 한웅桓雄이 있는데 용기에 겸하여 어질고 지혜가 있으며 일찍이 홍익인간으로 세상을 바꿀 뜻이 있으므로 태백산에 보내어 다스리게 함이 옳을까 합니다." 하므로 천부인天符印 삼종三種을 주어 가게 하였다.』라고 했다.

이암李嵓은《단군세기檀君世紀》에서《고기古記》를 인용하기를, 『왕검王儉의 아버지는 한웅桓雄이요 어머니는 웅씨왕녀熊氏王女인데 신묘 5월 2일 인시에 단수檀樹 아래에서 낳았다. 신인神人의 덕이 있으므로 원근이 두려워 복종하였다. 나이 14세 갑진에 웅씨熊氏 왕이 왕검의 신성함을 듣고 비왕裨王을 삼아 대읍大邑의 국사國事를 섭행攝行하게 하였다. 무진 당요시唐堯時에 단국檀國으로부터 아사달阿斯達 단목檀木의 터에 이르러 국인國人이 추대하여 천제자天帝子로 삼으니 구한九桓이 하나가 되고 신화神化가 먼 곳에까지 미치었다. 이를 단군왕검檀君王儉이라 한다. 비왕에 있은 지 24년, 제위帝位에 있은 지 93년이며 수壽는 130세였다.』라고 했다.

우리 민족이 부르는 우리 민족의 정식 명칭은 한족桓族(한족韓族)이다. 한족은 구한족九桓族, 구황족九皇族, 구여족九黎族이라고도 했으며, 한족에는 64민民 3천 도단徒團이 있었다. 조선족朝鮮族, 동이족東夷族, 부여족扶餘族, 예맥족濊貊族 등의 호칭은 시대적·지역적인 호칭에 불과하다. 동이족이라는 명칭에는 동이東夷, 서융西戎, 남만南蠻, 북적北狄 등의 명칭이 포함하고 있는 야만족의 개념이 들어 있다.

한족은 세석기 문화의 담당자였다. 지금으로부터 5만 년 전에 현대인으로 발전한 한족은 2만8천여 년 전부터 세석기 문화를 남기기 시작했으며, 1만8천 년 전에는 몽고인종을 형성하게 되었다. 그 후 한족은 홍수기를 거쳐 9천1백8십4년 전에 침수의 피해가 없고 안전한 지대인 파미르고원의 동쪽에 한국을 세우고 한인이 적석積石의 위에서 즉위했다.

3. 한민족의 종주성宗主性

반고가한盤固可汗의 일파는 한족桓族에서 정치政治상으로 분리한 기록상의 최초의 집단이었다. 한웅천왕桓雄天王이 풍백風伯, 우사雨師, 운사雲師와 무리 3천을 이끌고 태백산太白山 신단수神檀樹 아래에 내려와 신시神市를 개천開天하고 배달국倍達國을 세울 때, 반고는 따로 한인桓仁에게 부탁하여 허락을 받고 십간十干 십이지十二支의 신장神將과 공공共工, 유소有巢, 유묘有苗, 유수有燧를 거느리고 삼위산三危山의 납목동굴拉木洞窟에 이르러 임금이 되었다. 이를 가리켜 제견諸畎이라 이르고 반고가한盤固可汗이라 하였다.[48]

반고는 중국의 천지창조 신화에 나오는 인물로 달걀 모양과 같은 혼돈 속에서 태어났는데 그가 죽자 머리는 중국의 다섯 진산인 오악五岳이 되고, 기름은 바다가 되었으며, 두 눈은 해와 달이 되었다고 했다. 반고가 죽은 후에는 천황天皇씨와 지황地皇씨와 인황人皇씨가 차례로 다스렸다고 《삼오력기三五曆紀》와 《통감외기通鑑外紀》에 전하고 있다.

한국桓國의 말末은 정치적으로 분열이 일어났던 시기였다. 한웅桓雄은 개국開國 후 이러한 분열을 막기 위해 당시의 이대二大 강족强族인 웅족熊族과 호족虎族의 교화敎化에 나섰다. 그러나 웅족을 귀화시키는 데에 성공했을 뿐 난폭한 호족은 결국 추방하지 않을 수 없었다.[49] 호족은 반고의 집단이었을 것이다.

10세世 갈고한웅葛古桓雄은 고시高矢씨의 자손인 소전少典의 아들 염제炎帝 신농炎帝神農의 나라와 새로이 경계를 정하지 않을 수 없을 만큼 분파작용은 계속되었다.[50]

14세世 치우천왕蚩尤天王에 이르면 심한 혼란기에 접어들게 된다. 치우천왕은 염농炎農이 쇠하는 것을 보고 마침내 웅도雄圖를 품고 서西에서 여러 차례 천병天兵을 일으켜 색도索度로부터 진병進兵해 회수淮水와 대산岱山 사이를 점거하고, 헌원軒轅이 입국立國한 곳까지 이르러 곧바로 탁록涿鹿의 들에 들어가서 헌원을 무찔렀다. 때에 탁수涿水의 북北에는 대요大撓가, 동東에는 창힐倉詰이, 서西에는 헌원이 서로 싸우고 있었다.[51] 그러나 이들도 본래는 한족桓族이었다. 헌원은 지금 중국에서 개국시조로 받들리는 황제黃帝를 가리키며, 후에 호족虎族의 괴수가 되었다.

단군檀君은 B.C.2370년에 단수檀樹 아래에서 태어났다. B.C.2333년 즉 개천 후 1565년 10월 3일에는 오가五加의 우두머리가 되어 구한九桓의 64민民을 통일하고 아사달阿斯達에 조선국朝鮮國을 세웠다.

단군은 동아시아를 완전하게 통일했다. B.C.2267년에 산동반도山東半島 이북의 유주幽州와 영주營州를 직접 우리에게 속하게 했으며, 회대淮岱 지역의 제후諸侯는 분조分朝하여 그를 다스리게 하고 순舜으로 하여금 그 일을 감리監理하게 했다.

당시의 상황을《번한세가番韓世家》는 이렇게 쓰고 있다. 『단군왕검은 당요唐堯와 병세並世하였다. 요의 덕망이 갈수록 쇠하여지자 너도나도 몰려들어 땅을 다투기를 쉬지 아니하므로, 천왕天王이 곧 우순虞舜에게 명하여 분토分土하여 다스리도록 군사를 보내 주둔시키고 당요를 함께 치기로 약속하니, 요가 곧 힘이 다하고 순에 의지하여 목숨을 보전하고 나라를 넘기었다. 이 때에 순의 부자父子와 형제는 집으로 돌아왔다. 갑술에 태자 부루扶婁가 명을 받들어 도산塗山에 사신으로 가다가 가는 길에 낭야성琅邪城에서 보름을 살며 민정을 청문하였다. 우순 역시 사악四岳을 이끌고 치수治水에 관한 여러 가지 일을 보고하였다. 번한番韓이 태자의 명을 받들어 경내境內에 경당扃堂을 크게 일으키고, 아울러 태산泰山에 삼신三神을 제사하였다.』라고 했다.

요堯는 순舜에게 패敗했으며, 순은 단군의 제후諸侯에 불과했다는 사실을 알려주고 있다.[52] 요와 순은 지금도 중국에서 성인으로 받들리고 있다. 이로써 반고와 신농 황제와 요의 무리들은 모두 단군의 신민이 되었다.

B.C.2177년 3세世 단군 가륵嘉勒 6년에 열양列陽, 욕살褥薩, 색정索靖을 고비사막의 약수弱水에 옮겨 종신형에 처한 후 사면하여 그 땅에 봉하였다. 흉노凶奴의 시조가 되었다.

B.C.2173년 가륵 10년에 두지주豆只州 예읍濊邑이 반叛하므로 여수기余守己에게 명하여 그 추장 소시모리素尸毛犁를 참斬하였다. 그 후손 섬승노陜野奴가 해상海上으로 도망하여 삼도三島(일본)에 의거하여 천왕天王이라 하였다.

B.C.2173년 4세世 단군 오사구烏斯丘 원년에 임금의 동생 오사달烏斯達을 봉封하여 몽고리한蒙古里汗이라 하였다. 몽고족은 그 후손이다.

B.C.1662년 15세世 단군 대음代音 40년에 왕의 동생 대심代心을 남선비南鮮卑의 대인大人으로 봉封하였다.[53]

이와 같이 한족桓族은 중국, 흉노, 일본, 몽고, 선비족의 시조가 되었다. 이 외에 〈고구려국본기高句麗國本紀〉와 〈대진국본기大震國本紀〉에는 한족이 일본열도로 이주한 사실이 비교적 상세하게 실려 있다.

한민족은 언어학적으로나 체질인류학적으로나 특수 고립적 존재라고 한다. 이 말은 특별히 어떤 민족과 닮은 점이 없다는 말인데, 그 이유는 한민족이 다른 민족으로부터 분리해 나온 것이 아니라 주변의 다른 민족이 우리로부터 분리되었기 때문이라고 나는 본다. 한민족의 언어·체질적 독자성은 바로 한민족의 종주성宗主性을 증명하는 요소가 될 것이다.

중국민족은 몽고인종이면서 알타이어를 쓰지 않고 있다. 동아시아 대륙에서 이렇게 이질적인 중국민족이 한국으로부터 정치적 독립을 얻어낸 시기는 은말殷末 주초周初 무렵이었을 것이다. 그러나 주주周主 선宣 (B.C.828~782년) 이후 때까지도 중국은 우리에게 종종 조공을 바쳤다.

은이나 주는 단군조선 주변의 소국小國으로 우리의 영향권 안에 있었으며, 중국 세력이 강화된 시기는 전국시대 이후이고, 중국의 문화가 우리에게 영향을 끼칠 수 있었던 시기는 B.C.195년 위만의 침입으로 인한 번조선 멸망 이후가 된다. 김정배 씨는 한국에 중국문화의 영향이 있었다면 그것은 전국戰國 이후에 조금씩 나타나는 대외적인 관계에서 보이는 흔적일 뿐 적어도 그 이전의 중국문화는 우리와는 관계가 없다고 지적한 바가 있다.[54]

한국민족은 북아프리카, 유럽, 아시아 내륙, 아메리카에 세석기 문화를, 북유럽, 시베리아, 일본, 러시아, 핀란드, 스웨덴, 노르웨이, 만주에 빗살무늬 토기를, 중국 동북부, 대만, 남중국, 일본, 필리핀, 멜라네시아, 폴리네시아, 인도, 인도차이나, 인도네시아에 지석묘와 옹관묘를 남긴, 그리고 유럽에서 아시아, 북아메리카, 태평양에 까마귀, 거북이, 곰에 대한 신화와 전설을 남긴 우랄·알타이어족의 종주족인 것이다.

4. 한국의 원형 사상과 그 문화

한국 사상의 내용은 삼신사상三神思想이요, 그 형식은 소도제천蘇塗祭天이라고 할 수 있다. 삼신사상은 고대 한국인의 제천의식祭天儀式을 통해 소도에서 자랐다고 할 수 있기 때문이다.

삼신사상은 자연의 원리와 작용을 조직적·기능적으로 체계화한 것이라고 할 수 있다. 천체의 움직임에 따라 발생하는 1년 4계절 366일이, 소우주小宇宙라고 생각하는 사람 몸의 사지四肢와 366골혈骨穴과 같은 이치를 가졌다고 생각했다. 다시 말하면 삼신사상은 우주와 인간이 동일한 원리와 구조를 가지고 있는 것이라고 이해했다. 따라서 하늘이 높으므로 사람도 높고, 하늘이 밝으므로 사람의 생각도 밝은 것이며, 태양열이 만물을 생성하듯 사람은 사물을 만들어 쓰며 영원히 죽지 않는다고 생각했다. 이러한 사상은 우주와 인간이 동일한 실체라는 생각으로 발전했다.

원시 자연주의 모방 사상이나 애니미즘 사상이 혼용되어 체계화됐을 것으로 보이는 이 삼신 사상은 고등 수학·철학 개념으로 모든 자연 현상과 인간을 풀이하려는 특징이 있다.

삼신三神은 하늘과 땅과 사람이라고 한다. 그러나 삼신은 각각 따로 있는 것이 아니라 하나라고 한다. 삼신은 일기一氣라고 한다. 하나의 기氣가 스스로 능히 동작動作해 조화造化, 교화敎化, 치화治化의 삼화三化의 신神이 된다고 한다. 신神은 바로 기氣다. 기氣는 바로 허虛다. 허虛는 바로 일一이라고 한다. 기氣, 신神, 허虛 즉 일一, 즉 무無에서 시작해 다시 무無로 돌아오는 삼신사상三神思想은 일一에 영원히 머물러 있는 것이 아니라고 한다.

일一은 즉 삼三이기 때문에 일一에서 삼三으로, 삼三에서 일一로 바로 회복한다고 한다. 일一 즉 삼三은 선善에 대합對合한다. 미립微粒이 적립積粒하여 일一로 돌아가며, 적립積粒이 미립微粒하여 삼三으로 돌아간다. 일一은 무無이고 삼三은 유有다. 따라서 유有나 무無, 유신唯神이나 유물唯物이 따로 없다고 한다. 참으로 놀라운 사상이라고 하지 않을 수 없다.

유有와 무無, 유신唯神과 유물唯物, 시是와 비非, 시始와 종終, 희戲와 비悲, 흑黑과 백白처럼 대립상충對立相衝하는 모든 것을 포함하는 삼신사상은 무無로 돌아가 완전히 융해되어 새로이 화합和合과 발전發展과 장생長生을 가져온다.

삼신사상을 요약 정리하면, 집일執一과 귀일歸一의 화합사상和合思想과 다물회복多勿恢復의 발전사상發展思想 그리고 영원한 생명生命의 장생장수사상長生長壽思想이라고 할 수 있을 것이다.

삼신사상은 화합和合하기 위해 해원解冤, 성기成己, 자유自由, 개물開物, 평등平等, 분역分役 등을 말하고 있으며, 삼신사상은 발전發展하기 위해 개벽開闢과 회복恢復을 말하고, 삼신사상은 장수장생長壽長生하기 위해 무無로 돌아가는 지혜智慧를 말한다. 죽는다는 것은 영원한 생명의 근원이라고 인생의 고뇌를 해소하는 깊은 철학을 설파하기도 한다.

한국의 고대인은 이러한 삼신사상을 직접 현실에 투여해 이상국가를 건설하고자 했다. 홍익인간弘益人間은 그 통치이념이었으며, 재세이화在世理化와 접화군생接化群生은 그 방침方針이었다. 그들이 채택한 국가조직은 일삼수리의 원칙에 따라 일국삼한의 제도였다. 조선이라는 일대국내一大國內에 진한, 마한, 번한의 삼한을 두었으며, 진한은 중앙국가로서 단군이 직접 통치하고 마한과 번한은 비왕裨王이 다스렸다. 삼한에는 각각 왕검성王儉城이 있었다.

삼신三神에게 제사하여 근본에 보답하고 백성을 교육하는 곳으로 소도蘇塗가 있었다. 아사달阿斯達과 국내의 명산에서는 제천祭天 의식이 행해졌으나 제도적으로 교육을 실시하지는 않았다. 소도는 제천에 겸해 교육을 실시하던 곳이었다. 소도 옆에는 반드시 경당扃堂을 세우고 미혼 자제에 대한 교육을 실시했는데 그들을 가리켜 국자랑國子郎이라고 했다. 국자랑이 출행出行할 때는 머리에 천지화天指花를 꽂았으므로 그때 사람들이 천지화랑天指花郎이라고 불렀다.

경당의 교육 내용은 상당히 다양하고 조직적이었다. 먼저 정신교육으로 《천부경天符經》, 《삼일신고三一神誥》, 《참전계경參佺戒經》의 강독이 있었으며, 독서, 활쏘기, 말달리기, 예절, 음악, 권술 및 검술을 교육했다. 《천부경》이나 《삼일신고》를 강독할 때는 옷을 바르게 입고 대검을 찼으며 음악을 연주해 효과를 높이기도 했다. 소도에는 계율이 있었다. 충효신용인忠孝信勇仁을 오상五常의 도道라고 했으며, 이 오상의 도는 신라에 전해져 소위 화랑도花郎徒의 세속오계世俗五戒가 되었다. 소도는 상소도上蘇塗와 소도로 구분했으며, 각 읍락邑落에서는 삼로三老가 그 기능을 대신했다.

제천祭天할 때는 따로 무천舞天의 악樂이 있었다. 신시神市의 악樂은 공수貢壽 혹은 공수供授 또는 두열頭列이라고 했다. 무리가 돌아가며 열을 지어 노랫소리로써 삼신三神을 크게 기쁘게 해 나라의 발전과 국민의 안녕을 대언代言했다. 조리朝離, 주리侏離, 도솔兜率, 요천繞天이라고도 했다. 5편의 가사歌詞가 《한단고기桓檀古記》에 전한다.

고대 한국의 모든 문화는 삼신사상과 깊은 관련을 맺고 있다. 삼신사상은 소도제천 행사를 통해 국민생활 저변에까지 보급되었다. 삼신사상은 당시 사회인의 생활철학이자 행동강령이었으며, 모든 국민의 가슴 깊이 파고들어 한국 고대 사회에 화합과 평등과 믿음의 이상사회를 건설해 한단桓檀 태평太平의 시대를 열어놓았다. 만방萬方의 백성이 시기를 가리지 않고 모여들어 환무環舞하는 환호성이 넘치는 천국과 같은 세상이라고 했다.

삼신사상은 유교儒敎와 도교道敎, 불교佛敎 그리고 수메르로 건너가 기독교基督敎의 모체母體가 되었다고 주장하는 학자와 종교인들이 차츰 늘어나고 있다. 유교와 도교, 불교 등의 사상이 한국의 삼신사상에서 기원하고 있음을 부정하기란 오늘날에 와서는 거의 불가능하게 되어버렸지만, 기독교가 우리 한국의 삼신사상에서 유래했다는 색다른 주장은 참으로 흥미가 있다고 하겠다.

삼신사상은 한국桓國에서 발원發源했다. 한단시대桓檀時代에는 발귀리發貴理, 복희伏羲, 자부선생紫府先生, 부루扶婁, 법수선인法首仙人, 유위자有爲子, 창기소蒼其蘇, 자허선인紫虛仙人 같은 뛰어난 학자들이 많아서 학문의 수준이 높은 경지에 도달했던 것으로 추측된다. 삼신사상은 이들에 의해 중국의 헌원軒轅 또는 우禹에게 전해져 유교 또는 도교의 원류源流가 되었다.

한국에는 불교의 제3 존불尊佛 가섭불시대迦葉佛時代의 사찰寺刹 터가 있다. 또 석가모니가《화엄경》을 설설說 당시에 금강산金剛山에는 법기法起라는 보살이 1천2백 권속眷屬을 거느리고 항상 법法을 설하고 있었다고《화엄경》에 쓰고 있다. 〈신시본기神市本紀〉는《고려팔관잡기高麗八觀雜記》를 인용해 이렇게 쓰고 있다. 『불상이 처음 들어와서 절을 짓고 대웅大雄이라 하였다. 이는 승도僧徒들이 고사古事를 답습하여 잉칭仍稱한 것이요 본래는 승가僧家의 말이 아니다. 승도僧徒와 유생儒生은 다 낭가郎家에 예속되었다고 하니 이로써 가히 알 것이다.』[55]

고고학의 발굴 결과에 따르면, 《구약성서》의 에덴동산의 모델, 노아의 홍수, 모세의 율법, 욥기의 비극, 시문학 등이 모두 수메르에서 나와 바알교를 통해 기독교로 이어졌다고 한다. 헬레니즘, 헤브라이즘, 기독교의 총합으로 이루어진 지중해·대서양 문화의 근원이 수메르라는 사실이 밝혀진 것이다. 그런데 수메르 문화를 유심히 관찰해 보면 그 성격이 우리 한국의 문화와 동일한 점이 너무나도 많다. B.C.4000년 이전에 메소포타미아에 나타나서 B.C.2004년경에 어디로인지 사라져버린 수메르 민족은 그들이 어디에서 와서 어디로 가버렸는지 알 수 없다.

하지만 《한단고기》에 수메르와 우루의 명칭이 각각 수밀이須密爾와 우루虞婁로 나타나 있는 점, B.C.1660년과 1652년에 우리나라에 투항해 왔다는 기록이 있는 점, 발해渤海 시대에 남북南北 우루를 경략해 제부諸部를 만들었다는 기사가 있는 점들을 종합해 볼 때, 일차로 한국桓國에서 분가分家한 수메르가 메소포타미아에서 2천여 년간 정착한 후에 본국인 우리나라로 돌아와서 생활하지 않았을까, 가정해 본다.

솔직히 말해서 사실이 그랬으면, 하고 바라는 마음이 앞서 있는지도 모른다. 만에 하나 이러한 가정이 실증을 얻어 메소포타미아의 수메르가 한국의 분국分國이었음이 증명된다면, 그것은 바로 기독교가 한국에서 기원한 것을 동시에 증명하는 것이 되기 때문이다.

앞에서 우리는, 세석기 문화가 중국에서 기원했으며, 몽고인종이 1만 8천 년 이전에 역시 중국의 상정동上頂洞에서 나타났고, 우랄·알타이어족의 종주족宗主族이 우리 한족桓族이며, 우랄족은 알타이산맥 주변에서 떠났다는 사실을 살펴보았다. 그리고 나는 후대의 유문토기(빗살문토기)가 아프리카 북부에까지 분포하고 있으며, 세석기와 우랄·알타이어족의 분포권과 비슷하게 겹쳐 있다는 사실에 주목하고 싶다.

수메르족은 동방東方에서 유입流入된 산악민족山岳民族이라고 한다. 그들은 한국어와 같은 교착어를 사용했으며, 그들이 만들어 쓰던 설형문자는 그 모양이 복희씨의 팔괘八卦 부호와 비슷하다고도 한다. '수메르'라는 말은 '하늘나라'라는 뜻인데 '한국桓國' 역시 같은 뜻이라고 한다. 우루는 수메르어로 소(牛)이고 수메르인은 소를 이용해 농사를 지었으며, 수메르라는 음은 한국어의 소머리 즉 속말리粟末里의 전음轉音일 가능성이 있다는 것이다.

수메르인은 우리처럼 씨름을 했고, 파미르고원이 원산지인 파를 즐겨 먹었다. 하늘의 신 아나와 대기의 신 엔릴과 대지와 물의 신 엔키의 삼신三神을 주로 섬겼으며, 거기에 달의 신 난나르와 해의 신 우투, 새벽의 신 이안나 그리고 닌누르 사그여신을 합해 칠신七神을 믿었다고 한다. 우리는 삼신과 칠성七星 또는 칠신七神 즉 천天·월月·화火·수水·목木·금金·토土의 신을 믿었다.

그들도 우리처럼 신전神殿을 높은 곳에 만들었다. 그들이 만든 지구라트와 천단天壇은 서로 어떤 공통점이 있을 것이다. 그들도 장생불사長生不死를 바라고 많은 악귀惡鬼의 위해危害를 믿었다고 하며, 악귀의 피해를 막기 위해 우리가 우족점을 친 대신 성星점이나 간장肝臟점을 쳐서 예언을 듣고 신神에게 소원을 빌었다고 한다.

새 해와 새 달 그리고 신전을 건립하거나 전승戰勝을 했을 때는 가정에서, 도시에서 그리고 국가에서 반드시 제사祭祀를 지냈다고 한다. 우리는 가정에서, 소도蘇塗에서 그리고 상소도上蘇塗에서 제사를 지냈다. 제사에 바치는 음식은 다양해서 생산되는 모든 음식물 그리고 의복과 향료, 항아리, 조상彫像, 보석 등도 봉납했다고 한다. 이상과 같이 수메르인은 인종人種, 언어言語, 문자文字, 민속民俗 등 많은 점에서 우리와 공통유

사共通類似한 점을 가지고 있었다.[56]

고대의 학문은 역학易學이 그 시초였다. 천체天體의 운행運行에 따른 계절과 일기의 변화는 수렵, 목축업, 농업, 항해 등 고대 인간의 생활과 직접적으로 관계되지 않은 것이 없었다. 고대인은 자연현상의 변화가 인간의 생활을 좌우한다는 불변의 위협적인 사실을 생활을 통해 체험적으로 터득할 수밖에 없었다. 자연의 변화와 구조는 인간의 변화와 구조에 밀접한 관련이 있었다. 결국 고대인들은 자연과 인간은 동일 실체라고까지 믿게 되었다. 그러므로 자연과 인간의 이해는 그들의 일차적인 연구 목표이자 연구 대상이었다. 천체의 변화를 탐구하는 역학과 인간의 운명을 예측하는 복술卜術이 발달하지 않을 수 없었다.

한국에는 일찍이 역학이 발달했다. 한국에는 천체의 변화와 인간의 운명을 수리數理로 나타내는 《천부경天符經》이 있었다. 천부경은 자연과 인간의 구조와 원리를 수리數理와 철학哲學으로 풀이한 천문철학天文哲學의 기본 경전이다.

한국의 역학을 한역桓易이라 하였다. 한역은 우사雨師의 관官에서 나왔다. 복희伏羲는 신시神市의 우사雨師로 있으면서 신룡神龍이 수일遂日하는 것과 일日이 12번 변색하는 것을 보고 《천부경》의 원리에 따라 한역을 지었다. 한역은 신지神誌 혁덕赫德이 쓴 《천부경》의 유의遺意였다. 혁덕은 한웅천왕桓雄天王 때의 신지였다. 한웅천왕은 천하가 크므로 혼자서 이화理化할 수 없음을 깨닫고 풍백風伯과 우사雨師와 운사雲師를 거느려 곡穀, 명命, 병病, 형刑, 선악善惡 등 인간 3백6십여 일을 주관하게 했다.[57]

한역은 방위方位를 맡은 신神으로 북北, 남南, 동東, 서西, 중앙中央의 오제五帝를 정하고 각각 흑제黑帝, 적제赤帝, 청제青帝, 백제白帝, 황제黃帝라 했으며, 중앙의 황제黃帝를 황웅黃熊이라고 했다. 오령五靈은 북北은 태수太

水, 남南은 태화太火, 동東은 태목太木, 서西는 태금太金, 중앙中央은 태토太土라고 했다.[58]

신시神市의 시대에 역曆이 있었다. 그때의 역은 7회제신七回祭神의 역이었다. 7일 동안 천신天神, 월신月神, 수신水神, 화신火神, 목신木神, 금신金神, 토신土神에 제사를 지냈다. 역은 방위신에 대해 제사를 지내는 데서 시작했다. 그러나 신시 시대에는 계해癸亥를 세수歲首로 했으며, 단군 구을邱乙 때에 갑자甲子로 세수를 삼았다. 신시시대는 1년을 365일 5시간 48분 46초로 계산했다고 '마한세가馬韓世家' 상上이 전한다.

한역은 현묘玄妙의 도道라고 하지 않을 수 없다. 현대 철학이 해결하지 못하는 약육강식弱肉强食의 철학인 유심론唯心論과 유물론唯物論을 유신유물불이唯神唯物不二라는 한마디로 거부해버린다. 그리고 천天의 원源은 이것이 스스로 일대一大 허공虛空의 공空일 따름이라고 다음과 같이 설파한다. '어찌 체體가 있다고 할 것인가. 천天은 스스로 본래 무체無體이며 28수宿는 곧 거짓으로 체體가 된 것이다.

대개 천하의 물物은 호명號名이 있으므로 다 수數가 있고, 수가 있으므로 다 역力이 있다. 이미 수數가 있다고 말한 것은 유한有限과 무한無限의 다름이 있다는 것이요, 또 역力이 있다고 말한 것은 유형有形과 무형無形의 구별이 있다는 것이다. 고로 천하天下의 물物이 그것에 말(言語)이 있다는 것은 다 그것이 있다는 것이며 그것에 말이 없다는 것은 다 없다는 것이다.'[60] 본래는 없는 것이 인식하기에 따라 개념이 바뀐다는, 실로 몇 천 년을 앞선 인식 철학이요 언어 철학이라고 경탄하지 않을 수 없을 것이다.

인간이 남긴 가장 오래된 기록은 구석기 시대의 동굴벽화다. 구석기 시대의 현실적이고 실용적인 벽화는 사물을 지배할 힘을 얻고자 하는 뭉뚱그려진 의사를 나타내는 하나의 문장文章으로 된 문자文字라고 할 수 있다. 그러나 이러한 벽화는 개별적인 형상을 나타내서 의사를 전달하는 그림문자에 의해 차차 밀려나게 되었다. 중국 섬서성 서안시西安市 반파촌半坡村과 흑해 연안의 카라노보와 불가리아에서 발견된 B.C.5000년경의 기호가 있지만, 수메르의 키시에서는 B.C.3500년경에 그리고 이집트에서는 B.C.3100년경에 각각 그림문자를 사용하기 시작했다.

그림문자는 사물의 모양을 본뜬 표의문자이지만, 이집트의 경우 이 표의문자가 발전해 표음문자가 되었음을 우리는 알고 있다. 이집트의 나르메르 왕의 화장판化粧版에는 처음으로 상형문자가 사용되고 있는데, 나르메르 왕의 이름은 고기(나르)와 이(蝨:메르)의 기호를 조립한 것으로 이 경우 도형 그 자체는 아무런 의미가 없으며 음만을 이용했다.[61]

원시 한글인 가림토문加臨土文은 B.C.2181년에 삼랑三郞 을보륵乙普勒이 찬撰했다.[62] 그런데 한글은 그 자형이나 음운 조직으로 보아 그림문자에서 발전했을 가능성이 거의 없다. 한글 이전에 신시神市의 녹도문鹿圖文과 복희伏羲의 용서龍書와 자부선생紫府先生의 우서雨書와 치우蚩尤의 화서花書와 단군檀君의 신전神篆이 있었음이 확실하다. 하지만 이 중 신시의 녹도문과 단군의 신전만이 그림문자와 관계가 있을 것으로 추정될 뿐, 용서와 우서와 화서는 오늘날 남아 있는 괘문卦文이나 부여夫餘의 산목算木과 그 형태가 비슷했을 것으로 본다.

사실 〈소도경전본훈〉은 이와 같은 가능성을 믿게 해 주고 있다. 『《유기留記》에 이르기를, 신획神劃이 일찍이 태백산太白山 청암靑巖의 벽에 있었다. 그 형은 'ㄱ'과 같으며 세칭 신지神誌 선인仙人이 전한 것이라 하였다. 혹자는 이것을 조자造字의 시초라고도 하는데 그 획은 직直은 'ㅡ'이요 곡曲은 'ㄴ'의 형形이고 그 의의義는 민제官制의 상象이 있다. 그 형形과 ㄱ 설

聲은 또 계計에서 나온 것 같으니 생각해보면 그럴 듯한 것이다.』

부여의 산목은 ━ ニ 三 亖 Ⅰ Ⲧ Ⲧ 두 ⲭ 으로 10까지 표시했다. 한글은 점과 선과 원을 조립해 만들어진 것에 불과하다. 점은 원이 줄어진 것으로 태양을 나타내고, 원은 천체의 운행 궤도를 나타내며, 선은 사람과 땅을 나타낸다. 한글은 아마 사람과 태양과 지구가 작용해 창조한 물상을 원圓, 방方, 각角으로 상징적으로 변화 있게 나타내고 있을 것이다.

한편 한자는 녹도문과 신전이 발전해 우골문자牛骨文字나 은대殷代의 갑골문자甲骨文字가 되었을 것이다. B.C.925년경에 부여인夫餘人 왕문王文은 번거로운 자획을 대폭 축소해 부례符隷를 만들고, 그것을 이용해 음성표기법音聲表記法을 써서 이두문吏讀文을 개발했다. 진秦나라 때에 정막程邈은 숙신肅愼에 봉사奉使하여 한수漢水에서 왕문의 예법을 얻어 그 획을 바꿔 팔분체八分體를 만들었으며, 왕문의 후예 왕차중王次仲은 진晋나라 때 해서楷書를 만들었다.[63]

한글이 계計에서 나왔다고 한 말은, 한글이 숫자풀이라 할 수 있는 《천부경》이나 《삼일신고》와 밀접한 관련이 있음을 말한다고 할 수 있겠다. 〈소도경전본훈〉은 회삼귀일會三歸一의 법法이 문자文字의 근원根源이라고 밝히고 있다.

세종대왕의 한글과 한자 이전에 한국에 문자가 있었다는 사실을 앞으로는 더욱 부인하기 어려울 것이다. 경남 남해도 아하리 계곡의 암각은 보는 이에 따라 그림이라고도 하므로 논외로 하더라도, 만주의 경박호, 선춘령, 오소리 이외의 암석에서 때때로 발견된다는 문자도 아니고 전자도 아닌 조각과 태백산 청암의 벽에 새겨진 암각 그리고 평양 법수교의 비문이 그 사실을 증명한다고 하겠다.[64]

5. 한국사의 정통

인류의 시조는 나반那般이다. 한국의 시조는 한인桓仁이다. 한인은 파미르 고원 아래에 B.C.7199년경에 한국桓國을 세웠다. 한웅桓雄은 B.C.3898년경에 무리 3천을 이끌고 태백산정의 신단수神檀樹 아래에 내려와 신시神市라 부르고 인간 3백6십여 가지의 일을 주관하며 재세이화在世理化 하여 홍익인간弘益人間 하고, 웅씨녀熊氏女를 후后로 삼아 18세世 1565년을 지냈다.

신시 배달국倍達國의 18세世 한웅은 거불단居弗檀 또는 단웅檀雄이라고 했다. 단웅은 웅씨왕녀와 결혼해 단군檀君을 낳았다. 단군은 아사달阿斯達에 도읍을 정하고 국호를 조선朝鮮이라 했으며 47세世 2096년을 전했다.

단군 조선에는 몇 차례의 변혁기가 있었다. B.C.1289년 고주몽高朱蒙의 선조가 되는 개사원蓋斯原 욕살耨薩 고등高登은 은주殷主 무정武丁이 침입하려 하므로 먼저 귀방鬼方을 멸하고 중병重兵을 손에 넣었으며, 서북西北의 지세地勢를 경략經略하여 우현왕右賢王이 될 것을 요청했다. 고등高登의 손孫 색불루索弗婁는 결국 22세世 단군이 되었으며, 번한番韓과 마한馬韓도 함께 정치적 변혁을 겪지 않을 수 없었다.

B.C.426년에 융안隆安 엽호獵戶 우화충于和冲이 서북西北 36군郡을 함락하고 도성都城을 포위하므로 43세世 단군檀君 물리勿理는 해두海頭로 피난하여 이윽고 죽고, 백민성白民城 욕살耨薩 구물丘勿이 장당경藏唐京을 점거하고 즉위하여 국호를 바꿔 대부여大夫餘라 했으며 삼한三韓을 삼조선三朝鮮으로 고쳤다. 번조선番朝鮮, 막조선莫朝鮮은 바로 이것을 가리키며 소신朝鮮王 왕 준準은 번조신番朝鮮 싱이었디.

단군조선은 B.C.239년에 해모수解慕漱가 기병하므로 47세世 단군 고열가高列加가 B.C.238년에 입산수도入山修道해 등선登仙했으며, B.C.232년에는 공화정치를 철폐하고 북부여의 해모수에 흡수 병합되었다. B.C.108년에는 동명왕東明王 고두막高豆莫이 한군漢軍과 치열한 전투를 하며 제위帝位에 올라 북부여北大餘 후기 왕조를 세웠으며, B.C.58년에는 고주몽高朱蒙이 고구려高句麗를 건국하고 해모수를 제사지내 태조太祖로 삼았다.

이상은 한국사의 흥망성쇠와 계승발전 과정을 약술한 것이다. 한국의 정통사상正統思想도 이상과 같은 경로에 따라 그 맥脈을 같이하며 전달, 계승되었다. 하늘과 땅과 사람, 조화造化와 교화敎化와 치화治化, 개천開天과 개지開地와 개인開人의 세 가지를 한 데 묶어 무극無極 즉 태극太極으로, 태극을 영원한 생명의 근원으로 생각하는 사상을 한국의 정통사상 즉 삼신사상三神思想이라고 정의할 수 있겠다.

현묘유현玄妙幽玄한 허虛의 장생불멸長生不滅 사상思想, 충만充滿한 조粗의 화합和合, 해원解寃, 무등無等, 평권平權 사상思想, 무궁無窮한 변화變化의 다물多勿, 생성生成, 발전發展, 개벽開闢 사상思想이 이것인 것이다. 한국 이래 삼신사상은 민족 상전相傳의 전통사상이었다. 동시에 공평성公平性, 정직성正直性, 인자성仁慈性, 관용성寬容性을 지닌 보편적普遍的인 진리에 충실한 인류의 정통사상이었던 것이다.

이와 같은 한국의 삼신사상은 그 이념이 소도의 제천의식을 통해 국민에게 전달되고 한국, 신시, 조선, 부여, 고구려, 발해, 고려로 계승되었다. B.C.232년에 조선 즉 대부여가 망하자 북부여가 건국되고 북부여는 동부여가 분국하게 했지만, 민족의 사기를 일깨우는 삼신사상은 변하지 않고 그대로 남아 후에 건국되는 고구려에 전달되어 다물회복사상多勿恢

復思想과 유신유물불이唯神唯物不二의 화합 사상으로 계승 발전하고, 자유自由, 성기成己, 개물開物의 정신을 부르짖게 했다.

고구려가 망하자 그 유민 중 말갈부靺鞨部가 중심이 되어 대조영大祚榮이 발해渤海를 건국했다. 발해는 남과 북에서 고구려의 구강舊疆을 거의 회복해 정통국가正統國家로서의 면목을 일신했을 뿐만 아니라 국사國史를 찬수撰修하고 예악禮樂을 진흥했다. 또한 태학太學을 세워 《천경》과 《신고》를 가르치고 삼신상제三神上帝를 제사했으며 한단고사桓檀古史를 강강講講했다.

오늘날 발해가 당나라의 지방국가地方國家라고 말하는 중국의 학자가 있는가 하면,[65] 김부식의 《삼국사기》 이후로 고구려와 발해의 정통을 신라로 돌려 마치 신라가 우리 역사상의 정통국가인 것처럼 착각하는 사람들이 있다. 그런 생각은 한마디로 말해 지극히 잘못된 발상의 결과다. 신라를 한국의 정통국가로 볼 때 북부여와 신라 사이에는 많은 시간적·공간적 공백이 생긴다. 신라는 삼국 중에서 가장 늦게 발전한 나라였다. 그리고 신라는 민족사상적인 면에서 이단이 심한 사대주의적 국가였다. 신라는 그 왕호王號가 보여주는 바와 같이 제22대 지증마립간智證麻立干 때까지도 거의 자립하지 못한 처지에 있었다. '간干'이나 '한汗'은 고구려 때까지 지방 군소국의 장을 가리키는 호칭에 불과했다.

신라는 A.D.660년과 668년에 백제와 고구려를 멸망시키고 삼국을 통일했다고 한다. 그러나 그것은 엄밀히 말해 도저히 통일이라고 할 수 없다. 백제와 고구려를 정복했다는 말이 오히려 걸맞지 않을까 생각한다. 신라가 백제와 고구려를 정벌함으로써 한국은 치명적인 손실을 입고 국토와 민족을 상실하게 되었다. 당시 고구려는 연개소문의 대당對唐 전역후戰役後 산서山西, 하북河北, 산동山東, 강좌江左의 땅을 지배하고 있었으며, 백제는 강남江南의 월주越州를 점령하고[66] 있으면서 일본日本을 분국으로 가지고 있었다.

신라의 양국 정벌은 국토의 보존면에서나 민족의 규합면에서나 민족문화의 전수면에서나 국가의 발전과 자주 사상 확립에 기여한 바가 전혀 없다. 뿐만 아니라 오히려 민족의 진취적 기상을 꺾고 사대사상을 확립하는 결과를 가져왔다. 우리는 지금 반도국가로서 민족 분단의 비극을 짊어지고 있는 처지에서 어찌할 수 없이 신라를 내세우고는 있지만 민족의 구원한 장래의 발전을 위해 신라를 정통국가로 보고 신라의 삼국 정벌을 통일로 보는 사관은 시급히 광정匡正되지 않으면 안 될 것이다. 신라로 인해 상실한 영토를 발해는 227년 간이나 보전했다.

6. 맺는 말

한국 상고사는 지금 황무지 지대로 남아 있다. 춘추사관과 식민사관, 사대사관이 담을 높이 치고 개척을 거부하고 있다. 앞에서 나는 한국의 사학이 나아갈 길을 밝히고 우리 민족이 걸어온 자취와 남긴 문화유산을《한단고기》의 자료를 통해 대강 살펴보았다.

우리 민족은 몽고인종의 종주국으로서 파미르고원 아래에 한국桓國을 세우고 태백산太白山으로 옮겨 신시神市를 개천했으며, 아사달阿斯達에 조선국朝鮮國을 세워 동아시아 지역을 통일하고 인도와 동남아시아 지역까지 영향력을 행사했다.

몽고인종은 지금부터 1만8천 년 이전에 중국대륙에서 형성되어 서로는 북아프리카까지, 동으로는 북아메리카 대륙까지, 남으로는 동남아시아까지 진출해 세석기 문화와 빗살무늬토기와 지석묘를 남겼다. 지석묘는 소도나 무덤 주위에 나무를 심어 표시하던 국속이 후대로 내려와 나무를 심는 대신 무덤 위에 지석을 세운 데서 시작한 것이다.[67] 지석묘는 지석단支石壇이라고도 하며 제사를 모시기도 했다. 지금 무덤 앞의 상석床石 등 석물石物은 아마 지석묘에서 유래했을 것이다.

몽고인종은 까마귀나 거북이, 곰의 창조신화와 전설을 남기기도 했다. 이들 신화에서 까마귀와 거북이와 곰은 서로 얽혀 있다. 우리나라 단군신화의 곰은 고구려 벽화의 삼족오三足烏 오우관烏羽冠, 가락국 김수로왕金首露王의 거북이, 신라 해가사海歌詞의 거북이나 용과 서로 통한다. 까마귀나 곰의 신화는 아시아 대륙은 물론 아메리카와 그리스 그리고 뉴기니아에까지 퍼져 있다.

몽고인종은 9한桓 64민民으로, 오늘의 우리 한민족은 그 중에서 가장 융성했던 웅족熊族을 근간으로 형성되었다. 한웅桓雄은 웅씨녀熊氏女와 결혼했고, 단군檀君의 아버지 단웅檀雄도 웅씨왕녀熊氏王女와 결혼했으며, 마한馬韓의 시조는 웅백다熊伯多였다.

한국의 삼신사상三神思想은 중국에 유교와 도교를 남겼고 한국에 석가모니 이전의 불교문화를 형성했으며 메소포타미아로 건너가 수메르 문화와 바알신앙의 원류가 되어 기독교를 형성했다. 지금 우리나라 절에 남아 있는 대웅전大雄殿은 한웅桓雄을 제사지내던 소도의 흔적이다. 삼신사상은 역학을 발전시켜 역曆을 만들었으며 한글을 창제하게 했다. 우리 한글은 그림문자의 과정을 거치지 않고 이루어진, 세계에서 단 하나뿐인, 천문학적 세계관이 조직적으로 결합된 음소문자이다.

기자동래설箕子東來說은 중국 측의 모략이다. 번조선番朝鮮 왕王 서우여徐丁餘의 이름과 그의 초 기수箕首가 은殷의 기자箕子와 음이 비슷한 것을 이용해 한나라 때에 조작했다. 번조선의 마지막 왕 기준箕準의 성姓이 기씨箕氏인 것도 하나의 빌미가 되었을 것이다. 한사군漢四郡도 중국 측의 조작이었다. 세계에서 가장 과장을 좋아하는 중국인들이 역사에 남긴 대 사기극이 기자동래설과 무제武帝의 사군설四郡說이다. 한사군의 낙랑 평양은 번조선의 수도 험독險瀆이었다.

한국사韓國史의 정통正統은 한국桓國, 신시神市, 조선朝鮮, 부여夫餘, 고구려高句麗, 발해渤海, 고려高麗로 그 맥이 이어져 왔다. 김부식이 신라로 정통을 바꾼 후 지금도 그것을 믿는 사가들이 많지만, 신라 정통설은 김부식의 편협하고 옹졸한 사대반도사관에서 나온 것이다.

우리 한국은 아시아의 종주국으로서 문화와 정통을 이어왔다. 우리가 지금까지 알지 못했을 뿐 그것은 엄연한 사실이다. 우리 한국은 먼저 중국을 내보내고 흉노, 일본, 몽고, 선비, 여진을 차례로 분가시킨 후 지금은 쓸쓸한 세월을 보내고 있다. 몇십 몇백 배가 넘는 넓은 영토에 그들을 분가시켰건만 그들은 지금 터키나 헝가리, 폴란드처럼 동질성을 회복하기 어려울 만큼 멀어져버렸고, 우리는 아시아의 한쪽 구석에 누워 몸부림치고 있다.

우리가 우리 역사를 바로 보고 바로 쓰는 안목을 찾는 날, 우리는 우리를 발견하고 새로운 발전을 이룩할 것이다. 우리에게서 떠난 모든 문화와 영광도 다시 우리에게 돌아와 우리를 새 역사의 주인공으로 만들어줄 것이다.

유교문화 접수 이후 배타성과 편협성은 우리 민족의 단점으로 뿌리를 내려 일본족과 여진족을 포용하는 아량을 갖지 못했다. 여진은 고구려와 발해의 국민이었고, 일본은 삼한三韓의 분치지역分治地域으로 후에 백제의 신민臣民이 되었으며, 일본日本 천황가天皇家에 백제 왕실의 피가 흐르고 있음을 우리는 알아야 한다. 우리는 자포자기적인 자학적인 반도사관에서 벗어나야 할 것이다.

1. 박시인, 〈샘이 깊은 물은〉, 主流, 1982, 9~14쪽

2. 위의 책 66쪽

3. 《단군세기檀君世紀》

4. 《북부여기北夫餘紀》상, 하

5. 〈고구려국본기高句麗國本紀〉

6. 위의 책 및 신채호申采浩 《조선상고사朝鮮上古史》하, 삼성사, 1977, 338~339쪽

7. 《삼국사기三國史記》〈신라본기新羅本紀〉진덕왕眞德王

8. 《삼국사기三國史記》〈신라본기新羅本紀〉진덕왕眞德王

9. 《우리 역사를 어떻게 볼 것인가》, 삼성사, 1981, 124~125쪽

10. 신학균申學均, 《규원사화揆園史話》, 명지대, 1984, 134쪽

11. 위의 책 같은 페이지

12. 신채호, 《한국사연구초韓國史研究草》, 을유문화사, 1978, 166쪽

13. 《우리 역사를 어떻게 볼 것인가》, 삼성사, 1981, 36쪽

14. 위의 책 43쪽

15. 위의 책 46쪽

16. 〈신시본기神市本紀〉

17. 문정창文定昌,《단군조선사기檀君朝鮮史記 연구》, 백문당, 1966, 99쪽

18. 앞서 언급한《한국사연구초》, 169~177쪽

19. 앞서 언급한《우리 역사를 어떻게 볼 것인가》, 145쪽

20. 앞서 언급한《단군조선사기 연구》, 175~186쪽

21. 앞서 언급한 〈샘이 깊은 물은〉, 32쪽

22. 송호수宋鎬洙,《한민족의 뿌리 사상》, 국학연구회, 1983, 242쪽

23. 위의 책, 89쪽

24. 유승국柳承國,《한국의 유교》, 세종대왕 기념사업회, 1976, 33~34쪽

25. 김기웅金基雄,《한국의 벽화고분》, 동화출판공사, 1982, 253~278쪽

26. 녹도승,《일본 유다야 왕조의 수수께끼》續, 신국민사, 동경 소화59, 266~270쪽

27. 김정배金貞培,《한국 민족문화의 기원起源》, 고려대, 1980, 205쪽

28. 앞서 언급한《일본 유다야 왕조의 수수께끼》續, 159~160쪽

29. 김성호金聖昊,《비류백제沸流百濟와 일본日本의 국가國家 기원起源》, 지문사, 1982, 286~292쪽

30. 앞서 언급한《일본 유다야 왕조의 수수께끼》續, 118~122쪽

31. 녹도승,《한단고기桓檀古記》, 신국민사, 동경, 소화59, 556~570쪽

32. A하우저,《문학과 예술의 사회사》, 고대중세편, 창비사, 1978, 9~27쪽

33. 〈소도경전본훈蘇塗經典本訓〉

34. 《태백일사太白逸史》

35. 김상일,《한철학》, 전망사, 1983, 101~102쪽

36. 앞서 언급한 〈샘이 깊은 물은〉, 80~81쪽

37. 《삼성기三聖紀》 상·하 및 《태백일사》

38. 《태백일사》

39. 권이구權彝九,《형질인류학形質人類學 및 선사고고학先史考古學》, 탐구당, 1981, 159쪽

40. 윤내현尹乃鉉,《중국의 원시시대》, 단국대, 1982, 40쪽 및 36쪽

41. 위의 책 95쪽

42. 위의 책 90~92쪽

43. 위의 책 123쪽

44. 위의 책 124~126쪽

45. 위의 책 119~126쪽

46. 위의 책 106~107쪽

47. 주간조선, 1982, 12, 19, No.722

48.《삼성기三聖紀》하

49. 위의 책

50. 위의 책

51. 위의 책

52.《단군세기檀君世紀》및 '번한세가番韓世家'

53.《단군세기》

54. 앞서 언급한《한국 민족문화의 기원》185쪽

55. 앞서 언급한《한민족의 뿌리사상》257~261쪽 참조

56.《대세계大世界의 역사歷史》, 삼성출판사, 1982 및 앞서 언급한《한민족의 뿌리사상》및《태백일사》참조

57. '마한세가馬韓世家'

58.〈삼신오제본기三神五帝本紀〉

59.〈신시본기神市本紀〉

60.〈소도경전본훈〉

61. 앞서 언급한《대세계의 역사》1, 281~282쪽

62.《단군세기》

63. 〈소도경전본훈〉

64. 위의 책

65. 최무장崔茂藏, 《고구려·발해 문화》, 집문당, 1982, 163쪽

66. 앞서 언급한《조선상고사》하, 379쪽

부록

한국桓國 왕대표王代表

왕대王代	재위년在位年	한인명桓因名	서력西曆
1		한인桓因(안파견安巴堅)	
2		혁서赫胥	
3		고시리古是利	
4		주우양朱于襄	
5		석제임釋提壬	
6		구을리邱乙利	
7		지위리智爲利(단인檀仁)	

신시神市 역대표歷代表

왕대王代	재위년在位年	한웅명桓雄名	서력西曆
1	94	한웅桓雄(거발한居發桓)	B.C. 3898
2	86	거불리居佛理	3804
3	99	우야고右耶古	3718
4	107	모사라慕士羅	3619
5	93	태우의太虞儀	3512
6	98	다의발多儀發	3419
7	81	거련居連	3321
8	73	안부련安夫連	3240
9	96	양운養雲	3167
10	100	갈고葛古(독로한瀆盧韓)	3071
11	92	거야발居耶發	2971
12	105	주무신州武愼	2879
13	67	사와라斯瓦羅	2774
14	109	자오지慈烏支(치우蚩尤)	2707
15	89	치액특蚩額特	2598
16	56	축다리祝多利	2509
17	72	혁다세赫多世	2453
18	48	거불단居弗檀(단웅檀雄)	2381
	1,565		

단군조선檀君朝鮮 왕대표王代表

왕대王代	재위년在位年	단군명檀君名	서력西曆
1	93	왕검王儉	B.C. 2333
2	58	부루扶婁	2240
3	45	가륵嘉勒	2182
4	38	오사구烏斯丘	2137
5	16	구을丘乙	2099
6	36	달문達門	2083
7	54	한율翰栗	2047
8	8	우서한于西翰	1993
9	35	아술阿述	1985
10	59	노을魯乙	1950
11	57	도해道奚	1891
12	52	아한阿漢	1834
13	61	흘달屹達	1782
14	60	고불古弗	1721
15	51	대음代音	1661
16	58	위나尉那	1610
17	68	여을余乙	1552
18	49	동엄冬奄	1484
19	55	구모소縝牟蘇	1435
20	43	고홀固忽	1380
21	52	소대蘇台	1337

왕대王代	재위년在位年	단군명檀君名	서력西曆
22	48	색불루索弗婁	1285
23	76	아홀阿忽	1237
24	11	연나延那	1161
25	88	솔나率那	1150
26	65	추로鄒魯	1062
27	26	두밀豆密	997
28	28	해모奚牟	971
29	34	마휴摩休	943
30	35	내휴奈休	909
31	25	등올登屼	874
32	30	추밀鄒密	849
33	24	감물甘勿	819
34	23	오루문奧婁門	795
35	68	사벌沙伐	772
36	58	매륵買勒	704
37	56	마물麻勿	646
38	45	다물多勿	590
39	36	두홀豆忽	545
40	18	달음達音	509
41	20	음차音次	491
42	10	을우지乙于支	471
43	36	물리勿理	461
44	29	구물丘勿	425

왕대王代	재위년在位年	단군명檀君名	서력西曆
45	55	여루余婁	396
46	46	보을普乙	341
47	47	고열가古(高)列加	295

북부여北夫餘 왕대표王代表

왕대王代	재위년在位年	왕명王名	서력西曆
1	45	해모수解慕漱	B.C. 239
2	25	모수리慕漱離	194
3	49	고해사高奚斯	169
4	34	고(해)우루高(解)于婁	120
5	49	고두막高豆莫	108
6	2	고무서高無胥	59

마한세가馬韓世家 대표代表

세대世代	재위년在位年	왕명王名	서력西曆
1	55	웅백다熊伯多	
2		노덕리盧德利	
3		불여래弗如來	B.C. 2229~2180
4		두라문杜羅門	
5		을불리乙弗利	
6		근우지近于支	2136~2107
7		을우지乙于支	
8		궁호弓戶	
9		막연莫延	~1939
10		아화阿火	~1924
11		사리沙里	~1806
12		아리阿里	~1716
13		갈지曷智	
14		을아乙阿	1633~1550
15		두막해豆莫奚	~1496
16		독로瀆盧	
17		아루阿婁	1371~1287
18		아라사阿羅斯	~1285
19		여원흥黎元興	~1232
20		아실阿實	
21		아도阿閣	

세대世代	재위년在位年	왕명王名	서력西曆
22		아화지阿火只	1091~1055
23		아사지阿斯智	~934
24		아리손阿里遜	
25		소이所伊	
26		사우斯虞	754
27		궁홀弓忽	677
28		동기東杞	
29		다도多都	588
30		사라斯羅	509
31		가섭라迦葉羅	
32		가리加利	
33		전나典奈	
34		진을례進乙禮	366
35		맹남孟男	~238

번한세가番韓世家 대표代表

세대世代	재위년在位年	왕명王名	서력西曆
1		치두남蚩頭男	
2		낭야琅邪	B.C. ~2251
3		물길勿吉	2238
4		애친愛親	2187
5		도무道茂	
6		호갑虎甲	2098
7		오라烏羅	2072
8		이조伊朝	2015
9		거세居世	1975
10		자오사慈烏斯	1960
11		산신散新	1946
12		계전季佺	1893
13		백전伯佺	1844
14		중전仲佺	1826
15		소전少佺	1770
16		사엄沙奄	1727
17		서한棲韓	
18		물가勿駕	1664
19		막진莫眞	1600
20		진단震丹	1554
21		감정甘丁	1518

세대世代	재위년在位年	왕명王名	서력西曆
22		소밀蘇密	
23		사두막沙豆莫	
24		갑비甲飛	
25		오립루烏立婁	1411
26		서시徐市	
27		안시安市	1393
28		해모라奚牟羅	1352
29		소정小丁	1333
30		서우여徐于余	1285~1225
31		아락阿洛	1224
32		솔귀率歸	1184
33		임나任那	1137
34		노단魯丹	1105
35		마밀馬密	1092
36		모불牟弗	1074
37		을나乙那	1054
38		마휴麻麻	1014
39		등나登那	1012
40		해수奚壽	983
41		오문루奧門婁	966
42		누사婁沙	954
43		이벌伊伐	926
44		아륵阿勒	900

세대世代	재위년在位年	왕명王名	서력西曆
45		마휴麻休(마목麻沐)	836
46		다두多斗	785
47		내이奈伊	752
48		차음次音	746
49		불리不理	736
50		여을餘乙	736
51		엄루奄婁	707~703
52		감위甘尉	703
53		술리述理	673
54		아갑阿甲	663~648
55		고태固台	648
56		소태이蘇台爾	634
57		마건馬乾	616
58		천한天韓	605
59		노물老勿	595
60		도을道乙	520
61		술휴述休	505
62		사량沙良	471
63		지한地韓	453
64		인한人韓	438
65		서울西蔚	400
66		가색哥索	375
67		해인解仁	341

세대世代	재위년在位年	왕명王名	서력西曆
68		수한水韓	340
69		기후箕詡	323
70		기욱箕煜	315
71		기석箕釋	290
72		기윤箕潤	251
73		기비箕조	232
74		기준箕準	221~194

대진국大震國 역대표歷代表

왕대王代	묘호廟號	시호諡號	연호年號	명名
1	세조世祖	진국열황제 振國烈皇帝	중광重光	대중상 大仲象
2	태조太祖	성무고황제 聖武高皇帝	천통天統	조영祚榮
3	광종光宗	무황제武皇帝	인안仁安	무예武藝
4	세종世宗	광성문황제 光聖文皇帝	대흥大興	흠무欽茂
5				원의元義
6	인종仁宗	성황제成皇帝	중흥中興	화흥華興
7	목종穆宗	강황제康皇帝	정력正曆	숭린崇璘
8	의종毅宗	정황제定皇帝	영덕永德	원유元瑜
9	강종康宗	희황제僖皇帝	주작朱雀	언의言義
10	철종哲宗	간황제簡皇帝	태시太始	명충明忠
11	성종聖宗	선황제宣皇帝	건흥建興	인수仁秀
12	장종莊宗	화황제和皇帝	함화咸和	이진彝震
13	순종順宗	안황제安皇帝	대정大定	건황虔晃
14	명종明宗	경황제景皇帝	천복天福	현석玄錫
15		애제哀帝	청태淸泰	인선諲譔

참고문헌

윤내현 《중국의 원시시대》, 단국대출판부, 1982

김기웅 《한국의 벽화고분》, 동화출판공사, 1982

김정배 《한국 민족문화의 기원》, 고려대출판부, 1980

김성호 《비류백제와 일본의 국가기원》, 지문사, 1982

김상일 《한철학》, 전망사, 1983

정병욱 《한국의 판소리》, 집문당, 1981

조동일·김흥규 《판소리의 이해》, 창작과 비평사, 1980

강무학 《아리랑의 역사적 고찰》, 야실사, 1981

송호수 《한민족의 뿌리사상》, 국학연구회, 1983

송호수 《겨레 얼 삼대 원전》, 겨레얼연구회, 1983

　　　　《국조단군》, 단군정신선양회, 1982

A.하우저 《문학과 예술의 사회사》, 창작과 비평사, 1978

신학균 《규원사화》, 명지대출판부, 1984

박시인 《샘이 깊은 물은》, 주류, 1982

이종기 《가락국 탐사》, 일지사, 1977

이기문 《한국어 형성사》, 삼성사, 1981

박두포 《동명왕편 제왕운기》, 을유문화사, 1974

이기백 외 《우리 역사를 어떻게 본 것인가》, 삼성사, 1981

박종홍 《한국사상사》, 서문당, 1972

김원룡 외 《청동기시대와 그 문화》, 삼성사, 1977

한병삼 《토기와 청동기》, 세종대왕 기념사업회, 1974

G.올리비에 《인류생태학》, 삼성사, 1978

J.G 피히테 《독일국민에게 고함》, 삼성사, 1981

류승국 《한국의 유교》, 세종대왕기념사업회, 1976

J. 브로노브스키 《인간역사》, 삼성사, 1976

OECD 《세계의 미래상》, 삼성사, 1983

J·B·S 홀레인 《인간의 과학》, 삼성사, 1983

U 콜더 《과학기술과 현대》, 삼성사, 1983

프레이저 《황금가지》, 삼성출판사, 1983

이항성 《세계미술전집》, 문화교육출판사, 1962

　　　 《삼일신고·동경대전》, 대양서적, 1975

임종한 《시간이 없는 지구》, 진현서관, 1979

조봉제 《지구는 우주인의 동물원》, 진현서관, 1979

변봉혁 《잃어버린 과거에의 여행》, 진현서관, 1979

이예화 《돌에 새겨진 인간의 정념》, 진현서관, 1979

민영수 《역사와 인간에 얽힌 수수께끼》, 진현서관, 1979

다윈 《종의 기원》, 을유문화사, 1969

맬더스 《인구론》, 을유문화사, 1969

문정창 《근세 일본의 조선 침탈사》, 백문당, 1967

문정창 《단군조선 사기 연구》, 백문당 1977

문정창 《군국일본 조선강점 삼십육년사》, 백문당, 1966

문정창 《일본 상고사》, 백문당, 1970

문정창 《광개토왕 훈적비문론》, 백문당, 1977

크레인부린톤 《서양사상사》, 수도문화사, 1956

강봉식 《그리샤·로마 신화》, 을유문화사, 1968

남만성 《노자 도덕경》, 을유문화사, 1970

최제우 《동경대전》, 을유문화사, 1974

차주환 《고려사악지》, 을유문화사, 1974

드뷰스 《서양의 미래》, 을유문화사, 1976

황호근 《한국의 미》, 을유문화사, 1976

문일평 《한국의 문화》, 을유문화사, 1973

솔탁스 《문화인류학》, 을유문화사, 1974

이석고 《왕오천축국전》, 을유문화사

페리르페블 《현대인간의 이해》, 대한기독교서회, 1979

이광규 《레비스트로스》, 대한기독교서회, 1973

렉스프레스지誌 《현대지성과의 대화》, 중앙일보, 1979

모오건 《고대사회》, 현암사, 1978

임동권 《한국의 민속》, 세종대왕기념사업회, 1975

J.B파주 《구조주의란 무엇인가》, 문예출판사, 1972

N.촘스키 《변형·생성문법의 이론》, 범한서적, 1973

한동석 《우주 변화의 원리》, 행림출판사, 1970

라인홀드·니버 《현대정신비판의 철학》, 민중서관, 1962

하야가와 《의미론》, 민중서관, 1962

조지훈 《한국 문화사 서설》, 탐구당, 1984

김규승 《동이고사 연구의 초점》, 범한서적, 1974

숀·비비 《사회인큐릭》, 일지사, 1978

존스톤 《형질인류학 및 선사고고학》, 탐구당, 1981

진단학회 《한국사》, 을유문화사, 1971

이병도 외 《한국의 민속·종교·사상》, 삼성출판사, 1977

이진희 《광개토왕비의 탐구》, 일조각, 1982

이진희 《한국과 일본 문화》, 을유문화사, 1982

최무장 《고구려·발해 문화》, 집문당, 1982

신채호 《조선상고사 상·하》, 삼성사, 1977

신채호 《한국사 연구초》, 을유문화사, 1978

김원룡 《한국 미술 소사》, 삼성사, 1977

　　　　《한국 문화사 대계》, 고려대민족문화연구소, 1965

　　　　《대세계의 역사》, 삼성출판사, 1982

　　　　《희랍극 전집》, 현암사, 1968

백광하 《태극기》, 동양수리연구원, 1969

김형효 《한국 사상 산고》, 일지사, 1976

김열규 《한국 신화와 무속 연구》, 일조각, 1977

김열규 《한국 민속과 문학 연구》, 일조각, 1971

김열규 《한국의 신화》, 일조각

안호상·송호수 《한민족의 뿌리》, 한뿌리학회, 1984

송호수 《한글은 세종 이전에도 있었다》, 광장, 1984. 1,3월호

김근수 《한글은 세종 때 창제되었다》, 광장, 1984. 2월호

　　　　《소학》

　　　　《서경》

　　　　《대학》

　　　　《중용》

《시경》

《논어》

《주역》

《맹자》

김종권 《삼국사기》, 대양서적, 1975

최남선 《삼국유사》, 민중서관, 1975

김종권 《고려사》, 범조사, 1963

《고려사절요》, 민족문화추진회, 1968

《인물 한국사》, 박우사, 1978

《신증동국여지승람》, 민족문화추진회, 1971

《한국 현대 명논설집》, 동아일보사, 1972

《한국 인명 대사전》, 신구문화사, 1963

이홍직 《국사 대사전》, 일중당, 1978

녹도승 《환단고기》, 신국민사, 동경, 소화59

녹도승 《일본 유다야 왕조의 수수께끼 상·하》, 신국민사, 동경 소화59

녹도승 《실크로드의 천황가》, 신국민사, 동경 소화59

녹도승 《왜인 흥망사》, 신국민사, 동경, 소화54

삼품창영三品彰英 《일선日鮮 신화전설의 연구》, 평범사, 소화50

화가삼태랑和歌森太郎 《일본사日本史의 허상과 실상》, 매일신문사, 동경,
　　　　　소화56

전내와箭內瓦 《동양독사지도東洋讀史地圖》, 부산방, 동경, 소화18

ㅌ